다문화 전문 교육과정 ❷

다문화가정 영유아교육의 이론과 실제

강보라 김채연 우인해 이정아 이효정 공저

양성원

머리말

코로나의 열풍이 모든 분야에서 어려움을 초래하고 있습니다.

영유아들의 발달 · 성장에도 많은 문제를 제기하고 있습니다. 한국의 다문화가족은 현재 약 250만 명이 될 것이라 추산됩니다. 이들이 한국에서 생활하면서 가장 어려움을 호소하는 분야는 자녀교육입니다. 자녀교육 중에서 영유아교육이 어렵다고 호소합니다.

국가와 고향을 떠나 이국땅 한국에서의 정착과 생활이란 어려움의 연속입니다. 이들을 이해하는 맞춤교육이 필요합니다. 다문화사회 언어, 정서, 풍습, 놀이 등을 이해하는 것이 세계 속의 대한민국을 정착시키는 원동력이 됩니다. 이제는 이들에게 우리가 먼저 손을 내밀어야 합니다. 이들의 어려움에 동참해야 합니다. 엄마들의 언어구사 능력의 미비에서 오는 영유아들의 발문의 어려움, 어머니 나라 문화에서 오는 이중문화적 갈등, 정서적 갈등 등을 진단하여 새싹시기인 영유아기에 바르고 부족하지 않게 성장하도록 우리 보육교직원들이 도와야 합니다.

우리 경기도에서는 보육교사교육원연합회와 다문화전문특별교육과정을 개설하여 시행하고 있어 다문화가정의 영유아교육에 동참하여 선도하고 있습니다. 코로나로 인하여 경직되어 있던 다문화전문교육과정을 다시 시행하는 계기를 만들기 위해, 다문화교육에 전문적 지식을 갖고 계신 교수님들이 중심이 되어 다문화교재를 편찬하게 되었습니다. 이 교재는 다문화 영유아들의 한국사회 적응에 도움이 될 것이며, 현장에서 교육하시는 선생님들께는 다문화교육의 지침서가 될 것입니다.

집필에 수고하신 교수님들, 전폭적으로 도움을 주신 보육교사교육원연합회 김성일 회장님, 출판을 맡으신 양성원 강철원 사장님, 정책을 계획하고 시행하는 도청의 관계 공무원 등 모든 분들께 감사를 드립니다.

2023년 6월

출판위원장, 한국보육교직원보수교육협의회장 이만수

경기도보육교사교육원연합회장 김성일

차 례

CHAPTER 01

다문화가정 영유아교육과 보육교사

Chapter 01 다문화가정 영유아교육과 보육교사

● 학습목표 ●

1. 다문화교육의 의미를 알고 교육 내용과 방법을 설명할 수 있다.
2. 다문화교육에 대한 교사의 역할과 접근방법에 대해 설명할 수 있다.
3. 다문화 교육프로그램의 교수법과 지도 방법에 대해 설명할 수 있다.
4. 다문화교수 역량에 대해 알아보고 실제 프로그램의 특징을 설명할 수 있다.

사회환경의 급격한 변화로 인해 국제결혼 및 결혼이민자들이 증가하게 되었으며 다인종, 다민족이 함께하는 다문화사회로 급속히 진입하게 되었다. 이와 더불어 한국의 다양한 문화, 예술 콘텐츠 시장의 확대(K-드라마, K-팝, K-무비, K-음식, K-방역) 등으로 세계 곳곳에서 한국의 문화를 만들어 가고 있다. 국제사회에서 한국의 문화적 위상이 높아지게 되었고 코리안 드림을 꿈꾸며 한국 거주를 희망하는 외국인과 유학생이 늘어나고 있다.

우리나라 전체 인구는 감소 추세인 반면 다문화가족은 꾸준히 늘고 있다. 세계 최저 수준인 합계출산율(0.79명)이 극적으로 바뀌지 않는 한 인구 급감의 문제는 과장이 아닐 것이다. 통계청 자료에 따르면 우리나라 인구는 점차 줄어드는 반면 다문화가족은 112만 명(이하 2021년 기준)으로 증가하고 있다.

여기엔 외국인 근로자를 비롯한 한국인과 결혼한 외국인, 한국에서 결혼한 외국인, 전국 대학에서 한국 문화와 선진기술을 배우는 유학생, 북한이탈주민가족, 한국을 관광하고 탐방하는 여행객, 한류 문화를 찾아 연구하는 외국 젊은이 등 출신 성분, 국적을 구별하지 않고 다양한 세계인이 한국이라는 나라에서 생활하고 또 찾아오고 있는 것이다.

우리나라의 저출산 문제로 인구가 빠르게 감소하는 가운데 해외 인구를 유입하는 새로운 정책 수립이 대두되고 있다. 한국의 다문화교육은 다문화가정의 영유아들이 한국사회에 융화되기 위해서뿐만 아니라 자국민들의 다문화가정에 대한 이해를 위해서도 필요하다. 우리나라는 단일민족이라는 것에 자랑스러움과 자부심을 갖다 보니 외국인에 대한 배타성이 축적되어 이들에 대한 이해가 부족한 것이 사실이다. 이러한 부분을 보완하기 위해서라도 한국사회의 모든 구성원들이 다문화교육을 함께 배우고 실천해야 한다.

1. 다문화교육의 이해

1) 다문화교육의 의미

우리나라의 다문화교육(多文化敎育, Cross-cultural Training, Multi-cultural Training)을 사전에서 검색해 보면 다양한 문화, 민족, 성, 그리고 사회계층과 학습자들이 동등한 교육적 기회를 얻고, 긍정적인 문화교류 태도와 인식을 돕는 것을 목표로 하는 교육이라고 정의된다. 다문화교육을 통해서 다양한 민족 구성원들이 자신이 속하지 않은 다른 문화에 대한 편견을 줄이고 상호이해와 평등의 관계를 중시할 수 있도록 하는 지식, 태도, 가치 교육을 제공할 수 있다. 기업의 세계화와 함께 기업 내에 다양한 문화적 배경을 가진 직원들이 함께 일하는 상황이 증가됨에 따라 다문화교육의 중요성이 커지고 있다. 해외 업무를 위해 파견될 직원들과 그들의 가족들이 거주하게 될 국가의 문화와 규준을 이해시키는 등의 다문화교육 역시 중요한 주제 영역의 하나이며 이것을 다문화 학습이라고도 한다(네이버 지식백과, 다문화교육 HRD 용어사전).

국가별로 다문화교육에 대한 인식의 차이가 있는데 그 이유는 한국사회가 다문화사회로 변화되는 과정이 외국과 차이가 있기 때문이다. 따라서 한국사회에서의 다문화교육에 대한 개념 정의는 몇 가지 요소를 고려해야 한다.

첫째, 다문화교육은 한국어, 생활지도, 학습지도, 상담, 진로지도 등을 포함하며 영유아들을 대상으로 교육한다. 다문화 영유아의 유형이 다양화되면서 교육내용도 차별적으로 접근할 필요가 있다.

둘째, 다문화교육은 비다문화가정 영유아만을 대상으로 한다는 인식이 있지만, 다문화와 다문화가정 영유아 모두를 교육에 포함시킨다. 이때 다문화교육의 범위는 사회구성원 집단 간의 다양한 문제보다는 타 인종, 타 민족에 대한 편견과 차별, 인권의 문제를 다룬다. 이를 위해 다문화 이해 교육을 실시해야 하고 타 문화 이해, 문화 다양성, 문화 감수성의 교육을 포함시켜 다문화 이해 교육이라는 용어를 사용한다.

셋째, 다문화교육은 광범위적 개념으로 인권, 차별, 편견, 문화 다양성, 그리고 사회구성원 안에 내재되어 있는 성, 계층, 지역, 세대 등에도 실재하는 것이다. 이 경우에는 인종과 민족의 차원을 내포하여 요소들 간의 반편견, 반차별, 평등 등의 문제를 다룬다.

교육부에서는 다문화학생 대상 교육(맞춤형 다문화교육)과 다문화 이해 교육(일반 다문화교육)이라는 용어로 그 유형을 구분해 사용하며 '다양한 문화가 공존하는 학교 문화조성과 다문화학생의 맞춤형 교육으로 모두가 함께 더불어 살아가는 교육'으로 제시하였다. 이와 같이 다문화교육은 국가나 사회가 다문화교육을 도입하여 수행할 때, 그 배경과 당면한 교육 문제의 양상, 여러 집단의 요구, 현실적 문제에 대응하는 과정에서 다문화교육의 개념을 다양한 형식으로 풀어낸 것이다(박윤경, 2008). 따라서 다문화교육은 모두가 아울러 살아가는 교육으로 다양한 문화가 공존하는 어린이집 내 문화조성, 다문화가정 영유아를 위한 맞춤 교육으로 실시되어야 한다.

정리해 보면 다문화교육은 다른 문화에 대한 편견을 없애고, 다양한 문화집단의 사람들과 상호이해 및 평등한 관계를 중시하는 교육이다. 이와 동시에 자신이 속한 문화에 대한 긍정적인 정체성 확립으로 집단들의 문화가 동등하고 가치로운 것임을 인식하는 지식, 태도, 가치를 확립하는 것이다. 궁극적으로 다문화교육은 여러 문화가 공존하는 사회에서 모든 구성원을 대상으로 다양성을 인정하며 실천하는 교육과정 전반을 개혁하는 것이며, 문화적 차이를 지닌 학생들이 평등한 성취 기회를 가질 수 있도록 교육 구조를 개혁하는 모든 교육적 활동과 과정을 뜻하는 것이다.

2) 다문화교육의 필요성

오늘날 국제사회는 기술, 물질적 측면의 발전에 의해 급속도로 변화하였으며 본격적으로 국제화, 세계화 시대가 도래하며 자국의 경계 안에서 같은 민족끼리만 공동체를 유지하는 것은 불가능하게 되었다. 이제 지구촌화는 필수 요소가 되었으며 이러한 맥락에서 다문화교육은 필연적인 과정이라고 할 수 있다. 국제사회에서 교육환경의 변화와는 밀접한 관계를 갖고 있기 때문에 다문화사회에 첫발을 내딛는 영유아들에게 다문화교육과정에 대한 필요성이 강화되고 있다. 현재는 다문화가정의 자녀들도 동일한 교육을 받을 수 있도록 하는 법적 근거가 있고, 2002년 3월부터 불법체류자의 자녀라 할지라도 '거주사실 증명서'만 있으면 취학할 수 있도록 입학 절차가 완화되었다. 그러나 이들을 위한 체계적인 교육서비스나 대처는 미흡한 실정이다. 따라서 다문화교육의 부재로 인한 교육 소외 상황을 방지하고, 이에 따른 문제를 최소화하기 위한 교육적 제도 마련이 시급하다. 또한 세계화 시대의 다문화사회에서 민족 정체성을 갖고 진취적이고 융통성 있게 생활하기 위해서는 자신의 주체성을 지키고 다른 문화를 존중하는 마음과 태도를 기르는 것이 필수적이다. 사회에 팽배해 있는 불평등을 개선하고 다문화가정 자녀들의 교육권을 보장하여 모든 구성원들이 동행하며 살아가는 열린 사회를 만들기 위해 다문화교육이 필요하다고 할 수 있으며 다음과 같이 분류할 수 있다.

첫째, 사회통합과 성숙한 다문화사회를 대비하기 위함이다. 다문화가정의 사회

구성원의 삶의 방식, 태도에서 겪게 되는 문제들을 해결하기 위한 방법적 접근이다.

둘째, 글로벌 사회를 대비하는 역량 증진을 위한 것이다. 미래 사회는 열린 사고와 창의성을 바탕으로 타인과 의사소통하며 상호 협력하는 능력이 필요하다. 따라서 모든 영유아들에게 다른 문화, 인종 등에 대한 이해와 수용, 차이를 받아들이고 활용하는 역량과 시민의식을 교육해야 한다.

셋째, 글로벌 인재를 배출하기 위해 다문화교육이 필요하다. 다문화 영유아들이 소외되지 않고 자신이 가진 역량과 기량을 발휘하여 사회의 인재로 성장할 수 있도록 협력하며 적응을 위한 교육, 필요가 있는 곳에 지원하는 교육의 의미를 담고 있다.

3) 다문화교육의 성격

다문화교육의 성격은 다문화에 대한 정의나 필요성과 유사한 성격을 지니고 있다. 첫째, 다문화교육은 서로 다른 인종과 언어, 성, 계층 등을 존중하고 이해하여 여러 문화 속에서 공동의 목표를 향해 공생할 수 있도록 의사소통할 수 있는 기술, 지식, 태도를 준비하는 교육이다. 둘째, 다문화교육은 다양한 배경을 가진 학생들이 상대방의 문화 전통을 상호이해하고 인간의 진보 가능성, 존엄성 그리고 평등 증진에 도움을 주는 교육이다. 셋째, 다문화교육은 다양한 공동체 문화를 이해하는 능력과 문화적 가치를 존중하는 자세를 기르고, 문화적 차이로 발생될 수 있는 편견 및 갈등 문제에 적극적으로 대처하며 상호 소통을 통해 원만한 관계를 형성할 수 있도록 하는 교육이다. 넷째, 다문화교육은 영유아들에게 다른 사람이나 집단의 사고방식 및 생활방식을 이해시켜 타 문화에 대한 존중감과 감수성을 증진시키고 나아가 고정관념에 의존하지 않는 독립적인 판단 및 자아비판 능력을 함양하는 교육이다. 다섯째, 다문화교육은 사회에서의 차별적 요소를 거부하고 다원주의를 용인하며 지지하는 교육이다. 사회 내에서 다양한 문화가 존재한다는 것을 인정하고 이러한 차이는 제거하는 것이 아닌 가치 있는 것임을 인지시키는 교육이어야 한다. 여섯째, 다문화교육은 소수 민족의 정착을 위한 제도나 문화 지식 습득에 한정되지 않고 특정 집단이 아닌 모두를 위한 교육이며, 여러 문화와 민족이 공존하는 사회의 구성원으로서 그 역할을 이행할 수 있도록 돕는 교육이다. 일곱째, 다문화교육은 사회 내에 존재하는 모든 민족의 평등적 교육 보장을 목표로, 모든 영유아들을 위해 학습 기회를 충분히 제공하고 교육과 사회 제도 속에서 문화적 다양성을 옹호할 수 있도록 종합적인 접근이 이루어져야 한다. 이처럼 다문화교육은 균등한 교육기회, 불평등, 편견 및 차별에 대한 도전, 다양한 문화의 가치에 대한 존중, 공존을 위한 시민교육 등 다양한 의미를 반영하고 있다.

4) 다문화교육의 방향

다문화교육은 민주주의 이념에 기초한 다양한 가치와 사고방식들이 포함되어 있기 때문에 다양한 견해가 존재할 수 있다. 다문화교육에 대한 학자들의 의견도 다양한데 권순희, 박상준 등(2010)이 제시한 내용을 참고로 살펴보면 다음과 같다.

첫째, 다문화교육은 종합적 내용을 다루어야 한다. 기존의 학습 부진이나 정체성 확립, 적응 교육에 대한 관점에서 다문화사회에 대한 종합적인 이해 교육으로 대상과 구간을 확대해야 한다. 둘째, 다문화교육의 학생, 학부모, 지역주민 모두를 교육 대상에 포함시킨다. 모든 사회구성원들이 참여하여 인권 존중 및 인권 의식 성장에 도움을 주는 교육이어야 한다. 셋째, 다문화교육은 보호 대상을 위한 교육이 아닌, 사회구성원의 역량을 강화하는 교육이 되어야 하며 구성원들의 요구가 교육정책 및 프로그램 운영에 반영되어야 한다. 넷째, 다문화교육은 현재보다 미래의 논점에서 변화와 발전이 이루어질 수 있도록 해야 하며 관련 구성원들의 인권이 보장되어야 한다. 다섯째, 다문화교육의 교육과정을 전문화시키는 것뿐만 아니라 교사들이 다문화 인식력을 기를 수 있도록 해야 한다. 즉, 다문화교육 담당자의 전문성을 강화하는 것이 필요하다. 여섯째, 다문화교육은 장기적 관점에서 프로그램 개발과 교육이 실시되어야 한다.

2. 다문화교육의 내용과 방법

1) 다문화교육의 목표

뱅크스(Banks, 2008) 주장을 바탕으로 이형하 등(2015)은 다문화교육 목표를 다음과 같이 제시하였다. 첫째, 다문화교육은 다른 문화의 관점에서 스스로를 되돌아봄으로써 자신에 대한 깊은 이해를 하는 것을 목표로 한다. 다문화교육을 통해 개인에게 역사, 문화에 대한 여러 가지 관점이 있음을 자각하게 하는 것으로, 개인들은 다문화교육을 통해 자신이 속한 집단과 주류 사회의 문화, 다른 문화를 이해하고 그 속에서 효과적인 기능을 하며 살아가는 방법을 터득하는 것이다. 둘째, 다문화교육의 목표는 다른 문화와의 관계, 존중, 이해를 바탕으로 학생들에게 문화적 · 언어적 · 종족적 대안을 제시한다. 셋째, 다문화교육은 특정 민족, 인종 집단의 구성원들이 신체적 · 문화적 특징 때문에 겪어야 하는 어려움과 차별을 줄이는 것을 목표로 한다. 넷째, 다문화교육은 다양한 구성원들이 속한 공동체에서 각자의 역할을 하는 데 필요한 것을 가르치는 것이다. 예를 들면, 세계화된 상황 속에서 상호 소통하며 살아가는 데 필요한 읽고 쓰기의 기능과 수리적 능력을 습득하도록 한다. 다섯째, 다문화교육은 다양한 언어, 인종, 문화, 종교집단의 학생들이 자신이 속한 문화공동체, 국가 시민공동체, 지역 문화, 전 지구 공동체에서의 역할 수행에 필요한 지식과 기능, 가치와 자세를 습득하는 것을 목표로 한다. 이처럼 다문화교육은 자신에 대한 이해, 다양한 대안의 제시, 지식과 기능, 상호 소통, 그리고 고통과 차별의 감소, 가치와 태도를 습득하는 것 등을 목표로 한다.

2) 다문화교육 내용

다문화교육의 교육 목표를 달성하기 위해서는 어떤 내용적 요소들을 선정해야 하는지, 체계적인 구조화 작업이 이루어지는지를 확인해야 한다. 다양한 학자들마다 다문화교육의 내용을 다르게 제시하고 있으며 다문화교육을 가장 넓은 개념으로 이해하고 있다. 이들이 제시하는 다문화교육 내용 요소는 다양한데, 예를 들면 다문화, 주류문화, 소문화, 문제해결력, 인종, 민족성, 성, 예외성, 사회경제적 지위, 연령, 언어, 지리적 지역, 정체성 형성, 고정관념, 사회적 계층, 종교, 국적, 종족, 문화, 다양성, 평등성, 무능력, 협력, 편견, 정체성 형성, 집단의 이름, 민족과 인종, 불평등, 지식, 기술, 태도, 능력, 가족 구성, 인과관계, 수정, 충동, 외모, 힘, 전통, 사회적 조절, 문화적 변화, 가치, 상호의존 등이 있다. 중앙다문화교육센터(2019)에서는 다문화교육 영역으로 문화, 협력, 반편견, 정체성, 평등성, 다양성으로 제시하였다(〈표 1-1〉 참조).

〈표 1-1〉 다문화교육 하위 영역별 의미

영역	의미
문화	• 문화 간의 유사점과 차이점의 특징을 알고 각 문화에 대한 이해 및 존중심을 기르며 문화 간 긍정적인 태도 발달시키기
협력	• 다양한 사람들과 상호작용 및 협동 능력을 증진하기
반편견	• 선입견, 편견, 고정관념, 차별대우에 대한 비판적 사고를 형성하고 문제상황에 대처하는 능력을 기르기
정체성	• 긍정적 개념을 기르고 정체감을 형성하기
평등성	• 국가, 민족, 성, 능력, 계층에 대한 긍정적인 태도를 가지고 인간이 평등하다는 가치를 형성하기
다양성	• 다양한 개인과 집단의 존재를 인정하고 다양성을 존중하는 마음 갖기

출처: 중앙다문화교육센터(2019).

어린이집 현장에서는 사회극놀이나 세계 전통놀이 등을 통해 다문화교육을 수행할 수 있지만, 현재 다문화교육의 주요 내용으로는 반편견, 문화 다양성, 인권,

문화 감수성 등이 다루어지고 있으며 이들의 내용은 다음과 같다.

(1) 반편견 교육

① 의미

편견은 공정하지 못하고 한쪽으로 치우친 생각을 말한다. 편견은 독립적이고 이성적 사고가 발달하기 이전 단계에서 개인이 속하고 있는 집단의 영향을 받아 형성된다. 편견이 형성되어 고착화되면 정보를 받아들일 때 옳고 그름을 판단하기 어렵고 자기방어적 논리로 정교해진다. 따라서 반편견 교육의 접근에서는 편견의 의식과 태도를 갖지 않도록 하는 것이 필요하다. 성, 인종, 장애, 외모, 계층에 대한 고정관념 없이 모든 인간을 인정하며 존중하는 형태여야 한다. 또한 고정관념적 사고에서 벗어나 불평등 사회에 대응하고 그 사회를 변화시킬 수 있도록 준비시키는 것이 필요하다.

② 교육 목표

반편견 교육의 목표는, 첫째, 폭넓고 긍정적인 자아정체성을 형성하고 모든 인간의 다양성을 인정해야 한다. 둘째, 불공정한 상황에 직면할 때 그에 맞설 수 있는 비판적 사고와 기능이 발달할 수 있도록 해야 한다. 셋째, 고정관념을 제거하고 차이와 다양성 및 그 가치를 인정할 수 있는 능력을 길러야 한다. 넷째, 타인과 자연스럽고 편안하게 공감적 상호작용을 할 수 있는 능력을 발달시켜야 한다.

③ 교육 내용

반편견 교육의 내용으로는 다문화가정에 대한 편견 및 부정적인 이미지, 인종주의적 편견과 차별 없애기, 이질적 외모에 대한 거부감 및 편견 해소하기와 성, 장애, 종교 등 다양한 집단에 대한 편견 없애기 등을 들 수 있다(〈표 1-2〉 참조).

〈표 1-2〉 반편견 교육의 내용

주제	하위범주	내용
민족의 차이점과 공통점	인종, 긍정적 자아 (민족적 정체성)	• 민족의 차이점/공통점 인식 • 유전적, 신체적 특징(피부, 눈 색깔), 자아정체성
능력	재능, 장애, 편견에 대응하기, 다른 사람 이해, 의사전달 방법	• 편견에 대응하는 것 • 자신의 타인에 대한 존중 및 가치
성 정체성	역할, 성 행동, 양성성	• 정형화되지 않은 성 역할과 행동, 양성성
문화적 유사성과 차이점	다문화, 문화 간 유사점과 차이점	• 다양한 문화의 독특성과 유사점 · 차이점, 삶의 방식으로서 특별한 날들, 기념일, 습관, 언어 등 포함
고정관념과 차별적 행동	가족, 계층, 신념, 편견, 연령, 외모	• 다양한 가족구조와 역할, 사회적 · 경제적 계층, 종교, 연령 및 세대 간의 차이, 그리고 외모에 대한 고정관념과 차별적 행동
기타	문제해결, 협동	

출처: 이범용(2012).

(2) 문화의 다양성

① 의미

문화 다양성이란 집단과 사회의 문화가 집단과 사회 간 그리고 집단과 사회 내에 전해지는 다양한 방식으로 표현되는 것을 의미한다. 문화는 본래 다양성을 전제로 하는데 나름의 합리성과 타당성이 존재한다는 점에서 어떤 특정 기준으로 문화의 우열을 평가할 수 없다. 이것을 문화 상대주의라고 한다. 그러므로 문화 다양성 교육은 차이 및 다양성의 상태와 가치에 대한 이해를 바탕으로 서로 다른 생활양식에 대한 감수성을 획득하고 타 집단이나 사회와의 대화와 소통에 참여할 수 있는 능력을 기르는 교육이다(설규주, 2012). 다문화교육이 다양한 문화 속에서 조화로운 공존을 강조한다면, 문화 다양성 교육은 사회통합 이전에 문화의 본질, 상대적 가치 등을 주장하며, 각기 다른 문화의 가치를 함께 인정하는 것이 중요하다.

② 교육 목표

문화 다양성 교육은 문화 간의 다양성의 의미를 올바르게 파악하고 이것을 바탕으로 다양성이 증가하는 원인과 상태를 파악하며, 다양한 문화에 대한 감수성과 존중하는 태도를 갖춰 문화 다양성의 보호와 공생을 실천하는 것을 목표로 한다.

③ 교육 내용

문화 다양성과 관련된 교육내용은 여러 가지가 있다. 다문화교육을 실천하고 있는 학교들을 대상으로 한 조사 결과는 다음과 같다.

첫째, 다양성을 인정하는 교육으로 문화(인종, 사회계층, 성, 종교, 이념, 장애 등)의 다양성 이해하기, 세계의 다양한 문화가 존재함을 인식하기, 다양한 배경을 가진 사람들에 대한 긍정적 태도 형성하기, 문화적 다양성에 대한 긍정적 태도 함양하기, 한국사회 내부의 문화적 다양성 이해하기 등이 있다.

둘째, 자민족 중심주의에서 벗어나야 한다. 주요 내용으로는 자민족 중심주의적 사고 및 행동 파악하기, 자민족 중심주의 문제점 인식하기, 타 문화를 인정하고 수용하기, 상반된 사고방식 인정하기 등이다.

셋째, 다양한 관점의 습득을 위한 내용이다. 즉, 사건, 주제, 문제를 다양한 시각에서 이해하기, 타 문화의 관점에서 자기문화 조망하기, 소수집단의 관점으로 국내문제 인식하기, 문화 상대주의적인 관점으로 타 문화 바라보기, 지역사회나 국내에서 일어나는 사건을 다양한 시각에서 이해하기 등이다(〈표 1-3〉 참조).

〈표 1-3〉 문화의 다양성 교육과정 내용 체계

내용영역	핵심가치	핵심내용
문화의 의미와 특징	차이	• 문화의 의미, 문화의 특징(보편성, 다양성), 다양한 하위문화
	존중	
문화 다양성 요소	문화적 민감성	• 인종(민족), 성, 신체, 계층, 지역, 종교, 연령 등
	존중	

내용영역	핵심가치	핵심내용
문화 다양성의 확산	연대, 협력, 상호의존성	• 지구적 차원의 변화: 세계화로 인한 변화 양상(지구적 차원이 다원화, 교류 확대 등), 한국사회의 변화: 한국사회의 다문화로 인한 변화 양상(한국사회 내부의 다원화, 세분화, 외부 인구 유입 등)
	문화적 민감성	
문화 다양성 인정과 존중	인권, 정의	• 문화적 차이에 대한 차별의 문제점 분석 및 해소 방안 모색, 문화 다양성 인정 및 존중 방안 모색 및 실천
	대화, 관용	
	존중, 공존	
	시민성	

출처: 설규주(2012).

3. 교사의 역할

1) 다문화교육에서의 요구되는 교사의 역할

다문화교육은 모든 영유아들이 인종, 문화, 사회계층, 종교에 따라 차별받지 않고, 스스로 다름을 인지하고 존중하는 자세를 가르치는 교육이다. 그러므로 다문화교육은 다문화가정 영유아들이 태어날 때부터 갖고 있는 문화적 다양성과 이질성이 수용되고 존중되는 상황 속에서 이루어져야 한다.

다문화가정 영유아들은 보편적으로 동정받는 대상이 아니라, 사회적 관계에서 상호 이해 및 평화, 대등함을 누릴 수 있는 권리를 지니고 있다. 이러한 의식 변화가 정책과 제도에 녹아들 때 어린이집 현장에서는 보다 빠르게 다문화교육이 이루어질 수 있다. 따라서 다문화교육은 단편적으로 일시적이거나 특별교육으로 해결되는 것이 아니라, 사회 전반의 변화와 다양성에 기반을 둔 교육과정 및 교육환경을 포괄하는 전체적이고 통합적인 교육개혁의 의미를 동반한다. 즉, 다문화교육은 교육기관에 종사하고 있는 사람들의 자세와 인식에서부터 구체적인 교수법의 적용에 이르기까지 교육 분야의 총체적 변화를 통해 민주사회의 '공평한 교육'

이라는 기본적 교육 가치를 달성하고자 하는 것이다. 다문화가정 구성원들이 언어와 한국사회에 적응하도록 돕는 것과 주류집단의 다문화 수용 태도를 증진시키는 과정 역시 '교육'을 통해 달성된다는 점에서 어린이집의 교육은 중요하며, 영유아들에게 다문화교육을 위한 환경을 만들어 제공하고 이를 위한 실질적 활동을 제공하는 사람이 교사라는 점에서 이들의 역할이 중요하다고 할 수 있다.

어린이집에서 다문화교육이 성공을 이루기 위해서는 교사의 다문화적 능력이 요구된다. 교사의 다문화적 능력이란 교사가 갖고 있는 다문화에 대한 소신, 가치, 태도와 다문화와 관련된 풍부한 견문과 교수법을 의미하는 것으로, 열린 마음, 세계적 관점에 대한 지식, 문화집단에 관련된 지식, 민족 집단 간의 다양성 및 인정 등을 포함한다. 또한 의도적인 의사소통(언어, 표정, 몸짓), 비의도적인 단서(무의식적 몸짓), 자신의 문화와 다른 문화 형태의 관습을 해석할 수 있는 능력(장인실 외, 2016) 등도 중요하다. 교사의 다문화적인 능력은 한순간에 길러지는 것은 아니므로 다문화적인 능력을 가진 교사가 되기 위해서는 장기적인 노력이 요구된다. 즉, 교사가 다문화에 대해서 어떻게 인식하고 이해하느냐에 따라 수업의 내용과 질이 달라지고 결과가 달라질 수 있다. 가이(Gay, 2000)도 다문화교육 프로그램을 실행하는 교사의 역할을 크게 세 가지로 정의하였는데, 첫째, 다문화교육 내용이 다양한 지식, 경험, 문화 등을 포함할 수 있도록 하는 문화조직자(cutural organizer), 둘째, 서로 다른 문화집단 학생들이 학습 과정에서 효과적으로 의사소통할 수 있도록 돕는 문화매개자(cutural mediator), 셋째, 서로 다른 구성원들의 학습에 효과적인 다양한 학습환경을 조성하는 사회적 맥락의 조정자(orchestrator of social contexts)로 구분하였다. 영유아들은 교사를 통해서 타인과 상호작용하고 협력하는 것을 배우기도 하고, 타인에 대한 편견이나 고정관념을 형성하기도 한다. 즉, 교사가 교육 중에서 다문화 영유아를 긍정적 시선으로 보게 되면 다른 영유아들 또한 다문화가정 영유아에 대한 긍정적 자세를 가질 가능성이 높다.

이처럼 교사의 자세나 행동은 의식적이든지 무의식적이든지 간에 영유아들의 자세나 행동에 영향을 준다는 점에서 교사의 인식과 태도는 중요하다. 교사는 다문화교육을 성공적으로 실천하고, 영유아들이 다문화에 대한 수용적 태도를 함양하는 데 중요한 변인이 된다.

영유아를 지도하는 교사들의 다문화사회에 대한 인식은 다문화보육과정의 계획 및 실행뿐 아니라 영유아와의 상호작용에도 중요한 영향을 미친다. 영유아는 다양한 문화에 대한 이해, 자세, 관점 등을 형성하는 데 있어 민감한 영향력을 받는 시기이며, 타인을 탐색하는 과정에서 인종, 사회적 계층, 민족성 등에 대한 고정관념이나 편견이 형성될 수 있다(노성향, 박장희, 2013). 영유아의 다문화 인식에 영향을 미치는 중요한 변인 중 하나는 교사이기 때문에(이강훈, 2016) 교사는 정기적으로 다문화 인식을 점검해 보아야 한다(〈표 1-4〉 참조).

〈표 1-4〉 **보육교사의 다문화 인식**

1. 전혀 아니다.	2. 아니다.	3. 보통이다.	4. 그렇다.	5. 매우 그렇다.

문항	1	2	3	4	5
1. 나는 다양한 외국문화를 접할 수 있는 기회를 가지려고 노력한다.					
2. 나는 다른 나라 사람을 만나면 항상 그 나라에 대하여 내가 알지 못하는 것을 알려고 한다.					
3. 나는 다른 나라 사람이 이웃에 사는 것을 환영한다.					
4. 나는 외국의 풍습을 이해하려고 노력한다.					
5. 나는 다른 나라 사람을 알고 지내고 싶다.					
6. 나는 다른 나라 사람을 만나면 잘 이울릴 수 있다.					
7. 나는 다른 나라 사람과 만날 때 사교적이다.					
8. 나는 다른 나라 사람과 함께 있는 것을 좋아하지 않는다.					
9. 나는 다른 나라 사람과 만나는 것을 좋아한다.					
10. 나는 민족마다 표현에 차이가 있다고 생각한다.					
11. 학교 교육에서 문화적 다양성을 격려하는 것은 중요하다.					
12. 나는 다른 나라 사람의 행동방식을 존중한다.					
13. 한 개인의 직업윤리는 그가 자라 온 문화와 관련된다고 생각한다.					
14. 나는 다른 나라 사람들이 그들의 방식으로 자녀를 기르는 것이 좋다고 생각한다.					
0~14점: 매우 낮다/15~28점: 낮다/29~42점: 평균 수준/43~56점: 높다/57~70점: 매우 높다.					

출처: 유효순, 이채호(2011).

문화적으로 다양해지고 있는 영유아를 지도하기 위하여 교사는 문화적 역량을 보다 강화할 필요가 있다. 문화적 역량(culture competence)은 지식, 태도, 신념, 기술의 복합적인 통합을 말하며, 문화 간 의사소통 및 다른 사람들과의 적절하고 효과적인 상호작용을 증진시키는, 그 사람과 다른 문화의 사람들과의 조우를 의미한다(American Academy of Nursing, 1992). 윤갑정과 김미정(2008)은 영유아 교사의 문화적 역량에 대한 방향으로 다문화교육에 대한 자신의 편견 검토, 자신의 문화적 전통 이해, 문화적 역량을 실천할 수 있는 적절한 교수법, 개별 영유아에 대해 관심과 배우는 자세, 다문화교육 프로그램 개발과 적용, 평가 능력, 다문화에 대한 자각과 민감성, 자발성, 문화적 행위자 등을 갖춰야 한다고 보았다. 교사들의 문화적 역량을 강화하는 것은 결정적으로 영유아들의 다문화교육에 영향을 미치게 된다. 다문화가정 영유아의 교육을 위해서는 교사의 역할과 인식이 중요하며, 다문화가정 영유아 교직원의 역량과 자세를 한국보육진흥원(2017)에서는 8가지로 정의하였다.

첫째, 다양함에 대한 수용과 긍정적인 자세를 가져야 한다. 다문화교육의 목적이 수용과 긍정적인 태도, 행동, 인식을 갖도록 하는 것이 기본이므로 모두가 다름을 이해하고 존중받을 수 있게 알려 주도록 한다.

둘째, 편견에 대해 비판적인 사고를 할 수 있는 역할을 수행해야 한다. 교사는 반드시 본인의 편견의 영역을 살펴본 후 다문화교육을 실시해야 한다. 특히 영유아가 신체나 생활의 차이에 대한 편견을 갖지 않도록 지도해야 한다.

셋째, 연령과 발달 수준에 맞는 활동들을 균형 있게 전개해야 한다. 교사가 담당하고 있는 다문화가정 영유아 및 비다문화가정 영유아들이 함께 통합할 수 있는 활동을 계획하되, 영유아들의 연령과 발달수준을 고려해야 한다.

넷째, 언어발달을 촉진할 수 있는 적극적인 상호작용의 자세가 필요하다. 놀이나 개별 활동을 통해 다문화가정 영유아들의 미숙한 언어발달을 촉진할 수 있는 기회로 적극적인 상호작용의 역할이 중요하다.

다섯째, 영유아와 부모에 대한 다문화통합교육에 대한 이해를 증진시킨다. 교사는 영유아와 그 부모들의 다문화적 인식 개선을 위해 노력해야 한다. 비다문화가정 부모와 영유아에게 다문화통합교육에 대한 이해를 높임으로써 다문화에 대한 인식이 전환될 것이다.

여섯째, 다양한 문화를 이해할 수 있는 환경을 구성하는 것이 좋다. 교실 내에 영유아가 보는 환경은 영유아들에게 주제에 대한 좋은 인상을 전달해 주는 역할을 하므로 모든 영유아, 가족 및 지역사회의 가치가 포함되고 존중받고 있음을 보여 주어야 한다. 다문화가정 영유아는 자신의 문화에 대해 자부심을 가지며 다른 문화를 이해하고 존중할 수 있는 기회가 마련될 것이다.

일곱째, 서로 다른 문화를 상호존중하는 자세가 필요하다. 교사는 하루일과 속에서 가정과 어린이집, 아이들과의 문화가 서로 다를 수 있으므로 다문화에 대한 상호 존중하는 방법으로 문화적 갈등을 해결해 주는 것이 중요하다.

여덟째, 지역사회와 연계하여 지원서비스를 받을 수 있도록 한다. 다문화가정에 필요한 다양한 정보를 확보하고, 지역 내 기관(예: 다문화가족센터)과의 협력 및 네트워크 관계를 구축하여 적재적소에 대상자를 연계할 수 있도록 한다.

2) 교사의 역할수행을 위한 다문화 교사교육의 필요성

교사교육은 다양한 문화 배경을 지닌 영유아들을 교육하기 위한 교사를 육성해야 하는 과제를 지니고 있으며 이러한 필요성은 오랫동안 제기되어 왔다. 다문화 교사교육은 다문화교육의 목표에 헌신하며, 이를 실현할 수 있는 능력을 가진 교사 육성을 의미한다. 다문화의 오랜 역사를 지닌 미국의 경우, 교원교육인증위원회는 1978년 이래 다문화적 관점에서 가르칠 수 있는 교사의 양성 과정을 교사교육프로그램 평가 기준의 하나로 설정하고 있다. 또한 예비교사 및 현직에 있는 교사들이 교수-학습 과정에서 다양성과 동등함의 역할을 이해할 수 있도록 다문화 학급에서의 현장 경험과 임상 실습 이수를 권고하고 있다.

점차 대한민국의 인구 구성이 다양해지고 있으며 학급에서 다문화적 변화가 늘어남에 따라 구성도 다양화되고 있다. 이에 일부 교육 현장에서는 소수의 교사들이 주도적으로 활동하기도 하지만 그 수가 적고 지역적 편차도 큰 실정이다. 여전히 다문화 영유아 지도를 위한 다문화교육에 대한 지식과 경험 부족, 예비교사 및 현직 교사를 위한 다문화 프로그램 정보제공이 효과적으로 이루어지지 않는 실정이다. 따라서 교사들의 다양한 필요에 기반한 다문화교육 전문연수, 다문화 교육 현장에서 실행 가능한 체험 활동, 실습 위주의 교육과정과 자료들에 대한 요구가 늘어 가고 있다.

교사들이 다문화교육에서 필요로 하는 역할을 수행하기 위한 자질을 갖추기 위해서는 교사교육과정을 의도적이고 적극적인 기회로 제공해야 한다. 교사교육 과정에서의 경험이 교사의 차후 인식 및 태도에 가장 강력한 영향을 미친다는 점에 미루어 볼 때 교사 양성기관의 정규교육 과정에 다문화 교사교육을 필수로 포함시키는 것은 가장 우선적 과제라고 여겨진다. 다문화 교사교육에서 교사의 신념, 지식, 태도, 기능 면에서의 변화를 고루 반영하고 있도록 다음과 같은 점을 강조하고 있다(Banks, 2002; Pang, 1994; 박윤경 외, 2008). 첫째, 교사들이 자신의 문화적 특성을 이해함으로써, 교사 자신의 문화를 상대화하고 여러 문화집단 중 일원으로서 자신을 위치할 수 있도록 한다. 둘째, 다양한 문화집단에 대한 태도를 드러내어 교사들이 다른 문화집단에 대해 가지고 있는 오해를 확인할 수 있어야 한다. 셋째, 다양한 문화집단의 역사와 문화에 대한 지식을 습득하고 서로 다른 문화집단들의 다양한 관점에 익숙해질 수 있어야 한다. 넷째, 자신의 교실에서 모든 영유아들에게 공평한 학업성취 기회를 제공할 수 있는 교육적 전략을 익히고 익숙해져야 한다. 더불어 다문화교육 목표를 달성하기 위해 교육내용 및 교수학습 자료의 선정, 교수전략의 선택, 교실 문화 및 환경 조성, 또래 관계의 조정, 교사와 영유아, 학부모와의 관계형성 등과 관한 역할들을 수행할 수 있는 역량을 위한 이론 및 사례공유, 체험, 실습 등을 겸행한 전문교사 교육이 필요하다.

4. 다문화교육 접근방법

1) 다문화교육을 위한 수업 설계 구성요소

다문화교육은 복합적이고 다차원적으로 진행된다(Banks, 2008; 최충옥 외, 2010 재인용). 다문화교육을 위한 수업 설계에서 고려해야 할 것을 다섯 가지 차원의 요소로 정의하고 있다.

첫째, 내용 통합(content integration)이다. 내용 통합이란 교육과정을 구성하거나 교육 자료를 선정할 때 다양한 문화 및 집단과 관련된 사례와 내용을 추출하여 활용하는 것과 관련된 영역으로 여러 집단의 정보를 참고해 활용하는 정도를 말한다. 다문화교육에서는 사회의 다양한 집단과 구성원의 역사, 문화, 가치와 관련된 내용을 교육과정에 반영하고자 한다. 다문화교육의 관심 범위를 가장 좁게 설정할 때 흔히 내용 통합을 떠올린다. 이로 인해 다문화교육과는 관련이 없다는 오해가 발생하기도 한다. 이 영역에서는 교육과정과 교과서의 내용 선정 및 내용 통합 방식에 관심을 갖는다.

둘째, 지식구성과정(knowledge construction process)으로, 이는 다문화 수업에서 많은 비중을 차지하고 있다. 지식구성과정 영역은 지식이 만들어지는 과정에 지식 생산자들의 암묵적 문화적 가정, 관점 및 편견들이 영향을 미친다는 사실을 인지하고 지식에 대한 비판적 해석 능력을 개발하는 것과 관련된 영역이다. 다문화교육에서는 지식이 중립적이지 않으며 한 사회 내의 권력 관계를 반영하여 구성되는 것이라고 본다. 예를 들어, 콜럼

버스의 신대륙 발견을 개척자들의 시각뿐만이 아니라 아메리카 원주민의 관점에서 재해석하게 하는 수업을 통해 지식의 가치 내재적인 속성을 비판적으로 인식하도록 도울 수 있다. 이를 통해 지식의 복수성(mntipicity)을 이해할 수 있을 뿐만 아니라, 하나의 사회 현상에 대해서 입장에 따라 다수의 다른 시각이 존재할 수 있다는 점을 이해하는 데 도움을 받을 수 있다(박윤경, 2008: 102).

셋째, 편견 감소(prejudice reduction)이다. 영유아들이 보다 긍정적으로 인종적 · 민족적 태도를 습득할 수 있도록 하는 데 활용될 수 있는 전략을 뜻한다. 그간의 연구에 따르면 흑인, 백인, 멕시코계 영유아들은 4세가 되면 인종적 차이를 자각하며, 종종 백인 우호적인 태도를 보인다고 한다. 어린이집에서는 영유아에게 민족적 · 인종적 집단에 대한 실제적 이미지를 일상생활에서 지속적이며 자연스럽게 통합된 방법으로 제시한다면 긍정적 인종 태도를 형성하는 데 도움이 된다. 영유아들이 문화적으로 다양한 것들을 경험하고, 다문화가정 영유아들과 협동 학습에 참여하게 되면 바람직한 인종적 태도를 형성하는 데 도움을 줄 수 있다.

넷째, 공평한 교수법(equity pedagogy)이다. 소수집단의 학업성취를 돕기 위해 집단의 특성을 반영하는 방향으로 교사의 교수법을 수정하는 것과 관련된 영역이다. 즉, 다양한 집단의 학습 특징과 문화적 특징을 반영하여 그에 적합한 교수 기법을 사용하는 것이 학업성취에 긍정적 효과를 줄 수 있다는 것이 검증되고 있다. 즉, 교사가 수업에서 문화적 배경을 알고 이에 적합한 교수 방법을 사용하면 다양한 문화 · 언어 집단에서 온 영유아들의 참여도와 학업 성취도를 향상시킬 수 있다.

다섯째, 영유아의 역량을 강화하는 어린이집문화의 개선(empowering school culture)이다. 다양한 배경을 지닌 영유아들이 어린이집에서 교육적 평등과 문화적 능력을 경험할 수 있도록 어린이집의 문화와 조직을 재구조화하는 과정이다. 어린이집이 다문화적인 공간으로 변화되기 위해서는, ① 교직원의 태도, 인식, 신념 및 행동, ② 공식적인 교육과정 및 교과 내용,

③ 어린이집이 선호하는 교수학습 방법, ④ 어린이집 언어, ⑤ 교수학습 자료, ⑥ 평가 절차, ⑦ 어린이집문화와 잠재적 교육과정, ⑧ 상담 프로그램 등에 대한 점검과 개선이 필요하다(Banks, 2002: 18-20).

2) 다문화교육의 접근방법

다문화교육의 접근방법으로 설규주(2003)는, 첫째, 문화적 요소를 통한 접근방법으로 음식, 복장, 축제, 풍습 등을 통해 문화의 다양성에 대한 호기심을 자극하는 방법을 제시하였다. 둘째, 역사적 소재를 통한 접근방법으로 역사적 사건과 경험 및 작품을 소재로 문화를 이해하는 방법이다. 셋째, 초국가적 쟁점을 통합 접근방법을 인류가 해결해야 할 환경, 평화, 빈곤 등을 중심으로 학습하는 방법으로 제시하고 있으며, 뱅크스(2004)는 다문화교육에 대한 접근방법으로 기여적 접근, 부가적 접근, 변혁적 접근, 사회행동의 접근방법으로 제시하고 있다.

기여적 접근(contributional approach)	
특징	소수집단의 영웅이나 명절, 문화적 요소에 맞추는 것으로 인종적 영웅과 각각 문화적 유물을 교육과정에 삽입함으로써 수업의 흥미를 높인다.
방법	기념일, 축제, 음식, 춤, 음악과 같은 문화적 요소에 관한 내용을 교육과정에 일부 포함, 특정, 일주에만 이벤트화하여 학습한다. 예) 민속의상(치파오, 기모노, 사리, 한복 등)과 세계의 신발(게다, 짚신, 모카신 등)
강점	인종 및 문화 등 내용을 교육과정에 삽입하는 비교적 쉽고 빠르고 위협적이지 않은 방식으로 다문화적 요소를 첨가할 수 있다.
문제점	민족에 대한 내용에 대해 피상적 이해와 고정관념, 왜곡 강화 우려와 인종차별, 빈곤, 억압과 같은 무거운 이슈는 기피, 종종 상위단계로의 진화 및 변화를 이끌어 내지 못할 우려가 있다.
부가적 접근(additive approach)	
특징	교육과정의 기본적인 구조나 목표, 특성을 변화시키지 않으면서 소수집단과 관련된 내용, 개념, 주제, 관점을 교육과정에 부과하는 것이다.

방법	핵심 교육과정은 그대로 두지만, 특정 민족 집단에 초점을 맞추는 과목 또는 내용을 선택하여 첨가한다. 예) "The Color Purple"이란 책을 해당 단원의 재개념화 없이 혹은 학생들에게 그 책을 이해하기 위한 배경지식 없이 문학단원에 첨가
강점	기여적 접근에 비해 다문화적 내용을 학생들이 학습하게 되는 시간과 양이 많이 증가한다. 현존하는 교육과정 구조 안에서 매우 편리하게 실행할 수 있을 뿐 아니라 다원적인 관점을 지닌 교사가 이 접근을 실행하게 될 때 다문화교육의 실현 가능성이 높을 것으로 기대된다.
문제점	학습을 위해 선택된 사건, 개념, 현안 및 문제가 주류사회의 관점으로 소수 민족적인 내용을 바라보게 되는 결과를 낳게 될 우려가 있다. 또한 국가 안에 있는 다양한 인종, 민족, 문화, 종교 집단을 상호 연관된 방식을 이해시키는 데 한계가 있다. 예를 들면, 한국의 역사는 일본, 중국, 등과 서로 깊이 연관되어 있기 때문에 그들의 역사를 왜곡하면 우리의 역사적 진실을 배울 수 없다. 아울러 우리의 문화는 서구 특히 미국 문화와 밀접한 관계에 있지만 그들의 문화를 미화, 우월적인 관점으로 배우게 되면 우리의 문화를 열등하게 인식하게 된다(음악, 종교, 언어, 학교 등).
변혁적 접근(transformation approach)	
특징	교육과정의 기본적인 가정을 바꾸어 학생이 다양한 민족적, 문화적 집단의 관점에서 개념, 문제, 사건, 주제를 보게 된다. 비판적 다문화주의에서 주로 작용하며, 학생들에게 비판, 분석적 사고를 기르고자 하는 것이 핵심이다. 일어난 비판적 사고는 타 문화 집단에 대한 주류집단의 가치와 가정뿐 아니라 학생 개개인과 자신이 소속된 문화집단의 가치와 가정을 모두 분석 대상으로 한다.
방법	교사는 사회구성원의 다양한 관점에서 인종, 민족, 계층, 성 등과 관련된 차별과 사회적 문제를 조명할 수 있도록 교육과정을 재구성한다. 교육과정의 재구성은 다양한 관점에서 복잡한 사회적 이슈를 살펴봄으로써 현상 이면에 감추어진 권력관계와 자신의 인식을 비판적으로 자각할 수 있도록 하는 데 중점을 둔다. 나아가 다양한 관점, 준거의 틀 및 다양한 집단들에 의한 내용의 융합을 통해 사회의 본질, 발전, 복합성에 대한 학생들의 이해를 확장시킨다. 예) 세계사 "신대륙의 발견", "산업혁명", 단원에 유럽인 정복자나 탐험가가 아니라 아메리카 원주민의 관점 제기
강점	인종적, 민족적 분리를 감소시키고, 고정된 틀을 감소시켜 궁극적으로 사회 통합에 기여할 수 있다. 다양한 문화, 규범, 시각을 경험하여 각성화된 의식의 변화를 제공하고, 소수집단 구성원들에게 구조적 소속감, 정당성 및 사회적 평등의 느낌을 제공하며 이러한 요인은 성공적인 학업과 긍정적으로 연관된다.
문제점	변혁적 접근에서 추구하는 비판적인 인식과 사고 함양을 위해서는 많은 한계와 노력이 필요하다. 예를 들어, 다양한 집단의 관점에서 쓰인 교재 개발과 자료의 발굴, 실제적인 교육과정 개혁과 교사 재교육의 노력이 뒤따른다. 이 접근은 교사의 다문화주의를 지지하는 정도에 따라 실천의 한계 또는 본질적인 의미가 퇴색될 수 있다.

사회적 행동 접근(social action approach)	
특징	영유아는 중요한 사회적 문제와 쟁점을 확인하고, 적절한 자료를 수집하여 현안에 대한 자신의 가치를 명확히 하고, 의사결정을 하여 쟁점 혹은 문제를 해결하기 위해 사려 깊은 행동을 취하게 된다. 수업의 주요 목표는 영유아들의 사회적 비판과 변화를 위해 교육하고 의사결정 능력, 자율권, 사회적 문제해결에 대한 정치적 효능감 신장을 이끈다.
방법	교육과정 재구성에 중점을 두는 수준을 넘어 사회적 불평등과 차별을 어떻게 해결할 수 있는가에 대한 실천방안에 초점을 둔다. 교사는 영유아가 중요한 사회 문제를 해결하기 위한 행동을 취하도록 의사결정을 도와주어야 하며, 영유아는 사회를 변화시키는 데 자발적으로 참여할 수 있도록 지식, 가치, 기술을 습득해야 한다. 교사는 사회적 실천 접근을 사용하여, 첫째, 결정하는 문제 또는 질문과, 둘째, 관련된 자료를 얻기 위한 탐구활동, 셋째, 가치 탐구와 도덕적 분석, 넷째, 결정을 내리는 일과 사회적 행동(지식과 가치의 통합)을 가르친다. 예) 어린이집에서 편견과 인종차별을 공부하고, 이를 개선하기 위한 조치를 취한다
강점	영유아의 사고, 가치, 분석, 의사결정과 사회행동 기능이 함양되고, 자료수집 능력과 정치적 효능감이 개발될 수 있다.
문제점	교육과정 개발 노력과 자료수집에 시간과 노력이 요구되며, 더 많은 지도 시간을 필요로 한다. 주제에 따라 논쟁의 여지가 있는 문제와 현안일 수 있거나, 이 외 영유아들이 사회적 현안 혹은 문제의 해결에 기여하는 의미 있는 행위를 취하는 데 한계가 있다.

출처: Banks(2004).

5. 영유아 다문화보육

1) 다문화보육의 정의

다문화보육의 정의는 “학교와 사회에 존재하는 인종차별주의 및 여러 형태의 차별을 거부, 이에 이의를 제기하고, 학생과 그들의 공동체, 그리고 교사들의 모습을 반영한 다원주의를 받아들이고 인정하는 것”이다.

다문화보육은 외국인 근로자나 결혼이민자의 자녀만을 대상으로 하는 것이라고 이해되는 경향이 있는데 이것을 잘못된 생각이다. 인종, 언어, 국적, 문화 등이 다른 사람들을 대상으로 하며 문화적 다양성이 공존하는 사회를 살아가는 모든 영유아를 위한 것이다. 다문화보육이 모두에게 필요한 것임을 이해하기 위해서는 문화를 둘러싼 권력 관계를 인지해야 하며 사회 · 문화적 '주류집단'과 '소수자 집단'에 대한 이해가 필수적이다.

주류집단은 고착관념에 의해 형성되는 것으로 한국인이 동아시아 인종이어야 한다는 것 역시 고착관념의 영향을 받은 것이다. 사람들은 자신들만의 고착관념으로 주류집단을 규정하게 된다. 예를 들어, 미국에 정착하여 미국 문화에 익숙해진 재미교포들 역시, '미국인은 백인'이라는 편견에 의해 늘 이방인 취급을 당한다. 그러나 주류집단만이 인정에 국한되어 규정되는 것은 아니다. 예를 들어, 중국에서 태어나 중국어를 사용하고 중국 문화를 익히며 성장한 재일교포는 인종, 언어, 민족, 문화적으로 여타 중국인과 차이가 없음에도 불구하고 차별과 혐오의 대상이 되곤 한다. 주류집단에 대한 고착관념은 특정 논리를 갖지 않고 다른 이들을 배척하기 위해 작용하기 때문이다. 이러한 이유 때문에 다문화보육의 필요성이 중요해지고 있다.

2) 다문화보육의 필요성

첫째, 소수자 집단에 대한 배척과 차별은 의식적으로 일어나기도 하고, 무의식적으로 일어나기도 한다. 특정 인종, 민족, 국적의 사람들에 대해 부정적 발언에 주저함이 없는 경우는 의식적인 배척과 차별이라고 볼 수 있다. 반면, 소수자 집단에 대한 무관심이나 편견 등은 무의식적인 차별과 배척이다. 소수의 집단이 겪는 어려움에 대해 무관심한 것은 주류집단의 특권이라고 볼 수 있는데 이러한 무관심은 사회적 차별을 조성하는 행동이다. 특권이 나쁜 것은 아니지만 이 특권으로 인해 타인이 차별감, 일상생활의 불편함을 느끼게 될 때는 바로 잡을 필요가 있다. 예를 들어, 어린이집에서 요리 활동을 할 때 계란, 햄, 치즈를 넣은 샌드위치를 만드는 경우 알레르기가 없는 영유아는 재료 선택에 고민이 없는 특권을 갖게 된다. 하지만 계란 알레르기가 있거나 종교적 이유로 돼지고기를 먹지 못하는 영유아는 요리 활동에 참여할 수 없어 소외감을 느끼게 된다. 내가 누리는 특권이 없는 사람도 불편함 없이 생활하는 것이 공평하고 공정한 사회의 모습이라고 할 수 있으며 이러한 태도를 지니기 위해 필요한 것이 다문화보육이다.

둘째, 주류집단들이 갖고 있는 특권을 인식하고 이들의 특권을 갖지 못한 소수집단을 존중하고 배려하기 위해서 필요하다. 즉, 다문화보육은 인종, 언어, 민족, 문화적 배경이 다른 사람들에 대한 선입견, 편견, 미흡한 정보로 인해 본의 아니게 차별을 할 수 있는 모든 사람을 위한 것이다.

3) 어린이집표준보육과정에 따른 다문화보육

① 영유아가 성, 신체적 특성, 장애, 종교, 가족 및 문화적 배경 등으로 인해 차별받지 않고 서로 배려하는 마음을 가지도록 편성, 운영한다.

② 영유아가 다른 사람을 대할 때 자신과 상대와의 다른 점을 틀린 것이 아니라 다른 특성으로 받아들이고 편견 없이 대할 수 있도록 지원한다.

③ 영유아가 다양한 가족 형태 및 문화적 배경을 이해할 수 있는 경험을 제공하며 다양성을 존중하고 배려할 수 있도록 지원하는 것을 의미한다.

즉, 영유아가 '다름' 때문에 차별하거나 차별받지 않고, 문화적 다양성을 존중하고 배려하는 마음과 태도를 가지도록 가르치는 것이다.

4) 다문화보육에 대한 오해

다문화를 문화의 다양성이라고 이해하기보다 특정 인종 및 민족집단이라고 생각하면 그들은 지속적으로 한국사회에서 소외당할 것이다. 또한, 인종, 언어, 민족, 문화적 차이로 인해 느끼는 어려움을 불편한 것으로 여기고, 다문화보육을 번거로운 것이라 느끼게 될 것이다. 올바른 다문화보육을 하기 위해서는 교사 스스로 자신이 가진 특권에 대해 이해하는 것이 필요하다. 다음의 '한국인 특권 체크리스트'를 통해, 한국사회에서 살아가는 한국인이 가진 특권에 대해 생각해 보고 나에게 당연한 것이 한국에서 살아가는 인종, 언어, 민족, 문화적 소수자에게는 당연하지 않을 수 있음을 기억해야 한다(〈표 1-5〉 참조).

〈표 1-5〉 한국인 특권 체크리스트

문항	체크
나는 언제든지 한국인들과 어울릴 수 있다.	
혼자 길을 걸어갈 때, 나를 이상하게 쳐다보는 사람이 없다.	
나의 이웃은 나를 신경 쓰거나 불편해하지 않는다.	
나에게 '어디서 왔냐?'고 묻는 사람이 없다.	
나의 한국어 발음에 대해 칭찬하는 사람이 없다.	
어떤 가게에서든 내가 평소에 먹는 식재료를 살 수 있다.	
내가 어떤 말에 대답하지 않아도 그 이유가 내가 (한국)말을 못하기 때문이라 생각하지 않는다.	
공공시설(대중목욕탕, 대중교통수단 등)을 이용할 때 사람들이 나를 피하지 않는다.	
화장품 가게에서 나의 피부색과 맞는 화장품을 쉽게 고를 수 있다.	
나의 배우자는 나와 함께 다니는 것을 부끄러워하지 않는다.	
어딜 가든, 아무도 우리 가족을 이상한 눈으로 쳐다보지 않는다.	
나는 내 아이가 학교에서 선생님과 친구들에게 인종차별을 당하지 않을지 걱정하지 않아도 된다.	
나는 나의 아이를 따돌리는 아이와 보호자에게 적극적으로 대응할 수 있다.	
나의 아이가 어린이집에서 배우는 내용이 내 아이의 국적/인종/문화를 충분히 반영하고 있음을 안다.	
길을 가다가 경찰이 불러도 내 신분을 의심해서가 아님을 안다.	
내가 사회적 소수자를 도와주는 일을 하더라도 내 신변이 위험해지지 않는다.	
다른 문화를 가진 사람들에 대해 관심 가지지 않아도 나의 삶에 아무런 지장이 없다.	
내가 입는 옷, 나에게서 나는 향이 누군가를 불쾌하게 할까 봐 걱정하지 않는다.	
공공장소에 갈 때 불쾌하거나 창피한 일을 겪을까 봐 걱정하지 않아도 된다.	

문항	체크
내가 겪은 나쁜 일이 인종차별과 연관이 있지는 않았는지 생각할 필요가 없다.	
내 국적과 인종 때문에 내가 원하는 직업을 갖지 못할까 봐 걱정하지 않아도 된다.	
내 국적과 인종 때문에 다른 사람들보다 적은 임금을 받을 거라 걱정하지 않아도 된다.	
내 업무 능력에 대한 평가는 나의 인종/국적과 무관하다.	
나는 법적, 의료적인 도움을 받을 때 차별 대우를 받지 않는다.	
총계	

출처: 한국보육진흥원(2021).

5) 다문화보육 통계 자료

2021년에 발표된 보건복지부의 보육통계에 따르면, 2021년 12월 기준 다문화가정 영유아가 재원 중인 어린이집은 전체 어린이집의 44.8%에 이른다고 한다. 현재 두 개 중 한 어린이집은 다문화가정 영유아가 다니고 있는 것이다. 2021년 다문화가족 실태조사 결과에 의하면 다문화가족 중 만 5세 이하 미취학 자녀를 두고 있는 가구는 30.9%로 추정되었다. 거주지역별로는 읍면부에서 만 5세 취학 전 자녀를 둔 가구가 많다. 만 5세 이하 다문화가구 중 71.9%는 어린이집 및 유치원을 이용하고, 23.3%는 어린이집 및 유치원에 보내지 않고 양육수당을 받고 있는 것으로 나타났다(〈표 1-6〉 참조). 거주지역별로는 동 지역에서 어린이집이나 유치원에 보내지 않는다는 비율이 읍면부보다 다소 높다. 가구소득에 따라서는 일관성 있는 차이를 보이지는 않지만, 대체로 가구소득이 높을수록 유치원에 보낸다는 비율이 높다. 월 500만 원 이상인 경우에 20% 정도가 유치원을 이용한다고 응답하였다.

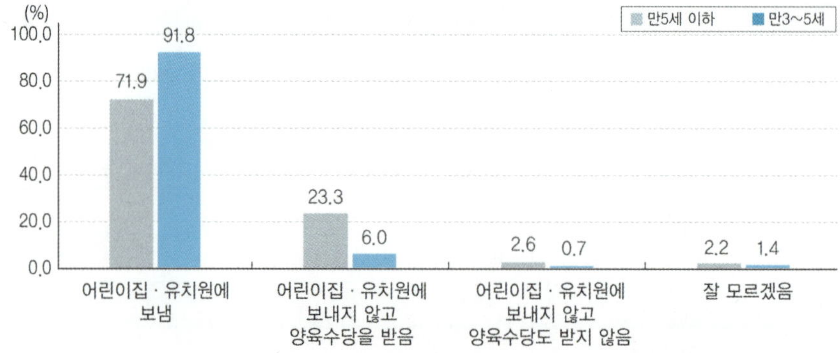

[그림 1-1] 다문화가정의 미취학 자녀 서비스 돌봄 유형

출처: 여성가족부(2021).

〈표 1-6〉 다문화가정 만 5세 이하 미취학 자녀 서비스 돌봄 유형 (단위: %, 명)

구분		어린이집 · 유치원에 보냄	어린이집 · 유치원에 보내지 않고 양육수당을 받음	어린이집 · 유치원에 보내지 않고 양육수당도 받지 않음	잘 모르겠음	합계
전체(2018)		76.0	20.2	3.0	0.8	100.0
전체(2021)		71.9 (64,738)	23.3 (20,978)	2.6 (2,329)	2.2 (1,938)	100.0 (89,983)
다문화 가구 유형	결혼이민자	71.9	23.6	2.6	1.9	100.0
	기타귀화자	72.2	21.5	2.6	3.7	100.0
거주 지역	동부	71.4	23.3	2.9	2.4	100.0
	읍면부	73.5	23.2	1.8	1.5	100.0
가구 소득	100만 원 미만	54.6	39.6	4.4	1.4	100.0
	100~200만 원 미만	62.0	33.5	2.1	2.4	100.0
	200~300만 원 미만	69.4	24.7	3.8	2.1	100.0
	300~400만 원 미만	72.7	22.8	2.3	2.3	100.0
	400~500만 원 미만	80.2	16.1	1.4	2.4	100.0
	500~600만 원 미만	76.0	20.5	1.9	1.6	100.0
	600만 원 이상	69.5	25.6	2.9	1.9	100.0

출처: 여성가족부(2021).

어린이집이나 유치원을 이용하지 않는 경우에 평일에 낮 동안 누가 돌보는지에 대한 결과이다. 이에 의하면 다수가 영유아의 어머니이지만, 친조부모와 외조부모가 합하여 10% 정도 차지하고 있다. 고용된 돌보미의 경우에는 1%의 미만으로 나타났다(〈표 1-7〉 참조).

〈표 1-7〉 기관 미이용 시 평일 낮 시간 주 돌봄자 (단위: %, 가구)

구분	돌보는 사람 없음	영유아 아버지	영유아 어머니	영유아 친조부	영유아 외조부	기타 친인척	고용된돌보미	기타	합계
전체	0.0 (0)	1.5 (428)	86.8 (24,243)	5.8 (1,609)	4.1 (1,151)	0.8 (218)	0.9 (246)	0.1 (24)	100.0 (27,919)
동부	0.0	1.8	85.8	5.9	4.3	0.9	1.1	0.1	100.0
읍면부	0.0	0.7	89.9	5.3	3.5	0.4	0.2	0.0	100.0

출처: 여성가족부(2021).

어린이집에서는 비다문화가정 영유아와 같이 「영유아보육법」에 근거를 두고 다문화가정 영유아를 교육하고 있다. 2021년 12월 말 기준으로 다문화가정 영유아가 재원하는 어린이집은 14,694개소이다. 이는 전체 어린이집 33,246개소의 44.1% 수준이다. 다문화가정 영유아가 재원하는 어린이집의 특성을 살펴보면 민간어린이집이 6,853개소, 가정어린이집 3,492개로 민간어린이집과 가정어린이집이 85.8%를 나타낸다. 또한 2010년 이후부터 직장어린이집 설치 의무 부과 및 설치지원 강화로 인하여 직장어린이집이 증가하였으며, 직장어린이집의 다문화가정 영유아 재원이 증가하였다. 국공립어린이집은 신규 및 변경위탁, 재위탁 심사 시 「영유아보육법」 제26조에 따른 취약보육(영아장애아 · 시간연장 · 다문화 · 영유아 보육)중 2개 이상 실시를 전제로 하고 있다(보건복지부, 2017). 이에 국공립어린이집의 다문화가정 영유아 재원 비율이 꾸준히 증가함을 알 수 있다.

2010년 이후 다문화가정 영유아 재원 어린이집 추세를 보면, 전체 어린이집은 저출산으로 인한 영유아 감소로 2013년을 기점으로 소폭의 변동으로만 확인된다.

특히 다문화가정 영유아가 재원하는 어린이집은 2011년 이후 지속적으로 유지하고 있다(〈표 1-8〉 참고).

〈표 1-8〉 다문화가정 영유아 어린이집 현황 (단위: 개소, %)

구분	전체 어린이집 (A)	다문화가정 영유아 어린이집							
		국공립	사회복지법인	민간	가정	부모협동	직장	소계(B)	비율 (B/A)
2021	33,246	3,137	995	6,853	3,492	18	199	14,694	44.1
2020	35,352	2,986	1,022	7,630	3,958	19	208	15,823	44.7
2019	37,371	2,798	1,072	8,586	4,633	21	223	17,333	46.3
2018	39,171	2,466	1,125	9,194	4,787	28	207	17,807	45.4
2017	40,238	2,271	1,123	9,664	5,166	31	180	18,435	45.8
2016	41,084	2,167	1,141	9,753	5,577	26	157	18,821	45.8
2015	42,517	2,034	1,104	9,303	5,046	23	122	17,632	41.5

출처: 보건복지부(각 연도) 보육통계.

6. 영유아 다문화교육의 교수법

1) 다문화 교육프로그램 개발

다문화 교육프로그램을 통해 영유아들의 편견 없는 사고와 태도, 행동을 함양할 수 있고 특별한 요구를 가진 영유아의 특징을 반영하여 어린이집표준보육과정과 누리과정은 운영 및 개발된 프로그램이어야 한다.

첫째, 국제화, 다원화됨에 따라 영유아기부터 편견 없는 사고와 태도, 행동 함양이 필수적이다. 민주 시민의 기초를 형성하기 위해서는 나와 다른 사람의 차이를 인정하고 협력하며 성장 발달하고 타인과 조화를 이루며 살아가는 능력을 갖추어야 한다. 편견 없는 영유아가 되기 위해서는 성인의 편견 없는 사고와 태도, 행동을 모방하며 자연스럽게 터득하는 것뿐만 아니라 편견적 사고에 대한 비판적 성찰을 통한 의도적 교육으로 형성된다. 따라서 영유아와 교사로 하여금 편견 없는 사고와 태도 행동을 함양할 수 있는 프로그램이 필요하다.

둘째, 취약계층과 특별한 요구를 가진 영유아가 증가하며 이들의 요구를 충족시킬 수 있는 영유아 권리 관점의 보육프로그램이 요구된다. 「영유아보육법」 제3조(보육이념) 제3항은 영유아가 '자신이나 보호자의 성, 연령, 종교, 사회적 신분, 재산, 장애, 인종 및 출생지역 등에 따른 어떠한 종류의 차별도 받지 아니하고 보육되어야 한다.'고 규정하고 있다. 차등 없는 최선의 교육을 실현하기 위해서는 제도나 정책 면에서 불이익이 없도록 해야 할 뿐 아니라, 교사가 영유아와 그 부모 · 보호자의 배경에 따른 편견 없이 유아의 특별한 요구를 반영한 교육과정을 운영해야 한다. 특히 다문화가정은 상대적으로 취약할 가능성이 있기 때문에 이들의 전반적 특징을 이해하고 그 요구에 맞는 교육서비스를 제공해야 한다.

셋째, 일일 교육시간의 증가에 따른 다문화가정 영유아와 부모의 가정양육 요구를 대리 충족시킬 수 있는 질적인 야간연장 보육프로그램이 요구된다. 맞벌이 다문화 자녀의 증가, 이혼 가정과 미혼 가정의 증가, 재교육이 필요한 지식산업의 증가 등의 영향으로 어린이집 이용시간이 늘어나게 되었다. 부모가 안심하고 맡길 수 있는 어린이집이 되기 위해서는 양질의 교육프로그램이 필요하며, 부모들은 자신이 돌보지 못하는 시간 동안 영유아들이 적절한 교육서비스를 받고 있다는 신뢰를 가질 수 있어야 경제활동을 지속할 수 있다. 따라서 일일 기본 교육시간 이 외의 시간에 어린이집을 이용하는 영유아와 보호자를 위한 운영 매뉴얼이 필요하다.

넷째, 미래 사회를 살아가게 될 영유아들이 가져야 할 주도적, 자율적 태도와 창의적 문제해결력을 키울 수 있는 교육프로그램이 요구된다. 미래 사회로 갈수록 급격한 변화들이 이루어질 것이고 이러한 변화 속에서 적응하기 위해 자신감과 창의적 문제해결력을 갖고 대처하며 변화의 선두주자가 되는 태도와 능력이 필요로 한다. 영유아 중심의 흥미와 의견을 존중하는 교육과정 운영을 통해 주도성, 자율성, 창의력 증진에 도움을 주고 이것은 일상생활 전반에서 이루어져야 한다. 특히 어린이집의 하루일과를 통해 영유아들이 어려움이나 궁금증을 느끼는 여러 상황에서 스스로 탐구하고 문제를 해결해 보는 교육과정 운영이 요구된다.

2) 다문화교육 교수법

앞에서 살펴본 다문화교육에 대한 프로그램 개발에 따라 다양한 교수법으로 현장에서 활용할 수 있다. 한국보육진흥원에서 개발된 『다문화보육 지침서』에는 다문화교육 실천 교수법을 크게 세 가지로 분류하고 있다.

첫째, 문화적으로 적합한 교수법(Culturally Relevant Teaching)은 영유아의 다양한 문화, 역사적 배경을 활동에 활용함으로써 영유아가 '인지, 사회, 정서, 정치적으로' 자신감을 얻고, 이로 인해 모든 영유아가 공평한 교육기회를 누리게 하는 것이다(Ladson-Billings, 1994: 13-28). 문화적으로 적합한 교수법은 주류집단에 의해 활동, 교육과정, 교육내용 등이 구성된 것이며, 주류집단의 문화, 지식, 언어, 정보를 보유하지 않은 소수 집단은 사회적 성공에서 제외된다고 주장한다. 그렇기 때문에 소수집단에 포함되는 다문화 영유아의 문화, 언어, 역사적 배경 등을 활용하여 주류집단의 정보와 지식을 효율적으로 습득하게 격려하는 것이다. 예를 들어, 중국 다문화가정의 영유아에게 사회·문화·역사적으로 익숙한 정보나 언어적 표현을 활용하여 한국어를 가르치는 것이다.

둘째, 문화감응교육법(Culturally Responsive Pedagogy)은 주류집단과 비주류집단 영유아의 문화 차이로 인해 학업적 격차가 벌어진다는 생각을 버리고 영유아의 문화를 활동에 적극적으로 활용해야 한다고 주장한다. 즉, 다양한 영유아의 문화, 기존 경험, 행동 양식 등을 활용하여 배움의 과정을 보다 의미 있고 효과적으로 와닿게 하는 것(Gay, 2000)이 그 목적이다. 이를 위해서는 사회적 소수자인 영유아의 문화, 언어, 행동 등을 긍정적으로 바라보는 시점의 전환이 필요하다.

셋째, 문화를 유지하는 교육법(Culturally Sustaining Pedagogy)은 세 가지 교수법 중 가장 최근에 등장한 개념이다. 이는 영유아의 다양한 문화를 인지하고 이를 교육에 활용해야 한다는 기존의 관점에서 나아가, 다중언어와 다문화를 적극적으로 지지함으로써 영유아가 자신들의 문화적 정체성을 고수하게 해야 한다는 교육법(Paris & Alim, 2014: 85-100)이다. 예로는, 교사가 적극적으로 다양한 언어 사용을 권장하는 것이 있다.

비슷한 듯 다른 이 교수법들은 결국 배움의 과정에서 영유아의 '문화'의 중심적인 역할을 한다는 것을 전제로 한다. 그렇기 때문에 어린이집 환경을 구성하는 것, 활동 자료로 활용하는 내용, 놀이실에 비치된 책이나 놀이감 등에 모두 다양한 문화를 반영함으로써 모든 영유아가 어린이집에 소속감을 느끼고 의미 있는 배움의 시간을 가지게 한다는 것이 핵심이다. 앞서 제시된 세 가지 교수법을 바탕으로 교사가 해야 할 일은 영유아의 정체성을 확인시켜 주는 것이며 모든 문화적 정체성을 반영한 환경구성 및 놀이 주제 선택을 해야 한다. 또한 라포 형성을 통해 영유아와 신뢰관계를 형성하고 영유아 중심의 어린이집이 되어야 하며 선입견과 편견 없이 의식적이고 의도적으로 영유아의 특징 및 장점을 찾아야 한다.

7. 다문화교육 실현을 위한 다문화교수 역량

1) 다문화 감수성

최근 다양한 매체에서 '감수성'이라는 단어가 자주 등장하는데 성인지 감수성, 다문화 감수성, 인권 감수성 같은 단어들이 그러하다. 다문화 감수성은 "다양한 문화적 환경 속에서 효과적으로 의사소통하고 문화적 맥락에서 적절하게 대응할 수 있도록 문화의 차이를 인식하고 존중하는 정서적 준비 상태의 민감한 정도"를 의미한다(이규림, 2011: 8).

단계별 다문화 감수성	
1단계	무지의 단계는 다름에 대해 전혀 알지 못하는 상태이다. 내가 아는 방식만 존재한다고 생각하기 때문에 자신의 말이나 행동이 타인에게 결례를 범할 수도 있다는 것조차 인지하지 못한다.
2단계	민감의 단계는 다름에 대해 인식하기 시작하는 상태이다. 문화 간 차이가 있음을 어느 정도 인식하고 나의 말이나 태도가 문제가 될 수도 있음을 자각하고 있지만 어떻게 수정해야 하는지 모르는 단계이다.
3단계	능숙의 단계에서는 다름을 받아들이고, 나아가 다름에 대해 긍정적인 자세를 갖기 시작한다. 열린 마음으로 다른 문화의 장점을 받아들이려 힘쓰고, 의식적으로 말과 행동을 조심함으로써 상대방을 배려한다.
4단계	숙달의 단계에서는 문화 간 차이에 대해 완벽하게 인식하고, 다름이 좋은 것이라고 생각한다. 더 이상 의식적으로 말과 행동을 조심하는 것이 아니라, 상대방에 대한 배려가 일상 속에서 실천되는 것이다.

출처: Kile(2018, December 28).

문화적 배경이 다른 타인과 대화를 할 때 말이나 행동으로써 상대에게 결례를 범하는 것은 아닌지 세심하게 헤아리고 배려하는 능력을 의미하며 이러한 자세는 상대의 문화를 존중할 때 자연스럽게 나타나게 된다. 다문화 감수성을 방해하는 가장 큰 요인은 나의 언어, 문화만 옳다는 '자문화 중심주의'적 태도이다. 자문화에 대한 자부심이 나쁜 것은 아니지만, 이것이 다른 문화를 중시하지 않는 태도로 이어질 때 다양한 문화 사이에 단절이 생기게 된다. 다문화 감수성이 결여된 경우, 나와 인종, 언어, 민족, 문화적 배경이 다른 사람을 배척하고 차별하거나, 상처를 주는 말이나 행동을 할 수 있다.

〈표 1-9〉 다문화 감수성 지수 측정표

1. 전혀 그렇지 않다.	2. 그렇지 않다.	3. 보통이다.	4. 그렇다.	5. 매우 그렇다.

문항	1	2	3	4	5
우리 반에 인종, 언어, 민족, 문화적으로 다양한 영유아가 있어서 즐겁다.					
나와 다른 문화를 가진 영유아 · 보호자를 섣불리 판단하기 전에 기다리며 살펴보는 편이다.					
나와 다른 문화를 가진 영유아 · 보호자에게 개방적이다.					
나와 다른 문화를 가진 영유아 · 보호자와 교류할 때 그들에게 긍정적인 반응을 보여 준다.					
나와 다른 문화를 가진 영유아 · 보호자를 대해야 하는 상황들을 피하지 않는다.					
나와 다른 문화를 가진 영유아 · 보호자와 교류할 때 내가 그들을 잘 이해하고 있다는 사실을 종종 언어 혹은 비언어적 행동을 통해 보여 준다.					
나와 다른 문화를 가진 영유아 · 보호자와 내가 다르다는 사실을 즐기고 있다는 느낌이 든다.					
나와 다른 문화를 가진 영유아 · 보호자와 함께 있는 것을 좋아한다.					
나와 다른 문화의 영유아 · 보호자가 가진 가치관을 존중한다.					
나와 다른 문화를 가진 영유아 · 보호자가 행동하는 그들만의 방법을 존중한다.					
나와 다른 문화의 영유아 · 보호자의 의견을 수용한다.					
나의 문화만큼 남의 문화도 좋다고 생각한다.					
나와 다른 문화의 영유아 · 보호자와 교류하는 데 상당히 자신이 있다.					
나와 다른 문화를 가진 영유아 · 보호자와 교류할 때 어떤 소재로 대화할지 잘 알고 있다.					
나와 다른 문화를 가진 영유아 · 보호자와 교류할 때 얼마든지 사교적으로 행동할 수 있다.					

문항	1	2	3	4	5
나와 다른 문화를 가진 영유아 · 보호자와 교류할 때 의미 있다고 느낀다.					
나와 다른 문화를 가진 영유아 · 보호자와 교류할 때 매우 날카롭게 그들을 관찰한다.					
나와 다른 문화의 영유아 · 보호자와 교류할 때 그들로부터 가능한 한 많은 정보를 얻고자 노력한다.					
나와 다른 문화의 영유아 · 보호자와 교류할 때 그들이 보여 주는 미세한 표현들을 잘 알아챈다.					
나와 다른 문화의 영유아 · 보호자와 교류할 때 그들이 나의 말이나 행동으로 불쾌하지 않을지 고민한다.					

출처: 이규림(2011).

다문화 감수성은 알아보는 방법에는 여러 가지가 있기 때문에 앞의 표를 통해 알아본 나의 다문화 감수성이 무조건적인 것은 아니다. 게다가 다문화 감수성은 선천적으로 타고 나는 것이 아니라, 올바른 교육을 통한 꾸준한 연습과 의식적 노력이 더해져 서서히 높아지며 영유아의 다문화 감수성 역시 마찬가지이다.

ㄹ) 다문화 수용성

나와 인종적, 문화적 배경이 다른 집단을 같은 사회구성원으로 받아들일 수 있는 정도를 '다문화 수용성'이라고 한다. 그러나 2020년도부터 지속된 코로나19 상황이 다른 집단과의 교류 기회를 줄여 외부에 대한 개방성을 떨어뜨리게 되었고 이로 인해 국민의 '다문화 수용성'에 부정적인 영향을 미친 것으로 나타났다.

여성가족부는 2012년부터 3년마다 실시하는 '국민 다문화 수용성' 조사를 지난해 청소년과 성인 총 1만 명을 대상으로 실시하였고 이 결과에 따르면 2021년 성인의 다문화 수용성 점수는 2018년 0.54점 낮아졌다. 반면 청소년은 2018년보다 0.17점 높으며 '길거리 등 일상생활에서 이주민을 본 적이 없다'는 응답이 2018

년과 비교해 2배 이상 증가한 것으로 확인되었다. 이는 다문화 수용성 감소 원인은 코로나19 방역을 위해 거리두기를 실시함으로써 이주민과 만나는 빈도가 줄어들고 교류할 수 있는 기회가 감소한 때문으로 여겨지며 일상에서 이주민을 자주 볼수록 다문화 수용성이 높아지는 경향이 있음을 확인할 수 있다. 이주민과 친교관계를 맺고자 하는 의지를 의미하는 '교류행동의지'가 성인은 8개의 구성요소 중 가장 낮은 반면, 청소년은 가장 높아 성인과 대조적인 양상을 보였다. 성인은 이주민에 대한 거부감 · 고정관념 · 차별을 갖지 않는 측면에서 비교적 다문화 수용성이 높으나, 적극적으로 관계를 형성하려는 의지는 낮은 것으로 보인다. 청소년의 경우 다문화교육을 받은 적 있다는 응답이 20포인트 이상 상승하였는데 이 결과를 토대로 '찾아가는 다문화 이해교육' 강화, 대상별 콘텐츠 개발 및 전문강사 양성교육 통한 교육의 질 제고, 이주민과의 교류기회 늘리는 교류 · 소통공간(80개소) 운영 등 다문화 수용성을 높일 수 있는 방안을 계획하고 있다.

다문화 수용성이라는 단어는 주류집단의 시각이 반영된 표현이다. 다양한 문화를 수용하는 주체가 바로 주류집단이기 때문이다. 그렇기 때문에 사용을 권장하는 단어는 아니지만, 내가 얼마나 사회 곳곳에 스며든 다양성을 즐기는 사람인지를 확인할 수 있는 척도로 사용될 수 있다는 장점도 있다.

〈표 1-10〉 다문화 수용성 체크리스트

1. 전혀 그렇지 않다.	2. 그렇지 않다.	3. 보통이다.	4. 그렇다.	5. 매우 그렇다.

문항	1	2	3	4	5
나는 우리 사회에 다양한 인종, 종교, 문화가 많이 들어올수록 좋다고 생각한다.					
나는 새로운 문화를 접하는 것이 흥미롭다.					
나는 우리나라보다 경제적으로 뒤떨어진 아시아 국가와의 문화교류도 활발해야 한다고 생각한다.					
나는 외국이주민들이 우리나라의 국민이 되는 것을 찬성한다.					
부모 중 한 사람 이상 외국이주민일 경우 한국인으로 인정할 수 있다.					

문항	1	2	3	4	5
나는 한국에 사는 외국이주민들이 자신들의 언어로 온라인 커뮤니티를 만들어 활동하는 것이 마음에 들지 않는다.					
나는 이웃에 사는 외국이주민들이 자주 모여 자신들의 고유 요리를 즐기는 것이 마음에 들지 않는다.					
나는 한국에 사는 외국이주민들끼리 따로 모여서 자기들의 음악이나 무용, 공연을 즐기는 것이 마음에 들지 않는다.					
나는 한국에 사는 외국이주민들이 따로 모여서 자신들의 종교행사를 하는 것이 마음에 들지 않는다.					
지하철이나 버스에서 개발도상국 출신 외국이주민의 옆자리에 앉는 것은 피하고 싶다.					
버스에서 옆자리에 백인이 앉았을 때보다 흑인이 앉았을 때, 더 무서운 생각이 든다.					
수영장이나 공중목욕탕에 개발도상국 출신 외국이주민과 함께 들어가는 것은 꺼려진다.					
외국이주민이 길을 물어오면 모른 척하고 싶다.					
다른 동네는 몰라도 이웃에 생소한 문화를 가진 외국이주민이 사는 것은 싫다.					
내가 학교나 직장에서 조선족이나 탈북자를 동료로 만나면 먼저 친구가 되고자 노력하겠다.					
내가 만약에 미혼이라면, 상대방의 인종, 국적, 문화권에 상관없이 데이트를 하겠다.					
나는 외국인 근로자가 모여 사는 지역에 있는 식당에 들어가 밥을 먹겠다.					
나는 외국이주민의 한국사회 적응을 돕고 싶다.					
외국이주민을 배우자로 맞이한 한국 남성은 아내의 모국어도 배워야 한다.					
외국이주민의 자녀는 한국어와 더불어 어머니 혹은 아버지의 모국어도 배워야 한다.					
외국이주민의 가정은 한국 명절과 더불어 모국의 명절이나 풍습도 챙겨야 한다.					
외국이주민의 가정은 한국의 가족뿐 아니라 고향에 있는 부모나 가족을 챙겨야 한다.					
외국이주민과 내가 서로의 가치관과 신념을 나눌 수 있어야 한다.					

문항	1	2	3	4	5
한국인이 외국이주민들을 이해해 주길 바라기보다는 이주민들이 한국인을 이해하려고 더 많이 노력해야 한다.					
한국인과 결혼한 외국이주민 여성은 시댁의 풍습과 예절을 우선적으로 따라야 한다.					
한국에 들어와 살고자 하는 외국이주민은 자기의 문화를 버리고 한국문화나 관습을 따르도록 해야 한다.					
한국에 체류하는 외국이주민의 자녀는 부모 나라의 언어보다는 한국어를 완벽하게 하는 것이 우선이다.					
한국에 체류하는 동안에는 외국이주민들은 한국과는 다른 자신들의 전통이나 생활습관을 버려야 한다.					
외국이주민은 수동적인 존재이다.					
외국이주민들이 사는 지역은 지저분하다.					
외국이주민은 업무 능력이 떨어진다.					

출처: 황성욱, 조윤용, 이철한(2014).

3) 다문화교수 현장 사례

현장의 교사들은 다문화교육에 대한 경험과 지식의 부족으로 실제 적용에 어려움을 보이고 있는데 이에 따른 필요성을 인식하고 자기반성 및 수업 고민을 통해 다문화 고유 역량이 증진될 수 있다. 다문화교수 역량이 커지게 되면 결과적으로 다문화교육 태도가 증진되어 영유아, 학부모와 긍정적인 관계가 형성될 수 있다.

영유아의 편견을 제거시키는 교사의 교수전략은, 첫째, 문화 교육활동에 다양한 민족, 인종 집단의 현실적이고 긍정적인 이미지를 하나로 자연스럽게 통합한다. 둘째, 다문화교육활동 중에 다양한 민족 구성원들의 얼굴을 등장시켜 자연스럽게 익힐 수 있도록 한다. 셋째, 미디어 매체, 동화책, 사진 등을 사용하여 다양한 민족과 인종에 대한 간접 경험을 제공한다. 넷째, 언어적 · 비언어적으로 긍정적인 격려를 해 준다. 다섯째, 비다문화가정과 다문화가정이 함께 참여할 수 있는 활동을 계획한다.

다문화교육은 영아기부터 시작되는데 타 문화나 인종, 피부색 등에 대한 편견을 감소시키고 다른 문화를 인정하고 존중하는 태도를 기르는 효과성이 있다. 만일 영유아가 타 문화나 인종, 문화에 편견을 갖는 경우 교사는 즉시 개입하여 다양성을 수용하고 존중하는 태도를 보여야 한다.

1	젓가락 사용이 서툰 다문화가정 영유아
사례	지혁: 이수민! 너는 왜 맨날 젓가락 안 들고 와? 수민: 몰라. 우리 엄마는 숟가락 포크만 챙겨 주는데. 지혁: 이거 엄마한테 젓가락 달라고 해라. (수민 모둠 가까이 교사가 다가오자 교사를 보며) 선생님! 김수민은 젓가락 맨날 안 가져와요. 교사: 수민아! 엄마한테 내일 젓가락 달라고 해. 선생님도 엄마한테 말해 줄게. 이제부터는 젓가락을 사용해야 해.
교사의 개입	• 소수집단의 사람들이 반드시 주류집단의 가치와 규범을 따라야만 한다는 압박을 보여주는 사례이다. • 교사는 식사할 때 젓가락을 사용하는 사람(나라)도 있지만 식사를 할 때 포크를 사용하는 사람(나라)도 있음을 알려 준다. • 교사가 젓가락만 사용하기를 강요하지 않는다는 태도를 보이는 것이 바람직하다. • 교사는 다른 문화권에서 식사를 하면서 사용하는 도구에 대해 알아볼 수 있는 활동을 계획하고 실시할 필요가 있다.
2	피부색이 어두운 다문화가정 영유아
사례	준우: 선생님, 유정이는 얼굴이 너무 까매요. 이상해요 교사: 정말 유정이는 얼굴이 많이 까맣구나. 엄마가 필리핀에서 오셔서 유정이도 얼굴이 까만가 봐.
교사의 개입	• 교사는 피부색이 다를 수 있음을 영유아에게 이야기해 주어 나와 다른 피부색에 대해 거부감이나 편견을 갖지 않도록 지도한다. • 교사는 역할 놀이영역에 인종 인형, 다양한 가발과 의상을 구비하고 벽면에 다양한 인종 사진을 제시하여 영유아들이 자연스럽게 머리색과 피부색이 다양하다는 것을 인식시킨다. • 교사는 주제에 맞추어 다양한 인종에 대한 패턴 활동, 퍼즐 맞추기 활동, 동화 및 동시 감상, 미술활동 등을 계획하여 영유아들이 사람마다 피부색이 다양함을 자연스럽게 알 수 있는 기회를 제공한다.
3	중국 음식을 편식하는 다문화가정 영유아
사례	교사: (음식을 먹지 않는 민아를 보며) 김민아! 한국 음식도 먹을 줄 알아야지, 중국 음식은 어린이집에 없어요. 가람반 친구들은 모두 밥이랑 국이랑 반찬을 잘 먹어야 해요. 친구들은 잘 먹고 있지? 남기면 안돼. 꼭꼭 씹어 삼키세요.

교사의 개입	• 교사는 별도로 중국 음식을 준비하기 어려우므로 한식으로 제공된 음식도 먹어야 함을 강요하였다. • 교사의 태도는 문화적 특수성을 고려하지 않는 태도라고 할 수 있다. 중국 음식을 선호하는 영유아의 식습관을 존중하는 태도를 보여 주는 것이 바람직하다. • 중국 음식을 먹어 보는 요리 활동을 계획하거나, 내가 좋아하는 음식을 주제로 소개하는 이야기 나누기 활동을 계획하는 것도 바람직하다.

출처: 한국보육진흥원(2019).

8. 다문화 교육프로그램의 실제

1) 교육부의 다문화 교육프로그램

교육부는 「교육기본법」 제4조, 「다문화가족지원법」 제10조, 「초 · 중등교육법 시행령」 제19조에 따라 다문화학생 중심의 맞춤형 교육지원과 다문화사회에 대한 인식을 제고하기 위한 사업을 수행하고 있다.

2022년 교육부는 다문화학생이 우리 사회의 인재로 성장할 수 있도록 지원하고, 모든 학생이 다문화 수용성을 제고할 수 있도록 2022년 다문화교육 지원계획을 수립 · 발표하였다. 2017년도 교육부 다문화교육 지원계획에 의하면 '다름을 인정하는 교육, 다문화시대 인재 육성'을 목표로 4대 핵심과제에서 9개 세부과제를 추진한다. 4대 핵심과제는 출발선 평등을 위한 교육기회 보장, 학교 적응 및 안정적 성장지원, 다양성이 공존하는 학교 환경 조성, 다문화교육 지원체제 내실화이다(〈표 1-11〉 참조).

〈표 1-11〉 교육부 2022년 다문화교육 지원계획

목표	함께 배우며 성장하는 학생, 다양하고 조화로운 학교
핵심과제	• 다문화학생 교육기회 보장 및 교육격차 해소 • 다양한 문화가 공존하는 성숙한 교육환경 구축
추진과제	
출발선 평등을 위한 교육기회 보장	• 다문화학생 공교육 진입 제도 안착 • 학교교육 준비도 격차 해소
학교 적응 및 안정적 성장 지원	• 맞춤형 한국어교육 지원 • 학교 적응 및 인재양성 지원
다양성이 공존하는 학교환경 조성	• 전체 학생 대상 다문화교육 확대 • 교원의 다문화교육 역량 제고 • 가정 및 지역사회와의 연계
다문화교육 지원체제 내실화	• 다문화교육 제도 개선 및 실태 파악 • 중앙-지역 및 부처 간 협력 강화

출처: 교육부(2022).

다문화교육사업 중 영유아와 관련된 대표적 사업은 다문화유치원 확대 사업이다. 다문화가정 영유아 관련 정책은 일찍부터 추진되었다. 교육부의 다문화가정 영유아대상 정책은 프로그램 및 인력 지원과 비용 지원으로 나눌 수 있다. 프로그램 및 인력 지원의 성격을 띠는 정책은 다문화가정 영유아에 대한 교육기회 확대, 다문화가정 영유아를 위한 교육프로그램 개발, 다문화교육 전문성 제고를 위한 영유아 교사 연수, 다문화가정 학부모의 영유아교육현장 활용 확대 등이다(〈표 1-12〉 참조).

〈표 1-12〉 교육부 다문화가정 영유아 관련 정책

정책명	주요내용
유치원 단계부터 시작되는 지원체계 마련	• 다문화가정 영유아에 대한 체계적인 지원을 위하여 교육기본통계를 통해 '다문화 영유아*(국 · 공립유치원)'에 대한 기본현황파악 • 다문화가정 영유아 조기 적응 및 교육 지원을 위한 각종 교수 · 학습자료 및 도움자료 제작 · 배포 • 영유아교육 · 영유아학과 등 관련 전공 대학생을 멘토로 선발하고, 국 · 공립 유치원에서 멘토링 활동

정책명	주요내용
초 · 중학교 적응을 위한 징검다리 과정 운영 안착	• 초등학교 입학 · 편입학 예정 다문화학생 대상으로 학교생활 조기적응 지원을 위한 준비교육 운영 • 의사소통 · 학교생활 영역으로 프로그램을 구성하고, 모국어 · 한국어능력을 고려하여 담당교사와 다문화 언어강사가 함께 지도
입국 초기 한국어교육 강화	• 입국 초기 중도입국 · 외국인학생(영유아 포함) 등을 대상으로 한국어 집중교육을 위한 특별학급 운영 지원 • 중도입국 · 외국인 학생 등을 대상으로 체계적인 한국어 교육과정 운영을 위해 원격콘텐츠 및 학습자료 제작 · 보급 • 유관기관과 협력하여 한국어교육(교육과정, 한국어학급 등) 관련 교원연수 · 워크숍 등 실시
다문화교육 선도모델 개발 및 확산	• 모든 학생을 대상으로 학교 교육과정을 통한 다문화 이해교육 실시 및 한국어교육 지원 필요시 '한국어학급' 운영 • 다문화 영유아의 언어발달을 통합교육 형태로 지원하고, 전체 영유아 및 학부모 대상 다문화교육 운영 • 다문화가정 학부모가 징검다리 과정에 함께 참여할 수 있도록 학부모용 안내자료를 다국어로 제작하여 배포
학부모의 다문화 관련 교육활동 참여기회 확대	• 학부모가 참여하는 다문화 교육프로그램을 운영하고 사례집 발간을 통해 프로그램 공유 · 확산 • 지역 다문화교육지원센터를 통해 지역 여건에 맞는 학부모 대상 다문화 교육프로그램 운영

출처: 교육부(2022).

2015년에 교육부에서는 유치원 단계에서 다문화학생(영유아 포함) 특성을 고려한 '선제적 · 맞춤형 교육'을 실시하고, 문화 다양성을 수용하는 '다문화이해교육 확대', '범부처 협업 및 지역 내 연계'를 강화한다고 밝히고 다문화유치원 지원사업을 실시하였다. 2016년에 다문화가정의 미취학 영유아가 11.3만 명으로 향후 초중등 교육에 진입하는 다문화가정 학생수는 지속적으로 높아질 것으로 예상되므로 사업을 강화할 필요성이 제기된 것이다. 이에 따라 다문화가정 영유아에게 취학 전 동등한 출발점을 보장하기 위해 유치원 단계부터 언어 및 기초학습 등을 지원하는 다문화유치원을 2015년도 30개원을 선정하여 시범 운영하였으며, 2016년 60개원, 2017년 90개원으로 확대하여 운영하였다. 다문화유치원 사업은 교육부가 중앙다문화교육센터와 시 · 도교육청을 통해 다문화유치원을 지원하는 추진체계하에 운영된다.

교육부는 다문화유치원 관련 기본계획을 수립하고 예산을 교부하며, 시 · 도 교육청은 중앙다문화교육센터에서 주관하는 업무를 협력하고 지원하는 일을 담당한다. 중앙다문화교육센터에서는 다문화유치원 운영 지원 전담 기관으로 다문화유치원 지원을 위한 교수 · 학습자료 및 관련 자료 개발, 다문화유치원 운영지원 및 우수사례 발굴 확산, 교원 역량 강화를 위한 자료 개발 및 연수 지원 등 행정적인 실무를 담당한다. 그러나 실질적인 다문화 영유아에 대한 맞춤형 교육 및 영유아 · 학부모 · 교원의 다문화 인식 개선 및 역량 강화 등의 직접적인 서비스 제공 및 지원은 사업에 참여한 다문화유치원을 통해 이뤄진다. 다문화유치원은 다문화 영유아를 위한 개별 · 통합 언어교육 지원, 유치원 구성원인 교사, 영유아, 학부모의 다문화 인식 개선 및 이해도 제고를 위한 교육, 지역 여건에 맞는 다양한 교육자료(교안 · 교육) 개발 등을 담당한다.

2) 여성가족부의 다문화 교육프로그램

여성가족부는 다문화가족 지원정책의 주무 부처이다. 범부처 차원에서 「여성결혼이민자가족의 사회통합 지원방안」을 마련하고 2007년 결혼이민자 영유아양육지원 방문교육 시범사업을 추진한 이래 다문화가정 영유아 지원사업을 지속적으로 확대 추진해 왔다. 2008년에 「다문화가족지원법」을 제정하고, 결혼이민자가족지원센터를 다문화가족지원센터로 변경하고 사업을 추진하였다. 2023년 1월 1일 기준 다문화가족지원센터는 전국 231개소로 운영된다.

다문화가족지원사업은 생애주기별 맞춤형 서비스로 생애주기를 결혼준비기, 가족관계 형성기, 위기개입 및 가족통합교육, 자녀양육 및 정착기, 자녀교육기, 역량 강화기로 나누어 실시한다. 이 중 3단계인 자녀양육 및 정착기가 다문화가정 영유아와 관련된다.

다문화가족지원센터에서 실시하는 자녀양육 및 정착기 사업 중 영유아 관련 사업은 크게 3가지로 방문교육사업, 다문화가정 영유아 언어발달 지원사업, 이중언어 가족환경 조성사업이다.

첫째, 방문교육사업 중에는 부모교육서비스와 자녀생활서비스가 있다. 부모교육서비스는 언어 · 문화 차이 등으로 자녀양육에 어려움을 겪고 있는 결혼이민자에게 생애주기별(임신 · 출산 · 영아기, 영유아기 서비스를 제공하는 데 목적이 있고, 자녀생활서비스는 학업성취가 낮고 자아 · 정서 · 사회성 발달에서 어려움을 겪고 있는 다문화가정 자녀, 중도입국 자녀(만 3세~만 12세 이하 초등학생)에게 서비스를 제공한다. 둘째, 다문화가정 자녀 언어발달지원 사업에서는 자녀의 건강하고 체계적인 언어발달을 지원하고 있으며 인근 어린이집에 파견되는 형태로 진행되기도 한다. 셋째, 이중언어 가족환경 사업에서는 부모-자녀 이중언어 상호작용 교육, 부모교육 및 사례관리, 자조모임 지원 등의 기회를 제공한다(〈표 1-13〉 참조).

〈표 1-13〉 여성가족부 다문화가족지원센터 관련 서비스

사업명	내용
방문교육 사업	• 생활언어를 익히고 문화를 이해할 수 있도록 체계적 · 단계별 한국어교육 서비스 제공 • 언어 · 문화차이 등으로 자녀양육에 어려움을 겪지 않도록 결혼이민자에게 부모교육 서비스 제공 • 자아 · 정서 · 사회성 발달에서 어려움을 겪지 않도록 다문화가족 자녀에게 자녀생활서비스 제공 ※ 방문교육서비스 대상자는 센터의 '방문교육서비스 사전설명회' 이수 후 서비스 제공
다문화가족 자녀 언어발달 지원사업	• 다문화가족 자녀 언어평가: 대상 영유아에게 적합한 평가도구를 활용하여 영유아의 언어발달 정도를 평가 • 다문화가족 자녀 언어교육: 언어발달 평가 결과 교육이 필요한 영유아를 대상으로 어휘 · 구문 발달 촉진, 대화 · 사회적 의사소통 능력 향상, 읽기 및 이야기하기 등의 발달 촉진을 위한 언어교육 실시 • 부모상담 및 교육: 대상 영유아 부모와의 공감대 형성을 위한 부모상담 및 자녀의 언어발달을 지원하기 위한 부모교육
다문화가족 사례관리 사업	• 다문화가족의 복잡하고 다양한 문제해결 및 욕구 해소를 위한 심리, 정서적 안정 및 자립역량 강화 지원 등 맞춤형 종합서비스 제공 • 체계적인 실적관리를 통한 사례관리 사업의 지원체계 구축 및 안정화 • 양질의 사례관리 서비스를 제공함으로써 결혼이민자 및 다문화가족의 안정적인 사회 정착 기반 마련

사업명	내용
결혼이민자 통번역서비스 사업	• 입국초기 결혼이민자의 초기 정착 단계에서 경험하는 의사소통 문제해결을 위한 통번역서비스 지원으로 한국사회 조기 적응에 기여 • 결혼이민자의 자립능력 및 주체적 역량 강화 및 사회적 일자리 확대
이중언어 가족환경조성사업	• 다문화가족 자녀가 가정 내에서 영유아기부터 자연스럽게 이중언어로 소통할 수 있는 환경 조성으로 자녀의 정체성 확립 및 글로벌 인재로의 성장지원 • 체계적이고 전문적인 부모교육 및 부모-자녀 상호작용 서비스 제공으로 부모의 역량을 강화함으로써 부모와 자녀 간의 의사소통과 정서적 유대감 강화
결혼이민자 역량강화지원	• 결혼이민자, 중도입국자녀가 사회통합프로그램과 차별화된 실용 한국어를 자율적으로 선택하도록 하여 다양한 학습욕구를 지원

출처: 여성가족부(2023).

3) 보건복지부의 다문화 교육프로그램

보건복지부가 담당하는 보육지원사업에서 다문화가정 영유아에게 보육이념인 무차별의 원칙을 적용함은 물론 취약계층으로 보고 우선권을 두어 왔다. 「영유아보육법」 제26조 취약보육 우선실시 조항을 두어서 국가나 지방자치단체, 사회복지법인, 그 밖의 비영리법인이 설치한 어린이집과 대통령령으로 정하는 어린이집의 원장은 영아 · 장애아 · 「다문화가족지원법」 제2조제1호에 따른 다문화가정 영유아 등에 대한 보육(이하 “취약보육”이라 한다)을 우선적으로 실시하도록 하고 있다. 또한 어린이집 운영 일반원칙(「영유아보육법」 제24조, 시행규칙 제23조)에 어린이집 입소 1순위로 다문화가정의 영유아를 명시함으로써 우선 취원을 보장하고 있다. 2009년부터 국공립어린이집 입소 우선순위 대상에 다문화가정 자녀를 추가하였고 2011년에는 그동안 「영유아보육법 시행규칙」으로 규정하였던 다문화가정 영유아 입소 우선순위를 「영유아보육법」에 신설함으로써, 법적인 근거를 보다 더 강화하였다.

보육료 지원 측면에서도 무상보육이 도입되기 이전인 2011년부터 「다문화가족지원법」 제2조 제1호에 따른 다문화가족의 자녀를 무상보육 대상에 포함해 왔다. 현재 다문화가족 자녀 중 초등학교 취학 전 만 0세~만 5세 영유아에게 동일한 세대를 구성하였는지 여부와 관계없이 보육료를 지원하고 있다. 결혼이민자와 대한민국 국적자 사이에서 출생한 자녀는 동일세대 여부와 상관없이 지원하며, 결혼이민자와 대한민국 국적자 사이에서 출생한 자녀가 아닌 전처 또는 전남편과의 사이에서 출생한 자녀로서 다문화가족과 동일세대원인 경우 다문화 보육료를 지원하고 있다. 지원단가는 연령별 보육료 정부지원 단가이다(〈표 1-14〉 참조).

〈표 1-14〉 다문화가정 영유아 보육 관련 「영유아보육법」 개정 내용

구분	내용	개정일
「영유아보육법」	• 국공립어린이집 등의 보육우선 제공대상에 「다문화가족지원법」 제2조 제1호에 따른 다문화가족의 자녀신설 • 무상보육 특례에 취학직전 1년 영유아와 다문화 포함해서 "「다문화가족지원법」 제2조 제1호에 따라 다문화가족의 자녀"추가	2011.06.07.
「영유아보육법 시행령」	• 무상보육대상자를 취학 직전 만 5세아에서 5세 누리과정을 제공받는 만 5세아, 장애아, "「다문화가족지원법」 제2조제1호에 따른 다문화가족의 자녀"로 변경	2011.09.30.
「영유아보육법 시행규칙」	• 국공립어린이집 입소 우선순위 대상 확대, 국공립어린이집 우선 이용 대상에 "다문화가족의 영유아 및 다자녀(세 자녀 이상) 가구의 영유아"추가	2009.12.31.

다문화 기본계획과 관련한 2017년도 복지부 세부 추진과제로는 어린이집 교원 대상 다문화가족 이해 제고 사업을 제시하고 있다. 이는 원장과 보육교사 보수교육에 다문화가정 영유아 보육 및 지원 교육을 지속적으로 실시한다는 것으로 2017년에 8만 명을 목표로 한다(여성가족부, 2017).

4) 지방정부의 다문화 교육프로그램

(1) 서울시

다문화가족지원정책 기본계획(2018~2022)에 의거하여 서울시는 다문화가정 영유아의 어린이집 운영이라는 특화과제를 가지고 있다. 이는 다문화가정 영유아들과 비다문화가정 영유아를 함께 보육함으로써 다양한 문화에 대한 이해를 통해 다문화가정 영유아들이 우리 사회의 일원으로 성장할 수 있도록 다문화통합 어린이집을 지정·운영하는 것이다.

지정 기준은 현재 보육 중인 다문화가정 영유아 수가 많은 어린이집을 우선 선정하되 자치구별 지정현황과 다문화가족 거주지역 및 소득수준을 고려하여 안배한다. 최소 다문화가정 영유아 5명 이상 보육 시 지정하는데, 다문화가정 영유아보육을 위한 어린이집 여건, 환경 등을 고려하여 선정한다. 연도별로 목표한 어린이집 지정 개소 수는 2019년 58개소에서 점차 확대하여 2020년에는 68개소로 설정하였다(〈표 1-15, 1-16〉 참조). 다문화가정 영유아는 2016년 49개소에 847명이였다(여성가족부, 2017).

〈표 1-15〉 서울시 다문화통합 어린이집 지정 목표

연도	2016	2017	2018	2018	2019	2020
지정개소	49개소	55개소	60개소	60개소	58개소	68개소

출처: 여성가족부(2020b)

다문화통합어린이집에는 신규 지정 시 1회에 한하여 2,500천원을 다문화교육기자재 구입비로 지원하고, 다문화가정 영유아 프로그램 운영비로 매월 300천원을 지원하며, 또한 비담임교사(또는 보육도우미) 배치를 우선 지원한다.

〈표 1-16〉 서울시 다문화통합 어린이집 추진경과 (2019년 10말 기준)

연도별	2015	2016	2017	2018	2019
개소(누계)	11(42)	9(51)	6(53) (폐원4)	6(58) (폐원1)	58 (추진 중)

출처: 여성가족부(2020b).

(2) 경기도

경기도에서는 2006년도부터 사회적으로 소외된 저소득 외국인근로자가정 자녀에 대한 사회적 배려 차원에서 외국인근로자가정 자녀를 교육하고 있는 전담 및 통합어린이집의 교사 인건비 지원사업을 추진하고 있다. 이 사업은 경기도 보육조례 제17조(비용의 보조)를 근거로 시행하고 있으며, 외국인근로자가정 자녀(불법체류자 포함)를 3명 이상 전담 또는 통합보육하고, 최근 2년간 행정처분 사실이 없는 어린이집을 대상으로 한다. 통합어린이집에는 교사 1인 인건비를 지원하고, 다문화전담어린이집에는 교사 3인까지 인건비를 지원한다(〈표 1-17〉 참조). 2017년의 경우 74개소 76명 교사 인건비를 지원하였다(경기도, 2017).

이들 어린이집은 세 가지 운영기준을 준수하여야 한다. 첫째, 외국인근로자가정 자녀 교사 인건비 지원을 받는 어린이집은 외국인근로자가정 자녀의 보육료를 최소 30% 이상 감면하도록 행정 권고한다. 둘째, 신규채용 및 퇴직 등의 경우에 특별한 규정이 있는 경우를 제외하고 발령일을 기준으로 일할 계산하여 지급한다. 셋째, 어린이집에서는 저소득 외국인근로자가정 자녀 관리카드(영유아명, 연령, 주소, 국적, 보호자성명 및 직장명, 전화번호, 입・퇴소 시간, 영유아사진 등)를 작성 비치하도록 한다. 외국인근로자가정 자녀 보육 어린이집은 일정 기준에 의해 인건비 지원이 취소되기도 한다. 취소 사유는 행정처분, 지원조건 미충족, 보육영유아 감소 등으로 인해 3개월 연속 지원이 중단된 경우이다.

〈표 1-17〉 경기도 외국인근로자가정 자녀 어린이집 지원기준

구분	외국인근로자가정 자녀 전담어린이집	외국인근로자가정 자녀 통합어린이집
정의	저소득 외국인근로자가정 자녀를 전담으로 보육하는 어린이집	저소득 외국인근로자가정 자녀를 국내 영유아와 통합보육하고 있는 어린이집
지원기준	• 어린이집당 3인까지 지원 – 보육교사 배치 기준에 따른 반당 교사 1인 – 현원기준 0세반 2명, 1세반 3명, 2세 이상 반 50% 이상일 경우 또는 보육교사 아래와 같이 배치할 경우 보육인원 1~ 5명: 보육교사 1인 보육인원 6~10명: 보육교사 2인 보육인원 11명 이상: 보육교사 3인 (※ 영유아가 위의 최저기준 미달 시 미달하는 월의 익월까지 지원)	• 어린이집당 1인 지원 – 외국인근로자가정 자녀 보육인원이 3명(연령에 관계없이) 이상일 경우 (※ 영유아가 2명으로 감소되는 경우 감소되는 월의 익월까지 지원)

출처: 경기도(2017).

경기도에서는 사회적으로 소외된 외국인가정 자녀에 대한 교육의 어려움을 해소하고 차별 없는 교육기회를 제공하기 위하여 보육료 일부를 지원해 주고 있다. 이 사업은 경기도 보육 조례 제19조(비용의 보조), 경기도 외국인주민 지원 조례 제6조(지원범위), 경기도 외국인주민 지원 조례 제6조의2(외국인주민가정 자녀지원)를 근거로 시행하고 있다(〈표 1-18〉 참조).

〈표 1-18〉 경기도 외국인가정 자녀 보육지원

지원 기준	• 사업대상: 도내 어린이집에 다니는 외국인가정 자녀(영유아, 만 0~5세) • 지원내용: 보육료 월 10만 원 지원 ※ 영유아 1월 지원, 영아는 관련 조례 개정 후 • 지원기준: 보호자(1명)와 영유아 모두 경기도 거주자 * 경기도 거주 90일 초과한 자로 보호자와 영유아 모두 체류기간이 지나지 않아야 함 * 확인 방법: 최근 3년 이내 주소지가 표시된 외국인등록사실증명서(국내거소신고사실증명서) * 시스템상: (보육료 지원 자격) 비다문화 영유아, (가정유형) 외국인가정

출처: 경기도(2023).

(3) 기타 시도 사업

서울시와 경기도를 제외한 일부 지방자치단체에서도 다문화가족지원정책 기본계획(2018~2022)에 의한 사업을 추진한다. 부산은 한국 국적의 자녀를 양육하는 국적 미취득 결혼이민자에 대해 다문화가족 특별분양 자격을 부여하고 주거복지센터 및 다문화가족지원센터에서 분양 조건에 대한 홍보 등 정보를 안내하고 있다. 대구광역시에서는 결혼이민자 맞춤형 '운전면허교실', '외국인 도움센터'를 운영하고 있으며 소방서 및 가스안전공사 등과 연계하여 다문화가족 대상 안전교육을 실시하고 있다. 충청남도에서는 가족해체 및 위기(폭력, 이혼, 별거 등)에 처한 다문화가족은 열악한 주거환경 내 자녀 돌봄 공백 발생 및 정서적 문제, 생계문제 해결을 위한 주거지원 사업을 추진하고 있으며 동일언어권 국가별 자조모임 구성으로 안정과 유대강화 및 다양한 정보 교류 도모로 유대 강화 및 조기정착을 지원하고 있다. 이 외에 인천은 결혼이민자 중 자국어 교육이 가능한 자를 선정하여 관내 어린이집, 지역영유아센터에 파견하여 외국어 학습과 다문화 이해교육을 병행실시하고, 충남도 어린이집 · 유치원 등을 대상으로 찾아가는 다문화교실 및 다문화 인식 개선사업을 실시하고 있다(〈표 1-19〉 참조).

〈표 1-19〉 일부 시 · 도 영유아 관련 정책사업

시도	주요사업내용
부산	• 결혼이주여성의 인권보호를 위한 가정폭력 관련 긴급상담, 전문상담 및 주거시설을 확대 운영하는 등 가정폭력 피해 대응체계를 강화 • 결혼이민자 대상 가족관계 증진을 위한 프로그램을 다양화하고 한부모가족과 관련된 제도를 개선하고 지원 • 중도입국자녀에 대한 지원을 지속적으로 추진하며, 다문화가족 자녀에 대한 글로벌 역량, 학업 및 사회 진출 지원 강화 • 다문화가족 학부모에 학교생활안내, 진로 · 진학 정보제공 및 자녀양육 지원과 가족상담을 위한 찾아가는 부모교육 서비스 제공 • 다문화 홈페이지(다문화 행복플러스 플랜)을 운영하여 다문화가족에게 생활정보 제공 및 사회통합 효과 제고 • 결혼이민자 대표회의 구성을 통해 다문화가족들의 실질적인 삶의 질 향상 차원의 정책 수립 등에 반영
대구 광역시	• 동일 국가 출신 멘토와 내국인, 2인 1조로 구성된 '소통 도우미'의 가정방문 · 상담을 통해 정보제공 · 기관연계 등 사회문제 예방적 차원의 사회소통 강화 • 초기 입국자 대구생활 적응에 다국어 책(대구생활 가이드북) 발간과 다문화 신문 발행으로 다문화가족의 한국사회 적응지원 • 출신국 언어로 자녀교육 · 양육 정보 제공하는 다문화교육 코디네이터 지원 • 다문화 청소년 대상 외국어 · 예체능 등 다양한 양질의 특기 적성교육 프로그램 지원으로 재능 발견 및 성장을 지원 • 다문화 어린이 도서관을 개소하여 다문화가정 자녀에게 엄마나라 도서를 접하게 하여 이중언어 및 독서능력 향상 지원 • 부부대상 상호 이해 및 부부관계 증진 프로그램 다양화 및 심리검사 · 가족 상담 지원 등 상담체계를 강화하여 다문화가족 소통 증진
인천 광역시	• 폭력피해 이주여성의 복합적 문제를 원스톱(상담지원, 체류 · 법률상담 등)으로 지원하는 전문상담 체계 구축 추진 • 학교 및 가정 내 빈번하게 발생하는 사춘기 다문화가족 자녀와 부모 간의 갈등 예방을 위해 각종 프로그램 지원 • 결혼이민자 학위 취득을 지원해 결혼이민자의 학습능력과 자존감을 높이고 주도적인 사회참여 역량 강화 • 결혼이주여성에게 기업 인턴근무 경험을 지원해 자신감과 현장적응력을 높여 사회 · 경제적 자립 지원 • 결혼이민자 민간 통 · 번역 요원으로 선발하여, 결혼이민자 일자리 창출 및 지역사회 발전에 기여

시도	주요사업내용
광주 광역시	• 결혼이민자 임산부 교실 및 산모도우미 파견으로 다문화가정 여성의 출산 · 육아에 대한 정보 부족으로 인한 불안감 해소 및 부모역할 이해도 향상 • 다문화가족 내 문제예방과 성장을 도울 수 있는 교육 강화 및 현실적 개입을 통한 문제해결 중심 상담 등 상담 지원체계 강화 • 외국인가정 주민 명예 통장단 운영 등으로 결혼이민자와 행정기관 간 소통창구 마련 및 사회참여 기회 제공 • 결혼이주여성을 출신국가 문화 전령사로 고용하여 관내 영유아, 초등학생 대상 다문화이해교실을 운영하여 자립을 지원하고 다문화 수용성 제고 • 외국인 주민 지원 민관협력 네트워크(외국인주민 지원시책 위원회) 조성으로 기관 · 단체 간 중복 및 분산된 서비스를 통합하여 서비스 효율성 제고 • 다문화가족 자녀의 이중언어 환경 조성에 대한 지원을 강화하여 글로벌 인재 양성 및 부모 · 자녀 간 소통 강화
대전 광역시	• 갈등 해결 및 가정해체 위기 극복을 위한 개인 · 가족 심층 상담 강화 등 이혼 · 사별로 인한 가족 형태 다양화에 따른 맞춤형 지원 • 폭력피해 이주여성을 위한 보호와 치료회복 지원, 주거지원 확대와 인턴십센터 운영 및 직업훈련 강화 등 지원 강화 • 다문화가족 전담 민원창구 운영, 다문화가족 지원서비스 안내 수첩 제작 등 정보제공으로 한국사회 적응지원 • 3대가 함께하는 프로그램 운영 등 가족 참여 프로그램 확대 및 다문화가족 상담 관련 지역 전문가 POOL 마련 등 상담 체계 강화 • 결혼이민자 직업교육 훈련 강화 및 지역 공동체 일자리 사업으로 다문화가족 일자리 창출 등 자립 지원체계 구축 • '초등학교 입학 전 준비 프로그램' 운영 등 자녀발달주기별 부모교육 및 정보제공 강화
울산 광역시	• 결혼이민자 학습센터 운영으로 개인역량 강화 및 건강한 가족관계 형성으로 안정된 지역사회 정착 도모 • 결혼이민자가 기자단으로 참여하는 뉴스레터를 제작하여 배포함으로써 다문화 이해 및 문화소통의 장으로 활용 • 언어소통, 경제사정, 문화적 차이 등으로 건강관리가 취약한 결혼이주여성에 대한 정기적 건강검진을 통하여 기본적 의료서비스 제공 • 다문화가족 자녀 대상 공부방을 운영하여 학습역량 강화 및 창의 · 인성교육을 함양하여 건강한 사회구성원으로 성장 지원 • '다문화가정 독서 멘토링'으로 동화책을 통해 지역주민과 상호 문화이해 및 수용성을 제고하고 멘토-멘티 연결을 통한 한국생활 적응을 지원
강원도	• 결혼이주여성 신규 입국자 정보공유 및 가족관계 등록부 등 민원서류에 대한 무료번역서비스 제공으로 정보 제공 등 정착 지원 • 동일국가 출신 결혼이민자와 초기 입국 여성에 대한 멘토링지원으로 한국사회적응 및 자립 기반 마련 지원 • 대학생 멘토링지원 및 교과 내용 중 주요개념 및 어휘를 담은 교과 보조교재 보급으로 다문화학생의 학교생활 적응 및 기초학습 지원 • 진로 및 진학 등 다문화 청소년 고민 해소를 위한 상담 및 자녀교육, 의사소통 등의 해결을 위한 부모상담지원으로 갈등 예방 • 외국인주민 및 다문화가족지원 협의회 운영을 통해 정책참여 도모

시도	주요사업내용
충청 북도	• 폭력 상황에 대한 초기대응체계 상시 가동 및 전문상담 체계 구축과 주거 지원 확대, 자립 지원 등 결혼이주여성의 인권강화 • 결혼이주여성을 영어강사로 채용한 초등학생 대상 원어민 영어교실을 개설하여 결혼이주여성의 취업을 통한 경제적 지원 및 지역주민과의 소통 강화 • 학습성취도가 낮은 다문화가족 자녀 1:1 학습지도 및 중도입국 자녀 대상 찾아가는 한국어교실 운영 등으로 학교생활 적응지원 • 다문화가족에 구강관리 및 의료서비스를 제공함으로써 건강 증진 및 다문화가정의 의료에 대한 경제적 부담 해소 • 다문화이해교육 등 공존하는 지역 환경 조성 및 참여교류 프로그램 활성화
충청 남도	• '집배모니터링사업'*으로 문화적 차이로 한국생활에 어려움을 겪는 다문화가족을 조기 발견하여 사례관리사 및 전문상담사를 연계하여 가족해체 방지 * 월 1회 집배원이 기초 푸드뱅크에서 후원된 생필품을 전달하며 모니터링 • 심리치료가 필요한 자녀 대상 전문기관을 연계, 심리검사 및 맞춤형 전문심리치료(모래, 미술, 놀이치료 등)를 지원하여 가족 내 안정적 생활 정착 지원 • 결혼이주여성의 직업훈련 및 실습 지원을 위한 인큐베이터 사업장(아시안쿡) 운영으로 취 · 창업 전 역량강화 • 끼와 재능을 겸비한 다문화가족 자녀를 발굴, 충남다문화영재교육원 · 카이스트 등과 협업하여 맞춤형 프로그램 제공 등 글로벌 인재 양성 지원 • 다문화가족 관련 사업에 관한 협의 · 조정 및 효과적인 서비스 연계 등을 위하여 정책수립과정에 참여할 수 있는 운영위원회 구성 · 운영
전라 북도	• 출산을 앞둔 결혼이주여성에게 예비부모에 대한 교육을 실시하고, 학령기 자녀를 둔 부모를 대상으로 학교생활 정보제공 및 부모역할교육 등 자녀성장 지원 • 결혼이민자 대상 검정고시반 운영 등 경제적 어려움 등으로 학업을 지속하지 못한 결혼이민자에게 학위 취득의 기회 제공 • 다문화가족 자녀 대상 정서안정과 창의적 사고 향상을 위한 '도서 연계 창의 인성 우리놀이'와 '생활요리 만들기' 등 맞춤형 수업으로 건강한 성장 지원 • 다문화가족 대상 종합소식지(사람들) 발간 및 다문화 정보공유 프로그램(다문화 활력 프로젝트: 다정다감) 제작으로 정보공유 및 정착 지원 • 지역자원의 재능기부로 기획한 다문화 체험프로그램을 통한 청소년의 다문화 감수성 향상과 다문화수용성 제고 • 다양한 기관 · 단체 간 협력체계를 구축함으로써 다문화정책 발굴 및 지역사회통합 제고
전라 남도	• 부부공동체 훈련 등 배우자 이해증진 프로그램 실시로 상호 이해를 통한 건강한 가정 정립과 한국생활 안정적 정착 지원 • 결혼이주여성 조기정착을 위한 단계별 정보화 교육 실시 및 자격증반 운영 등 지역연계 취업알선 연계로 자립지원 강화 • 다문화 사회적기업 육성 및 다문화 일자리 상담사 양성 인큐베이팅 등 결혼이주여성의 경제적 자립기반 강화 • 다문화 엄마학교를 통해 엄마의 자존감 향상 및 초등학생 자녀의 가정학습지도를 담

시도	주요사업내용
	당하고 교사와 소통할 수 있는 능력 배양 • 다문화가족 대상 기본적 인권 등 찾아가는 법률교육을 실시하여, 결혼이주여성의 권익보호와 법 생활 안정에 기여 • 찾아가는 어린이집 다문화이해교실 프로그램 운영으로 다문화 수용성 제고
경상북도	• 다문화가족의 갈등 · 가정폭력 등 위기상황이 증가하여 유관기관 협업을 통해 사건 · 사고에 대처하는 다문화가족 SOS 긴급지원팀 운영 • 결혼이주여성의 언어소통과 한국생활 적응 지원을 위해 인근지역 다문화가족과 연계하고 다문화가족 공부방 운영 등 한국생활 적응을 위한 환경 조성 • 결혼이민자 모국봉사 활동으로 경쟁력 있는 다문화인재 발굴 및 민간 외교자원으로 활용하고 한국인으로서의 자긍심 고취 • 기초학습능력이 낮거나 향상이 필요한 다문화가족 자녀에게 교육대학과의 업무협력을 통해 예비교사(교대학생)의 멘토링, 진로지도 · 부모교육 특강 등 자녀 진로지원 • 시 · 군별 다문화가족의 환경과 특성을 고려한 지역의 자율성에 기반한 맞춤형 프로그램을 발굴 추진하여 다문화가족의 생활안정에 기여
경상남도	• 결혼이민자 기술취득 지원 및 취업 지원창구 운영 및 글로벌리더 아카데미 과정 개설로 결혼이민자 자립능력 및 역량강화 • 다문화가족 남편과 아버지 역할 교육, 다문화가족 남편 서포터즈 운영 확대를 통해 문제해결 역량 증진과 지역사회 참여 활성화 • 토요 글로벌 스쿨(베트남어 수업), 이중언어 교육프로그램 운영 등 자녀 언어발달 · 이중언어 환경 조성 지원 • 결혼이주여성과 국내 여성단체 간 방문 · 결연을 통해 심리적 지원 등 한국 생활의 안정적 정착 지원 및 다문화 수용성 제고 • 문화관광해설사 신규양성 교육 시 다문화가족 원어민 우선선발 및 원어민 외국어 강사 확대 운영으로, 결혼이주여성 취업 지원 • 집합 한국어교육이 어려운 결혼이주여성 대상 작은 다문화학교 운영으로 한국어교육 기회를 제공하여 원활한 의사소통 및 사회생활 적응지원
제주도	• 결혼이주여성을 활용, 지역영유아센터와 연계하여 외국어 교육프로그램을 운영함으로써 저소득층 영유아 외국어교육 기회 제공 및 이주여성 자립역량 강화 • 정착주기 장기화로 다양한 가족유형(한부모가정 등)이 발생함에 따라 안정된 가족생활을 도모할 수 있는 맞춤형 지원 강화 • 폭력피해 이주여성의 복합적 문제를 지원하는 전문기관 신설 등으로 결혼이주여성 인권보호 체계 확충 • 기업 · 학교 · 단체 등에 다문화 이해교육 강사를 파견하여 실시하는 찾아가는 다문화이해교육 확대로 다문화 감수성 증진 및 인권 의식 향상 • 지역 내 영유아언어 심리치료 전공 학부생과 졸업생을 언어지도사로 활용하여 다문화가정 자녀의 학교생활적응 및 기초학습지원

출처: 여성가족부(2020b).

5) 어린이집 현장에서의 교사 활용자료

(1) 다문화교육 지원 사이트 안내

다양한 문화와 다문화교육에 대한 지식은 꾸준한 노력을 통해 습득할 수 있다. 실생활에 도움이 될 만한 다문화교육지원기관, 다문화가족 및 다문화교육 관련 정보와 서비스를 제공하는 사이트를 소개한다.

다문화교육 지원 사이트	내용	
한국건강가정진흥원 https://kihf.or.kr	여성가족부 산하 준정부기관으로 다양한 가족을 위한 가족정책 시행을 위해 여러 가지 서비스를 제공한다. • 다문화가족 지원사업: 다문화가족지원센터(25개소) 및 건강가정·다문화가족지원센터(208개소) 운영을 통해 다문화가족 지원서비스 전달	
다문화가족지원센터 및 건강가정·다문화가족 지원센터 https://www.liveinkorea.kr/	한국건강가정진흥원에서 개발한 서비스를 전달하는 지자체 단위의 기관들로 하단의 서비스를 제공한다. • 사업방향: 다문화가족 한국사회 조기 적응, 사회·경제적 자립지원 도모 • 주요사업: – 다문화가정 자녀 인지, 자아, 정서, 사회성 발달지원, 문화 역량강화, 시민 교육 제공 – 다문화가정 부모–자녀 상호작용 프로그램 – 이중언어 부모/가족코칭 – 이중언어 활용 프로그램 – 결혼이민자 통·번역서비스 – 결혼이민자 자녀학습지도를 위한 한국어교육 등	

다문화교육 지원 사이트	내용	
i-누리 https://i-nuri.go.kr/main/index.do	누리과정 관련 자료 및 정보를 제공한다. 놀이와 문화다양성을 연계한 내용을 찾을 수 있다.	
온라인 다문화이해교육 다누리배움터 https://www.danurischool.kr	온라인교육과 찾아가는 다문화교육을 실시하며 다문화이해 교육자료, 다문화 인식 개선 콘텐츠, 다양한 문화소개, 영유아 교육자료 등을 제공한다.	
육아종합지원센터 http://central.childcare.go.kr	교사를 위한 다문화 교육연수를 실시하고 다문화교육 교재교구 교육자료를 제공한다.	
올리볼리 문화다양성 교육 http://ollybolly.org	자연스럽게 다양한 문화를 접하고 차별, 인권, 평화 등에 대해 고민해 볼 수 있도록 다양성과 관련된 전 세계 그림동화를 영상으로 제작한 온라인 콘텐츠를 제공한다.	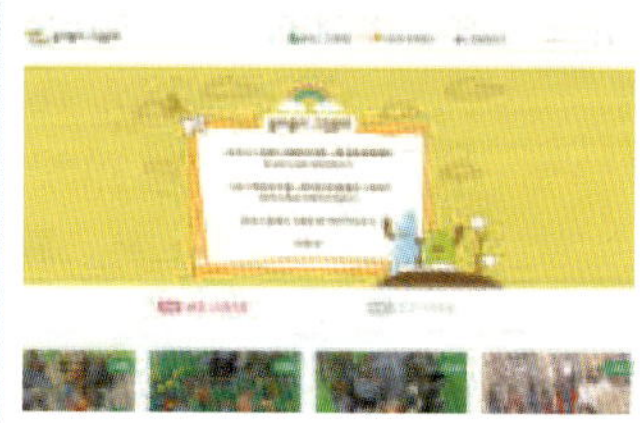
올리볼리 문화다양성 감수성 테스트 http://test.ollybolly.org	초등생용, 성인용 문화 다양성 감수성 테스트를 제공한다.	
중앙다문화교육센터 https://www.edu4mc.or.kr	국가 다문화교육 정책연구 및 정책사업을 실시하고, 교원과 학부모를 위한 다문화교육 정보를 제공한다.	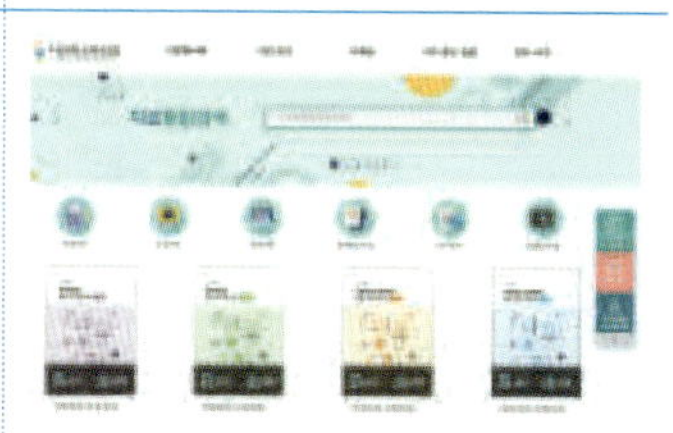

출처: 한국보육진흥원(2021).

(2) 다문화가정 영유아를 위한 어린이집 지원

영유아기는 자아정체성, 사회관계가 형성되는 중요한 시기이다. 이 시기 어린이집에 다니기 시작하며 다양한 사회적 경험을 하게 되는데 다문화가정의 경우 교육기관을 통해 다양한 사회적 경험과 언어발달을 촉진할 수 있다. 그러나, 한국어 소통이 어려운 다문화가정일 경우 입학의 과정이 쉽지 않기 때문에 자녀를 입학시키고자 할 때 입학 절차가 원활하게 이루어질 수 있는 지원이 필요하다.

① 입소 우선순위 자료

다문화가정에서는 입소 우선순위에 따른 다문화가정 영유아 확인 자료를 어린이집에 제출해야 한다. 「다문화가족지원법」 제2조 제1항에 따른 다문화가정의 영유아 확인서류는 다음과 같으며 관련 자료는 임신육아종합포털 아이사랑 홈페이지(https://www.childcare.go.kr)에서 확인 가능하다.

다문화가정의 영유아 확인서류

- 주민등록등본(결혼이민자 및 귀화자 등본상 기재)
- 가족관계증명서와 외국인등록증 사본
- 결혼이민자 중 재외동포 출입국과 법적지위에 관한 법 제2조 제2호에 따른 외국국적동포: 출입국에 관한 사실 증명(외국에서 15년 이상 거주하였음을 증명)
- 외국인등록증이 없는 경우: 외국인 등록사실증명서 또는 외국인 기본증명서 등 다문화가족임을 증명할 수 있는 서류 중 1부

② 입학 상담

다문화가정 자녀의 교육기관 적응에 도움을 주기 위해 어린이집의 원장과 교사는 영유아의 어린이집 입학 전후 구체적인 상담을 실시하여 기관에 대한 부모의 이해도를 높일 수 있다. 입학 상담을 준비할 때에는 필요한 안내자료를 사전에 준비하고 다문화가정 부모의 한국어 소통 능력을 사전에 파악하여 상담을 실시할 수 있으며 필요하다면 통역서비스를 활용하는 방법이 있다. 입학 상담은 학부

모와 첫 관계가 형성되는 중요한 자리이기 때문에 우호적이고 편안한 분위기 속에서 진행되어야 하며 다양한 언어로 번역된 입학 안내문을 사전에 준비해야 한다. 학부모의 한국어 사용 여부를 파악하여 상담을 진행하고 이들을 위한 국가 지원내용도 점검해야 한다.

다문화가정 영유아 입학 상담 안내문에 고려되어야 할 내용은 다양한 언어로 번역된 어린이집 이용 안내문, 필요시 번역기(어플) 활용, 번역이 어려울 경우 쉽고 간결한 문장 사용, 다양한 기관의 이용 지침 자료 활용이 있다.

③ 오리엔테이션

입학 전 실시하는 오리엔테이션을 통해 다문화가정 영유아의 전반적 발달 특성을 이해하고 어린이집의 초기적응에 도움을 줄 수 있다. 특히, 다문화가정 영유아의 언어 사용능력 정도를 파악하여 적절한 지원이 이루어질 수 있도록 해야 한다. 오리엔테이션은 부모와 영유아가 어린이집에 대한 흥미를 가질 수 있도록 하고 적응을 촉진시켜 기관과 우호적 관계를 형성하는 중요한 기회가 된다. 다문화가정 영유아와 부모 오리엔테이션을 준비할 때 어린이집 이용 정보 자료는 다국어로 번역된 안내자료 등을 활용하면 좋다.

(3) 다문화가정 영유아의 초기적응지원

① 필요성

어린이집에서는 영유아들이 심리적 안정감을 느끼고 교사와 라포를 형성할 수 있도록 학기 초 적응지원이 필수이다. 영유아교육기관을 처음 접하는 다문화가정의 영유아는 초기 적응에 더욱 어려움을 보일 수 있기 때문이다. 적응 기간을 통해 어린이집 생활에 익숙해지고 교사와 친구에게 친밀감을 느낄 수 있게 된다. 따라서 초기의 적절한 적응지도를 위해서는 준비가 필요하며 이를 통해 영유아가 어린이집을 편안함과 안정감을 느끼는 장소로 인식하고 교사에게 친밀한 감정을 느껴 긍정적 사회관계 형성이 증진되도록 돕는다.

② 운영방법

초기적응지원은 다문화가정 영유아의 연령 및 발달 수준과 개별적 상황을 고려해야 한다. 적응기간 동안 점진적으로 교육 시간을 늘려 가고 개별 차이를 고려하여 융통성 있는 프로그램을 운영한다. 특히, 다문화가정 영유아의 언어 능력을 파악하여 적절한 반응을 해 주는 것이 필요하다. 이때, 다문화가정과 연계될 수 있도록 초기적응프로그램에 주양육자가 참석할 수 있도록 안내한다.

다문화가정 영유아의 초기적응을 돕기 위한 지침으로는 개별적 요구에 따른 차이를 인정하고 융통성 있는 하루일과 운영, 친밀한 비언어적 의사소통 활용, 언어발달 정도 파악, 다양한 환경적 배려 모색, 외부 기관의 통번역지원 활용이 있다.

초기적응 시 다문화가정 부모와 교사는 영유아에 대한 이해를 기반으로 소통하며 적응이 잘 이루어질 수 있도록 지원, 안내해야 한다. 또한 원활한 초기적응지원을 위해 점진적 단계가 필요한데 이와 같은 내용을 다음과 같이 제시하고 있다.

③ 교사의 태도

초기적응 시 교사는 수용적이고 반응적인 태도로 긍정적 상호작용을 하며 다문화가정 영유아와 친밀감을 형성한다. 다문화가정 영유아의 교육을 위해서는 무엇보다 문화적으로 적합한 실제를 적용할 수 있는 능력이 필요하며 다문화가정 영유아에 대한 관찰과 관심이 필요하다.

학기 초 교실에서의 교육자료 구비 시 영유아의 특성과 가족 그리고 지역사회를 고려하고 편견 없는 다양한 그림이나 사진 등 다양한 놀잇감을 제공해 주어야 한다. 교사는 다문화 영유아들의 다양성을 이해하고 편견이나 차별하지 않기, 부모에게 긍정적이고 열린 마음의 태도 갖기, 다문화가정 영유아와 부모의 요구를 파악하고 적절하게 대처하기, 다문화가정 영유아가 불안감을 느끼지 않도록 안정감과 편안함을 느낄 수 있도록 배려하기, 다문화가정 부모와 교류하며 협력적인 관계를 형성하고 상호 존중하기와 같은 태도를 갖춰야 한다.

(4) 다문화가정 번역 안내자료

양육자의 한국어 사용이 어려운 경우 가장 좋은 방법은 번역을 하여 가정통신문을 제공하는 것이다. 중요한 일정이나 준비물 등에 대한 내용은 번역본을 준비한다. 가정통신문의 내용을 번역하여 제시하는 경우 번역이 쉽지 않고 정확하지 않을 수 있다. 번역은 관련 센터에 번역을 의뢰하거나 번역사이트 등을 활용한다.

① 스마트 알림장 내 번역 기능 사용

스마트 알림장의 번역 기능을 사용하여 다양한 문화권의 다문화가정과 의사소통할 수 있다. 다문화가정에도 스마트 알림장의 번역서비스를 안내해 주어 가정과의 원활한 연계 활동이 이루어질 수 있도록 한다.

② 한국건강가정진흥원 온라인 상담 센터

한국건강가정진흥원(https://www.kihf.or.kr)에서는 온라인 상담서비스를 제공하고 있다. 이곳에서는 번역서비스를 제공하는데 다문화가족 자녀성장지원을 위한 번역서비스로 어린이집 등 기관에서 요청하는 경우에만 지원 가능하며, 최대 A4용지 1/2까지만 지원 가능하다.

③ 다문화가정을 위해 번역된 교육정보 안내문 예시

야간연장보육, 시간제보육, 토요보육 등 다문화가정 부모와 영유아를 위한 취약보육 안내문을 작성할 때 다양한 언어로 번역된 안내자료를 제공할 수 있다. 또한 어린이집에서 진행되는 행사의 원활한 참여를 위해 번역된 안내 포스터를 제작하여 안내하는 것이 필요하다.

다문화가족 자녀 성장지원 알림장 번역사업 안내

한국건강가정진흥원 가족상담서비스부

「보육 · 교육기관-다문화가족」간 언어 소통 지원을 위한
1:1 알림장, 전달사항, 통신문 등 12개 언어 번역 제공

- **신청대상:** 어린이집, 유치원, 초 · 중 · 고등학교 교사
  다문화 아동 · 청소년 기관 관계자 등
- **운영내용**
  - 개인 알림장, 학부모 안내사항, 학생 지도사항 등 번역 지원
  - 신청분량: A4 기준 1/2쪽 ※분량 기준 초과 시 별도 협의
- **운영언어:** 12개 언어
  - 베트남어, 중국어, 일본어, 필리핀어, 캄보디아어, 우즈베크어, 영어
    러시아어, 라오스어, 태국어, 몽골어, 네팔어 ※그 외 언어권 필요시 별도 협의

① 한국건강가정진흥원 누리집(https://www.kihf.or.kr/)
② 국민 · 소통 → 온라인상담
③ 온라인상담 작성하기(휴대폰 인증, 「번역요청」 체크)

- **신청방법:** 누리집(홈페이지) 신청
- **처리기한:** 3일 이내 답글 회신(토 · 일요일, 공휴일 미포함)
  ※ 신청 분량 및 난이도에 따라 기간 변동 가능
- **번역비용:** 무료
- **문 의:** 한국건강가정진흥원 가족상담서비스부 ☎ 02-3140-7922
- **기 타:** 3자 통역 필요시 다누리콜센터 ☎1577-1366

가족전용상담전화 사업안내

〈가족상담서비스부〉

■ 운영목적

- 365일 24시간 상담, 긴급지원 운영 등을 통한 가족 유형별 · 특성별 생애 주기 맞춤형 상담, 정보제공 등 수행
- 종합적이고 전문적인 가족정책 및 정보제공 상담으로 다양한 가족 지원 강화

■ 운영개요

- 운영체계

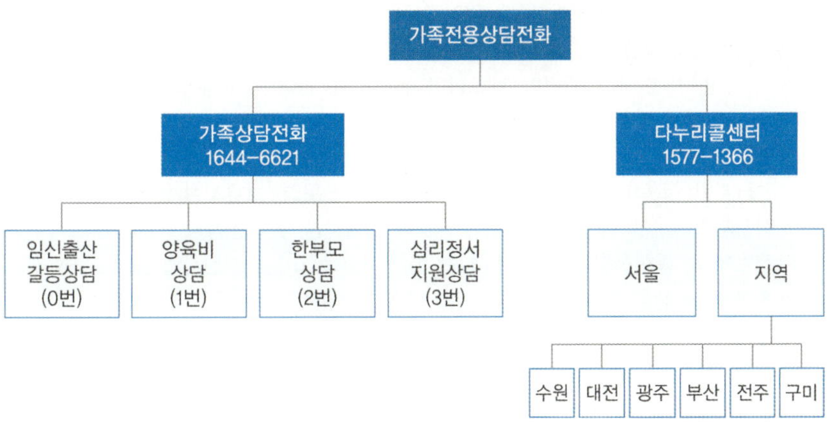

- 운영내용

<table>
<tr><th colspan="2">구분</th><th>전화번호</th><th>운영시간</th><th>서비스내용</th></tr>
<tr><td rowspan="3">가족
상담
전화</td><td>임신출산
갈등상담</td><td>1644-6621
(0번)</td><td>365일, 24시간</td><td>임신, 출산 위기 갈등 심리정서지원, 정책정보제공, 전문 지원기관 연계</td></tr>
<tr><td>한부모
가족상담</td><td>1644-6621
(2번)</td><td>365일,
08:00~22:00</td><td>미혼모부 초기상담 및 정보제공, 한부모가족 정책 종합 정보제공, 지원기관 정보제공</td></tr>
<tr><td>심리정서
지원상담</td><td>1644-6621
(3번)</td><td>365일,
08:00~22:00</td><td>가족 갈등 심리정서지원, 전문기관 연계, 정책정보제공</td></tr>
<tr><td colspan="2">다누리콜센터</td><td>1577-1366</td><td>365일, 24시간</td><td>폭력피해 긴급지원, 상담, 종합정보제공, 통역서비스</td></tr>
</table>

붙임1 다누리콜센터1577-1366 안내

■ 운영근거 및 목적

- 운영근거: 「다문화가족지원법」 제11조의 2(다문화가족 종합정보 전화센터의 설치 · 운영 등)
- 운영목적: 다국어에 의한 상담 · 통역 서비스 등을 결혼이민자 등에게 제공

■ 운영개요

- 운영지역: 서울, 수원, 대전, 광주, 전주, 부산, 구미
  ※ 서울 365일, 24시간 운영. 그 외 지역 365일 9:00~18:00 운영
- 전화기능: 다문화가족에게 13개 언어로 폭력피해 긴급지원, 상담, 한국생활 정보제공, 통역서비스 등 지원
  ※ 13개 언어: 한국어, 중국어, 베트남어, 필리핀어, 영어, 캄보디아어, 태국어, 러시아어, 우즈벡어, 몽골어, 일본어, 라오스어, 네팔어
- 상담유형
  - 긴급지원: 폭력피해 이주여성 상담, 긴급피난처 운영, 보호시설 연계
  - 상담지원: 개인 · 부부 · 가족상담, 변호사 법률상담, 온라인상담
  - 정보제공: 종합생활 정보(체류, 취업, 한국어교육, 다문화지원사업 등)
  - 통역지원: 생활 및 전문 통역 서비스, 3자 동시통역 서비스

■ 통역지원 개요

- 지원목적: 보호시설, 출입국관리사무소, 병원, 관련 기관 등에서 이주민 관련 업무 수행 소통 지원
- 통역 업무흐름도

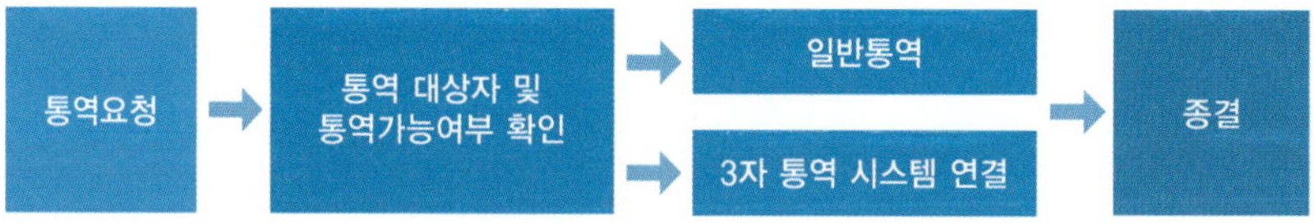

CHAPTER **02**

다문화보육과정 구성

Chapter 02 다문화보육과정 구성

• 학습목표 •

1. 다문화보육과정의 계획과 운영을 설명할 수 있다
2. 다문화 보육계획안을 설명할 수 있다.
3. 다문화 보육환경 구성을 이해할 수 있다
4. 다문화 교육자료 선정을 설명할 수 있다
5. 다문화 보육활동 운영의 실제를 이해한다.

1. 영유아 다문화보육과정 계획과 운영

1) 다문화보육과정 계획

영유아를 위한 다문화보육과정을 계획할 때는 다문화가정 영유아와 비다문화가정 영유아들의 통합교육을 통한 계획이 필요하다. 영유아의 흥미와 욕구를 충족시킬 수 있도록 기본적인 욕구와 신체적 보호를 위한 기본생활 측면을 고려하여 계획, 운영한다. 영유아들의 신체, 언어, 정서, 사회, 인지적 발달이 통합적으로 이루어지도록 계획, 운영하도록 한다. 하루일과 중 타인과 함께 생활하는 시간이 길기 때문에 타인에 대한 이해를 돕고 다문화 요소인 협력, 정체성, 편견 등 다문화 관점의 요소를 일과계획에 통합적으로 반영하는 것이 효과적이다. 획일적인 특별활동을 지양하고 다양한 교재와 교구를 포함하여 영유아들이 직접 체험해 볼 수 있는 개별화 보육활동을 계획하여 풍부한 다문화 관점의 문화 체험을 포함시켜 활동을 계획, 운영해야 한다.

(1) 영유아를 위한 다문화보육과정 계획 수립 시 고려할 사항

① 보육계획은 영유아 보육프로그램의 이념, 철학, 목적과 더불어 다문화 요소 등을 포함하여 효율적으로 실현할 수 있어야 한다.

② 보육계획은 어린이집의 유형(국공립어린이집, 민간어린이집, 직장어린이집, 가정어린이집)에 맞도록 연간 보육일수와 일일 보육시간을 고려하여 계획하여야 한다.

③ 보육계획은 연간 또는 월간 보육계획, 주간 보육계획, 일일 보육계획의 순으로 계열성과 연계성이 유지되도록 작성한다. 특히 다문화가정 영유아와 비다문화가정 영유아가 함께 공존하는 가운데 연간 및 월간의 장기적 보육계획은 다문화적 관점 요소를 넣어 융통성 있게 수립한다. 주간 및 일일의 단기적 보육계획은 구체적으로 수립하여 장기적 계획과 단기적 계획은 서로 연계성이 있도록 한다.

④ 기본생활습관지도, 교육, 영양관리, 건강관리, 부모교육 및 지역사회 교류 등 다문화가정 영유아의 부모들과 협업할 수 있도록 종합적으로 수립한다. 교육계획은 유아의 연령 및 발달단계, 흥미, 요구, 각 유아의 능력에 맞고 특히 다문화가정 영유아의 모든 발달 영역, 즉 신체적, 인지적, 정서적, 사회적, 언어적 발달을 도모할 수 있는 활동에 기초한다.

⑤ 영유아들의 집단 적응이나 개별 적응의 시기와 시간을 고려하고 타 국가의 영유아일수록 초기 지도와 쉽고 올바른 적응을 위한 생활습관지도 계획도 함께 수립한다.

⑥ 보육계획은 영유아의 적응기간, 계절, 구체적 경험을 위해 우리나라 전통명절과 다양한 다문화가정의 배경을 가진 영유아와 부모들을 위해 그 나라의 문화행사 및 기념일에 맞추어 계획한다.

⑦ 각 나라의 특성에 따라 발달능력이 크게 다르게 나타나므로, 다문화가정 영유아의 월령과 발달적 차이를 고려하여 언어발달 등 보다 세분화되고 개별

화된 보육계획을 수립한다.

⑧ 보육계획은 어린이집의 다문화가정 영유아의 국가를 기본으로 지역사회와 연계될 수 있도록 융통성 있게 수립하여야 한다.

2) 다문화보육과정 운영

보육과정을 운영함에 있어서 기본적으로 영유아의 흥미와 욕구를 충족하면서 신체, 언어, 인지, 사회, 정서적 발달이 통합적으로 이루어지도록 계획한다. 이러한 활동을 함에 있어서 안정된 분위기와 환경에서 다양한 나라의 문화를 체험하여 연계성, 계열성, 통합성, 다양성, 균형성이 있는 연간보육계획, 그리고 월간, 주간, 일일 중 한 가지를 계획 수립해야 한다. 일일 보육계획안을 계획하고 운영할 때 주간 보육계획에 기초하여 하루일과의 시간대별로 활동순서를 정하고 목표, 내용, 활동, 준비물 등을 기록하고 놀이시간, 활동시간, 인적환경요인, 물적환경요인 등을 종합적으로 고려하여 계획하도록 해야 한다. 교사는 체계적으로 수립한 계획을 통하여 영유아를 가르치고 영유아 대해 다음과 같이 지원할 수 있도록 한다. 보육과정 운영에 있어서 교사는 영유아의 발달, 장애, 배경 등을 고려하여 다문화가정 영유아의 개별 특성에 적합한 교육도 지원한다.

- 영유아의 의사 표현을 존중하고 민감하게 반응한다.
- 영유아가 흥미와 관심에 따라, 놀이에 자유롭게 참여하고 즐기도록 한다.
- 영유아가 놀이를 통해 배우도록 한다.
- 영유아가 다양한 놀이와 활동을 경험할 수 있도록 실내외 환경을 구성한다.
- 영유아와 영유아, 영유아와 교사, 영유아와 환경 사이에 능동적인 상호작용이 이루어지도록 한다.
- 각 영역의 내용이 통합적으로 영유아의 경험과 연계되도록 한다.
- 개별 영유아의 요구에 따라, 휴식과 일상생활이 원활히 이루어지도록 한다.
- 영유아의 연령, 발달, 장애, 배경 등을 고려하여 개별 특성에 적합한 방식으로 배우도록 한다.

출처: 교육부, 보건복지부(2019).

보육과정 운영 시에는 보육과정 계획의 다양성을 추구하고 연간, 그리고 월간, 주간, 일일 중 한 가지를 계획으로 구성하고, 보육과정을 효율적으로 운영하도록 한다. 보육과정 편성 시 고려할 점은 다문화적 관점의 요소들을 영유아의 특성과 흥미를 고려하여, 놀이중심으로 편성하여 진행하여야 한다는 것이다. 연간 및 월간 보육계획안 작성 시, 방향, 최종 목표에 초점을 맞추도록 한다. 사회·문화의 관점 및 아동관을 반영하고 연간보육계획안 구성의 원칙을 지켜 연령, 발달수준, 경험 등을 고려하여 소주제에서 세계로 넓혀 가는 것이 중요하다. 계절, 경험 등으로 대주제, 소주제 구성을 하고 이전 계획 반성, 평가로 현재계획 구성, 이전계획과 계속적인 연계를 가질 수 있도록 해야 한다. 문화 다양성이란 국적, 성, 인종, 종교, 지역, 성별, 세대, 장애, 성적 지향, 이데올로기 등 집단과 사회의 문화가 다양한 방식으로 표현되는 것을 말한다. 보육과정의 편성 역시 어린이집표준보육과정 편성지침에 따라 성, 장애, 종교 및 사회적 문화적 배경에 차별이 없도록 해야 한다. 2019 개정 누리과정에서는 편견, 차별, 존중과 배려와 같은 다문화적 요소를 포함시켜 운영하도록 한다.(http://www.i-nuri.go.kr/main/board.do?menu_idx=105&manage_idx=31)

- 어린이집의 운영 시간에 맞추어 편성한다.
- 어린이집표준보육과정을 바탕으로 각 기관의 실정에 적합한 계획을 수립하여 운영한다.
- 하루일과에서 바깥놀이를 포함하여 영유아의 놀이가 충분히 이루어지도록 편성하여 운영한다.
- 성, 신체적 특성, 장애, 종교, 가족 및 문화적 배경 등에 따른 차별이 없도록 편성하여 운영한다.
- 영유아의 발달과 장애 정도에 따라 조정하여 운영한다.
- 가정과 지역사회와의 협력과 참여에 기반하여 운영한다.
- 교사 연수를 통해 어린이집표준보육과정의 운영을 개선할 수 있도록 한다.

출처: 교육부, 보건복지부(2019).

다음으로 월간 보육계획안 작성 시에는 연간보육계획안을 기초로 계획 수립하며 이전 보육실행의 평가를 기초로 작성하여 다문화 요소를 포함한 활동계획, 생일, 견학 등을 포함하여 구성한다.

특히 주제 다문화 내에서 관련 환경구성, 교구 계획 일정을 장소에 게시하여 알 수 있게 한다.

주간 보육계획안 작성 시에는 다문화적 요소를 들을 포함한 한 주간의 활동을 계획하고 특정 주간에 영유아들의 경험 활동을 포함하여 연간, 월간을 근거로 계획 이전 주간의 보육내용과 관련 있는 계획하에서 활동의 균형과 통합적인 구성을 한다. 영역과 대소집단 활동에 적합한 계획을 하고 영아의 경우는 활동 종류가 적고 단순한 것을 계획하고, 유아의 경우는 종류, 내용이 많고 난이도가 높은 것을 계획한다.

영아 및 종일반은 낮잠 시간을 포함, 자유놀이, 바깥놀이 등의 요일별로 구성을 고려하여 계획한다. 보육활동을 놀이로 구성한다.

3) 다문화보육과정 평가

다문화보육과정의 평가는 통합교육 속에서 얼마나 자연스럽게 다문화적 요소가 반영되었는지를 살펴볼 수 있도록 해야 한다. 표준보육과정 내에서 주제 중심 통합적 접근 내에서 다문화 주제를 따로 다루는 것이 아니라 주제 중심에서 주제를 정하고 그 안에서 다문화적 관점의 요소들을 포함하였는지에 대한 평가도 함께 이루어져야 한다.

어린이집표준보육과정의 평가의 내용은 다음과 같다.

- 어린이집표준보육과정 운영의 질을 진단하고 개선하기 위해, 평가를 계획하고 실시한다.
- 영유아의 특성 및 변화 정도와 어린이집표준보육과정의 운영을 평가한다.
- 평가의 목적에 따라 적합한 방법을 사용하여 평가한다.
- 평가의 결과는 영유아에 대한 이해와 어린이집표준보육과정 운영 개선을 위한 자료로 활용할 수 있다.

출처: 교육부, 보건복지부(2019).

이 외에 어린이집 평가제를 통해 현장에서 이루어지는 평가를 효과적으로 활용하는 것도 필요하다. 어린이집표준보육과정 내에서 특별히 다문화라는 색깔을 부여하는 것이 아니라 자연스럽게 나와 다른 사람의 차이점과 유사점을 이해할 수 있도록 한다. 어린이집 평가제를 준비하면서 세계 여러 나라 문화에 대해 지식을 이해하고, 사고하는 과정 속에서 영유아들이 태도와 가치를 다양한 관점에 접근할 수 있도록 해야 한다.

2. 다문화보육과정 및 내용

1) 어린이집표준보육과정

어린이집표준보육과정(이하, '표준보육과정'이라 함)은 0~5세 영유아를 위한 국가 수준의 보육과정이며 0~1세 보육과정, 2세 보육과정, 3~5세 보육과정(누리과정)으로 구성한다.

(1) 0~2세 보육과정 목표

① 자신의 소중함을 알고, 건강하고 안전한 환경에서 즐겁게 생활한다.
② 자신의 일을 스스로 하고자 한다.
③ 호기심을 가지고 탐색하며 상상력을 기른다.
④ 일상에서 아름다움에 관심을 가지고 감성을 기른다.
⑤ 사람과 자연을 존중하고 소통하는 데 관심을 가진다.

(2) 3~5세 보육과정 목표

① 자신의 소중함을 알고, 건강하고 안전한 생활습관을 기른다.

② 자신의 일을 스스로 해결하는 기초능력을 기른다.
③ 호기심과 탐구심을 가지고 상상력과 창의력을 기른다.
④ 일상에서 아름다움을 느끼고 문화적 감수성을 기른다.
⑤ 사람과 자연을 존중하고 배려하며 소통하는 태도를 기른다.

2) 구성의 중점

(1) 영유아는 개별적인 특성을 지닌 고유한 존재임을 전제로 구성한다.
(2) 0~5세 모든 영유아에게 적용할 수 있도록 구성한다.
(3) 추구하는 인간상 구현을 위한 지식, 기능, 태도 및 가치를 반영하여 구성한다.
(4) 표준보육과정은 다음의 영역을 중심으로 구성한다.
  ① 0~1세 보육과정과 2세 보육과정은 기본생활, 신체운동, 의사소통, 사회관계, 예술경험, 자연탐구의 6개 영역을 중심으로 구성한다.
  ② 3~5세 누리과정은 신체운동 · 건강, 의사소통, 사회관계, 예술경험, 자연탐구의 5개 영역을 중심으로 구성한다.
(5) 0~5세 영유아가 경험해야 할 내용으로 구성한다.
(6) 초등학교 교육과정과의 연계성을 고려하여 구성한다.

3) 0~1세 영역별 목표 및 내용

(1) 기본생활

① 목표

건강하고 안전한 일상생활을 경험한다.
  가. 건강한 일상생활을 경험한다.
  나. 안전한 일상생활을 경험한다.

다문화주의, 국수주의, 전통주의, 세계주의 등 어디에 속해 있느냐에 따라 오히려 동화주의 혹은 한국문화에 대한 자긍심이 지나치게 강한 전통주의 형태로 운영을 해 왔을 수도 있다. 동화주의는 다른 문화적 배경을 가진 사람들이 한국어와 한국문화를 배우고 익혀서 한국사회에 잘 적응하며 살아갈 수 있도록 돕는 데 목적이 있다. 구체적으로 보면 살펴보면 다음과 같다(http://www.i-nuri.go.kr/main/board.do?menu_idx=105&manage_idx=31).

- 영아가 성, 신체적 특성, 장애, 종교, 가족 및 문화적 배경 등으로 인해 차별받지 않고 서로 배려하는 마음을 가지도록 편성, 운영한다.
- 영아가 다른 사람을 대할 때 자신과 상대와의 다른 점을 틀린 것이 아닌 다른 특성으로 받아들이고 편견 없이 대할 수 있도록 지원한다.
- 영아들이 다양한 가족 형태 및 문화적 배경을 이해할 수 있는 경험을 제공하여 다양성을 존중하고 배려할 수 있도록 지원한다.

② 내용

내용범주	내용	다문화교육 내용
건강하게 생활하기	• 도움을 받아 몸을 깨끗이 한다. • 음식을 즐겁게 먹는다. • 하루일과를 편안하게 경험한다. • 배변 의사를 표현한다.	• 다른 사람들과 함께 음식 먹기 • 배변 놀이를 통한 다양한 감정 표현하기
안전하게 생활하기	• 안전한 상황에서 놀이하고 생활한다. • 안전한 상황에서 교통수단을 이용해 본다. • 위험하다는 말에 주의한다.	• 세계 여러 나라 놀이 안전 규칙 알기 • 세계 여러 나라 교통규칙

출처: 교육부, 보건복지부(2019).

0~1세 기본습관의 내용은 다문화교육 내용 요소 중 정체성과 협력의 요소들이 강조되었다. 정체성 요소는 건강하고 안전한 일상생활을 경험하는 것을 중심으로 기본생활영역의 대부분의 내용이 정체성 요소로 구성되어 있다. 협력요소는 또래와 사이좋게 지내며 상호작용하는 것을 중심으로 내용이 구성되어 있다.

(2) 신체운동

① 목표

감각으로 탐색하고 신체활동을 즐긴다.

가. 감각 탐색을 즐긴다.

나. 신체활동을 즐겁게 경험한다.

② 내용

내용범주	내용	다문화교육 내용
감각과 신체 인식하기	• 감각적 자극에 반응한다. • 감각으로 주변을 탐색한다. • 신체를 탐색한다.	• 사람마다 신체구조와 기능이 같음을 이해 • 신체를 활용하여 움직이기
신체활동 즐기기	• 대소근육을 조절한다. • 기본 운동을 시도한다. • 실내외 신체활동을 즐긴다.	• 다양한 운동놀이기구 이용하기 • 친구와 신체활동하기

출처: 교육부, 보건복지부(2019).

0~1세 신체운동 영역에서는 다문화교육 내용요소 중 반편견, 정체성, 다양성과 협력의 요소가 제시되어 있다. 신체운동 영역에서 정체성 요소는 감각기관을 활용하여 주변을 탐색하고 신체를 인식하는 것을 중심으로 되어 있으며, 신체운동 영역 대부분의 내용이 정체성 요소로 구성되었다.

(3) 의사소통

① 목표

의사소통 능력의 기초를 형성한다.

가. 일상생활에서 듣고 말하기를 즐긴다.

나. 읽기와 쓰기에 관련된 관심을 가진다.

다. 책과 이야기에 관심을 가진다.

② 내용

내용범주	내용	다문화교육 내용
듣기와 말하기	• 표정, 몸짓, 말과 주변의 소리에 관심을 갖고 듣는다. • 상대방의 이야기를 들으면서 말소리를 낸다. • 표정, 몸짓, 말소리로 의사를 표현한다.	• 다른 사람과 어울려 다양한 표현하기 • 다른 친구의 이야기 듣기 • 표정이나 몸짓으로 말하기 • 다양한 나라의 옛날이야기 듣기
읽기와 쓰기에 관심 가지기	• 주변의 그림과 상징에 관심을 가진다. • 끼적이기에 관심을 가진다.	• 세계 여러 나라 국기 모양에 관심 갖기 • 다양한 모양 끼적이기
책과 이야기 즐기기	• 책에 관심을 가진다. • 이야기에 관심을 가진다.	• 다양한 나라의 책에 관심을 갖기 • 책 속의 다양한 나라를 표현해 보기

0~1세 의사소통 영역에서는 다문화교육 내용 요소 중 협력요소가 반영되어 있다. 교사와 영아가 상호작용하고, 또래의 몸짓에 반응하며 소통한다는 내용을 중심으로 구성되어 있다는 점에서 협력요소를 반영하고 있다. 특히 교사와 영아가 상호작용하는 내용을 중심으로 구성되어 있다는 점에서 협력요소가 중점으로 반영되었다.

(4) 사회관계

① 목표

나를 인식하고, 친숙한 사람과 관계를 맺는다.

가. 나를 고유한 존재로 안다.

나. 안정적인 애착을 형성하고, 또래, 교사와 함께 지낸다.

② 내용

내용범주	내용	다문화교육 내용
나를 알고 존중하기	• 나를 인식한다. • 나의 욕구와 감정을 나타낸다. • 나와 친숙한 것을 안다.	• 나의 감정을 알기 • 내가 좋아하는 것 알기

내용범주	내용	다문화교육 내용
더불어 생활하기	• 안정적인 애착을 형성한다. • 또래에게 관심을 가진다. • 다른 사람의 감정과 행동에 관심을 가진다. • 반에서 편안하게 지낸다.	• 다양한 사람들이 나를 보호함을 알기 • 다른 사람과 함께 잘 지내기

출처: 교육부, 보건복지부(2019).

0~1세 영역별 목표와 내용 해설 중 사회관계 영역에서는 다문화교육 내용요소 중 반편견, 정체성, 다양성과 협력의 요소가 제시되고 있다. 나를 인식하고 다른 사람의 감정과 행동에 대해 이해하고 다른 사람에게 관심을 갖는 것은 정체성과 반편견 및 협력에 대한 요소를 지니고 있음을 의미한다.

(5) 예술 경험

① 목표

아름다움을 느끼고 경험한다.

가. 자연과 생활에서 아름다움에 관심을 가진다.

나. 예술적 경험을 표현한다.

② 내용

내용범주	내용	다문화교육 내용
아름다움 찾아보기	• 자연과 생활에서 아름다움을 느낀다. • 아름다움에 관심을 가진다.	• 다양한 자연과 4계절 몸으로 표현하기
창의적으로 표현하기	• 소리와 리듬, 노래로 표현한다. • 감각을 통해 미술을 경험한다. • 모방 행동을 즐긴다.	• 여러 나라의 음악을 소리와 노래로 표현하기. • 다양한 재료와 방법으로 표현하기 • 세계의 다양한 음악을 신체와 악기로 표현하기

출처: 교육부, 보건복지부(2019).

0~1세 예술경험 영역에서는 다문화교육 내용 요소 중 다양성과 협력의 요소가 많이 나와 있다. 소리와 리듬을 활용한 다양한 사회문화적 배경을 가진 음악들을 감상하면서 다양성과 반편견 요소를 반영하고 있다.

(6) 자연탐구

① 목표

주변 환경과 자연에 관심을 가진다.

가. 일상에서 탐색을 즐긴다.

나. 주변 환경을 탐색한다.

다. 생명과 자연에 관심을 가진다.

② 내용

내용범주	내용	다문화교육 내용
탐구 과정 즐기기	• 주변 세계와 자연에 대해 호기심을 가진다. • 사물과 자연 탐색하기를 즐긴다.	• 주변 세계와 다양한 자연이 다름을 이해하기
생활 속에서 탐구하기	• 친숙한 물체를 감각으로 탐색한다. • 물체의 수량에 관심을 가진다. • 주변 공간과 모양을 탐색한다. • 규칙성을 경험한다.	• 여러 나라의 도형에 대해 탐색하기 • 다양한 모양이 서로 다른 규칙을 이해하기
자연과 더불어 살기	• 주변의 동식물에 관심을 가진다. • 날씨의 변화를 감각으로 느낀다.	• 주변의 동식물이 서로 다름을 이해하기 • 4계절의 변화에 대해 이해하기

출처: 교육부, 보건복지부(2019).

0~1세 자연탐구 영역에는 다문화교육 내용 요소 중 반편견, 정체성, 다양성의 협력적 요소가 영아와 교사와의 상호작용 능력발달과 공동체를 유지하기 위한 규칙들을 경험하고 소통하는 점에서 반영되고 있다. 특히 다양성에서는 주변의 동식물과 날씨 변화를 통해 다양한 계절 및 서로 다르다는 반편견 요소를 확인할 수 있다.

4) 2세 영역별 목표 및 내용

(1) 기본생활

① 목표

건강하고 안전한 생활습관의 기초를 형성한다.

가. 건강한 생활습관의 기초를 형성한다.

나. 안전한 생활습관의 기초를 형성한다.

② 내용

내용범주	내용	다문화교육 내용
건강하게 생활하기	• 자신의 몸을 깨끗이 해 본다. • 음식에 관심을 가지고 즐겁게 먹는다. • 하루일과를 즐겁게 경험한다. • 건강한 배변 습관을 갖는다.	• 세계 여러 나라 사람들 식사예절 • 세계 여러 나라 사람들의 음식 • 세계 여러 나라 사람들의 상황에 따른 예절 알기
안전하게 생활하기	• 일상에서 안전하게 놀이하고 생활한다. • 교통수단을 안전하게 이용해 본다. • 위험한 상황에 대처하는 방법을 경험한다.	• 여러 놀이기구의 안전규칙 알기 • 세계 여러 나라 사람의 교통규칙 • 안전한 놀이 생활

출처: 교육부, 보건복지부(2019).

2세 기본생활 영역별 목표와 내용은 다문화 교육내용 요소 중 정체성과 협력의 요소가 본문에서 제시되고 있다. 정체성 요소는 건강하고 안전한 일상생활을 경험하는 것을 중심으로 자신의 몸을 깨끗하게 하고 건강한 생활을 유지할 수 있는 정체성 요소로 구성되어 있었다. 협력요소는 또래와 사이좋게 지내며 안전하게 생활하는 방법을 알고 나 이 외에 다른 사람들과 협력하는 요소를 반영하고 있다.

(2) 신체운동

① 목표

감각을 활용하고, 신체활동을 즐긴다.

가. 감각을 활용하고, 신체를 인식한다.

나. 신체활동을 즐긴다.

② 내용

내용범주	내용	다문화교육 내용
감각과 신체 인식하기	• 감각 능력을 활용한다. • 신체를 인식하고 움직인다.	• 사람마다 신체구조와 기능이 같음을 이해 • 신체를 활용하여 움직이기
신체활동 즐기기	• 대소근육을 조절한다. • 기본 운동을 즐긴다. • 실내외 신체활동을 즐긴다.	• 세계 여러 나라 운동기구 • 다양한 친구와 신체활동 하기

출처: 교육부, 보건복지부(2019).

2세 신체운동 영역별 목표와 내용은 다문화교육 내용 요소 중 반편견, 정체성, 다양성과 협력의 요소가 본문에서 제시되고 있다. 신체운동 영역에서 정체성 요소는 감각능력을 활용하여 주변을 탐색하고 신체를 인식하는 것을 중심으로 신체운동 영역 대부분의 내용이 스스로 신체를 조절하는 정체성 요소로 구성되었다. 협력요소는 교사와 영아가 상호작용하는 내용을 중심으로 구성되어 있다는 점에서 협력요소를 반영한다. 반편견 요소는 자신 외 다른 사람들의 관심을 가지는 것에서 반편견 요소를 반영한다. 다양성 요소는 발달의 개인차를 존중하는 내용에서 다문화교육 요소를 반영한다.

(3) 의사소통

① 목표

의사소통 능력과 상상력의 기초를 형성한다.

가. 일상생활에서 듣기와 말하기를 즐긴다.

나. 읽기와 쓰기에 관심을 가진다.

다. 책과 이야기에 재미를 느낀다.

② 내용

내용범주	내용	다문화교육 내용
듣기와 말하기	• 표정, 몸짓, 말에 관심을 갖고 듣는다. • 상대방의 이야기를 듣고 말한다. • 표정, 몸짓, 단어로 의사를 표현한다. • 자신의 요구와 느낌을 말한다.	• 여러 나라의 동화 듣기 • 다른 친구의 이야기 듣기 • 나라 이름 따라 말하기 • 가 보고 싶은 나라 • 지도에서 짚어 보기 • 여러 나라 인사말 말하기
읽기와 쓰기에 관심 가지기	• 주변의 그림과 상징, 글자에 관심을 가진다. • 끼적이며 표현하기를 즐긴다.	• 세계 여러 나라 국기 • 이름과 모양 읽기 • 세계 명작동화 읽기
책과 이야기 즐기기	• 책에 관심을 가지고 상상한다. • 말놀이와 이야기에 재미를 느낀다.	• 다양한 나라의 책 즐기기 • 세계 여러 나라 문화 관련 책 즐기기

출처: 교육부, 보건복지부(2019).

2세 의사소통 영역별 목표와 내용은 다문화교육 내용 요소 중에서 교사와 영아가 상호작용하고, 또래의 몸짓 등으로 소통한다는 내용을 중심으로 구성되어 있다는 점에서 협력요소를 반영하고 있다. 특히 다양한 책에 관심을 가지고 상상할 수 있도록 하는 다양성 요소도 포함되어 있으며 여러 나라의 이야기를 공동체에서 접할 수 있도록 하는 협력의 요소도 적용되었다. 반편견 요소는 상대방의 이야기를 듣고 자신과 다름을 인정할 수 있도록 하였다.

(4) 사회관계

① 목표

나를 알고, 다른 사람과 더불어 생활하는 경험을 한다.

가. 나를 알고 긍정적으로 여긴다.

나. 다른 사람과 즐겁게 지내기 위한 태도를 기른다.

② 내용

내용범주	내용	다문화교육 내용
나를 알고 존중하기	• 나와 다른 사람을 구별한다. • 나의 감정을 표현한다. • 내가 좋아하는 것을 한다.	• 나와 감정이 다른 사람의 감정을 존중하기 • 내가 좋아하는 것 알기
더불어 생활하기	• 가족에게 관심을 가진다. • 또래와 함께 놀이한다. • 다른 사람의 감정과 행동에 반응한다. • 반에서의 규칙과 약속을 알고 지킨다.	• 다양한 가족구성원에 대해 이해하기 • 다양한 가족문화에 대해 이해하기 • 나의 소중함과 타인의 소중함 알기 • 공동체 안에서 함께하여 평등함 이해하기

출처: 교육부, 보건복지부(2019).

2세 사회관계 영역별 목표와 내용은 다문화교육 내용 요소 중 반편견, 정체성, 다양성과 협력의 요소가 제시되고 있다. 나를 인식하고 다른 사람의 감정과 행동에 대해 이해하고 다른 사람에게 관심을 갖는 것은 정체성과 반편견 및 협력에 대한 요소를 지니고 있음을 의미한다. 반편견 요소는 자신 외 다양한 가족구성원의 특징을 이해하는 과정에서 제시되고 있다. 다양성 요소는 공동체 안에서 함께 규칙을 이해하고 다양한 방법의 규칙들을 이해하도록 하였다.

(5) 예술경험

① 목표

아름다움을 느끼고 즐긴다.

가. 자연과 생활에서 아름다움을 느끼고 관심을 가진다.

나. 예술을 통해 자유롭게 표현한다.

② 내용

내용범주	내용	다문화교육 내용
아름다움 찾아보기	• 자연과 생활에서 아름다움을 느끼고 즐긴다. • 아름다움에 관심을 갖고 찾아본다.	• 여러 나라의 대표적인 음악과 미술적 요소 알기 • 세계 자연에서 아름다운 요소 찾기

내용범주	내용	다문화교육 내용
창의적으로 표현하기	• 익숙한 노래와 리듬을 표현한다. • 움직임과 춤으로 자유롭게 표현한다. • 미술재료와 도구로 표현해 본다. • 일상생활 경험을 상상놀이로 표현한다.	• 여러 나라의 음악과 민속춤 경험하기 • 다양한 재료와 방법으로 표현하기 • 세계의 다양한 음악을 신체와 악기로 표현하기

출처: 교육부, 보건복지부(2019).

2세 예술경험 영역별 목표와 내용은 다문화교육 내용요소 중 정체성, 다양성과 협력의 요소가 제시되고 있다. 다양한 미술재료로 표현을 하면서 서로 다른 다양성을 알게 할 수 있도록 하였다. 세계 여러 나라의 음악과 미술에 대해 탐색해 보면서 자신의 나라의 음악 미술활동에 대한 정체성을 형성할 수 있도록 하였다.

일상생활에서 타인과 함께 협력 예술 작품을 만들면서 협력의 요소가 반영되었다.

(6) 자연탐구

① 목표

주변 환경과 자연을 탐색하는 과정을 즐긴다.

가. 일상에서 탐색하는 과정을 즐긴다.

나. 주변 환경에 관심을 가지고 탐색한다.

다. 생명과 자연에 관심을 가진다.

② 내용

내용범주	내용	다문화교육 내용
탐구 과정 즐기기	• 주변 세계와 자연에 대해 호기심을 가진다. • 사물과 자연을 반복하여 탐색하기를 즐긴다.	• 기후에 따른 생활모습 알아보기 • 세계 자연 현상에 관심 가지기
생활 속에서 탐구하기	• 친숙한 물체의 특성과 변화를 감각으로 탐색한다. • 물체의 수량에 관심을 가진다. • 주변 공간과 모양을 탐색한다. • 규칙성에 관심을 가진다. • 주변 사물을 같고 다름에 따라 구분한다. • 생활 도구에 관심을 가진다.	• 여러 나라의 건축물 도형 찾기 • 주변 국가 탐색하기 • 세계 여러 나라의 의상 구분하기 • 세계지도를 활용하여 나라의 크기 알아보기

내용범주	내용	다문화교육 내용
자연과 더불어 살기	• 주변의 동식물에 관심을 가진다. • 날씨와 계절의 변화를 감각으로 느낀다.	• 여러 나라의 날씨 변화 이해하기 • 세계 기후에 따른 주변 동식물 이해하기

출처: 교육부, 보건복지부(2019).

2세 자연탐구 영역별 목표와 내용은 다문화교육 내용 요소 중 다양성과 반편견 요소가 제시되고 있다. 다양성에 대한 요소는 다양한 주변 세계의 관심을 갖도록 하고, 주변 사물의 같은 점과 다른 점을 알고 이해할 수 있는 반편견 요소도 나타난다. 자연과 더불어 살아가면서 생활 속에서 협력할 수 있도록 하였다.

5) 3~5세 영역별 목표 및 내용

(1) 신체운동 · 건강

① 목표

실내외에서 신체활동을 즐기고, 건강하고 안전한 생활을 한다.

가. 신체활동에 즐겁게 참여한다.

나. 건강한 생활습관을 기른다.

다. 안전한 생활습관을 기른다.

② 내용

내용범주	내용	다문화교육 내용
신체활동 즐기기	• 신체를 인식하고 움직인다. • 신체 움직임을 조절한다. • 기초적인 이동운동, 제자리 운동, 도구를 이용한 운동을 한다. • 실내외 신체활동에 자발적으로 참여한다.	• 나의 몸 인식하기 • 다양한 신체능력 차이의 이해 • 여러 나라의 스포츠 알기 • 세계 여러 나라의 놀이도구 알아보기 • 여러 나라의 놀이 경험
건강하게 생활하기	• 자신의 몸과 주변을 깨끗이 한다. • 몸에 좋은 음식에 관심을 가지고 바른 태도	• 청결한 생활 실천하기 • 여러 나라 식사방법 알아보기

내용범주	내용	다문화교육 내용
	로 즐겁게 먹는다. • 하루일과에서 적당한 휴식을 취한다. • 질병을 예방하는 방법을 알고 실천한다.	• 건강한 몸을 지키기 위한 방법 · 실천하기
안전하게 생활하기	• 일상에서 안전하게 놀이하고 생활한다. • TV, 컴퓨터, 스마트폰 등을 바르게 사용한다. • 교통안전 규칙을 지킨다. • 안전사고, 화재, 재난, 학대, 유괴 등에 대처하는 방법을 경험한다.	• 안전한 유치원 생활에 필요한 규칙 알아보기 • 재난 발생 시 대처방법 알아보기 • 지구 환경오염에 대해 알아보기

출처: 교육부, 보건복지부(2019).

3~5세 신체운동 · 건강 영역의 내용은 다문화교육 내용 요소 중 정체성과 협력의 요소들이 강조되었다. 정체성 요소는 건강하고 안전한 일상생활을 경험하는 것을 중심으로 자신의 몸과 주변을 정리하는 정체성 요소로 구성되어 있다. 협력 요소는 또래와 규칙적인 생활을 통해 안전하게 놀이를 할 수 있도록 구성되었다.

(2) 의사소통

① 목표

일상생활에 필요한 의사소통 능력과 상상력을 기른다.

가. 일상생활에서 듣고 말하기를 즐긴다.

나. 읽기와 쓰기에 관심을 가진다.

다. 책이나 이야기를 통해 상상하기를 즐긴다.

② 내용

내용범주	내용	다문화교육 내용
듣기와 말하기	• 말이나 이야기를 관심 있게 듣는다. • 자신의 경험, 느낌, 생각을 말한다. • 상황에 적절한 단어를 사용하여 말한다. • 상대방이 하는 이야기를 듣고 관련해서 말한다. • 바른 태도로 듣고 말한다. • 고운 말을 사용한다.	• 여러 나라의 다양한 동화 듣기 • 다양한 언어의 인사말 알아보기 • 다른 친구의 이야기 듣기

내용범주	내용	다문화교육 내용
읽기와 쓰기에 관심 가지기	• 말과 글의 관계에 관심을 가진다. • 주변의 상징, 글자 등의 읽기에 관심을 가진다. • 자신의 생각을 글자와 비슷한 형태로 표현한다.	• 여러 나라의 동화를 듣고 내용 · 이야기하기 • 여러 나라의 다양한 글자체계 알아보기
책과 이야기 즐기기	• 책에 관심을 가지고 상상하기를 즐긴다. • 동화, 동시에서 말의 재미를 느낀다. • 말놀이와 이야기 짓기를 즐긴다.	• 여러 나라의 동화책 읽기 • 여러 나라의 동시 읽기

출처: 교육부, 보건복지부(2019).

3~5세 의사소통 영역별 목표와 내용은 다문화교육 내용요소 중 상대방이 하는 이야기를 듣고 말하는 과정에서 나와 다른 사람의 협력요소를 반영하고 있다. 다양한 책에 관심을 가지고 상상할 수 있도록 하는 다양성 요소도 포함되어 있으며 자신의 생각을 글자와 비슷한 형태로 표현하면서 정체성 요소도 적용되었다. 상대방의 이야기가 자신과 다를 수 있다는 것을 인정할 수 있도록 반편견 요소를 적용하였다.

(3) 사회관계

① 목표

자신을 존중하고 더불어 생활하는 태도를 가진다.

가. 자신을 이해하고 존중한다.

나. 다른 사람과 사이좋게 지낸다.

다. 우리가 사는 사회와 다양한 문화에 관심을 가진다.

② 내용

내용범주	내용	다문화교육 내용
나를 알고 존중하기	• 나를 알고 소중히 여긴다. • 나의 감정을 알고 상황에 맞게 표현한다. • 내가 할 수 있는 것을 스스로 한다.	• 소중한 나에 대해 알기 • 나의 생일을 즐겁게 여기기
더불어 생활하기	• 가족의 의미를 알고 화목하게 지낸다. • 친구와 서로 도우며 사이좋게 지낸다. • 친구와의 갈등을 긍정적인 방법으로 해결한다. • 서로 다른 감정, 생각, 행동을 존중한다. • 친구와 어른께 예의 바르게 행동한다. • 약속과 규칙의 필요성을 알고 지킨다.	• 가족구성원이 하는 일 이해하기 • 다양한 가족의 형태 알아보기 • 친구의 감정 이해하기
사회에 관심 가지기	• 내가 살고 있는 곳에 대해 궁금한 것을 알아본다. • 우리나라에 대해 자부심을 가진다. • 다양한 문화에 관심을 가진다.	• 지구의 아름다운 자연 알아보기 • 우리나라의 문화 이해하기 • 여러 나라의 음식문화 알아보기 • 여러 나라의 다양한 생활 이해하기

출처: 교육부, 보건복지부(2019).

3~5세 사회관계 영역에서는 '나를 알고 소중히 여기며, 나의 감정을 안다'에서 정체성 요소를 반영하고 있다. 협력요소는 가족과의 화목, 친구와 서로 도우며 사이좋게 지냄을 강조하고 있다. 다양한 문화에 관심을 외부 세계에 관심을 가진다는 점에서 다양성 요소를 반영하고 있다. 다른 사람의 생각, 감정, 행동이 나와 다름을 알고 이해하고 수용하는 과정에서 반편견적인 요소가 제시되었다.

(4) 예술경험

① 목표

아름다움과 예술에 관심을 가지고 창의적 표현을 즐긴다.

가. 자연과 생활 및 예술에서 아름다움을 느낀다.

나. 예술을 통해 창의적으로 표현하는 과정을 즐긴다.

다. 다양한 예술 표현을 존중한다.

② 내용

내용범주	내용	다문화교육 내용
아름다움 찾아보기	• 자연과 생활에서 아름다움을 느끼고 즐긴다. • 예술적 요소에 관심을 갖고 찾아본다.	• 여러 나라의 문화 유산 알아보기 • 여러 나라의 전통의상 알아보기
창의적으로 표현하기	• 노래를 즐겨 부른다. • 신체, 사물, 악기로 간단한 소리와 리듬을 만들어 본다. • 신체나 도구를 활용하여 움직임과 춤으로 자유롭게 표현한다. • 다양한 미술재료와 도구로 자신의 생각과 느낌을 표현한다. • 극놀이로 경험이나 이야기를 표현한다.	• 여러 나라의 음악 듣기 • 여러 나라의 전통춤 따라 해보기 • 지구의 아름다운 자연 그리기 • 우리나라의 전통극 즐기기
예술 감상하기	• 다양한 예술을 감상하며 상상하기를 즐긴다. • 서로 다른 예술 표현을 존중한다. • 우리나라 전통 예술에 관심을 갖고 친숙해진다.	• 여러 나라의 명화 감상하기 • 우리나라의 다양한 민속 그림 감상하기

출처: 교육부, 보건복지부(2019).

3~5세 예술경험 영역별 목표와 내용은 다문화교육 내용 요소 중 다양성과 협력의 요소가 제시되고 있다. 다양한 극놀이 경험이나 이야기를 표현하면서 서로 다른 문화를 이해하는 다양성 요소가 제시되었다. 정체성은 세계 여러 나라의 음악과 미술에 대해 탐색해 보면서 우리나라 전통예술에 대한 관심을 갖고 친숙해지는 과정에서 정체성의 요소를 제시하였다. 일상생활에서 타인과 함께 작품을 만들며 서로 다른 예술표현을 하는 부분에서는 협력요소가 제시되었다.

(5) 자연탐구

① 목표

탐구하는 과정을 즐기고, 자연과 더불어 살아가는 태도를 가진다.

가. 일상에서 호기심을 가지고 탐구하는 과정을 즐긴다.

나. 생활 속의 문제를 수학적, 과학적으로 탐구한다.

다. 생명과 자연을 존중한다.

② 내용

내용범주	내용	다문화교육 내용
탐구과정 즐기기	• 주변 세계와 자연에 대해 지속적으로 호기심을 가진다. • 궁금한 것을 탐구하는 과정에 즐겁게 참여한다. • 탐구과정에서 서로 다른 생각에 관심을 가진다.	• 지구의 다양한 자연현상 알아보기 • 여러 가지 탐구방법 존중하기
생활 속에서 탐구하기	• 물체의 특성과 변화를 여러 가지 방법으로 탐색한다. • 물체를 세어 수량을 알아본다. • 물체의 위치와 방향, 모양을 알고 구별한다. • 일상에서 길이, 무게 등의 속성을 비교한다. • 주변에서 반복되는 규칙을 찾는다. • 일상에서 모은 자료를 기준에 따라 분류한다. • 도구와 기계에 대해 관심을 가진다.	• 지구의 환경변화에 관심을 가지고 알아보기 • 지구의 나라들과 자연환경의 차이 살펴보기 • 여러 나라의 생활도구 알아보기
자연과 더불어 살기	• 주변의 동식물에 관심을 가진다. • 생명과 자연환경을 소중히 여긴다. • 날씨와 계절의 변화를 생활과 관련짓는다.	• 지구 환경보호의 중요성 이해하기 • 생명 존중의 중요성 이해하기

출처: 교육부, 보건복지부(2019).

3~5세 자연탐구 영역에서는 다문화 교육내용 요소를 어떻게 반영하고 있는지 살펴보면 협력의 요소가 가장 큰 비중으로 분석되었다. 주변 세계와 자연에 대해 지속적인 호기심을 갖고 공동체에서 탐구하는 과정에서 서로 다른 생각을 존중할 수 있는 과정으로 협력의 요소를 제시하였다. 주변 동식물에 관심을 가지며 외부 세계에 관심을 가지는 가진다는 점에서 반편견 요소를 반영하고 있다고 생각된다. 다양한 날씨와 계절의 변화를 생활과 관련지으면서 서로 다른 나라의 계절 변화를 이해할 수 있도록 다양성이 제시되어 있다.

3. 일과 운영

1) 일과 운영 계획의 기본원리

영유아의 하루일과는 '하루 동안 놀이하고 양육받으며 시간을 어떻게 보낼 것인가에 대한 내용'을 의미한다. 하루 동안이라는 일상적인 삶이 갖는 다양한 측면으로 일상에 대한 개념은 다양하게 정의되고 있다. 일상은 연속적이며 반복적이고 평범한 특징 때문에 소홀히 생각되지만 인간생활을 유지하는 기본으로 누구나 매일 경험하고 있는 것이라는 점에서 사회의 일반적이고 보편적인 삶을 반영하고 있다고 할 수 있다. 일상생활은 신체에 의해 세계의 특정 장소와 시간의 제약을 받는 개별적인 주관으로 처음에는 개별적으로 주어지나, 일상생활이 지니는 의미 구성을 발전시키면 여러 개의 공동주관에 의해 의미를 구성한다. 이러한 여럿의 공동주관은 대화와 이해에 의해 담론을 형성하고 상호 주관적 경험을 구성하게 된다. 영아의 일상도 상호 주관적 대화를 통한 의미구성으로 자기표현이라고 볼 수 있다.

2) 하루일과

생애 전 과정을 통틀어 영아기는 어느 시기보다도 성장과 발달이 급속하게 이루어지는 시기이며, 생애 초기 경험을 바탕으로 영아는 자신과 주변 세계를 이해하는 기본적인 틀을 형성하기 시작한다. 따라서 국가와 사회가 미래의 인적 자원을 위해 보육에 관심을 두고 저출산 문제를 해결하고 여성 인력의 사회진출을 돕는 보육정책으로 인해 영아의 보육수요가 급증하고 있다. 이에 따라 영아의 삶 속에 어린이집이 차지하는 비중이 점점 커지면서 가정 못지 않게 어린이집이 영아기의 성장과 발달에 중요한 역할을 담당하게 되었다. 이것은 어린이집에서 보내는 영아의 일상이 중요함을 의미한다. 유아들은 8시간을 유아교육기관에서 보내고 있으며, 영아는 10시간 이상을 어린이집에서 생활하는 것으로 보고된 바 있다.

일상생활은 '매일매일의 세계', '일상의 세계' 등 다양하게 표현되기도 한다. '일상'은 날마다 반복되는 생활이며, 일상생활의 연속성, 규칙성, 반복성 등은 인간을 일과에 길들여지게 하고 동시에 일상생활을 구조화시키며, 인간의 활동과 생활양식에 생활의 리듬이 자리 잡게 한다. 즉, 일상이란 우리가 매일 생활하고 있는 시공간의 총체적인 삶의 형태로 그 시대 사회의 모습을 대변하고 있는 것이다. 하루하루 반복되는 일상의 삶은 특별하지 않고 평범하며, 이러한 평범한 일상은 우리 삶의 적나라한 부분이며 구체적인 실존의 세계이다.

3) 일과 운영 시 고려사항

본서에서는 하루일과의 경우 영아반을 위주로 다루도록 한다. 하루일과는 영아의 발달 특성을 고려하여 통합적으로 이루어진다. 여기에서 '통합'이란 영아의 경험, 흥미 및 요구와 보육내용을 통합한다는 의미로, 영아의 신체, 사회, 정서, 언어, 인지 발달 등 영아의 전인적 발달을 돕는다. 일반적으로 만 2세 영아학급은 통합적 하루일과를 위하여 쌓기영역, 언어영역, 역할영역, 창의 영역, 대근육 영역, 탐색 · 조작 영역의 6가지 영역으로 구성되어 있다. 즉, 하루일과의 보육내용과 활동은 일상생활과 놀이를 중심으로 교사 주도 활동이나 계획된 대 · 소집단 활동보다는 교사와 영아 또는 영아와 영아 사이에 자연스럽게 일어나는 일상적인 상호작용을 통해 모든 영역이 통합적으로 이루어지도록 구성되어진다.

영아를 위한 일과계획을 할 때는 다음의 사항들을 고려해야 한다.

첫째, 영아의 개별적/집단적 요구, 교사의 목표, 어린이집의 정책 등을 반영하면서 영유아의 정체성을 확립하고 이들 간의 균형을 맞출 수 있어야 한다.

둘째, 하루일과는 월별 주제를 기초로 계획 · 운영하되, 영아의 발달과 흥미를 중심으로 일과 순서를 정하여 계획한다.

셋째, 사전에 영아의 배변시간이나 낮잠시간 등을 파악하여 일과계획 및 운영에 참고한다.

넷째, 교육 활동과 일상적 생활을 구분하지 않으며, 신체활동과 일상생활 속에서 놀이 중심으로 운영하도록 한다.

다섯째, 정적 활동과 동적 활동, 개별활동과 집단활동, 실내놀이와 실외놀이 등을 다양하고 균형 있게 계획하도록 한다.

여섯째, 교사와 영아, 영아와 영아, 영아와 교구 등 여러 유형의 상호작용이 일어날 수 있도록 계획하되 효과적인 수행을 위해 활동을 수행해 본 후 평가하고 재조정한다.

일곱째, 영아가 심리적으로 안정감을 가질 수 있도록 계획하여야 한다.

여덟째, 영아의 초기 적응시기에는 가능한 일과를 단순히 계획해야 한다.

4) 일과 운영의 실제

일과계획은 각 발달특성과 신체 리듬에 따라 융통성 있게 운영되어야 하는데, 이때 교사가 고려해야 할 사항은 다음과 같다.

첫째, 교사가 볼 수 있는 곳에 하루일과를 적어 놓아 각 놀이와 활동이 일어나는 시간을 교사에게 상기시켜 줄 수 있도록 한다.

둘째, 매일 일정한 순서로 일어나는 일과들(예: 식사, 간식, 낮잠 등)을 영아의 눈높이에 맞게 그림이나 사진을 이용해서 붙여 놓음으로써 영아 자신이 하게 될 다음 활동을 예측할 수 있도록 한다.

셋째, 교사는 영아가 옷의 지퍼를 열고, 양말을 신고 벗으며, 이불장에서 이불을 꺼내 오는 등 여러 가지 일에 참여하도록 기회를 주고 스스로 하도록 인내심을 가지고 기다려 준다.

넷째, 영아는 개별적 상호작용과 배려를 더 필요로 하기 때문에 대집단 활동보다 소집단 활동을 실시한다.

다섯째, 하루일과 안에서 여러 차례 실외놀이를 하는 것이 좋다. 실외놀이는 영아에게 대근육 운동 기술을 훈련하고 발달시킬 수 있는 많은 기회를 제공한다. 영아는 실외에서 에너지를 발산하고 맑은 공기를 마시며, 실내 경험과는 또 다른 환경을 탐색할 수 있다.

여섯째, 낮잠 준비는 규칙적으로 하되 영아가 집에서 가져온 이불이나 장난감을 가지고 잘 수 있도록 배려한다.

일곱째, 영아를 위한 매일의 활동시간을 개개인의 욕구를 충족시킬 수 있도록 융통성 있게 운영한다. 즉, 교사는 예측 가능한 일과를 계획하고 운영하되, 영아 개인의 요구를 고려하여 융통성 있게 운영해야 한다.

(1) 등원

어린이집에서의 하루일과는 영아가 어린이집에 도착하면서부터 시작되며, 밝은 표정으로 맞이하며 하루를 즐겁게 시작하도록 한다. 영아는 등원하면서 교사와 인사하고 친구들과 만나는 새로운 경험을 하게 된다. 교사는 영아를 맞이할 때 영아가 인사를 하기보다는 엄마 뒤에 숨거나 멀뚱멀뚱 쳐다보는 행동을 보일 때에는 영아가 인사하는 행동이 익숙해질 때까지 기다려 주면서 자발적으로 인사할 수 있도록 친절하고 편안한 분위기를 형성해 준다. 친구들과의 인사 나눌 때에도 억지로 친구를 소개시키지 말고 영아가 관심을 보이면 친구와 자연스럽게 놀이를 하면서 관계를 확장시키도록 도와준다.

(2) 실내놀이

영아의 발달적 수준에 적합한 교재교구를 충분히 제공하고 영아에게 탐색의 기회를 충분히 주도록 한다. 영아가 선택한 놀잇감과 놀이 방법을 최대한 인정하며, 개인차를 인정한다. 일방적인 상호작용보다는 영아의 반응을 수용하고 확장하는 적극적인 상호작용을 함으로써 실내놀이를 격려하고 촉진시킨다. 교사는 관찰을 통해 영아의 놀이 수준을 파악하고, 영아의 관심을 활용하여 보다 다양하고 심화된 놀이로 확장되도록 다양한 전략을 시도한다. 교사는 각 영아의 개별적인 특성이나 욕구를 고려하여 활동을 제안하거나 반응해 주어야 한다.

(3) 정리정돈

영아에게 정리정돈은 일생의 습관의 기초를 이루는 시기라는 점에서 매우 중요한 의미를 갖는다. 영아 자신이 한 일을 자기가 마무리하는 과정에서 책임감과 사회성을 기르며, 협력하는 태도를 형성하게 된다. 또한, 정리를 하기 위해서는 원래 있던 자리를 기억해야 하고, 동일 놀잇감끼리 정리하면서 분류의 개념이 생기고, 제자리에 정리하는 과정에서 1:1대응에 대한 개념을 익히는 등 개념 발달을 돕는다. 한편, 영아는 정리정돈 시간을 이해하지 못한다. 이것은 영아 입장에서는 계속 놀고 싶은데 전혀 자기의 마음과는 상관없이 선생님 마음대로 치우라고 시키는 것으로 인식되기 때문이다. 따라서 정리정돈 시간을 운영할 때는 불필요하게 정리정돈을 자주 하는 것을 피하고, 일정한 시간에 정리정돈 시간을 운영한다.

(4) 집단활동

집단활동은 구성원끼리 서로 관계를 맺으며 의견을 교환하는 것으로 영아가 함께 모여서 하는 활동을 말한다. 그러나 영아를 대상으로 하는 교육프로그램의 경우 대집단으로 활동을 진행하는 것은 효과적이지 않다. 특히 탐색적이고 조작적인 활동들을 계획할 때에는 대집단활동이 부적절하다. 따라서 집단활동은 집에 가기 전 1회 정도로 운영하는 것이 좋다. 의자 없이 카펫에 앉아 노래를 부르거나 동화를 듣는 활동을 한 후 영아 이름을 한 명씩 불러 주고 헤어진다.

(5) 바깥놀이

영아는 실내에서뿐만 아니라 햇볕과 바람, 흙이 있는 실외에서 하루 중 한 시간

이상은 지내야 하며, 상황에 따라 여러 차례 바깥놀이를 실시할 수도 있다. 영아를 위한 바깥놀이 환경은 동적인 요소(예: 종합놀이터)와 정적인 요소, 인공적 요소(예: 놀이기구)와 자연적 요소(예: 동 · 식물)가 고루 포함되어 있어야 한다. 영아는 실외의 개방된 공간에서 자유롭게 지낼 때 실내에서의 긴장감을 풀고 하루를 즐겁게 보낼 수 있다. 하루종일 어린이집에서 생활하는 영아에게 실외활동은 신체발달을 돕고 심리적 안정감과 자연환경을 탐색하고 느낄 수 있는 경험을 제공한다.

(6) 급 · 간식

영아는 신체적인 성장이 매우 빠르며 에너지 소비가 왕성하다. 따라서 활동량이 많은 영아에게 적절한 영양을 보충해 주기 위해서는 하루 2회 이상의 간식을 제공해야 한다. 간식 및 점심은 영아가 기관에 들어오기 전에 부모와 기관이 협의하여 영아마다 개별적으로 간식 및 식사의 종류, 먹이는 양, 시간 간격 등에 대한 구체적인 정보를 고려하여 계획하고 영아 발달 상태나 요구에 따라 수정한다.

간식과 점심은 영양학적인 측면과 영아의 식습관 및 위생 개념이 형성되도록 운영해야 한다. 먹기 전에 스스로 손을 닦고, 먹기 싫은 음식도 조금씩 먹어 보는 시도를 해 보고, 다 먹은 후 자신의 자리와 그릇 등을 정리할 수 있도록 배려해야 한다. 교사는 개별 영아의 식습관을 알고 이를 배려해 주어 안정된 분위기 속에서 식습관과 식사예절을 지도하는 기회를 제공한다. 또한, 이 시간을 통해 영아가 다양한 음식을 접해 보고 자신의 음식 선호를 넓혀 갈 수 있는 기회로 만들어 주어야 한다. 이러한 경험은 이후에도 영아의 바른 식습관을 발달시키고, 건강한 신체를 스스로 유지할 수 있는 중요한 기초를 형성하는 데 도움이 된다.

(7) 낮잠 · 휴식

낮잠은 오전의 활동으로 인해 쌓인 피로를 풀게 하고 정서적으로 안정감을 갖게 하는 등 휴식을 위한 일상적인 활동이다. 또한, 활기 차게 오후 활동에 참여하도록 도우며 면역력을 높여 준다. 하루일과 중 주로 점심시간 이후에 계획하지만 개별적인 상황에 따라 융통성 있게 적용할 수 있다. 개인기록 카드와 면담을 통하여 영아의 잠자는 습관, 수면시간, 잠버릇, 깨어난 후의 정서 상태 등을 파악하여 낮잠 시간을 배려한다. 낮잠에서 깬 영아는 다른 영아를 방해하지 않고 조용한 놀이를 하도록 하며, 일어나면 서둘러 깨우기보다는 자신의 에너지를 다시 회복할 때까지 기다려 준다. 영아가 낮잠을 자는 시간 동안에 적어도 한 명의 교사는 교실을 떠나지 않고 잠든 영아의 상태나 자세를 계속 살펴야 한다.

(8) 씻기 및 용변 보기

배설은 인간의 원활한 신체 건강 유지뿐만 아니라 정신적 건강에도 중요한 역할을 한다. 또한, 이 시기 주요 발달과업 중 하나인 배변훈련의 과정을 어떻게 경험하는가는 영아의 자율성 형성과 밀접한 관계가 있다. 대부분의 영아는 만 2세가 지나면서 대 · 소변을 가리게 되는데, 자신의 욕구와 마음을 언어로 잘 표현하지 못하는 영아의 경우 자신의 배설 욕구를 표현하지 못하고 그냥 실수해 버리는 경우가 많다. 이때 교사는 따뜻하고 너그러운 태도를 유지하여 영아가 긍정적인 배변 습관을 형성할 수 있도록 영아가 배변 의사를 표현하고 시도하는 것에 대해 격려해 주고 자신감을 갖도록 배려한다.

(9) 귀가

귀가 시간은 교사와 부모가 하루일과에 대한 정보와 의견을 나누는 시간이며, 영아에게는 부모와 다시 만나는 시간이다. 이때는 영아가 하루일과를 정리하고 즐거운 마음으로 부모님을 만날 수 있도록 정서적 지지를 해 주며, 간단한 스킨십과 인사로 다음 날 기쁜 마음으로 만날 것을 약속한다. 귀가 전 영아의 소지품을 정리하며, 영아의 얼굴과 손을 깨끗이 씻어 주고, 옷도 갈아입혀 준다. 일일보고서를 통하여 하루일과 중 특별한 일이나 영아의 식사, 배변, 수면 등의 일상적인 건강과 정서 상태를 기록하여 부모님이 자녀에 대해 파악할 수 있도록 배려한다.

영아가 약속된 보호자와 함께 귀가하는지를 반드시 확인한다.

4. 다문화 보육계획안

영유아기 학습자를 위한 교육과정을 주제 중심으로 운영하도록 한다. 주제 중심의 내용 구성은 영유아의 요구에 부합하는 흥미롭고 교육적 의미가 있는 주제 중심으로 이와 관련된 다문화 관련 요소를 포함하여 놀이 활동을 각 교과영역이나 놀이영역에서 운영할 수 있도록 놀이 중심의 통합적 형태로 구성하는 것이 바람직하다.

1) 다문화 일일 보육계획안

일일 보육계획안은 그날 수업 진행에 직접적인 참고자료가 되므로 매우 세밀하게, 구체적으로 계획하여야 한다. 교사는 영유아의 경험을 풍부하게 할 수 있는 활동을 제공하고 영유아 스스로 선택할 수 있는 활동을 포함하여 연간, 월간, 주간계획과 연계하여 영유아의 일과 활동, 경험에 대한 계획 활동명, 내용, 준비물 기록을 포함할 수 있도록 한다. 활동 진행 과정을 구체적으로 계획하여 융통성 있게 구성해야 한다.

(1) 일일 활동계획 및 운영 기본원리

① 일관성이 있어야 한다. 매일의 일과를 일관성 있게 운영해야 영유아들은 다음 활동을 쉽게 예측할 수 있어서 안정감을 갖고 활동할 수 있으며, 자신의 행동을 조절할 수 있다.

② 일과계획 운영 시 화장실 가기, 간식 먹기, 낮잠, 휴식 등 영유아의 신체적 욕구를 해결하는 시간을 필수적으로 반영한다. 놀이에 열중하는 영유아는 자신의 배설 욕구를 적절히 조절할 수 없어 옷에 실수를 할 수 있으며, 놀이 자체가 힘이 들어 쉽게 피곤해하거나 배가 고파서 짜증을 내기 쉽다. 그러므로 교사는 일과를 계획할 때 영유아의 신체적 욕구를 조절할 수 있도록 계획해야 한다.

③ 교사는 미리 짜 놓은 일과계획의 틀에 영유아들을 끼워 맞추려고 하지 말고, 영유아들이 흥미와 요구에 따라 의사결정을 하고 적극적으로 참여하도록 도와야 한다.

④ 효율적인 일과운영을 위해 동적인 활동과 정적인 활동, 실내놀이와 바깥놀이, 개별활동과 대집단, 소집단활동, 교사 선택활동과 유아 선택활동 등이 골고루 안배되도록 해야 한다. 영유아들은 주의집중시간이 짧기 때문에 서로 대조되는 활동을 번갈아 가면서 제공해 주어야 한다.

⑤ 일일 활동계획은 여러 가지 유형의 상호작용이 일어날 수 있도록 계획한다. 교사와 영유아의 상호작용, 영유아와 영유아 간의 상호작용, 영유아와 교구 간의 상호작용이 골고루 제시될 수 있어야 한다.

⑥ 일일 활동 계획은 융통성 있게 운영되어야 한다. 날씨의 변화나 영유아의 흥미에 따라 활동 계획내용이나 활동시간을 조정할 수 있어야 한다.

⑦ 활동을 계획하고 실행한 후에는 반드시 평가를 한다. 하루일과에서 계획→실행→평가의 순환적 단계의 순환과정이 계속 반복해서 이루어지도록 계획한다. 일일 교육계획안 작성양식지는 어린이집별로 다르게 작성하고 있다.

- 영아용 감각기관발달의 자극 활동을 구성한다. 간식, 배변, 수면, 휴식 등의 신체 리듬 등을 고려하여 계획한다. 학기 초 적응을 위한 개별 신체리듬을 반영한다. 보호와 교육경험이 동시에 이루어지도록 구성한다. 개별, 소집단활동을 위주로 계획한다.
- 유아용 유아의 발달을 돕는 다양한 활동을 통합적으로 계획, 운영한다. 유아와 유아, 유아와 교사, 유아와 교구의 균형 있는 상호작용을 계획한다.

흥미, 호기심의 자극 활동들을 계획한다. 탐구, 탐색이 놀이로 일어나도록 계획한다. 3, 4세는 소집단, 개별활동 위주 구성하며, 5세는 대소집단, 단위 활동을 더 많이 한다. 5세는 낮잠 대신 휴식, 정적 활동의 제공이 가능하다.

2) 다문화 주간 보육계획안

(1) 주간 교육계획안에 포함되어야 할 내용

① 주제: 그 주에 다루고자 하는 주제를 의미한다. 주제 내에서 다문화적 요소를 반영한다.

② 목표: 그 주의 주제에 따라 다문화 내용을 포함하여 성취하고자 하는 목표를 의미한다.

③ 놀이활동: 그 주에 주제와 목표를 성취할 수 있도록 환경적으로 영역별로 주어지는 활동내용을 의미한다.

- 과학영역: 그 주의 주제와 연관된 과학활동 내용을 의미한다.
- 미술영역: 그 주의 주제에서 표현하고자 하는 미술활동 내용을 의미한다.
- 조작영역: 그 주의 주제와 연관된 감각을 포함하는 활동을 의미한다.
- 블록 · 적목영역: 블록이나 적목으로 그 주의 주제와 관련된 내용을 표현하는 활동을 의미한다.
- 언어 · 도서영역: 그 주의 주제와 연관된 동시, 동화, 그림책, 수수께끼 활동을 포함하는 내용을 의미한다.
- 음률영역: 그 주의 주제와 연관된 음률활동 내용, 새 노래 배우기, 악기 다루기 활동을 의미한다.
- 소꼽영역: 그 주의 주제와 관련된 역할놀이, 소꼽놀이, 역할극, 동극의 활동을 의미한다.

월간 교육계획에 기초를 두고 그 목표를 달성하기 위해 구체적인 내용을 계획한다. 영아의 보육계획의 경우에는 영아들의 건강 상태, 흥미, 욕구, 발달 상태 등을 고려하여 융통성 있게 한 주의 보육계획을 작성한다. 만 3세 이상의 유아를 위한 주간 교육계획은 개별활동, 소집단활동, 대집단활동이 포함되어야 하며, 소근육 활동, 대근육 활동, 실내 · 외 놀이와 누리과정의 영역, 신체운동 · 건강 영역, 의사소통 영역, 사회관계 영역, 예술경험 영역, 자연탐구 영역이 골고루 포함되어야 한다.

④ 요일별 활동: 한 주 동안 주제별 교육프로그램이 다루어질 요일별 활동을 의미한다(이야기 나누기, 수수께끼활동, 동시, 동화, 창의적 신체표현활동, 게임활동, 음악감상활동, 미술감상활동, 요리활동, 과학활동, 조작활동, 수활동, 동극활동, 미술활동, 음악활동, 실외놀이활동 등).

⑤ 식단표: 한 주 동안 공급된 오전, 오후 간식, 점심 메뉴를 의미한다.

⑥ 가정통신란: 부모님께 알릴 한 주간의 행사를 포함한 전달사항을 의미한다.

⑦ 부모교육란: 자녀교육에 지침이 될 만한 교육적인 내용 등을 의미한다. 교육프로그램과 주제, 목표 요일별 활동으로만 구성될 수 있고 식단표를 함께 넣어 구성할 수 있다.

3) 다문화 월간 보육계획안

다문화 월간 보육계획안 작성 시에 영아반의 경우 영아용 연간 보육계획을 반영하여 구성한다. 일상 활동과 놀이 활동으로 구성한다. 영아의 활동 형태를 고려하여 구성한다. 발달에 적합한 활동을 우선적으로 고려한다. 개별 활동을 중심으로 구성한다.

유아반의 경우 유아용 연간 보육계획을 반영하여 구성한다. 내용의 연계성이 확보되도록 구성한다. 발달에 적합한 활동을 우선 고려한다. 유아 흥미, 호기심을 반영하여 구성한다. 실내놀이, 대소집단 활동, 바깥놀이 등을 고려하여 구성한다. 일상 활동과 놀이 활동으로 구성한다. 계획안 작성 시 각 영역에서 다문화적 요소인 문화, 정체성, 평등, 반편견, 다양성 등의 요소를 반영하여 작성한다.

4) 연간 보육계획안

연간 보육계획안 영유아의 연령, 발달수준, 계절적인 특성, 지역사회의 실정, 어린이집의 특수성 등을 고려하여 1년 동안 보육의 방향, 보육목표, 보육내용, 시기적인 적절성 등 전체적인 균형을 한눈에 볼 수 있도록 계획을 수립하여야 한다. 영유아들은 연령에 따른 발달적 차이가 크게 나타나므로 연령별 발달적 특성을 고려하여 연령(0세반, 1세반, 2세반, 3세반, 4세반, 5세반)에 따라 나누어 어린이집에서 보육하고 있는 영유아들을 대상으로 연간 보육계획안을 수립한다. 영유아들의 발달수준, 주변 환경을 고려하여 융통성 있게 계획하며 말 그대로 '계획안'이므로 영유아들의 흥미와 요구, 발달에 맞추어 수정, 변경할 수 있다.

- 영아용 발달특성, 요구에 맞는 활동을 구성한다.
- 영아의 삶과 친숙한 주제로 구성한다.
- 다른 연락과 연계 고려한 주제를 선정한다.
- 발달에 적합, 개별 특성을 반영해야 한다.
- 의미 있는 활동경험이 되도록 계획한다.
- 학기 초는 적응을 돕는 주제로 구성한다.
- 영양, 배변 등 신체 욕구를 고려한다.
- 신체적 보호, 안전을 고려하여 선정한다.
- 유아용 목표를 달성 가능한 것으로 구성한다.
- 누리과정 목표를 반영하는 것으로 한다.
- 기관의 사정을 고려한 주제를 반영한다.
- 대주제와 소주제 간 연계성을 고려한다.
- 연령별 주제의 난이도를 검토한다.
- 친숙한 → 추상적인 주제로 나아간다.
- 유아의 생활을 반영한 주제로 구성한다.
- 일상경험을 반영하여 주제를 구성한다.
- 연령이 어릴수록 구체적인 사물이나 대상을 주제로 선정한다.

- 연간 계획안은 주제와 행사만 간단히 제시하는 것이 바람직하다.
- 연간 계획을 토대로 하여 한 달간의 지도를 위한 구체적인 지도방법을 계획한다.
- 계절의 변화나 반복되는 활동을 중심으로 영유아들의 상황과 발달에 맞추어 계획을 수립한다.
- 연간 보육계획안보다 더 상세히, 구체적으로 수립해야 하는 매월의 주제에 대한 내용은 활동별로 수집한다.

5. 다문화 보육환경 구성

다문화교육을 위한 환경구성은 놀이영역을 중심으로 구성된다. 영유아는 주변에 대한 다양한 관심이 욕구가 왕성한 시기이므로, 교실환경도 이들의 자유로운 탐색을 충분히 지원해 줄 수 있도록 매력적이어야 한다. 특히 다문화 보육환경을 구성하기 위해서는 일반 환경구성 내에서 주제에 맞는 다문화 환경구성을 함께 포함해서 진행해 주도록 한다. 통합교육 속에서 다문화교육을 위한 환경구성도 함께 이루어져야 주제 안에서 영유아들은 다문화교육 요소들을 자연스럽게 습득할 수 있도록 한다. 다문화가정 영유아를 위한 환경구성을 하면서 비다문화가정 영유아들이 역차별 받지 않도록 주의하고 자연스러운 환경 속에 다문화 환경을 조성한다. 교실영역 한 곳에 다문화 놀이영역을 만들어 교재교구를 제공한다.

1) 쌓기놀이영역

쌓기놀이영역은 활동적이며 소음이 발생하는 영역이므로 정적 놀이영역과는 떨어진 곳에 배치한다. 다양한 문화적 환경의 블록놀이 등을 배치하기 위해 공간을 넓게 확보하여 영유아가 공간의 제한을 받기 않고 쌓기놀이를 하도록 한다. 쌓기놀이를 하기 위해서는 0.7평의 공간이 필요하고, 3~5명의 영유아들에게는 2.1평의 공간이 필요하다. 영유아가 방해받지 않고 놀이에 몰두할 수 있도록 칸막이나 교구장으로 둘레를 막아 주거나 부분 카펫, 종이테이프로 경계를 구분지어 준다. 다문화 보육환경을 구성하기 위해서는 다양한 재료 준비와 주제별 교육과정 내에서 필요한 다문화 요소들을 반영한 놀이영역을 구성해 줄 수 있어야 한다.

2) 역할놀이영역

여러 가지 역할을 상상하여 활동적인 놀이를 많이 하므로 동적 놀이영역과 인접하게 배치한다. 특히 다른 나라의 전통의상 및 생활에 맞는 소품, 다른 나라의 시장이나 동네의 모습 등의 소품이나 사진자료 등을 제시하거나 제공하여 다른 날의 생활상을 느낄 수 있도록 한다. 세계 여러 나라의 의상, 여러 나라의 음식, 여러 나라의 문화와 관련된 자료와 소품을 배치하여 다문화 환경을 마련해 준다.

3) 수·조작놀이영역

조작놀이영역에서는 어린이가 소근육을 이용하여 조작, 구성, 게임 등의 정적인 놀이를 주로 하므로 영유아들의 왕래가 많지 않은 조용한 장소에 배치한다. 다른 나라와 관련된 퍼즐이나 다양한 교구를 이용해 다른 나라의 문화를 접할 수 있게 할 수 있다. 또한, 세계 여러 나라에서 유래한 규칙이 있는 게임을 경험하게 할 수 있다.

4) 언어영역

언어영역은 영유아들이 방해를 받지 않고 안정된 분위기에서 읽고, 쓰고, 말하고, 듣는 놀이를 할 수 있도록 배치한다. 녹음기, 그림책, 글씨를 쓰는 데 필요한 도구, 언어카드 등을 배치한다. 다양한 나라의 언어로 된 그림책 등을 자연스럽게 경험할 수 있도록 하고, 신문지 등도 한자, 영자, 한글 신문 등을 배치하는 것이 좋다. 글자 교구의 틀도 다양한 나라의 언어들로 구성해 주는 것이 좋다. 언어적 교구도 다양한 그림과 카드로 구성하여 자연스럽게 타 문화를 이해하는 것이 바람직하다.

5) 미술영역

미술영역은 영유아들의 왕래가 많지 않은 조용한 곳에 배치하는 것이 좋다. 미술활동을 하면서 손이 더러워지기 쉬우므로 수돗물 가까이에 미술영역을 배치하면 더욱 효과적이다. 다양한 재질의 종이와 종류, 만들기, 오리기, 잡지책, 밀가루 점토 등 재활용품을 활용한 자료도 비치하는 게 좋다. 다문화와 관련하여 세계지도를 게시하고 다른 나라의 사람들의 다양한 생활 모습을 게시하여 영유아가 자연스럽게 다문화 환경을 접할 수 있도록 하는 것이 좋다.

6) 과학영역

전기 기구나 각종 실험 기구를 안전하게 사용할 수 있도록 영유아들의 왕래가 많지 않은 장소에 조성하는 것이 효과적이다. 눈금자, 거울, 자석, 돋보기, 프리즘, 바퀴와 부속품 등과 생물 관련된 꽃, 나무, 열매 씨앗, 나뭇가지 등의 실물 자료를 준비해 주는 것이 좋다. 다양한 나라의 사진과 자연물 등을 배치하도록 한다.

7) 음률영역

음률영역은 영유아가 악기를 다루고 소리를 탐색하며, 음악을 감상하기도 하고 악기나 음악에 맞춰 신체를 움직여 볼 수 있는 영역이므로 발생하는 소리에 방해받지 않도록 시끄러운 영역에 인접하여 배치하도록 해야 한다. 영유아가 스스로 탐색하고 자유롭게 표현할 수 있도록 다른 나라의 악기도 다양하게 준비해 주어 소리를 듣고 악기를 연주해 볼 수 있도록 한다. 그림악보와 다양한 나라의 음악가 사진도 좋다.

6. 다문화교육 자료 선정

1) 다문화 자료의 중요성

다문화교육을 효과적으로 실시하기 위해 통합교육 내에서 학습 목표가 설정되고 목표를 달성하기 위한 학습 내용이 구성되면 학습자에게 효과적으로 전달될 수 있도록 하는 것이 중요하다.

다문화가정 영유아와 비다문화가정의 영유아를 위해 교사가 일방적으로 가르치지 않고 영유아가 스스로 탐구할 수 있도록 해야 한다. 다문화 교육자료의 학습방법 먼저 생각한 후 주제에 맞는 다문화 교재교구를 선정할 수 있도록 한다.

교재교구 연구는 교육현장에서 다문화교육의 요소를 중심으로 개발하여야 한다. 각각의 비다문화가정 영유아에게 적합한 내용으로 상호작용할 수 있는 교재교구들의 개발이 필요하다. 즉, 직접 만져 보고, 흔들어 냄새를 맡아 보는 등 감각적이며, 직접적인 다문화 경험을 알려 주기 위한 방법이 필요하다. 특히 다문화 교육요소인 평등, 반편견, 정체성, 문화 등 다양한 요소들을 구체적인 경험을 줄 수 있는 풍부하고 다양한 자료가 제공되어야 한다.

다문화교육을 위한 교재교구는 교육환경이 중요한 요소이다. 자연스러운 환경에서 교사는 다문화적 요소를 가미할 수 있도록 영역별 배치를 해야 한다. 주제별로 구성에 있어서도 연령, 발달단계 및 특성, 진행되는 단원 등을 고려하며 다양한 반편견 및 문화와 관련된 교재교구를 제작하고 준비해 주어야 한다.

이러한 과정을 통해 자신의 능력이나 흥미에 맞는 교재교구를 통해 경험하고 교사와 상호작용하는 동안 다른 사람의 생각을 이해하며, 나 자신을 표현해 보는 기회를 갖으며 다문화의 정체성 요소들을 확립할 수 있다.

2) 다문화 교육자료 선정 시 유의점

다문화 교육자료는 다문화적 요소들을 반영할 수 있게 구성해야 한다. 교재교구를 통해 놀이를 이끌고 학습시키며, 흥미, 상상력을 기를 수 있도록 해야 한다. 다양한 문화에 관련된 놀잇감의 특징－색, 크기, 세세한 장식－은 다양성을 흡수하도록 한다. 다른 문화권에 대하여 친근감을 줄 수 있도록 하여 반편견 교육을 하는 데 도움을 줄 수 있다. 다문화 교육자료를 개발할 때는 서로 다른 크기의 디자인과 구조, 단단함과 손쉬운 조작은 놀이 등 놀잇감의 재질 등에서도 가치를 부여할 수 있도록 해야 한다. 주제별 교육자료들을 개발하여 흥미 중심 다양성을 접할 수 있도록 한다.

특수영유아를 대상으로 하는 교육과정에서는 좋은 교재교구를 선택하는 것이 매우 중요하다. 특수영유아를 위한 교재교구를 선택할 때 고려해야 할 기준은 다음과 같다(Essa, 1999).

(1) 영유아 발달 단계에 적합한가

영유아의 발달 단계의 특성에 맞는 교육자료를 선정해야 한다. 다문화가정 영유아일수록 언어발달이 더딘 영유아들의 어휘 구성을 격려하고, 스스로 할 수 있는 독립심을 키워 영유아들을 도와주는 교구를 선택해야 한다.

(2) 영유아들이 활동적으로 놀이를 할 수 있는가

영유아들이 적극적이고 활동적으로 할 수 있는 교재교구가 제공되어야 한다. 놀이하는 과정에서 상상력을 이끌어 내고 쉽게 싫증나지 않는 교재교구를 제공하며, 모든 교재교구들은 적극적 개입과 탐색을 증진시키는 것이어야 한다.

(3) 교재교구가 개방적인가

개방적인 교재교구란 융통성 있게 사용할 수 있는 교재교구로 다문화가정 영유아들에게 한 가지 방법만을 사용하지 않고 다양한 방법으로 사용될 수 있는 교재교구를 제공해 주어야 한다. 모든 교재교구가 개방적일 필요는 없으나 대체로 개방적인 교재교구를 마련하여 다양한 생각을 공유할 수 있도록 돕는다.

(4) 편견이 없는가

다문화가정 영유아와 비다문화가정 영유아 모두 성차별이나 특정 민족이나 문화에 대한 고정적인 생각을 강화하지 않아야 하고 평등과 관용, 반편견적 사고를 길러 줄 수 있든 교재교구를 제공해야 한다.

(5) 교재교구들이 다양한가

영유아들이 다양한 흥미와 발달적 욕구를 충족시킬 수 있어야 한다. 다양한 문화 다양한 재료들을 활용하여 여러 문화를 접하고, 각각의 교재교구들이 다른 특성을 인지할 수 있어야 한다. 교구활용 시 언어를 사용하게 하며, 사회화를 촉진하고, 정서적 욕구를 표출하도록 하여 창의력과 상상력을 기를 수 있어야 한다.

7. 다문화 보육활동 운영의 실제

다문화 보육활동을 운영하기 효과적으로 운영하기 위해서 다문화 교육내용을 다룰 때는 다문화가정 영유아와 비다문화가정 영유아 모두를 대상으로 운영하여야 한다. 연간주제를 중심으로 하여 통합적 접근방법을 통해 구성하도록 한다. 교육과정을 운영함에 있어 수준별로 다양한 적절한 교재와 교수학습자료의 예를 적용할 수 있도록 해야 한다. 기존의 다문화가정 영유아 다문화교육은 미술, 음악, 과학처럼 특정 주제와 목표가 포함된 교육계획안을 중심으로 한 일회성 활동으로 교육현장에서 이해되었다.

다문화교육의 구성요소는 다양성에 초점을 두었다고는 하지만 대부분의 활동이 의상, 음식과 날씨 등의 '차이점과 유사점'에 초점을 두거나 기본적인 인사말을 배우는 형태로 진행되어 피상적인 형태의 '여행자 교육과정(tourist curriculum)'이라는 오명을 얻기도 하였다(이연선, 2014). 혹은 '다문화가족의 날'이나 '다문화가정 학부모의 요리수업'과 같은 일회성의 행사 등으로 실행되는 경우가 많았다(이연선, 윤갑정, 견주연, 2012).

영유아 다문화교육은 이제 개정 누리과정의 포함되어 일회성 교육이 아닌 연간, 주간, 월간, 일일 계획안의 일상생활 주제부터 시작하여 나의 정체성을 알고 다른 사람과의 차이점을 이해하고 공동체 안에서 협력하며 함께 살아가는 삶을 살도록 실천해 나가야 한다.

1) 주제중심 보육과정 운영의 실제

(1) 주제 선정 이유

가족은 사회를 구성하는 가장 작은 집단이다. 영유아가 성장하는 동안 가족으로부터 신체적 정서적으로 가장 많은 지원을 받음으로써 우리들이 사회의 구성원으로 자라는 토대가 될 수 있는 것이다. 그러나 현대에 들어오면서 전통적인 가족의 형태가 아닌, 그 형태가 매우 다양해졌다. 산업화로 인해 확대가족보다는 핵가족화가 이루어졌고, 세계화와 다양한 가치관의 변화로 인해 입양, 다문화가정, 한부모가정 등이 늘어나고 있다. 그렇기 때문에 전통적인 가족의 개념만으로 영유아들에게 접근하기 어려운 사정이다. 따라서 다양한 가족형태와 문화에 영유아들이 편견 없이 수용하고 존중할 수 있는 자세를 지녀야 하며 더불어 어떠한 형태의 가족이든 모든 가족들은 소중하다는 것을 깨달아야 할 필요가 있다. 이 같은 주제는 영유아들의 흥미를 이끌기에 충분하며, 다양한 가족의 형태와 구성원을 통해 다문화교육을 이해하기에 적합하다. 소중한 가족에 구성원들의 다양한 형태를 다루어 보면서 나와 다른 가족의 공통점과 차이점을 알고 서로 더불어 사는 방법과, 다른 여러 형태의 가족들을 존중할 수 있도록 돕는 태도를 기를 수 있다.

(2) 주요개념

- 가족은 모두에게 공통적으로 있다.
- 가족은 다양한 구성원으로 이루어져 있으며, 가족구성원의 역할도 다양하다.
- 가족구성원은 서로 협력하고 사랑한다.
- 가족끼리 서로 특별한 문화가 있음을 인정하고 다른 가족의 문화를 이해한다.

(3) 소주제

주제	소주제	교육목표	다문화적 요소
가족	다양한 가족이 있어요	• 가족은 모두에게 공통적으로 있음을 안다. • 다양한 가족의 형태가 있음을 안다. • 다양한 가족의 관점에서 생각할 수 있다. • 다양한 가족을 수용하고 존중한다. • 여러 가지 가족의 구조를 그림책으로 탐색한다.	다양성 문화 협력
	우리가족을 소개해요(Ⅰ)(Ⅱ)	• 다른 가족의 구조와 문화의 차이를 안다. • 가족구성원마다 역할이 있음을 안다. • 우리 가족과 다른 가족을 비교해서 생각할 수 있다. • 다른 가족에 관심을 가진다. • 우리 가족의 구조와 문화를 소개할 수 있다.	다양성 문화 협력 평등
	가족은 모두 소중해요	• 가족의 소중함을 안다. • 가족에게는 공통점이 있음을 안다. • 우리 가족만이 잘 사는 것이 바람직하지 않은 것임을 안다. • 다른 가족의 문화를 이해하고 존중한다. • 다른 가족을 배려함으로써 기쁨을 느낀다. • 다양한 가족의 어려움을 알고 돕는다.	다양성 문화 협력 평등 반편견

출처: 김정원, 남규, 이정아(2012).

(4) 주제망

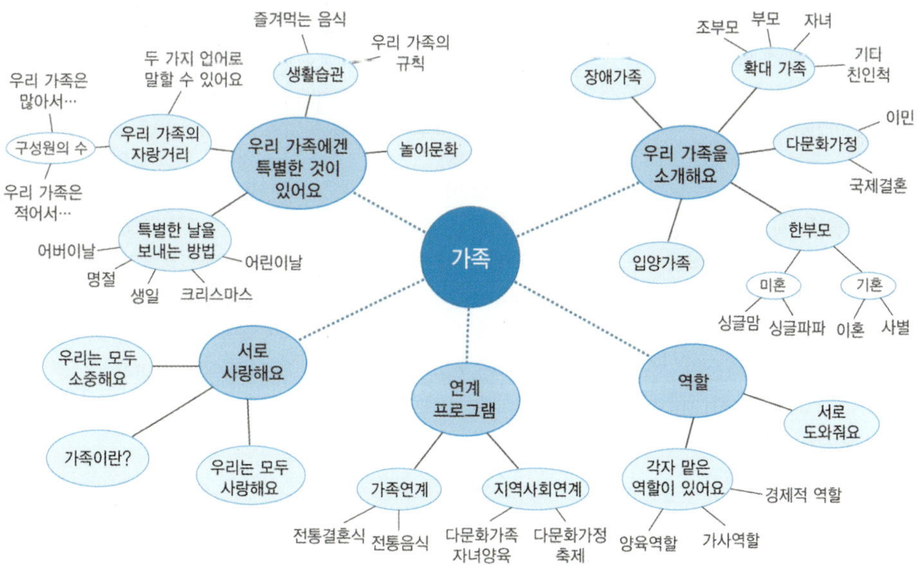

출처: 김정원, 남규, 이정아(2012).

(5) 활동망 구성

가족

기본생활
- 가족이 입는 옷
- 기로스 만들기
- 우리 집 약속판 소개하기
- 가족 초대 계획하기
- 가족 도미노
- 규칙을 모아라

신체운동
- '엄마의 의자를 지켜라' 게임
- 「커다란 순무」 각색본 동극하기
- 우리 가족 역할 게임
- 즐거운 우리 집 듣고 신체표현하기
- 「우리 할아버지는 106세」 동화 각본해서 동극하기
- 필리핀 전통음악 듣고 신체로 표현하기

사회관계
- 한부모 관련 책 읽고 같은 점, 다른 점 찾기
- 귀마개하고 이야기 전달하기
- 'ㅇㅇ반 꽃밭' 만들기
- '깜깜한 세상 속으로' (시각장애 체험)
- 가족 신문 만들기
- 특별한 날 벤다이어그램
- 우리 가족 책
- 필리핀 전통 결혼식

의사소통
- 궁금증 상자
- 내 이야기를 들어줘 (사연이 있는 인형)
- 「같지만 다른 가족」 (OHP필름동화)
- (동화) 「커다란 순무」 각색하기
- 마티유에게 편지쓰기
- 가족 등 만들기

자연탐구
- 무밭 만들기
- 「같지만 다른 가족」 속 가족을 찾아주세요 (그래프 만들기)
- 피오르트의 가시를 빼주세요
- 집안을 가꾸는 데 필요한 물건 분류하기
- 점자 책 만들기 (책 읽어 주는 할머니 추후 활동)

예술경험
- 「같지만 다른 가족」 구성원 색칠하기
- '나무도 알고 있어요' 나무 꾸미기
- '우리가족' 새노래 배우기
- 나만의 염색체 만들기
- 피가로의 결혼(모차르트)
- '닮았대요' 새노래 배우기
- 가족 얼굴 꾸미기

출처: 김정원, 남규, 이정아(2012).

(6) 놀이영역 구성

영역	활동
쌓기영역	• 동극을 위한 무밭 만들기 • 집 만들기 • 우리 집 꾸미기 • 결혼식장 만들기
역할영역	• 가족이 입는 옷 • 가족놀이 • 우리 가족의 저녁 식탁 • 필리핀 전통 결혼식
언어영역	• 궁금증 상자 • 놀이 카드 만들기 • 손가락 인형, 우리집 약속판, 가족 신문 만들기, 우리 가족 책 (그림책) • 우리엄빠, 엄마의 의자, 두 바퀴로 걷는 우리아빠, 예슬이 엄마 이름은 구티엔, 고슴도치아이, 커다란 순 무, 마티유에게 편지쓰기, 궁금증 상자, 내동생의 특별한 염색체, 이모의 결혼식 • 내게는 소리를 듣지 못하는 여동생이 있습니다, 위층 할머니, 아래층 할머니, 초코엄마 좀 찾아주세요, 돼지책
수 · 조작영역	• 「같지만 다른 가족」 속 가족을 찾아주세요(그래프 만들기) • 피오르트의 가시를 빼 주세요 • 우리가족의 역할 그래프 • 가족 도미노 • 규칙을 모아라 • 이만익의 '가족도' 퍼즐
조형영역	• 「같지만 다른 가족」 그림책 속 구성원 색칠하기 • 「나무도 알고 있어요」 나무 꾸미기 • 나만의 염색체 만들기 • 「이모의 결혼식」 가면 만들기 • 우리 가족 책표지 만들기 • 조각보 만들기
음률영역	• 「우리가족」 음악 테이프 • 피가로의 결혼(모차르트) • 가족 마라카스 • 옛날이야기 • 「우리가족」음악 테이프
과학영역	• 집안을 가꾸는 데 필요한 물건 분류하기 • 귀마개하고 이야기 전달하기 • 점자책 만들기(책 읽어 주는 할머니 추후 활동) • 우리 가족 생일 초 꽂기

출처: 김정원, 남규, 이정아(2012).

(7) 대 · 소집단 활동 구성

영역	활동
이야기 나누기	• 「나무도 알고 있어요」 활동의 소개 • 「피오르트의 가시를 빼주세요」 게임 규칙 정하기-내 이야기를 들어줘(사연이 있는 인형), 「○○반 꽃을 피워요」 활동의 소개, 「○○반 꽃밭」 만들기, 주말 동안 가족과 지낸 이야기, 가족 달력 소개하기, 우리 집 약속판 소개하기, 「우리가족」 책 소개, 가족 초대 계획하기, 나무도 알고 있어요
동화	• 「같지만 다른 가족」(OHP필름동화) • (동화) 「커다란 순무」 각색하기 • 한부모 관련 책 읽고 같은점, 다른 점 찾기 • 「고슴도치 아이」 감상(앞치마 동화) • 「내동생의 특별한 염색체」 그림책 감상 • 「이모의 결혼식」 그림책 감상, 「내가 만약 엄마라면, 내가 만약 아빠라면」 그림책 감상, 「책 읽어 주는 할머니」 그림책 감상, 「할머니 조각보」 그림책 감상하기
새 노래	• 우리가족, 닮았대요 • 가족송, 우리가족
게임	• 엄마의 의자를 지켜라 • 우리 가족 역할 게임 – 친구네 가족은 뭘 했을까? • 집짓고 돌아오기
과학 · 요리	• 「같지만 다른 가족」(그래프 만들기) • 기로스 만들기 • 특별한 날 벤다이어그램 • 할아버지 걸음, 아빠 걸음, 내 걸음
신체표현	• 둘이 살짝 • 가족이 있는 풍경 • 즐거운 우리 집 듣고 신체표현하기 • 가족뉴스(궁금증 상자) • 필리핀 전통음악 듣고 신체로 표현하기
동극	• 「커다란 순무」 • 「이모의 결혼식」 • 「우리 할아버지는 106세」 각색해서 동극하기
조형	• 무 만들기 • 「○○반 꽃을 피워요」 꽃 만들기 • 성냥갑 가족인형 만들기 • 가족 등 만들기 • 초대장 만들기
실외활동	• 깜깜한 세상 속으로(시각장애체험) • 우리 집에 왜 왔니 놀이 • 가족 얼굴 꾸미기

출처: 김정원, 남규, 이정아(2012).

(8) 소주제에 따른 주간계획안

<table>
<tr><td colspan="2">소주제</td><td colspan="2">다양한 가족이 있어요</td><td>시기</td><td colspan="2">5월 1주</td></tr>
<tr><td colspan="2">목표</td><td colspan="5">• 가족은 모두에게 공통적으로 있음을 안다.
• 다양한 가족의 형태가 있음을 안다.
• 다양한 가족의 관점에서 생각할 수 있다.
• 다양한 가족을 수용하고 존중한다.
• 여러 가지 가족의 구조를 다양한 매체로 탐색한다.</td></tr>
<tr><td colspan="2">다문화 관련 요소</td><td colspan="5">문화, 협력, 편견, 정체성, 평등, 다양성</td></tr>
<tr><td colspan="2">날짜
활동</td><td>4(월)</td><td>5(화)</td><td>6(수)</td><td>7(목)</td><td>8(금)</td></tr>
<tr><td rowspan="7">실내놀이</td><td>쌓기 영역</td><td colspan="5">• 동극을 위한 무밭 만들기</td></tr>
<tr><td>역할 영역</td><td colspan="5">• 가족이 입는 옷</td></tr>
<tr><td>언어 영역</td><td colspan="5">• 궁금증 상자(그림책) • 우리 엄빠 • 엄마의 의자 • 두 바퀴로 걷는 우리아빠
• 예슬이 엄마 이름은 구티엔 • 고슴도치아이 • 커다란 순 무</td></tr>
<tr><td>수 · 조작 영역</td><td colspan="5">• 그림책 속 가족을 찾아주세요
• 피오르트의 가시를 빼 주세요</td></tr>
<tr><td>조형 영역</td><td colspan="5">• 같지만 다른 가족구성원 색칠하기
• '나무도 알고 있어요' 나무 꾸미기</td></tr>
<tr><td>과학 영역</td><td colspan="5">• 집안을 가꾸는 데 필요한 물건 분류하기</td></tr>
<tr><td>음률 영역</td><td colspan="5">• '우리가족' 음악 테이프</td></tr>
<tr><td rowspan="9">대 · 소집단활동</td><td>이야기 나누기</td><td></td><td>'나무도 알고 있어' 활동의 소개</td><td></td><td>내 이야기를 들어줘 (사연이 있는 인형)</td><td>'피오르트의 가시를 빼 주세요' 게임규칙 정하기</td></tr>
<tr><td>동화</td><td>그림책 「같지만 다른 가족」 (OHP 필름 동화)</td><td></td><td>그림책 「커다란 순무」 각색하기</td><td>한부모 관련 책 읽고 같은 점, 다른 점 찾기</td><td>그림책 「고슴도치아이」 감상 (앞치마동화)</td></tr>
<tr><td>새 노래</td><td></td><td>우리 가족 (새노래)</td><td></td><td></td><td></td></tr>
<tr><td>게임</td><td></td><td></td><td></td><td>엄마의 의자를 지켜라</td><td></td></tr>
<tr><td>과학, 요리</td><td>그림책 「같지만 다른 가족」 (그래프만들기)</td><td></td><td></td><td></td><td></td></tr>
<tr><td>신체표현</td><td></td><td>둘이 살짝</td><td></td><td></td><td></td></tr>
<tr><td>동극</td><td></td><td></td><td>「커다란 순무」</td><td></td><td></td></tr>
<tr><td>조형</td><td></td><td></td><td>무 만들기</td><td></td><td></td></tr>
<tr><td>실외활동</td><td></td><td></td><td></td><td></td><td></td></tr>
<tr><td colspan="2">간식</td><td>삶은 달걀과 쥬스</td><td>우유미숫가루와 약과</td><td>무지개떡과 오미자차</td><td>채소튀김과 두유</td><td>감자전과 우유</td></tr>
<tr><td colspan="2">기본생활습관</td><td colspan="5"></td></tr>
</table>

<table>
<tr><td colspan="2">소주제</td><td colspan="2">우리가족을 소개해요 I</td><td>시기</td><td colspan="2">5월 2주</td></tr>
<tr><td colspan="2">목표</td><td colspan="5">• 다양한 가족을 수용하고 존중한다.
• 여러 가지 가족을 구조를 그림책으로 탐색한다.
• 가족구성원마다 역할이 있음을 안다.</td></tr>
<tr><td colspan="2">다문화 관련 요소</td><td colspan="5">문화, 협력, 편견, 정체성, 평등, 다양성</td></tr>
<tr><td colspan="2">날짜 / 활동</td><td>11(월)</td><td>12(화)</td><td>13(수)</td><td>14(목)</td><td>15(금)</td></tr>
<tr><td rowspan="7">실내놀이</td><td>쌓기 영역</td><td colspan="5">• 집 만들기</td></tr>
<tr><td>역할 영역</td><td colspan="5">• 가족놀이</td></tr>
<tr><td>언어 영역</td><td colspan="5">• 마티유에게 편지쓰기(그림책) • 내동생의 특별한 염색체 • 이모의 결혼식 • 돼지책 • 내게는 소리를 듣지 못하는 여동생이 있습니다 • 위층 할머니, 아래층 할머니 • 초코엄마 좀 찾아주세요 • 내가 만일 엄마라면 • 내가 만일 아빠라면</td></tr>
<tr><td>수 · 조작 영역</td><td colspan="5">• 우리가족의 역할 그래프</td></tr>
<tr><td>조형 영역</td><td colspan="5">• 그림책「이모의 결혼식」 가면 만들기
• 나만의 염색체 만들기</td></tr>
<tr><td>과학 영역</td><td colspan="5">• 귀마개하고 이야기 전달하기</td></tr>
<tr><td>음률 영역</td><td colspan="5">• 피가로의 결혼(모차르트) • 가족 마라카스</td></tr>
<tr><td rowspan="9">대 · 소집단활동</td><td>이야기 나누기</td><td></td><td></td><td>'○○반 꽃을 피워요' 활동의 소개</td><td>'○○반 꽃밭'만들기</td><td></td></tr>
<tr><td>동화</td><td>그림책 「내동생의 특별한 염색체」 감상</td><td>그림책 「이모의 결혼식」 감상</td><td></td><td></td><td>그림책 「내가 만일 엄마라면, 내가 만일 아빠라면」 그림책 감상</td></tr>
<tr><td>새 노래</td><td></td><td></td><td></td><td>닮았대요 (새노래)</td><td></td></tr>
<tr><td>게임</td><td></td><td></td><td></td><td></td><td>우리 가족 역할 게임</td></tr>
<tr><td>과학, 요리</td><td></td><td>기로스 만들기</td><td></td><td></td><td></td></tr>
<tr><td>신체표현</td><td></td><td></td><td></td><td></td><td>가족이 있는 풍경</td></tr>
<tr><td>동극</td><td></td><td></td><td>이모의 결혼식</td><td></td><td></td></tr>
<tr><td>조형</td><td></td><td></td><td>'○○반 꽃을 피워요' 꽃 만들기</td><td></td><td></td></tr>
<tr><td>실외활동</td><td>'깜깜한 세상 속으로' (시각장애 체험)</td><td></td><td></td><td>'우리집에 왜 왔니' 놀이</td><td></td></tr>
<tr><td colspan="2">간식</td><td>야채죽</td><td>기로스와 우유</td><td>스크램블 에그</td><td>제철과일과 치즈</td><td>머핀과 우유</td></tr>
<tr><td colspan="2">기본생활습관</td><td colspan="5"></td></tr>
</table>

소주제	우리가족을 소개해요 II	시기	5월 3주
목표	• 다른 가족의 구조와 문화의 차이를 안다. • 우리 가족과 다른 가족을 비교해서 생각할 수 있다. • 다른 가족에 관심을 가진다. • 우리 가족의 구조와 문화를 소개할 수 있다.		
다문화 관련 요소	문화, 협력, 편견, 정체성, 평등, 다양성		

활동 \ 날짜		18(월)	19(화)	20(수)	21(목)	22(금)
실내놀이	쌓기 영역	• 우리 집 꾸미기				
	역할 영역	• 우리 가족의 저녁 식탁				
	언어 영역	• 놀이 카드 만들기 • 손가락 인형 • 우리집 약속판 • 가족신문만들기 • 궁금증 상자(그림책) • 우리 할아버지는 106세 • 힘센 동생이 필요해 • 여동생클럽 • 책 읽어 주는 할머니 • 누리야 누리야 • 60명의 아버지가 있는 집 • 손님				
	수 · 조작 영역	• 가족 도미노		• 규칙을 모아라		
	조형 영역	• 가족 달력만들기			• 찰흙으로 특별한 음식 만들기	
	과학 영역	• 점자책 만들기				
	음률 영역	• 옛날이야기				
대 · 소집단활동	이야기 나누기	주말 동안 가족과 지낸 이야기	가족 달력 소개하기	우리집 약속판 소개하기		
	동화					그림책 「책 읽어 주는 할머니」 감상
	새 노래				가족노래 만들기	
	게임	친구네 가족은 뭘 했을까?				
	과학, 요리		특별한 날 벤다이어그램			
	신체표현				즐거운 우리집 듣고 신체표현하기	가족뉴스 (궁금증 상자)
	동극	그림책 「우리 할아버지는 106세」 각색해서 동극하기				
	조형			성냥갑 가족 인형 만들기		
	실외활동		가족얼굴 꾸미기			
간식		카스테라 우유	현미죽	제철과일과 요구르트	백설기와 결명자차	흑미찐빵과 주스
기본생활습관						

<table>
<tr><th colspan="2">소주제</th><td colspan="2">가족은 모두 소중해요</td><th>시기</th><td colspan="2">5월 4주</td></tr>
<tr><th colspan="2">목표</th><td colspan="5">• 가족의 소중함을 안다.
• 가족에게는 공통점이 있음을 안다.
• 우리 가족만이 잘 사는 것이 바람직하지 않은 것임을 안다.
• 다른 가족을 배려함으로써 기쁨을 느낀다.
• 다양한 가족의 어려움을 알고 돕는다.</td></tr>
<tr><th colspan="2">다문화 관련 요소</th><td colspan="5">문화, 협력, 편견, 정체성, 평등, 다양성</td></tr>
<tr><th colspan="2">날짜
활동</th><th>월</th><th>화</th><th>수</th><th>목</th><th>금</th></tr>
<tr><th rowspan="7">실내놀이</th><th>쌓기 영역</th><td colspan="4">• 결혼식장 만들기</td><td rowspan="19">부모 초청 날</td></tr>
<tr><th>역할 영역</th><td colspan="4">• 필리핀전통결혼식</td></tr>
<tr><th>언어 영역</th><td colspan="4">• 우리 가족책
(그림책) • 할머니의 조각보 • 모든 가족은 특별해요 • 페페</td></tr>
<tr><th>수 · 조작 영역</th><td colspan="4">• 이만익의 ‘가족도’ 퍼즐</td></tr>
<tr><th>조형 영역</th><td colspan="4">• 우리 가족 책표지 만들기
• 조각보 만들기</td></tr>
<tr><th>과학 영역</th><td></td><td></td><td></td><td>• 우리가족 생일 초 꽂기</td></tr>
<tr><th>음률 영역</th><td colspan="4">• 우리 가족 음악 테이프</td></tr>
<tr><th rowspan="10">대·소집단활동</th><th>이야기 나누기</th><td>가족 만들기에 대한 이야기 나누기</td><td>「우리가족」 책 소개</td><td>가족 초대 계획하기</td><td>나무도 알고 있어요</td></tr>
<tr><th>동화</th><td>그림책 「할머니 조각보」 감상하기</td><td></td><td>그림책 「페페」 감상</td><td></td></tr>
<tr><th>새 노래</th><td></td><td></td><td></td><td>우리가족 (새노래)</td></tr>
<tr><th>게임</th><td></td><td></td><td></td><td></td></tr>
<tr><th>과학•요리</th><td></td><td>할아버지 걸음, 아빠 걸음, 내 걸음</td><td></td><td></td></tr>
<tr><th>신체표현</th><td></td><td>필리핀 전통음악 듣고 신체로 표현하기</td><td></td><td></td></tr>
<tr><th>동극</th><td></td><td></td><td></td><td></td></tr>
<tr><th>조형</th><td></td><td></td><td>가족등 만들기</td><td>초대장 만들기</td></tr>
<tr><th>실외활동</th><td></td><td></td><td></td><td></td></tr>
<tr><th colspan="2">간식</th><td>샌드위치와 두유</td><td>주먹밥과 보리차</td><td>팥죽</td><td>인절미와 우유</td></tr>
<tr><th colspan="2">기본생활습관</th><td colspan="4"></td></tr>
</table>

출처: 김정원, 남규, 이정아(2012).

(9) 가족과 관련된 그림책

<table>
<tr><td rowspan="4"></td><td>책 제목</td><td>우리엄빠</td></tr>
<tr><td>지은이</td><td>임희옥</td></tr>
<tr><td>출판사</td><td>아이코리아</td></tr>
<tr><td>출판년도</td><td>2008</td></tr>
<tr><td>줄거리</td><td colspan="2">주인공은 어떤 이유인지는 잘 알 수 없지만 아빠와 단둘이 살고 있습니다. 아빠는 다른 친구들의 엄마처럼 바느질도 해 주고 반찬도 만들어 주고 열심히 집안일을 하고 어린이집에 데려다 주고 회사에 갑니다. 최선을 다해 엄마의 역할까지 해내는 아빠를 '엄빠'라고 부릅니다.</td></tr>
<tr><td>선정 이유</td><td colspan="2">아빠가 엄마의 역할까지 다하는 모습과 아빠가 자녀를 사랑하는 모습을 통해 한부모 가족도 다른 가족과 똑같이 서로 사랑하는 가족이라는 것을 알고 한부모 가족의 올바른 이해를 통해 영유아들이 한부모라는 이유로 친구를 마음 아프게 하지 않도록 하는 동화책입니다.
또한 다문화사회에 살아갈 영유아들을 위해 가정의 소중함과 모두가 함께 살아가는 공동체 의식을 가질 수 있도록 도와줍니다.</td></tr>
<tr><td rowspan="4"></td><td>책제목</td><td>엄마의 의자</td></tr>
<tr><td>지은이</td><td>베라 B. 윌리암스, 옮긴이: 최순희</td></tr>
<tr><td>출판사</td><td>시공주니어</td></tr>
<tr><td>출판년도</td><td>2000</td></tr>
<tr><td>줄거리</td><td colspan="2">학교수업이 끝나면 엄마를 도와 식당 일을 하는 딸은 돈을 받으면 절반을 유리병에 넣습니다. 엄마도, 할머니도 동전이 생기면 모두 그 유리병에 넣습니다. 엄마가 일을 끝내고 돌아와 쉴 의자를 사기 위해서입니다. 일 년 전에 살던 집에 불이 나서 가구가 타 버리자, 이웃 사람들이 살림살이를 갖다 주었지만, 아직 의자는 마련하지 못했기 때문입니다. 그때부터 모으기 시작한 동전은 어느새 커다란 병을 채우게 되었고, 딸과 어머니와 할머니는 가구점에 들러 세상에서 가장 편안한 꽃무늬 의자를 사게 되는 내용의 책입니다.</td></tr>
<tr><td>선정 이유</td><td colspan="2">한부모 가족을 소재로 한 책으로 한부모 가족도 다른 가족들과 마찬가지로 서로 위하고 사랑한다는 것을 느낄 수 있게 해 주는 책입니다. 이웃이 서로 작은 것을 나누는 모습을 통해 이웃을 사랑하는 마음을 배우게 하는 책입니다.</td></tr>
</table>

출처: 김정원, 남규, 이정아(2012).

2) 놀이중심 보육활동의 실제

영유아보육에서 놀이중심 철학을 바탕으로 새롭게 이해될 필요가 있다. '다문화가정'이라는 소수민족에 대한 오해를 가져올 수 있다. 다문화가정에 대한 비다문화가정을 돕기보다는 문화다양성 교육, 문화적 감수성, 인권감수성 교육 등으로 다 함께 미래를 함께 설계 할 수 있는 구성원들의 협력을 강조하는 것이 중요하다.

놀이중심 보육활동은 다른 챕터에서 구체적으로 다루어졌으므로 여기에서는 다문화 주제를 활용한 보육활동 프로젝트에 대해 설명하고자 한다.

놀이중심으로 다문화교육을 전개해 나가기 위해 1단계에서는 2019개정누리과정과 표준보육과정의 핵심을 이해하여야 한다. 다문화교육을 실행하기에 앞서 국가수준의 교육과정을 이해한다. 개정된 누리과정은 영유아기에 있는 '아이들의 삶은 놀이이며, 아이들은 놀이를 통해 스스로 배우고 성장한다'라는 철학과 아이상을 바탕으로 한다. 2019개정누리과정과 4차표준보육과정의 핵심인 영유아중심·놀이중심에 대한 개념이해가 우선되면 다문화교육을 일회성 수업이나 행사 형태가 아닌 일상 속에서 개별 영유아의 고유성과 교실의 다문화성을 발견하고 이를 인정하고 존중하는 형태로 영유아 다문화교육을 이해할 수 있다(교육부, 보건복지부 2019).

2단계에서는 나의 다문화 관련 개념과 인식 점검하기로 다문화 관련 개념에 대한 나의 생각과 인식을 점검해 본다. '다문화교육'에 대한 이미지를 떠올려 보고 브레인스토밍을 통해 생각들을 써 볼 수 있도록 한다. 3단계에서는 영유아 다문화교육에 대한 최근 철학과 접근방식을 이해하도록 한다. 문화 다양성, 인권 감수성, 다문화 감수성, 세계시민교육, 존재론적 관점에 따라 영유아교사는 교실에서 문화지도를 제작하는 사람이다.

영유아들의 놀이와 일상 속에 다문화성이 녹아 있기 때문에 다양성이 공존하는 교실이 문화적 다양성과 인권 감수성을 배울 수 있는 최고의 환경이 된다.

마지막으로 4단계에서 보육교사는 영유아들이 가정으로부터 가지고 오는 문화성을 알아채고 다른 영유아들과 문화성을 서로 나눌 수 있도록 세심하게 지켜보는 문화전도사의 역할을 하는 사람이다. 보육교사는 영유아들의 다문화성이 교실에서 작동되는 방식을 변화시키는 사람으로, 교실에서 영유아들이 문화적으로 균형 잡힌 결정을 하도록 도우며 영유아들과 다양한 경험들을 공유할 수 있다. 문화적 민감성(cultural sensitivity), 인권 감수성, 다문화적 경험 정도에 따라 보육교사의 다문화적 역량이 결정되는데, 교사는 다문화성을 차단시키기도 하고, 이를 품을 수도 있다. 각국의 인사말을 가르치거나 음식의 유사성과 차이점 등 피상적 문화에 초점을 맞춘 특정 형태의 다문화교육 수업을 준비하기보다는 일상 속에서 영유아들의 놀이와 생활을 지켜보면서 문화전도사가 되어 다문화성이 풍부한 교실을 만드는 것만으로도 충분할 수 있다(http://cafe.naver.com/primehanshin/4195). 연령별 놀이중심 보육활동의 실제는 다음과 같다.

(1) 유아 놀이중심 보육활동의 실제(만 3세)

① 월간 보육계획안

주제	환경과 생활 – 녹색성장
대 상	만 3세 ㅇㅇ반
활동 예상 시기	20ㅇㅇ년 ㅇ월 ㅇㅇ일 ~ ㅇ월 ㅇㅇ일(총 5주간)

▣ 주제 관련 활동에 들어가기 전 '주제선정 이유'

주변 환경을 탐색하고 적응해 가는 과정은 사회생활에 필요한 기초적인 지식을 형성하는 데 매우 중요합니다. 또한 생활환경을 쾌적하게 만들고 소중하게 보전하는 태도를 길러 줄 필요가 있습니다. 유아는 물, 돌 · 흙, 바람 · 공기 등이 자연 그대로 어우러진 지구의 녹색공간 속에서 놀이하며 자신의 창의적 사고에 영감을 얻곤 합니다. 지구를 구성하는 다양한 종류의 물체와 물질이 우리 생활과 밀접한 관련을 맺으며 실생활 속에서 유용하게 활용된다는 것을 알고 지구에서 얻는 자원의 소중함을 알고 특히 에너지 절약의 필요성을 깨닫을 수 있는 시간이 되기를 기대합니다. 이렇듯 다양한 놀이과 활동을 통해 녹생성장이라는 주제를 다루 동안 유아는 환경을 소중히 하는 마음을 갖고 생활 속에서 환경보전을 실천함으로써 지구를 위해 우리가 할 수 있는 일들을 알고 앞으로도 지속적으로 지구의 환경문제에 관심을 가지는 올바른 세계시민의 자세를 기르고자 합니다.

▣ 1단계 – 교사가 예상하는 프로젝트의 과정

• 교육목표

1. 오감으로 돌 · 흙을 탐색하며 특성을 알고 이용하는 방법을 안다.
2. 물을 이용한 다양한 활동을 통해 생활 속의 물의 쓰임을 알고 물 보호에 관심을 갖는다.
3. 우리가 살아가는 데 공기가 필요함을 알고, 맑은 공기의 소중함에 관심을 가진다.
4. 녹색성장의 의미와 필요성을 이해하며 실천하도록 노력한다.
5. 환경과 생명의 소중함과 사랑하는 마음을 느낀다.

• '환경과 생활'에 관한 핵심 질문이에요.

⇒ 질문을 통해 무엇을 이해하게 될까?
돌과 흙은 어떤 종류가 있을까? ⇒ 돌과 흙은 진흙, 모래, 자갈, 마사토, 황토 등 여러 종류가 있다.
물은 어디에서 올까? ⇒ 물은 비, 구름, 바다 등 다양한 형태로 나타나며 순환한다.
공기는 왜 필요할까? ⇒ 공기는 우리가 숨을 쉬기 위해 꼭 필요하기 때문에 맑은 공기를 보존해야 한다.
녹색성장이란 무엇일까? ⇒ 녹색성장이란 경제와 환경이 조화를 이루는 성장을 의미한다.

• 활동 결과로 얻을 수 있는 주요개념은 무엇일까?

유아들은 이런 개념을 알게 될 것으로 예상합니다.
– 물은 우리 생활에 꼭 필요하며 우리 생활에 사용되기까지 과정이 있다.
– 돌과 흙은 우리 생활에서 여러 가지 용도로 사용되며 많은 이로움을 준다.
– 바람은 에너지를 만들 수 있고 우리 생활에 다양하게 활용되고 있다.
– 유아들은 이런 활동을 실천할 것으로 예상합니다.
– 물을 아껴 쓰는 방법을 알고 실천한다.
– 다양한 폐품을 이용해 재활용 작품을 만든다.
– 음식물 쓰레기를 줄이기 위해 골고루 먹는다.

• 교사가 예상하는 '환경과 생활–녹색성장' 주제망

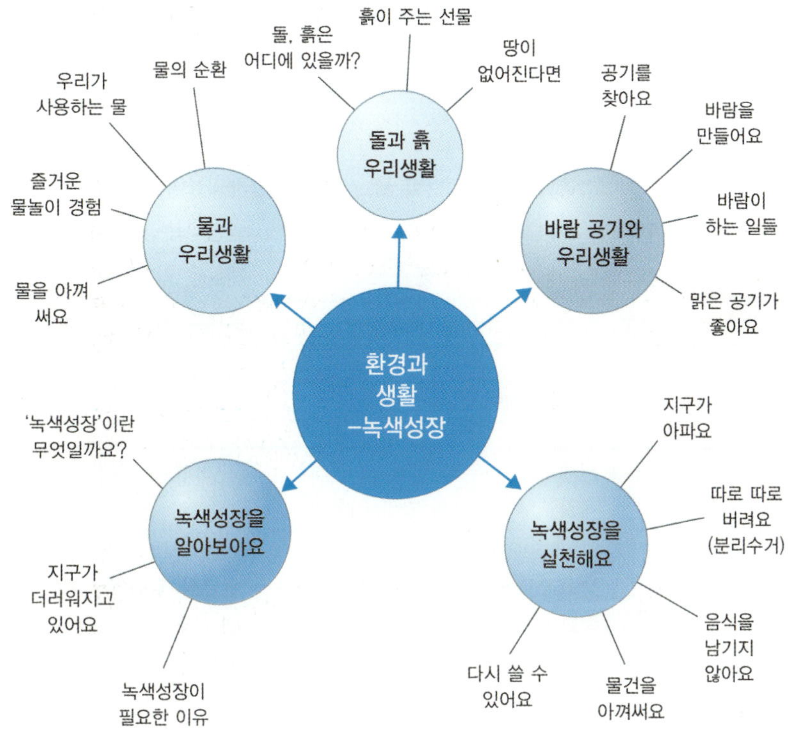

※ 교사에 의해 예상된 마인드맵으로 유아들과 교실의 흥미와 상황에 따라 변경될 수 있습니다.

• '환경과 생활–녹생성장'과 관련하여 가정에서 유아들과 함께 하실 일

아이와 함께 해 주세요!	– 물, 돌과 흙, 바람과 공기 등 관련된 책을 읽어 주세요. – 자원의 소중함과 집에서 지킬 수 있는 에너지 절약법에 대해 생각해 보아요. – 집에서 지킬 수 있는 녹색성장은 어떤 것이 있는지 이야기 나누신 뒤, 세 가지 약속을 정하여 지켜 보세요.
자원목록	* 그림책 – 물은 왜 필요해?(큰북작은북) – 물을 싫어하는 아주 별난 꼬마 악어(사파리) – 물방울의 모험(담푸스) – 지렁이다(사파리) – 흙이 궁금해(여원미디어) – 흙이 최고야(명꼬) – 해님과 바람(랭기지플러스) – 풍선 부는 요술쟁이(한국톨스토이) – 바람이 불었어(시공주니어) – 탁한 공기 이제 그만(노란돼지) – 재활용이 좋아요(키즈엠) – 야, 우리 기차에서 내려(비룡소)
자원협조	– 위의 자원목록을 참고하여 주제와 관련된 자료가 있으시면 유아의 이름을 기입하시어 어린이집으로 보내 주세요. – 보내 주신 자료는 수업 시간에 유아가 발표하는 시간을 갖게 되며 친구들과 함께 감상/놀이한 후 주제가 끝나면 가정으로 보내 드려요.

▣ 2단계 - '환경과 생활-녹생성장'을 중심으로 예상되는 놀이와 활동

놀이 지원	"우리는 환경 지킴이"	
신체운동 · 건강 영역	우유팩을 쌓아요	따로 따로 버려요!
의사소통 영역	녹색성장 실천방법 책	재활용이 좋아요
사회관계 영역	환경 지킴이 놀이	함께 사는 동식물
예술경험 영역	재활용 작품 만들기	재활용 악기 연주
자연탐구 영역	음식물 남긴 양 측정하기	로제트 뒤집기 게임

• 누리과정 5개 영역을 중심으로 한 예상 활동

신체운동 · 건강 영역	신체표현 – 우리 집에 왜 왔니? 게임 – 나처럼 해 봐라 이렇게	가족 흉내 내어 보기
의사소통 영역	나는 어떻게 태어났을까? 우리 가족을 소개해요 동화 – 우리 집의 특별한 날 동시 – 우리 집	나의 몸이 하는 일 효도란 무엇일까요? 넌 우리의 소중한 보물이란다 효도
사회관계 영역	5월의 특별한 날 가족 간의 지켜야 할 예절	내가 가장 잘하는 것은? 효도를 실천했어요
예술경험 영역	미술 – 누구의 어릴 적 모습일까요? 새노래 – 혼자서도 잘해요	우리 아빠 나의 손으로
자연탐구 영역	텃밭 둘러보기	가족 발자국 찍기

▣ 3단계 - '환경과 생활-녹생성장' 프로젝트 마무리 활동

• 수행과제: 나는야 환경 지킴이 - 우유갑 재활용에 우리 모두 동참해요!

– 한 달 동안 어린이집의 모든 유아들이 우유갑을 재활용하는 데 동참한다.
  모아진 재활용 우유갑은 지역의 주민센터에서 휴지로 교환하는 경험을 한다.
  교환해 온 휴지를 모든 다른 반에 전달하면서 녹색성장을 위한 결심을 함께 나눈다.
=〉 녹색성장을 위한 활동에 직접 참여하고 지역사회 및 다른 반 친구들과도 지구를 지키는 뜻을 함께 나누며 올바른 세계시민으로 성장하는 밑거름을 키운다.

▣ 4단계 - '환경과 생활' 프로젝트 과정에 대한 유아의 자기 평가

– 내가 할 수 있는 녹색성장을 실천해 보아요.

② 주간 보육계획안

<table>
<tr><th colspan="7">주간 보육계획안</th></tr>
<tr><td colspan="2" rowspan="2">기간
및
주요 일정</td><td>5. 31. (월)</td><td>6. 01. (화)</td><td>6. 02. (수)</td><td>6. 03. (목)</td><td>6. 04. (금)</td></tr>
<tr><td></td><td></td><td></td><td></td><td></td></tr>
<tr><td colspan="2">소주제</td><td colspan="5">돌 · 흙과 우리의 지구</td></tr>
<tr><td colspan="2">교육목표</td><td colspan="5">오감으로 돌 · 흙을 탐색하며 특성을 알고 이용하는 방법을 안다.</td></tr>
<tr><td colspan="2">기본생활습관</td><td colspan="5">예절 – 국기에 대한 예절을 알아요</td></tr>
<tr><td colspan="2">안전교육</td><td colspan="5">생활안전 – 실외놀이터를 안전하게 이용해요</td></tr>
<tr><td colspan="2">인성나무</td><td colspan="5">효도 프로젝트 – 부모님께 효도를 실천해요!</td></tr>
<tr><td rowspan="5">놀이</td><td>의사소통</td><td colspan="2">녹색성장 실천방법 책</td><td colspan="3">재활용이 좋아요</td></tr>
<tr><td>사회관계</td><td colspan="2">환경 지킴이 놀이</td><td colspan="3">함께 사는 동식물</td></tr>
<tr><td>신체운동 · 건강</td><td colspan="2">우유팩을 쌓아요</td><td colspan="3">따로 따로 버려요!</td></tr>
<tr><td>예술경험</td><td colspan="2">재활용 작품 만들기</td><td colspan="3">재활용 악기 연주</td></tr>
<tr><td>자연탐구</td><td colspan="2">음식물 남긴 양 측정하기</td><td colspan="3">로제트 뒤집기 게임</td></tr>
<tr><td rowspan="5">활동</td><td>의사소통</td><td colspan="5">• 돌 · 흙은 어디에 있을까?/흙이 주는 선물/흙으로 놀아요
• 동시 – 안마해 드려요
• 동화 – 알쏭 달쏭 흙 이야기
• 이야기 할머니 – 냄새값 소리값</td></tr>
<tr><td>사회관계</td><td colspan="5">• 인성 – 다 함께 지내는 공간을 청결하게 가꿔요
• 땅이 없어진다면?</td></tr>
<tr><td>신체운동 · 건강</td><td colspan="5">• 게임 – 로제트 뒤집기 게임
• 자전거</td></tr>
<tr><td>예술경험</td><td colspan="5">• 예술 · 융합 교육 어울림 – 돌멩이
• 미술 – 색 모래로 이름 만들기
• 새노래 – 바윗돌 깨뜨려</td></tr>
<tr><td>자연탐구</td><td colspan="5">• 우리 어린이집의 돌과 흙을 찾아봐요</td></tr>
</table>

※ 교사는 유아들의 특성과 유치원 및 지역사회의 실정을 고려하여 적합한 놀이와 활동을 교육과정 구성계획에 따라 융통성 있게 운영합니다.

※ 어린이집 외부활동 계획의 경우 실외 미세먼지 · 황사 수치와 기상 조건에 따라 취소 또는 변경될 수 있습니다.

③ 놀이관찰

6월	환경과 생활 – 녹생성장
대　　상	만 3세 ㅇㅇ반
활동 예상 시기	ㅇㅇㅇㅇ년 ㅇㅇ월 ㅇㅇ일 ~ ㅇㅇ월 ㅇㅇ일(총 5주간)

"집게가 큰 게 수컷이에요!"
"사슴벌레 지금 잠자고 있어요?"

ㅇㅇ반에 새로운 친구가 찾아왔어요~ 바로 '왕 사슴벌레'랍니다! 왕 사슴벌레는 무엇을 먹는지 암컷과 수컷은 어떻게 다른지 등등 이야기나누기 시간에 알아보았어요. "사슴벌레 이름을 지어 주자!"라는 말에 여러 가지 이름이 있었지만 수컷은 '콩콩이', 암컷은 '사랑이'라고 지었답니다. 미술영역에서 직접 이름에 색칠도 해 주고 놀이하다가도 "선생님, 지금 콩콩이 자고 있어요?", "사랑이 보고 싶어요."라고 이야기하며 보러 온답니다.

"선생님! 개미집을 만들 거에요!"
"여기 물웅덩이가 있어요" "하늘에서 비가 왔었나 봐"

환경과 주제를 하며 직접 흙과 물을 가지고 놀이할 수 있는 바깥놀이 시간을 많이 가졌었답니다. 분필로 땅과 돌멩이에 그림도 그려 보고 삽으로 흙 놀이도 해 보았어요. 땅속 생물들을 배운 다음에는 "선생님 여기는 개미집이고 여기는 땅강아지 집이에요!"라고 하며 여러 생물들의 집도 만들어 주었답니다. 물웅덩이를 만들어 물장구 놀이와 비눗방울을 이용해 바람을 느껴 보기도 했어요. 다양한 바깥놀이들로 즐거운 환경과 생활 놀이시간을 가졌답니다.

사사사삭! 땅속으로 들어가 봐!

땅속에는 누가 살고 있을까요? 땅속에는 개미, 땅강아지, 지렁이, 매미 애벌레, 두더지 등 여러 생물이 살고 있어요! 동화 '사사사삭 땅 속으로 들어가 봐'를 감상한 후 땅속에 사는 친구들을 크레파스로 그려 보았답니다. 바깥놀이를 중에도 "선생님 여기 공벌레가 있어요!"라고 알려 주는 땅속 척척박사가 되었답니다.

우리 주변에는
다양한 물이 있어요

내가 보고 경험한 물을 이야기 나누고 그림으로 표현했어요. 바닷가, 수영장, 호수, 비 등 여러 가지를 그림으로 그려 보았어요. 그린 그림은 모빌로 달아 주니 "비가 오고 있다!" "물방울이

떨어지고 있어요!"라며 즐거워하였답니다.

분리수거를 해요

사람들이 버리는 쓰레기들로 지구가 아파지고 있어요. 쓰레기를 버릴 때는 분리수거를 해야 되요. 쓰레기에 있는 분리수거 마크를 관찰해 보고 게임을 통해 직접 분리수거를 해 보았어요. 이제는 쓰레기를 버리기 전에 한 번 더 생각하고 버릴 수 있는 환경지킴이 어린이가 되었답니다.

(2) 유아 놀이중심 보육활동의 실제(만 4세)

① 월간 보육계획안

• 교사가 예상하는 유치원과 친구 마인드맵

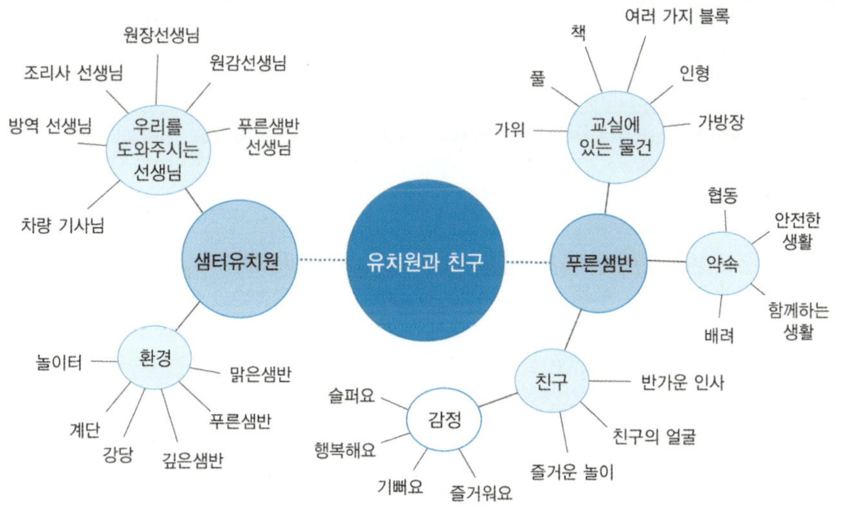

※ 교사에 의해 예상된 마인드맵으로 유아들과 교실의 흥미와 상황에 따라 변경될 수 있습니다.

• 어린이집과 친구와 관련한 가정 연계

아이와 함께 해 주세요!	• 우리 원 이름, 우리 반 이름, 선생님 성함, 친구들 이름을 기억할 수 있도록 이야기를 나눠 주시고, 도와주세요. • 친구들과 함께 할 수 있는 활동에는 무엇이 있을까요? 아이와 함께 이야기 나눠 주세요. • 친구와 나의 마음이 다름을 인정할 수 있도록 구체적으로 설명해 주세요. • 친구들과 생활하며 느끼는 감정들에는 어떤 것들이 있을까요? 여러 가지 감정들에 대해 존중할 수 있도록 이야기 나눠 주세요.

	• 새 학기 어린이집생활에 긍정적인 마음을 가질 수 있도록 영유아의 어린이집생활과 친구관계에 대해 자주 이야기 나눠 주세요.
자원목록	• 실물자원 - 어린이집 관련 동화, 감정 관련 동화, 유치원 또는 집 모형, 손 인형, 막대인형, 다양한 표정 그림 또는 사진 등 • 도서 - 우리는 친구(앤서니브라운/웅진주니어) - 내 친구의 좋은 점(하루/도깨비달밤) - 모두 함께 신나는 생일파티(홀리 서플리스/언어세상) - 친구를 사귀는 아주 특별한 방법(노튼 저스터/책과 콩나무) - 퉁명스러운 무당벌레(에릭 칼/더큰) - 내 생일 선물은(박정선/웅진) - 여우와 두루미(이솝/파랑새) - 무지개 물고기(마르쿠스 피스터/시공주니어) • 이 외에도 어린이집과 친구에 관한 다양한 자료들이 있으면 보내 주세요.
자원협조	• 위의 자원목록을 참고하여 주제와 관련된 자료가 있으시면 유아의 이름을 기입하시어 어린이집으로 보내 주세요. • 보내 주신 자료는 친구들과 함께 감상한 후 주제가 끝나면 가정으로 다시 보내드리겠습니다.

▣ 2단계 - 어린이집과 친구 프로젝트 과정을 위해 제공되는 구성되는 놀이와 활동

• 누리과정 5개 영역을 중심으로 한 예상 놀이

신체운동 건강 영역	여러 가지 블록 놀잇감을 탐색해요 블록으로 키 측정해 보기 우리들의 놀이터 블록으로 이름 만들기	우리 어린이집 구성하기 협동 징검다리 우리 집에 놀러와
의사소통 영역	우리 반 선생님과 친구들 이름을 알아보아요 친구 이름 따라 쓰기 감정 역할극	 우리 반 글자를 찾아요 푸른샘반의 약속
사회관계 영역	담임 선생님이 되어 보아요 친구를 집에 초대해요 상황에 어울리는 표정	등하원 인사놀이 생일잔치가 열렸어요 친구들과 요리교실
예술경험 영역	여러 가지 악기를 탐색해요 당신은 누구십니까? 친구와 박수 연주 내가 좋아하는 것들	이름 꾸미기 교실에서 찾을 수 있는 소리 선생님과 친구들에게 노래를 선물해요
자연탐구 영역	내 손과 친구 손의 크기 돋보기 속 우리 반 우리 반 블록의 무게 비교하기	친구의 손바닥 관찰하기 거울 속 나와 친구의 표정

• 누리과정 5개 영역을 중심으로 한 예상 활동

영역	활동	
신체운동 건강 영역	친구와 풍선 옮기기 훌라후프 기차놀이 몸으로 모양을 만들어요 약속 도장을 꾹! 친구와 박수놀이	
의사소통 영역	우리 반 선생님 알아보기 나를 소개해요 친구의 생일을 축하해요 우리 반에서 지켜야 할 약속 친구와 사이좋게 지내는 방법 다양한 감정을 느껴요 감정을 존중하는 방법 약속을 지키지 않으면? 동화 - 우리는 친구, 내 생일 선물은, 여우와 두루미 우리 같이 놀래?, 무지개 물고기, 너의 마음 나의 마음 동시 - 만나서 반가워, 멋진 우리 선생님, 함께 놀이하자 친구야, 여러 가지 마음, 어린이집에 가면 나는 좋아요	선생님에게 전하고 싶은 나의 마음 우리 반의 하루일과 친구의 표정 속에 담긴 마음 우리 어린이집 수수께끼 안전하게 놀이해요 상황에 따른 감정 함께 할 수 있는 놀이
사회관계 영역	반갑게 인사해요 우리는 함께 생활해요 친구와 나의 마음이 달라요	우리 반 도우미 친구 감정을 표현하는 방법 달콤 책방
예술경험 영역	유치원과 친구 이전 경험 그리기 우리 반 약속판 만들기 하루일과표 만들기 새노래 - 뭐가, 당신은 누구십니까, 어린이집에 갑니다, 친구야 나는 너를 사랑해, 다섯 글자 예쁜 말, '넌 할 수 있어'라고 말해 주세요	내 얼굴 그리기 다양한 감정을 표현해요 푸른샘반 사전 만들기
자연탐구 영역	어린이집의 다양한 장소 둘러보기 친구와 손잡고 산책하기 친구얼굴과 내얼굴 비교하기	우리 반 탐색하기 요리 - 무지개 물고기

▣ 3단계 - 어린이집과 친구 프로젝트 마무리 활동

• 수행과제: "푸른샘반 사전 만들기" 활동을 기획한다.

– 알록달록한 색지들로 책을 만들고 표지를 꾸민다.
– 우리 반 친구들의 얼굴 사진, 이름카드와 좋아하는 그림을 붙인다.
– 완성한 사전을 반에 게시하고 자유롭게 읽어 보며 소속감과 친밀감을 갖는다.

▣ 4단계 - 어린이집과 친구 프로젝트 과정에 대한 유아의 자기 평가

– '유치원과 친구' 1차 마인드맵 작성
– '유치원과 친구' 2차 마인드맵 작성

② 주간 보육계획안

<table>
<tr><th colspan="6">주간 보육계획안</th></tr>
<tr><td colspan="2" rowspan="2">기간
및
주요 일정</td><td>3. 2. (화)</td><td>3. 3. (수)</td><td>3. 4. (목)</td><td>3. 5. (금)</td></tr>
<tr><td>입학식</td><td></td><td></td><td></td></tr>
<tr><td colspan="2">소주제</td><td colspan="4">만나서 반가워요</td></tr>
<tr><td colspan="2">교육목표</td><td colspan="4">1. 선생님, 친구들과 함께 반갑게 인사를 나누며 소속감과 친밀감을 느낀다.</td></tr>
<tr><td colspan="2">기본생활습관</td><td colspan="4">예절 – 국기에 대한 예절을 알아요</td></tr>
<tr><td colspan="2">안전교육</td><td colspan="4">생활안전 – 교실에서 안전하게 활동해요</td></tr>
<tr><td colspan="2">인성나무</td><td colspan="4">인사프로젝트 – 예의 바른 샘터 어린이들이 되어 보아요!</td></tr>
<tr><td rowspan="5">놀이</td><td>의사소통</td><td colspan="4">우리 반 선생님과 친구들 이름을 알아보아요</td></tr>
<tr><td>사회관계</td><td colspan="4">담임 선생님이 되어 보아요</td></tr>
<tr><td>신체운동 · 건강</td><td colspan="4">여러 가지 블록 놀잇감을 탐색해요, 우리 어린이집 구성하기</td></tr>
<tr><td>예술경험</td><td colspan="4">자유 그림 그리기, 여러 가지 악기를 탐색해요</td></tr>
<tr><td>자연탐구</td><td colspan="4">돋보기 속 우리 반</td></tr>
<tr><td rowspan="5">프로젝트</td><td>의사소통</td><td colspan="4">• 우리 반 선생님 알아보기/나를 소개해요/'어린이집과 친구' 생각 모으기/유목화 활동/주제망 구성하기/1차 마인드 맵/질문목록 구성하기
• 동화 – 우리는 친구
• 동시 – 만나서 반가워</td></tr>
<tr><td>사회관계</td><td colspan="4">• 달콤책방 – 이건 그림책이 아니야(동화 감상)
• 반갑게 인사해요</td></tr>
<tr><td>신체운동 · 건강</td><td colspan="4">• 게임 – 친구와 풍선 옮기기</td></tr>
<tr><td>예술경험</td><td colspan="4">• 새노래 – 원가, 당신은 누구십니까
• 미술 – '어린이집과 친구' 이전 경험 그리기</td></tr>
<tr><td>자연탐구</td><td colspan="4">• 어린이집의 다양한 장소 둘러보기</td></tr>
</table>

※ 교사는 유아들의 특성과 어린이집 및 지역사회의 실정을 고려하여 적합한 놀이와 활동을 교육과정 구성계획에 따라 융통성 있게 운영합니다.

※ 어린이집 외부활동 계획의 경우 실외 미세먼지 · 황사 수치와 기상 조건에 따라 취소 또는 변경될 수 있습니다.

③ 놀이관찰

"선생님 안녕하세요, 그런데 누구세요?"
"안녕? 내 이름은 ○○○이야.
네 이름은 뭐야? 나랑 같이 놀래?"

"○○반 친구들~ ○○반에 온 걸 환영해요~!"
교사의 반가운 인사와 함께 여섯 살 교실에 처음으로 등원한 유아들은 가장 먼저 새로운 선생님에게 큰 호기심을 보였습니다. "선생님은 누구세요? 왜 ○○반에 있어요? 이제부터 선생님이 우리 선생님인 거예요?"라고 질문하며 선생님에 대해 궁금해하고 알아보는 시간을 가지기도 했습니다.
또한 어떤 친구가 ○○반에 등원했는지 확인해 보며 "안녕 친구야? 우리 ○○반에서 또 만났네!", "어라! 새로운 친구도 있어요!"라며 새로운 친구에 대해 관심을 보였습니다. 유아들은 서로의 이름을 물어보고 자신을 소개하며 자연스럽게 친근함을 느낄 수 있는 분위기가 조성되었습니다. 유아들끼리 "우리 놀이할 때 이름을 모르면 '야'라고 하지 말고 이름을 물어보자"라고 이야기하고 약속하는 시간을 가지니, 놀이 중간중간에도 이름을 기억하고 불러 주기 위해 "안녕? 너는 이름이 뭐야?" 하는 질문들이 가득한 모습이었답니다.

"우와~ 여섯 살이 되니까
교실이 엄청 커졌어! "
"우리 키가 더 많이 커졌기 때문이지!"

한 유아가 교사에게 "선생님, 다섯 살 때랑 여섯 살 때랑 가장 다른 점이 뭔지 아세요?" 하고 물었습니다. 교사가 무엇인지 묻자 "바로 우리 반이 엄청 커진 거예요!" 하고 이야기했습니다. 그러자 많은 아이들이 "맞아 맞아, 그래서 더 많이 놀 수 있어!" "창문도 엄청 커졌잖아~" "맞아 왜냐하면 우리 키가 더 커졌기 때문이지."라고 이야기하며 맞장구치기도 했습니다. 이렇게 유아들은 새로운 교실을 탐색하고 새로운 놀잇감들을 탐색하고 흥미를 가지며 우리 반에 대한 소속감과 친밀감을 느낄 수 있었습니다.

"여긴 우리 집이야. 우리 집에 놀러올래?"
"오늘은 생일잔치를 열자. 왜냐하면,
바로 ○○○와 ○○○의 생일이니까!"

교실과 친구에 대해 충분한 탐색 시간을 가진 유아들은 본격적으로 친구와 상호작용하고 함께 놀이하는 시간을 가졌습니다. 유아들은 여러 가지 블록을 이용하여 공간을 만들어 우리 집을 구성하고, 친구를 초대하여 "여긴 우리 집이야. 우리 집에는 이렇게 재밌는 장난감도 있어" 이야기하며 놀이했습니다. 또한 친구들의 생일을 알아본 이후에는 미니테이블과 음식모형을 이용하여 생일잔치를 열고 이 달의 생일을 맞은 친구에게 생일 축하 노래를 불러 주기도 하며 친근감을 쌓아 보았습니다.

"OO어린이집은 장난감도 많고
친구들도 많은 행복한 곳이야!"
"OO어린이집을 사랑하니까
하트까지 크게 그렸어요"

어린이집과 친구 프로젝트를 진행하며 가장 먼저 '내가 생각하는 ㅇㅇ어린이집'에 대해 이야기 나누었습니다. 유아들은 "ㅇㅇ어린이집은 엄청 재밌는 곳이야. 커다란 놀이터가 있잖아" "그리고 영어 활동도 하고!" "또 즐거운 노래도 배우고 체육도 배우고."라며 제각각 어린이집을 좋아하는 이유와 내가 생각하는 어린이집에 대해 이야기 나눌 수 있었습니다. 유아들은 제각각 자신이 생각하는 ㅇㅇ어린이집을 그림으로 그려 발표하는 시간도 가져 보았습니다.

"나는 원장선생님 방에 있는 침대와
쉬는 공간이 왜 있는지 궁금해."
"나는 유치원에서 친구들하고 했던
고양이 놀이가 너무 재밌어서 아직도 생각나."

유아들과 '어린이집과 친구'에 대해 생각을 나누는 시간을 가졌습니다. 유아들과 '어린이집과 친구'하면 떠오르는 단어들을 이야기 나누고 각각 한 가지 단어를 골라 나의 생각구름에 적어 보는 시간을 가졌습니다. 유아들은 서로가 적은 글씨를 보고 "너는 뭐가 생각났어? 왜 기차놀이가 생각났어?" 하고 이야기를 나누기도 했습니다. 또한 유아들이 유치원과 친구에 대해 궁금한 부분을 이야기 나누고 질문목록으로 기록해 두어, 프로젝트를 진행하면서 하나씩 궁금증을 풀어나가기도 했습니다.

"나는 오늘 유치원 올 때 꽃이 핀 걸 봐서 기분이 최고 좋았어!"
"빨간색은 꼭 화가 난 얼굴 같아.
화가 나면 우리도 얼굴이 빨개지잖아."

유아들이 서로를 인정하고 존중하는 교실 문화를 만들기 위해 여러 가지 감정과 친구와 나의 마음에 대해 알아보는 시간을 가졌습니다. 유아들은 "나도 지난번에 나와 친구와 서로 마음이 달라서 속상했던 적이 있었는데." "그건 속상해하지 말고 친구를 이해해 줘야해." "그래, 나도 이제 친구를 이해할 수 있어."라고 이야기 나누었고, 그 이후로 유아들의 놀이 모습에서 서로를 존중하는 모습들이 관찰되었습니다. 또한 감정스티커 붙이기 활동을 진행하며 상황에 따른 감정을 느껴 보는 시간을 가지고 알록달록 감정 모빌을 만들어 미술영역에 게시하기도 했습니다. 이렇게 유아들은 '어린이집과 친구' 프로젝트를 통해 어린이집에 대한 애정을 느끼고 친구에 대한 깊은 사랑과 이해심을 기를 수 있었습니다.

(3) 유아놀이중심 보육활동의 실제(만 5세)

① 월간 보육계획안

프로젝트 주제	그림책『종이 봉지 공주』를 활용한 다문화 존중 "반편견" 프로젝트
대 상	만 5세 ○○반
활동 예상 시기	○○○○년 ○○월 ○○일 ~ ○○월 ○○일(총 4주간)

▣ 반편견' 프로젝트 선정 이유

반편견을 주제로 선정된 동화 '종이 봉지 공주'는 왕자 없이도 충분히 행복할 수 있는 남성위주의 시각을 벗어난 새로운 공주 이야기입니다. 이 이야기를 통해 어린이들에게 사람의 진정한 가치는 화려한 외면이 아닌 내면에 있다는 것, 누구든 자신의 삶을 당당하게 선택하고 개척할 수 있음을 알려 주려 합니다. 나아가 우리 생활 속에서 자리 잡고 있는 여러 영역의 편견을 되돌아보고 다양한 문화의 반편견에 대해 이야기를 나누며 서로의 차이를 존중하는 올바른 세계 시민의식을 형성하도록 지도하려 합니다.

▣ 교사가 예상하는 '반편견' 프로젝트 과정

- 교육목표
  1. 동화의 표지를 탐색해 보며 종이 봉지 공주 프로젝트에 대해 관심과 흥미를 느낀다.
  2. 편견과 반편견의 의미에 대해 알아보고 뜻을 이해한다.
  3. 다양한 영역의 편견에 대해 이야기를 나누며 반편견 의식을 갖는다.
  4. 종이 봉지 공주를 통해 내가 새롭게 갖게 된 반편견에 대해 자신 있게 이야기해 본다.
- '환경과 생활'에 관한 핵심 질문이에요.

  편견이란 무엇인가요?

  ⇒ 편견이란, 공정하지 못하고 한쪽으로 치우친 생각이다.

  반편견이란 무엇인가요?

  ⇒ 성, 인종, 민족, 능력, 장애 등 상관없이 모든 사람을 존중하는 것이다.

  왜 반편견 의식을 가져야 하나요?

  ⇒ 모든 사람을 존중하고 더불어 살아가기 위하여 반편견 의식을 가져야 한다.
- 교사가 예상하는 '반편견' 마인드맵

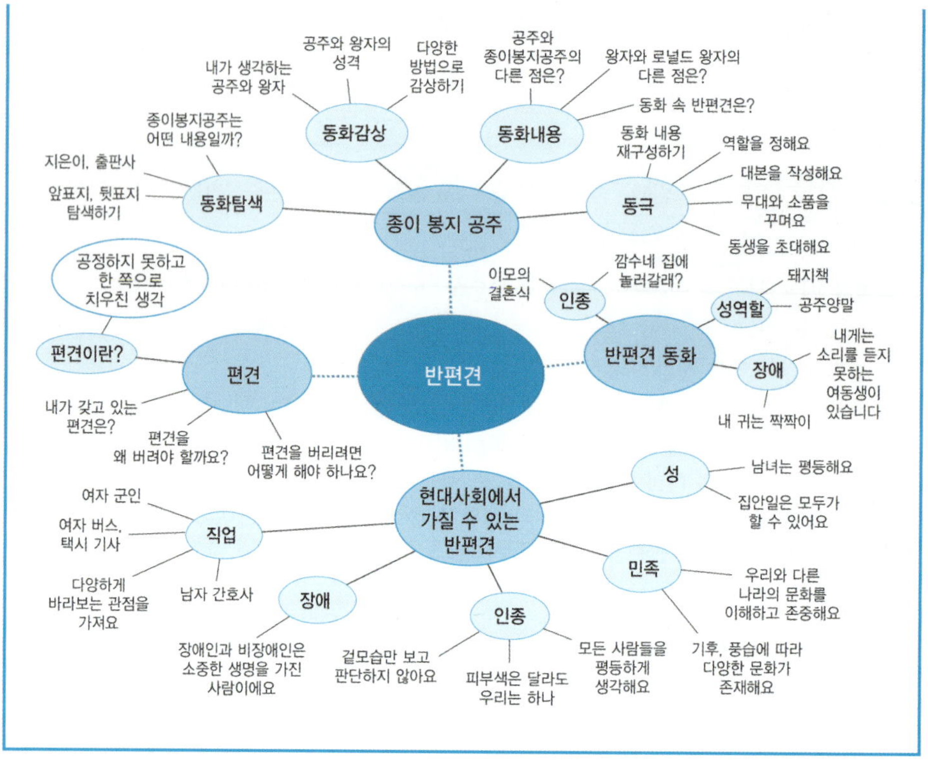

▣ 2단계 - '반편견' 프로젝트를 위해 구성되는 활동과 놀이

• 누리과정 5개 영역을 중심으로 한 예상 활동

영역	활동
신체운동 · 건강 영역	• 게임 – 명화 스피드 게임용을 피해라 • 신체활동 – 종이 봉지 공주 구호!
의사소통 영역	• 종이 봉지 공주를 탐색해요/용에게 잡혀간 왕자/편견과 반편견의 뜻/편견과 반편견의 뜻/우리가 느끼고 있었던 편견은?/다양한 반편견 • 동화 – 돼지책 늑대가 들려 주는 아기돼지 삼형제 이야기 • 동시 – 우리는 친구 난 느껴요
사회관계 영역	• 공주와 종이 봉지 공주 벤다이어그램 • 등장인물의 성격
예술경험 영역	• 새노래 – 크레파스 왕자님과 색연필 공주님 • 미술 – 크라프트지로 만든 종이 봉지 공주의 새로운 옷
자연탐구 영역	• 꼬마야 꼬마야 • 겨울을 준비하는 샘터 텃밭

• 누리과정 5개 영역을 중심으로 한 예상 놀이

신체운동 · 건강 영역	블록으로 성 쌓기	용의 동굴
의사소통 영역	종이 봉지 공주와 로널드 왕자에게 편지쓰기	종이 봉지 공주 동화 속 단어가지
사회관계 영역	공주님이 되어 보세요	용에게 잡혀간 왕자를 구하라!
예술경험 영역	종이 봉지 공주 등장인물 바느질	악기연주 – 종이봉지공주 주제가
자연탐구 영역	라이트 테이블 – OHP동화	종이로 만든 다리

• 가정에서 할 수 있는 연계활동

• 반편견 동화를 듣고 다양하게 사고할 수 있는 발문에 대해 많이 이야기를 나누어 주세요.
• 사람의 중요한 가치는 겉모습이 아닌 마음가짐에 있다는 것을 이야기 나누어 주세요.
• 자원협조
  – 주제와 관련된 자료 및 도서가 있으시면 유아의 이름을 기입하시어 어린이집으로 보내 주세요.
  – 보내 주신 자료는 친구들과 함께 사용 후 주제가 끝나면 다시 가정으로 보내 드립니다.

▣ 3단계 – '반편견' 프로젝트 마무리 활동

• 수행과제: 반편견 동극

– 반편견 동극을 함께 준비하며 협동심을 기르고 동극에 대한 기대감을 갖는다.
– 종이 봉지 공주 동극활동에 참여하며 자신감을 기른다.

▣ 4단계 – '반편견' 프로젝트에 대한 유아의 자기평가

– '반편견' 1차 마인드맵 작성
– '반편견' 2차 마인드맵 작성

② 주간 보육계획안

<table>
<tr><th colspan="7">주간 보육계획안</th></tr>
<tr><td colspan="2" rowspan="2">기 간
및
주요 일정</td><td>11. 07. (월)</td><td>11. 08. (화)</td><td>11. 09. (수)</td><td>11. 10. (목)</td><td>11. 11. (금)</td></tr>
<tr><td></td><td></td><td></td><td></td><td></td></tr>
<tr><td colspan="2">소주제</td><td colspan="5">종이 봉지 공주를 감상해요</td></tr>
<tr><td colspan="2">교육목표</td><td colspan="5">동화의 표지를 탐색해 보며 종이 봉지 공주 프로젝트에 대해 관심과 흥미를 느낀다.</td></tr>
<tr><td colspan="2">기본생활습관</td><td colspan="5">예절 – 바른 자세로 앉아 음식을 먹어요</td></tr>
<tr><td colspan="2">안전교육</td><td colspan="5">생활안전(식생활교육) – 식사 예절을 지켜요</td></tr>
<tr><td colspan="2">인성나무</td><td colspan="5">식습관 프로젝트 – “식사 약속으로 즐거운 식사를 해요!”</td></tr>
<tr><td rowspan="5">놀이</td><td>신체운동 · 건강</td><td colspan="5">블록으로 성 쌓기 용의 동굴</td></tr>
<tr><td>의사소통</td><td colspan="5">종이 봉지 공주와 로널드왕자에게 편지쓰기
종이 봉지 공주 동화 속 단어가지</td></tr>
<tr><td>사회관계</td><td colspan="5">공주님이 되어 보세요
용에게 잡혀간 왕자를 구하라!</td></tr>
<tr><td>예술경험</td><td colspan="5">종이 봉지 공주 등장인물 바느질
악기연주 – 종이봉지공주 주제가</td></tr>
<tr><td>자연탐구</td><td colspan="5">라이트 테이블 – OHP동화
종이로 만든 다리</td></tr>
<tr><td rowspan="5">프로젝트</td><td>의사소통</td><td colspan="5">• 종이 봉지 공주 표지를 탐색해요/종이 봉지 공주를 감상해요/용에게 잡혀간 왕자
• 동시 – 우리는 친구
• 동화 – 종이 봉지 공주
• 이야기 할머니 – 잉어로 어머니를 살린 효자 이성무</td></tr>
<tr><td>사회관계</td><td colspan="5">• 역사 – 몽골을 물리친 고려의 영웅
• 공주와 종이 봉지 공주 벤다이어그램</td></tr>
<tr><td>신체운동 · 건강</td><td colspan="5">• 게임 – 명화 스피드 게임
• 스택스</td></tr>
<tr><td>예술경험</td><td colspan="5">• 미술 – 종이 봉지 공주 동화내용을 예측해요
• 종이접기 – 창의적 표현하기
• 새노래 – 크레파스 왕자님과 색연필 공주님</td></tr>
<tr><td>자연탐구</td><td colspan="5">• 꼬마야 꼬마야</td></tr>
</table>

※ 교사는 유아들의 특성과 유치원 및 지역사회의 실정을 고려하여 적합한 놀이와 활동을 교육과정 구성계획에 따라 융통성 있게 운영합니다.

※ 어린이집 외부활동 계획의 경우 실외 미세먼지 · 황사 수치와 기상 조건에 따라 취소 또는 변경될 수 있습니다.

③ 놀이관찰

11월 주제	종이 봉지 공주를 통한 "반편견" 프로젝트
대 상	만 5세 ○○○반
활동 예상 시기	○○○○년 ○○월 ○○일 ~ ○○월 ○○일(총 4주간)

반편견 동화 '종이 봉지 공주'를 감상한 후 종이 봉지 공주 역할 놀이에 필요한 소품을 만들어요. 성을 무엇으로 만들 수 있을지 고민하던 중 체육시간에 활동했던 컵스텍 활동을 기억한 시연이가 "선생님 종이컵 좀 주세요! 많이 필요해요!"라고 이야기했답니다.

"용은 누가하지? 남자친구가 해야 되?"
"아니야! 하고 싶은 친구가 하면 되지!"

동화에 나오는 용은 숲을 한꺼번에 불태우고 십초 안에 세상을 한 바퀴 돌 수가 있어요. 힘이 세고 날쎈 용을 남자라 생각하는 친구들이 많았어요. 역할을 정하던 중 "용은 힘이 쎄니까 남자친구가 해야지!"라고 하니 "아니야! 남자만 힘 쎄지 않아! 하고 싶은 친구가 용하면 되!"라고 하며 ○○가 용 역할을 맡았답니다.

"엄마만 집안일을 하다니"
"말도 안 돼! 피곳씨에게 반편견을 알려 주자!"

'반편견'과 관련된 책을 읽었어요. '돼지책'에는 피곳 부인만이 집안일을 하고 남편과 아이들은 전혀 집안일을 도와주지 않아요. 책을 읽은 친구들은 "왜 엄마만 집안일을 하는 거지?"라는 의문을 갖기도 했습니다. ○○○반 어린이들과 성 반편견에 대해 알아본 후 직접 피곳씨에게 성 반편견을 알려 주는 편지를 적어 보았답니다.

다양한 반편견을 가져요!

우리는 생김새나 피부색, 성격이나 표현방법 모두 다 달라요. 생김새가 다 다른 우리나라 사람들도 피부색이 다른 외국인도 몸이 아픈 장애인도 서로의 모습이 다르다고 해서 편견을 갖거나 차별하지 않아야 해요. ○○○반 어린이들과 성, 직업, 장애, 인종 등 여러 가지 현대사회에서 가질 수 있는 반편견을 알아보았답니다.

전쟁이 없는 우리는 행복한 거예요!

최근 이슈가 되고 있는 우크라이나와 러시아 전쟁 관련 뉴스를 보았어요. 전쟁은 편견으로 인해 혹은 욕심으로 인해 벌어진 일이에요. 전쟁으로 인해 가족들과 헤어지기 싫어도 헤어져야 하는 상황, 집이 없어 편히 쉴 수 없는 상황, 밥을 먹고 싶어도 먹지 못하는 친구들과 어른들이 너무 많아요. 지금 이 전쟁을 보았을 때 현재 우리들은 얼마나 행복하고 감사해야 하는지 그림으로 표현해 보았어요.

나도 존중받고, 너도 존중하는 사회를 만들어요!

내가 그린 그림을 소개해 보았어요. 5살, 6살 동생들을 초대해 우리는 왜 편견을 가지면 안 되는지 우리가 가져야 할 감사함이 무엇인지 나의 그림과 함께 생각을 발표했어요. 모든 생명체 동물, 사람, 어른, 어린이, 나이 많은 노인분들 모두 다 똑같이 존중받아야 하는 존재에요! 그래서 우리는 친구들과도 싸우지 않고 잘 지내야 하는 것이고 부모님께도 투정 부리지 않고 감사함을 가져야 하며 우리가 먹는 밥들 모두 소중해 편식을 가지면 안 된다는 생각을 갖게 되었답니다.

8. 다문화가정 영유아 보육에 대한 사회적인 인식 개선 교육방안

1) 다문화사회에서의 사회적 편견의 인식 개선 교육

다문화사회에서 문제가 되는 것 중의 하나는 집단 문화의 특성으로 인해 사회로부터 소수의 문화가 편견과 차별의 고통을 경험하는 것이다. 인간이 자신과 다른 문화에 대해 편견과 차별적 시각을 보이는 것은 대부분의 경험의 폭이 좁기 때문으로 추측할 수 있다. 편견은, 어떤 사물이나 현상, 특정 인물이나 사물 또는 사건에 대해 가지는 한쪽으로 치우친 판단이나 의견 또는 특정 대상에 대한 나쁜 감정이나 부정적인 평가, 적대적인 언어와 행동, 삶의 외모나 생활방식 등에 의해 그 사람을 선호하거나 싫어하는 경향을 말한다. 즉, 편견은 나와 다른 문화의 긍정적 결과를 상황이나 운으로 여기거나 부정적 결과를 능력 탓으로 돌리는 등 우리 문화를 대할 때와는 다른 비합리적 판단을 하게 하는데 이러한 편견은 상대방의 자아개념이나 행동에 부정적 영향을 미친다(박찬옥, 이은경, 2011).

영유아기는 자아개념이 형성되는 시기로 편견은 영유아들이 다양한 타인과 관계를 제한하고 편견의 대상이 되는 영유아의 자아개념에도 부정적 영향을 미치므로 영유아 다문화교육에서 부모는 영유아 자녀에게 다양한 문화에 대한 활동과 경험을 제공하여 편견과 고정관념을 버리는 데 교육적 노력이 요구된다(이연선, 2022).

가정과 어린이집 간의 연계를 통해 가족이 가장 좋아하는 음식 소개하기, 우리 가족 그리기, 부모님이 어렸을 때 하던 놀이 알아 오기, 부모님 나라 소개하기 등의 활동을 적용해 볼 수 있다. 교사는 영유아에게 가족마다의 문화가 다름을 소개하고 다른 사람이 가진 특성을 인정할 수 있도록 지도하며 가정에서 부모들도 우리 가족과 차이점, 유사점이 있음을 이해시키며 다양한 문화에 관심을 갖도록 한다.

2) 부모교육을 통한 다문화사회 인식 개선 교육

부모에게 효과적인 부모 참여는 영유아의 발달과 교육에 대해 적절한 지식 및 능력을 갖도록 도와 부모 자신의 성장은 물론 효과적인 교육동반자로서 역할을 수행하도록 한다. 이런 활동을 통해 유아는 가족마다 선호하는 것이 다르지만, 비슷한 점이 있다는 것을 습득할 수 있다. 즉, 일상생활에서부터 자연스럽게 다문화의 경험을 통해 외국인과 외국 문화, 사회적인 다문화에 대한 다양성이 존중되도록 가정에서의 부모 역할이 필요하다. 가정에서의 이러한 변화는 다문화가정이 사회적 소외감을 해소하고 차별과 불평등으로부터 벗어날 수 있도록 하는 데 도움을 줄 수 있다. 부모 또한 다문화에 대한 편견이 없는지 스스로 점검하고, 반복적인 교육과 개방적인 자세로 다양한 문화를 폭넓게 바라보는 시각이 필요하다.

3) 비다문화가정 영유아를 대상으로 다문화 인식 개선 교육

영유아들이 다문화에 대한 인식이 부족하기 때문에 어린이집 내에서 모든 영유아를 대상으로 다문화 이해교육을 지속적으로 실행해야 한다. 주제별 단위 활동 속에서 통합적으로 다문화 이해교육을 실시한다. 다문화를 친근하게 접근할 수 있도록 어린이집 환경을 조성하여 다문화교육이 다문화가정 영유아들만의 교육이 아님을 인식 개선을 통해 변화시켜야 한다.

4) 다문화가정 영유아의 이해 및 지도에 대한 자료활용을 통한 인식 개선 교육

교사는 다양한 교육 참여와 연구를 통해 영유아에게 다문화 이해교육을 실시하여 영유아가 다양성에 대해 이해하도록 돕는다. 모든 학부모를 대상으로 안내자료 제공 및 부모교육을 지속적으로 실시한다. 역사활동을 통해 다문화 이해교육을 실시한다. 다문화가정 학부모(전문가) 모시기, 다양한 지역 행사 연계활동, 다문화가족지원센터 연계, 다양한 문화 관련 도서 읽기, 지역사회 연계활동을 통해 다양한 다문화교육을 실시하여 다문화 감수성을 기를 수 있도록 홍보한다.

CHAPTER 03

다문화가정 영유아 음악교육 및 놀이

Chapter 03 다문화가정 영유아 음악교육 및 놀이

• 학습목표 •

1. 영유아기 음악발달과 놀이발달 특성을 이해한다.
2. 다문화가정 영유아가 경험하는 다문화 음악 및 놀이 관련 내용을 이해하고 교육활동에 적용한다.
3. 다문화가정 영유아가 일상에서 다문화 음악 및 놀이를 자연스럽게 경험하도록 지원하기 위한 환경구성과 운영 방안을 실행한다.

1. 다문화가정 영유아 음악교육

1) 음악교육의 중요성 및 목표

(1) 음악교육의 중요성

영유아 음악교육은 모든 영유아를 위한 음악교육을 의미한다. 즉, 영유아 음악교육은 음악 자체로 영유아에게 만족감과 즐거움을 주고, 다양한 음악활동에 참여할 수 있는 기회를 제공한다. 영유아에게 의미 있는 음악교육은 다양한 음악활동을 통해 자신의 생각과 느낌을 마음껏 표현하는 통로가 되어야 한다. 이를 위해 영유아는 음악적 행위에 참여하여, 폭넓고 다양한 경험을 축적함으로써 음악적 개념을 학습할 수 있다. 즉, 영유아의 음악적 발달을 위해 음악 감상하기, 노래 부르기, 악기 연주하기, 신체표현하기 등의 활동에서 멜로디, 리듬, 음색, 빠르기, 셈여림 등과 같은 음악적 요소에 대한 학습이 이루어질 때 음악교육으로서의 교육적 의의와 가치를 가질 수 있다.

(2) 음악교육의 목표

영유아 음악교육의 목표는 영유아가 즐겁고 의미 있는 다양한 음악활동을 통하여 음악적 개념과 음악적 행동, 음악적 태도를 형성하고, 궁극적으로 음악에 대한 소양과 능력을 증진하는 것이다. 영유아를 대상으로 하는 음악교육은 음악 전문가나 전문적인 연주가를 양성하는 것이 아니라 영유아가 자신의 느낌과 생각을 창의적으로 표현하게 하고, 음악활동에 스스로 참여할 수 있게 함으로써 음악적 감수성 개발과 풍부한 심미적 경험을 할 수 있도록 하는 것이다. 특히, 영유아기 음악교육은 발달단계의 특성에 맞추어 음악의 본질을 체험하고 음악적 능력과 음악적 심성을 계발하는 것이다. 이를 통해 영유아의 음악적 능력 발달뿐만 아니라 언어, 인지, 정서, 신체, 사회성, 창의성 발달 등의 모든 영역에서 전인적 발달을 촉진할 수 있다. 음악과 발달적 측면을 구체적으로 살펴보면 다음과 같다(강보라, 2022).

① 음악과 언어발달

영유아는 노래를 듣거나 부르면서 새로운 어휘를 습득하고 어휘의 표현과 개념을 자연스럽게 학습할 수 있다. 예를 들어, 〈빙빙 돌아라〉는 방향, 〈달팽이 집〉은 크기, 〈리듬악기노래〉는 강약, 〈작은 동물원〉은 의성어, 〈수박파티〉는 의태어 등을 배울 수 있다. 또한, 음악을 감상한 후 자신의 생각과 느낌을 이야기 나누며, 언어적 교류를 유도할 수도 있다.

② 음악과 인지발달

음악활동은 영유아의 인지발달과 밀접한 연관이 있다. 영유아는 소리를 탐색하고 만드는 경험을 통해 사물을 직접 관찰하고 이해하는 능력이 증진된다. '노래를 부르면서 박자와 리듬, 음의 높낮이, 셈여림, 빠르기 등을 신체로 어떻게 표현할까?'라는 사고 과정에서 자신이 알고 있는 지식을 재구성하여 창조하면서 자신의 지식을 축적한다. 박자나 리듬에 맞춰 손뼉치기와 무릎 치기를 하는 것은 패턴에 대한 이해력과 규칙성을 익힐 수 있다.

③ 음악과 정서발달

영유아는 악기 두드리기, 리듬에 따라 몸 움직이기 또는 노래를 흥얼거림으로써 자신의 기쁨, 흥미, 슬픔 등의 모든 감정을 쉽게 표현할 수 있다. 즉, 음악활동을 통해 부정적인 감정을 정화함으로써 정서를 긍정적으로 조절하고 표현하는 방법을 배운다. 따라서 영유아의 마음속에 내재되어 있는 긴장과 갈등을 해소하고 정서적 안정과 균형을 이루게 된다. 이처럼 음악은 영유아가 다양한 감정을 표현하고 더 나아가 타인의 정서를 이해하는 데에 필요한 기술을 촉진시키는 데 중요한 역할을 한다.

④ 음악과 신체발달

음악은 신체 움직임을 동반한다. 즉, 음악활동은 운동적 기능을 유도하는 다양한 악기 연주나 동작 그리고 춤을 포함한다. 영유아가 다양한 악기를 연주하고 다양한 음악에 맞춰 손뼉을 치고, 음악에 맞춰 신체표현을 하는 등의 활동을 통하여 대·소근육은 물론 눈과 손의 협응력도 발달한다.

⑤ 음악과 사회성 발달

영유아를 위한 음악활동은 대부분 대소집단으로 이루어지며, 또래와 집단으로 다양한 형식의 노래를 부르고, 악기 연주를 하면서 다른 사람의 생각, 감정, 관점을 이해하고 존중하게 된다. 또한, 다양한 악기를 친구와 나누어 연주하고 차례를 지키며 정리 정돈을 하면서 사회성의 기초능력이 발달한다. 음악극과 같은 이야기 전개가 있는 활동에서는 맡은 역할을 통하여 함께 만들어 가는 과정을 경험으로써 성취감을 얻을 수도 있다.

⑥ 음악과 창의성 발달

음악적 표현은 한 가지 정답만 있는 것이 아니라 영유아의 느낌, 생각, 경험을 바탕으로 실험하며 독창적으로 표현할 수 있다. 영유아는 소리 탐색하기, 음악에 대한 느낌을 동작으로 표현하기, 즉흥 연주하기 등을 통해 상상력과 탐구심이 신장되고 창조적 희열을 느끼면서 창의적 사고력이 발달하기 시작한다. 또한, 음악 창작하기, 재활용품 악기 만들기 등의 과정 중에 문제 상황에 직면하면 확산적으로 사고하고 문제를 해결해 가는 능력을 키울 수 있다.

2) 음악의 발달 단계

(1) 음악성 발달

인간은 음악적 존재이며, 음악성은 인간의 보편적 능력이다. 누구나 음악성을 지니고 태어나며, 음악성을 발달시킬 수 있는 가능성이 있다. 이러한 음악성(musicality)은 음악능력(musical ability), 음악적성, 음악잠재력(musical aptitude) 등과 구분하여 설명하기도 하지만, 선천적으로 가지고 태어난다는 측면에서 공통적인 의미로 사용될 수 있다.

일반적으로 68%의 사람은 평균 정도의 음악성(musicality)을 가지고 있고 14%의 사람은 평균보다 더 음악적이고 14%의 사람은 평균보다 덜 음악적이다. 또한, 2%의 사람은 음악적으로 상당히 높은 재능이 있으며, 2%의 사람은 음악적으로 낮은 재능을 보인다. 특히, 영유아의 음악능력에 개인차는 있지만 누구나 음악적 잠재력을 가지고 태어나며, 영유아기는 음악적 잠재력의 결정적 시기이자 음악적 감수성이 매우 빠른 속도로 발달하는 시기이다. 특히, 기본적인 음악적 능력은 생애 첫 10년 동안 활발히 발달한다(Gembris, 2002). 고든(Gordon, 1993)은 음악적성 연구를 통하여 0~만 9세까지의 유동적 단계와 만 9세 이후의 고정적 단계로 구분하였다. 유동적 단계(development music aptitude)는 음악적성이 환경에 의해 어느 정도까지 신장할 수 있는 가변적 시기이며, 고정적 단계(stabilized music aptitude)는 음악적 환경에 의해 음악적성의 수준이 변화되지 않는 단계를 뜻한다. 고든(1997)은 영유아가 높은 음악적 잠재력을 가지고 태어났어도 적절한 환경적 자극을 받지 못하면 낮은 음악적 잠재력에 머무르게 되므로 환경적 특성을 강조하였다. 유동적 단계의 전반부에 해당하는 영유아기는 음악적 능력 향상을 위해 가장 좋은 시기이며 바람직한 음악적 환경이 제공되어야 한다.

(2) 연령별 음악적 능력 발달

① 출생~만 1세

출생부터 신생아는 소리와 음악에 거의 즉각적으로 반응한다. 신생아는 모유 수유 시 듣는 엄마의 심장 소리와 같은 규칙적인 소리를 듣고 안정감을 느낀다. 태아 때와 마찬가지로 영아는 시끄러운 소리나 갑작스러운 소리에 민감하게 반응한다. 이러한 청지각 발달로 인해 출생 후 자신을 돌보아 주는 사람들의 목소리 음색을 구별하게 된다. 2~4개월이 되면 쿠잉(cooing)과 옹알이(bubbling)가 시작되고, 6개월 이후부터 옹알이가 분명해져 다른 사람의 소리를 모방하거나 자신의 옹알이 높낮이, 음길이 등을 변화시키며 새로운 발성을 시도하는 음악적 옹알이(musical babbling)가 시작된다.

② 만 1~2세

이 시기의 영아는 운동능력을 더 잘 조절하고 활용할 수 있게 되며 더 열정적으로 주위 환경을 탐색한다. 몇몇 단어를 말하기 시작하는 등 언어발달이 진행되며, 비음악적인 소리와 음악적인 소리를 구별할 수 있다. 특히, 음색, 셈여림에 이어 음높이와 간단한 단어로 리듬감 있는 표현을 하기 시작한다. 음악에 맞추어 스스로 리듬감 있는 몸동작을 시도하지만, 박자와는 무관하다.

③ 만 2~3세

이 시기의 영아는 단순히 걷기를 벗어나 더 능동적으로 몸의 움직임이 활발해지고 정교해지면서 좀 더 적극적으로 소리를 탐색하고 음악에 반응한다. 대근육 발달로 걷기운동이 가능해짐에 따라 발생하는 소리에 대하여 몸을 이동하여 더 가까이에서 집중하여 들으려 한다. 또한, 소근육 발달로 악기를 다룰 수 있게 되어 관심을 가지고 악기 소리 탐색을 즐긴다. 특히, 리듬에 민감하기 때문에 음악을 감상하며 리듬에 맞추어 걷거나 손뼉치기 등의 신체표현이 가능해진다.

④ 만 3~4세

이 시기의 유아는 음악성이 현저히 발달하는 시기로 보다 음악적 면모를 갖춘 음악 표현이 가능하고 음악을 매우 즐기는 성향도 적극적으로 보인다. 음높이, 음길이, 셈여림, 음색에 대한 기초 개념이 비교적 확고히 형성되어 음의 세부적인 변화를 인식할 수 있다. 이러한 감각능력의 발달에 의해 리듬에 맞추어 걷기, 손뼉치기, 춤추기 등의 음악의 변화에 따라 적절하게 신체표현을 할 수 있다. 음악 변화에 알맞게 음악적 표현을 하며, 악기 연주가 가능하게 된다. 스스로 짧은 패턴의 가사와 멜로디를 붙이는 즉흥적 노래 부르기에 흥미를 보이는 모습이 관찰된다.

⑤ 만 4~5세

이 시기의 유아는 사회성 발달이 활발한 시기이며, 또래들과 어울려 함께하는 음악활동에 적극적으로 참여하기를 좋아한다. 특히, 함께 연주하는 것을 통하여 음악적 성취감을 느끼고 듣고 난 후 자신의 느낌을 언어로 표현할 수 있다. 음역도 한 옥타브 안에서 편안하게 노래 부를 수 있다. 대·소근육의 사용도 점차 정교해져 악기의 연주기술 습득이 가능하다. 또한, 사고의 확장으로 음악 창작능력이 발달하게 되어, 자신이 알고 있는 노래의 단편들을 모아 새로운 노래를 만들거나 악기의 소리를 탐색하며 새로운 리듬이나 멜로디를 만들어 보는 창작활동을 즐긴다.

3) 음악교육의 내용

음악교육의 구체적인 내용을 살펴보면 다음과 같다(강보라, 2022).

(1) 음악 감상하기

음악 감상하기는 음악을 즐기는 방법 중 가장 보편적인 활동이다. 감상은 음악을 집중해서 듣고 이해하며 그로부터 다양한 반응을 나타나게 한다. 이를 위해 친구의 노래나 악기 연주를 감상하는 것에서부터 전문예술가의 연주를 감상하는 것까지 다양한 음악적 소리가 감상활동의 소재가 될 수 있다. 따라서 영유아의 하루일과와 활동 수준에 따라 적절한 음악을 선택한다. 영유아기는 음악을 편견없이 받아들일 수 있는 시기이다. 그러므로 음악 감상곡은 클래식에 한정 지어 생각하기보다는 다양한 종류의 음악이 포함되어야 한다.

(2) 노래 부르기

노래 부르기는 영유아가 가장 쉽게 시작할 수 있는 음악활동으로 목소리라는 직접적 매체를 통해서 음악을 경험할 수 있다. 노래 부르기는 영유아에게 흥미로운 경험이자 자발적인 첫 번째 음악 표현양식이다. 영유아는 주제 관련 동요, 전래동요, 자장가, 만화 주제가, 동작 노래, 대중가요, 다문화 동요 등 다양한 장르와 돌림노래, 문답노래, 반복노래 등 다양한 형식의 노래를 부른다. 영유아는 친숙한 경험을 다루는 노래를 선호하고 영유아의 관심을 반영한 노래에 흥미를 느낀다. 예를 들어, 신체의 각 부분, 가족, 음식, 놀이, 친구, 동물, 식물, 계절 등의 내용이 포함된 노래가 가장 많다. 또한, 조용한 노래와 활동적인 노래 간에 균형을 이루고, 가벼운 느낌과 무거운 느낌, 느린 박자와 빠른 박자, 강한 리듬과 부드러운 리듬을 느끼고 표현할 수 있으면서 예술적 가치를 포함한 곡이 적당하다.

(3) 악기 연주하기

영유아들은 다양한 악기를 탐색하고 연주함으로써 다양한 음악적 경험을 할 수 있다. 악기를 탐색하며 소리를 듣고, 소리를 만들어 내면서 음악에 대한 반응을 표현한다. 영유아들은 아주 간단한 리듬악기에서부터 복잡한 오케스트라 악기에 이르기까지 모든 악기를 직·간접적으로 경험하면서 음악을 느끼며, 악기에 대한 지식과 악기를 연주하는 기술, 악기를 소중히 다루는 태도에 대해 배우게 된다. 영유아의 악기 연주하기는 처음부터 가르치는 것이 아니라 소리 탐색에서 시작하여 리듬악기, 멜로디악기를 연주하고 리듬합주로 단계적으로 발전할 수 있으며, 다양한 소리를 듣고 만들면서 음색을 발견하고 음악적 표현 감각을 익히는 데 유용하다. 이를 통해 악기로 음악을 즐기고 표현할 수 있는 능력을 기를 수 있다.

4) 음악교육의 교수방법

음악교육의 구체적인 교수방법을 살펴보면 다음과 같다.

(1) 음악 감상하기

음악 감상하기는 다양한 목적과 방식으로 이루어지며, 간접감상과 직접감상으로 나누어진다(조윤미, 2004). 간접감상은 의도하지 않게 들리는 음악을 듣는 것을 의미한다. 즉, 자유선택활동, 전이활동, 간식 등의 시간에 배경음악으로 들려주는 것이다. 직접감상은 음악을 듣기 위한 인위적인 활동을 의미한다. 즉, 음악 감상하기 위주로 구성된 수업으로 주제에 적합한 음악을 선정하고 교사가 설정한 목표를 위해 일련의 음악 감상하기 교수방법에 따라 음악을 감상한다. 따라서 자연스러운 상황에서 일상적으로 음악을 듣는 간접감상과 교사의 계획된 수업을 통해서 듣는 직접감상은 감상 환경과 조건에 따라 다양한 방법으로 운영될 수 있다.

영유아의 음악 감상활동의 목적은 영유아가 음악을 들으며 음악에 내재된 여러 가지 음악적 개념을 느끼고 음악의 아름다움에 반응하도록 하는 데 있다. 이를 위하여 교사는 감상할 곡을 선정할 때, 주제 · 곡의 길이 · 장르 · 내용 · 음악적 개념들을 고려해야 한다. 구체적으로 살펴보면 다음과 같다(강보라, 2022; 장은주, 남옥선, 2018).

- 영유아들이 싫증을 내지 않도록 곡의 길이를 고려하는 것이 중요하다. 직접 감상을 위한 곡의 길이는 대략 1분 30초~2분 정도의 길이가 적당하며

활동 없이 음악만 듣는 감상곡의 경우 최대 3분을 넘지 않는 것이 좋다.

- 영유아는 특별한 거부감 없이 음악을 쉽게 받아들이는 시기이므로 다양한 문화, 다양한 장르의 곡을 선정하여 들려 주도록 한다(예: 동요, 대중음악, 클래식 음악, 우리나라 전통음악, 다른 나라 전통음악, 영화 및 애니메이션 주제곡, 종교음악 등).
- 감상곡을 선정할 때에는 주제 및 영유아들의 흥미를 고려하며, 곡의 리듬, 빠르기, 세기, 구조 등이 명확한 곡을 선택한다.
- 영유아에게 음악을 들려줄 때는 감상곡의 음악적 요소와 관련이 있어 그 의미를 포함하고 있는 시청각 교수매체를 활용하는 것이 좋다. 그림이나 비디오, 동영상 등의 자료를 함께 감상하면 영유아가 더욱 쉽게 음악을 이해하고 들을 수 있기 때문이다.
- 반복해서 음악을 감상할 경우, 다양한 방법을 활용하여 감상활동을 진행한다. 영유아가 음악을 인식하고 새로운 것을 발견하며, 자신의 음악이 될 수 있도록 계속 반복하여 들려 주는 것이 중요하다.
  - 몸을 통한 표현: 음악에 맞춰 몸을 좌우로 움직이기
  - 언어를 통한 표현: 주선율에 노랫말 지어 보기
  - 그림을 통한 표현: 그림으로 표현하기, 선이나 기호로 표현해 보기
  - 도구를 통한 표현: 공, 스카프, 낙하산, 리본막대로 표현하기

(2) 노래 부르기

노래 부르기를 지도할 때 영유아의 집중 시간과 흥미를 고려하여 노래를 배우고 부르는 활동을 다양하게 계획한다. 만 1, 2세 영아는 특별히 정해진 노래 부르기 시간보다는 놀이 중이나 휴식 중에 반복하여 들으면서 자연스럽게 익히도록 하는 것이 좋다. 만 3세 이후부터는 의도적인 노래 부르기 시간을 배정할 수 있다. 교사는 영유아가 노래를 배울 수 있도록 노래의 특성에 따라 적절한 방법을 찾는다. 한 번 들으면 쉽게 따라 부를 수 있는 노래도 있지만, 그렇지 않은 경우 노래에 따라 어떻게 나누어 부르면 좋을지, 어떤 음악적 요소를 가지고 접근할 것인지

를 찾아야 한다. 교사가 계획한 활동목표에 따라 노래 지도하기 방법은 다음과 같이 지도할 수 있다(강보라, 2022).

① 노랫말을 강조한 노래 부르기(일반적으로 사용하는 방법)

- 노랫말을 짧은 이야기로 소개한다.
- 이런 이야기를 담은 노래가 있음을 말하고 교사가 노래를 정확하게 불러준다.
- 노랫말 이해를 위한 발문을 한다(예: 노래 제목, 가사의 내용, 느낌).
  - 노랫말에서 재미있는 단어는 무엇이었니?
  - 노랫말처럼 000을 해 본 적 있니?
  - 노래를 들어 본 느낌이 어떠니?
  - 이 노래는 어떤 제목을 갖고 있을 것 같니?
- 반주 없이 멜로디만 들어 본다.
- 한 소리(랄랄라)로 불러 본다.
- 한 소절씩 따라 불러 본다.
- 다양한 방법으로 노래를 부른다.
  - 두 부분으로 나누어 부르기(예: 유아가 부르는 부분/교사가 부르는 부분)
  - 바꾸어 부르기(노래에 따라 여러 가지 방법으로 나누어 부를 수 있다).
- 처음부터 끝까지 불러 본다.

② 내청(마음속으로 노래 부르기 또는 일부를 숨기고 노래 부르기)을 적용한 노래 부르기

- 교사와 영유아가 신호를 정한다.
- 까꿍 인형이 나오면 소리 내어 부르고, 인형이 안으로 들어가면 노래를 마음속으로 부르도록 한다.
- 일정한 간격으로 '소리 내지 않고 부르기(4마디)/소리 내어 부르기(4마디)'를 한다.
- 특정 단어 또는 의성어, 의태어만 소리 내지 않고 부른다.

③ 리듬을 강조한 노래 부르기

- 노래를 부르며 노랫말에 맞춰 손뼉을 쳐 본다.
- 소리를 내지 않고, 속으로 노래하며 노랫말에 맞춰 손뼉을 쳐 본다.

④ 함께 노래 부르기

- 전체 노래 지도법: 교사가 노래 전체를 여러 번 들려 주면서 지도하는 방법이다. 노래 전체를 여러 번 들으면서 영유아가 가사에 귀를 기울여 의미 있게 들을 수 있도록 하기 위해 교사는 가사와 관련된 여러 가지 질문을 한다.
- 구절법: 교사가 노래를 끝까지 한 번 불러 준 다음 한 번에 한 소절씩 따라 부르게 하여 지도하는 방법이다. 구절법은 노랫말의 발음이나 내용을 분명하게 할 필요가 있을 때, 영유아가 노래의 각 부분을 쉽게 수용할 수 있다.
- 전체-부분 결합방법: 먼저 전체 노래 지도법을 활용하고, 특히 어려운 부분은 구절법으로 지도하는 방법이다. 노래의 길이가 짧은 경우, 한 소절씩 나누어 가르치면 노래 전체의 흐름이나 분위기를 느끼기 어려울 수 있으므로 새 노래를 지도할 때 전체 노래지도 방법으로 가르치고, 어려운 부분만 구절법으로 반복해서 가르치는 것이 효과적이다.

(3) 악기 연주하기

영유아들이 손쉽게 다룰 수 있는 리듬악기를 가지고 아는 노래를 부르면서 악기 연주하기를 지도할 때 다음과 같은 방법을 활용할 수 있다(강보라, 2022; 장은주, 남옥선, 2018).

- 자유롭게 연주하기: 노래에 맞추어 자유롭게 연주하는 방법이다.
- 부분연주하기: 곡의 특정한 부분에서(예: 동요 '가을은' 노랫말 중 '노란색' 부분만) 악기로 연주하는 방법이다. 그림악보를 준비하거나 교사가 어떤 부분을 연주하는지 시범을 보인다.

- 분담합주하기: 각자 맡은 부분을 연주한다. 그림악보에 나누어 연주할 부분을 표시한다(예: 분담합주를 위한 그림 악보를 준비한 후, 나누어 연주할 부분을 소개한다).

가을은 가을은 노랑색(탬버린)	은행잎을 보세요(트라이앵글)
그래그래 가을은 노랑색(캐스터네츠)	아주 예쁜 노랑색(다 같이)

- 전체합주하기: 곡의 리듬이나 박자에 맞게 쿵(강박: 탬버린) 악기와 짝(약박: 캐스터네츠) 악기를 나누어 합주하는 방법이다. 이 방법은 영유아가 리듬 치기에 충분히 익숙해진 후 이루어질 수 있다(예: 전체 합주를 위한 그림 악보를 준비한 후, 어떤 악기로 어떻게 연주할지 소개한다).

가을은 가을은 노랑색	(쿵– 탬버린, 짝 짝 짝–캐스터네츠)
은행잎을 보세요	(쿵– 탬버린, 짝 짝 짝–캐스터네츠)
그래그래 가을은 노랑 색	(쿵– 탬버린, 짝 짝 짝– 캐스터네츠)
아주 예쁜 노랑 색	(쿵– 탬버린, 짝 짝 짝–캐스터네츠)

5) 음악교육을 위한 환경구성

(1) 음률영역의 환경구성

음률영역은 음악을 감상하고 노래를 부르며, 여러 가지 악기를 다루어 보거나 음악에 맞추어 신체로 표현하기를 경험할 수 있는 영역이다. 영유아들이 타고난 음악적 능력을 계발하고 자신의 느낌을 자유롭게 표현해 볼 수 있도록 풍부한 환경을 제공해 주는 것이 중요하다. 음률영역을 위한 환경구성의 원리를 구체적으로 살펴보면 다음과 같다.

- 하나의 독립된 공간으로 구성한다.
- 자유로운 탐색과 다양한 활동전개를 위한 충분한 공간을 갖춘다.
- 카펫이나 가리개를 이용하여 최대한 소음을 줄인다.
- 악기의 종류와 쓰임새에 따라 교구장이나 선반에 적절하게 배치한다.

- 악기와 교수자료, 기자재를 제자리에 정리할 수 있도록 표시한다.
- 다양한 음악활동의 전개를 위한 교수자료를 제공한다(예: 노랫말 자료, 리듬 패턴 카드, 색깔 악보 등).
- 적절한 기자재를 배치한다(예: CD 플레이어, 헤드폰, 마이크, 거울, CD 등).
- 음악적인 분위기가 나도록 꾸민다(예: 악기 사진, 악기 관련 사진, 각종 연주회나 춤 공연 포스터 등).
- 다른 흥미영역과의 연관성을 살려 공간을 구성한다.

(2) 놀잇감 및 교재교구

음률영역에 영유아가 다양한 음악활동을 할 수 있도록 여러 가지 자료를 구비해야 한다. 음률영역에 제공할 수 있는 연령별 음악 관련 자료는 다음과 같다.

① 만 1~2세

- 움직임을 자극하는 소리 나는 놀잇감, 건드리면 다양한 소리가 나는 놀잇감(예: 오뚝이, 장난감 실로폰), 소리 나는 음악상자
- 손목 벨, 발목 벨, 딸랑이, 탬버린, 마라카스, 작은 북 등 간단한 리듬악기
- 플라스틱 컵, 분유통, 나무 숟가락, 냄비 뚜껑, 쌀, 단추 등을 넣어 만든 마라카스
- 벽면에 부착한 거울, 스카프
- 사운드 북(예: 소리 나는 동물 책, 소리 나는 동요 책), 노래나 손유희가 포함된 다양한 그림책

② 만 3~5세

- 기본 교구: 녹음기, 헤드폰, 다양한 음악 테이프나 CD, CD 플레이어, 악보, 악기 사진
- 생활 속 악기: 젓가락, 냄비 뚜껑, 깡통, 빨래판, 체 등
- 우리나라 전통악기: 장구, 소고, 북, 꽹과리, 징 등

- 리듬악기: 탬버린, 캐스터네츠, 트라이앵글, 마라카스, 우드블록, 귀로 등
- 멜로디악기: 실로폰, 핸드벨, 키보드, 피아노 등
- 각종 연주회나 춤 공연 등의 사진이나 포스터, 동영상 자료 등
- 스카프, 리본막대, 한삼, 탈, 접이부채, 응원 반짝이 수술, 작은 낙하산 등의 동작표현 도구, 다양한 동작 카드, 음악 연주회나 춤 공연, 오페라 등에서 공연자가 입는 무대 의상 등

〈표 3-1〉 리듬악기의 종류

구분	내용
캐스터네츠	두 개의 판으로 만든 조개 모양의 악기이다. 상아 또는 단단한 나무로 만들며 악기의 양면을 부딪쳐 소리를 낸다.
마라카스	딸랑이의 일종으로 야자과 식물 마라카의 열매 속을 도려낸 다음 그 안에 말린 씨를 넣고 손잡이를 달아 만든 악기이다. 연주 시 손잡이를 잡고 팔을 위아래로 움직이거나 몸을 흔들며 손목을 이용해 소리를 낸다.
우드블록 (wood blocks)	우드블록은 나무로 만든 종(bell)이라는 뜻이며, 목종이라고도 한다. 나무 속을 파 내어 만들어 공허하고 맑은 소리가 특징이다. 모양은 둥글거나 네모난 상자 모양을 하고 있으며, 채로 쳐서 리듬을 연주한다.
귀로(guiro)	귀로의 소재는 박 외에도 떡갈나무나 쇠뿔 등을 사용한다. 연주법은 겉 표피에 있는 일정한 간격의 골을 채로 긁어서 소리 낸다.
리듬막대	한 쌍의 나무 막대를 부딪쳐서 연주한다.
돌림실로폰 (stir xylophone)	길이가 다른 나무 판들을 팔각형의 밑판에 붙여놓은 것으로 나무 채를 악기 안쪽에 넣어 돌려 가며 연주한다.
트라이앵글	정삼각형 모양의 둥근 강철로 한쪽이 트여 있으며, 쇠막대로 치는 악기이다. 연주방법은 왼손으로 세모꼴의 가장 윗부분을 매달아 잡고 오른손의 채로 트라이앵글의 밑변을 쳐서 소리를 낸다. 또는 삼각형의 밑변을 치거나 열려 있는 두 변의 안쪽을 연속적으로 치기도 한다.
방울	작은 종들을 막대, 가죽 밴드 또는 작은 틀에 끼워 넣어 흔드는 악기로 박에 맞추어 흔들면서 연주한다.
핑거심벌즈 (finger cymbals)	심벌즈의 가장 작은 형태로 직경이 3~4cm이고, 양손 엄지손가락에 따로 걸고 가볍게 스치면 부드러운 소리가 난다.
탬버린	금속이나 플라스틱, 나무 등으로 만들어졌으며, 테의 한쪽 면에 가죽을 대고 둘레에 작은 방울이나 얇은 쇠붙이를 겹으로 단 악기이다.

구분	내용
샌드 블록 (sand blocks)	사포(sand paper)가 붙어 있는 양면을 서로 비비면서 소리를 만들어 낸다.
카바사(cabasa)	악기 표면을 둘러싸고 있는 체인을 흔들거나 손에 놓고 돌려서 연주한다.
라쳇(ratchet)	손잡이를 잡고 악기를 돌리면 톱니들이 나무판을 스쳐 지나가면서 딱따구리 소리와 같은 소리가 난다.
비브라슬랩 (vibraslap)	왼손으로 손잡이를 잡고 오른손으로 나무 봉을 치면 떨면서 '타라락' 소리가 난다.
코끼리코 (kokiriko)	손으로 구부리면 나무 막대기들이 서로 부딪히며 소리가 난다. 마디마디를 구부리고 펴면서 연주하는 동안 달그락 달그락 소리가 난다.
썬더드럼 (thunder drum)	스프링 드럼(spring drum)이라고도 불리며, 스프링 진동이 면에 전달되면서 천둥소리와 유사한 소리가 난다.
레인스틱 (rain stick)	악기 내부에 작은 구슬이나 모래 등을 채워 좌우로 기울이면 비 오는 소리가 난다.
오션드럼 (ocean drum)	드럼 속에 구슬이 들어 있어 파도 소리를 묘사할 수 있는 악기이다. 천천히 구슬의 흐름에 따라 오션드럼을 손으로 기울이며 소리를 들을 수 있다.
핸드드럼 (hand drum)	한쪽 면에만 가죽을 대어 만든 북으로 손이나 채를 이용하여 연주한다.

2. 표준보육과정에서 음악교육

1) 0~1세, 2세 예술경험 영역

0~1세 영아는 자연과 생활 속에서 감각을 통한 자극에 호기심을 가지고 반응하며 다양한 방법으로 표현하기를 즐긴다. 영아는 자연물, 사물, 환경의 아름다움에 관심을 가지고 즐김으로써 풍부한 정서를 경험한다. 자신과 환경과의 상호작용에서 아름다운 요소를 발견하고 좋아하는 태도를 형성한다. 일상에 대한 긍정적인 태도를 기르고 자신을 둘러싼 대상과 상생하는 즐거움을 경험한다. 영아는 자신

의 관심과 경험을 소리나 움직임으로 표현하고, 감각을 통한 미술을 경험하며 익숙한 사람의 행동을 모방하며 이를 반복하는 것을 즐긴다. 영아는 이러한 경험을 통하여 감성을 계발하고 심미감을 형성하며 행복한 일상을 영유하게 된다. 이를 위하여 교사는 영아가 익숙한 일상 환경에서 호기심을 가지고 주의 깊게 바라보며 경험할 수 있도록 지원한다. 또한 영아가 자신의 경험을 자유롭게 표현할 수 있도록 허용적인 환경을 조성한다.

〈표 3-2〉 0~1세 예술경험 영역의 내용

내용범주	내용
아름다움 찾아보기	• 자연과 생활에서 아름다움을 느낀다. • 아름다움에 관심을 가진다.
창의적으로 표현하기	• 소리와 리듬, 노래로 표현한다. • 감각을 통해 미술을 경험한다. • 모방 행동을 즐긴다.

2세 영아는 자연과 생활 속에서 경험하는 다양한 감각 자극을 통해 아름다움을 느끼고, 아름다움을 인식하게 된다. 이 경험을 통해 점차 아름다움에 관심을 가지고 찾아보며 표현하기를 즐긴다. 노래나 리듬을 흥얼거리고 움직임과 춤으로 나타내고, 스스로 다룰 수 있는 재료와 도구로 미술을 즐기며 일상에서 체험한 것을 상상놀이로 표현하며 즐거움을 경험한다. 예술경험 영역은 2세 영아가 일상에서 아름다움을 느끼고 즐기며 이를 통해 자신의 생각이나 느낌을 자유롭게 표현하는 경험을 가지도록 하는 내용이다. 영아는 이러한 경험을 통해 감수성을 계발하고 심미적 태도를 증진시킨다. 이를 위하여 교사는 영아가 익숙한 일상에서 접하는 대상과 공간에 주의를 기울여 아름다움을 느낄 수 있도록 충분한 시간과 여유로운 공간을 제공하도록 한다. 또한 영아가 다양한 예술을 저마다의 방법으로 자유롭게 표현하고 즐기도록 돕고, 이 과정에서 개별 영아의 느낌과 생각, 표현 방법을 존중하여 자유롭고 편안한 분위기에서 자신의 생각을 표현하도록 지원한다.

〈표 3-3〉 2세 예술경험 영역의 내용

내용범주	내용
아름다움 찾아보기	• 자연과 생활에서 아름다움을 느끼고 즐긴다. • 아름다움에 관심을 갖고 찾아본다.
창의적으로 표현하기	• 익숙한 노래와 리듬을 표현한다. • 움직임과 춤으로 자유롭게 표현한다. • 미술재료와 도구로 표현해 본다. • 일상생활 경험을 상상놀이로 표현한다.

2) 3~5세 예술경험 영역

유아는 일상에서 아름다움과 경이감을 느끼고 즐기며 표현하는 풍부한 감성을 가진 존재로, 주변의 자연과 일상생활 속에서 아름다움을 느끼고 예술적 요소를 찾아보며 다양한 재료와 도구로 자신의 생각과 느낌을 표현한다. 예술경험 영역은 유아가 자연, 일상생활, 예술에서 아름다움을 찾아보고, 창의적인 방법으로 자신의 경험, 생각, 느낌을 표현해 보고, 더불어 다른 사람의 예술적 표현을 존중하는 경험과 관련된 내용이다. 교사는 유아가 아름다움을 느끼고 즐기며 창의적으로 표현하는 과정을 통해 풍부한 감수성을 기르도록 도와주어야 하며 유아가 다양한 예술 감상을 통해 상상력을 키우고 예술표현이 가지고 있는 고유의 가치를 존중하도록 지원하여야 한다(교육부, 보건복지부, 2019).

〈표 3-4〉 3~5세 예술경험 영역의 내용

내용범주	내용
아름다움 찾아보기	• 자연과 생활에서 아름다움을 느끼고 즐긴다. • 예술적 요소에 관심을 갖고 찾아본다.
창의적으로 표현하기	• 노래를 즐겨 부른다. • 신체, 사물, 악기로 간단한 소리와 리듬을 만들어 본다. • 신체나 도구를 활용하여 움직임과 춤으로 자유롭게 표현한다. • 다양한 미술재료와 도구로 자신의 생각과 느낌을 표현한다. • 극놀이로 경험이나 이야기를 표현한다.

내용범주	내용
예술 감상하기	• 다양한 예술을 감상하며 상상하기를 즐긴다. • 서로 다른 예술 표현을 존중한다. • 우리나라 전통 예술에 관심을 갖고 친숙해진다.

3) 전래동요 지도

(1) 전래동요의 의미

전래동요는 우리의 오랜 역사 속에서 전통적으로 구전되어 온 아이들의 노래이다. 즉, 긴 세월 동안 여러 사람들의 입을 통해 불려 내려오면서 멜로디와 가사가 다듬어져 내려왔다. 이러한 전래동요는 우리 어린이들로 하여금 우리 조상들의 생활상과 문화를 자연스럽게 전수받고 이어 나갈 수 있도록 돕는다. 우리나라의 전래동요는 주로 반음계가 없는 5음 음계(도－레－미－솔－라)에 기초한 음정으로 구성되어 있으며 음폭이 넓고 리드미컬한 리듬을 포함하고 있다. 또한 분명한 음정, 음길이의 대조, 가락의 진행 등도 명확하여 구분하기가 쉽다. 오늘날까지 전래되어 내려오는 전래동요에는 '두껍아 두껍아, 대문 놀이, 참새야 참새야, 어깨동무' 등이 있다. 어린이의 꿈, 상상의 세계, 희망, 심리적 상황을 표현한 노래로 구전동요라고도 부른다. 놀이와 노래가 함께 행해지는 전래동요 가사는 주로 어린이들이 쉽게 주변에서 접할 수 있는 자연물이나 동물, 자연현상 및 상황들을 노래하는 것이 대부분이며 비교적 쉽고 반복적인 패턴의 놀이를 포함한다(방은영, 2015).

(2) 전래동요의 교육적 효과

전래동요의 교육적 효과는 다음과 같다(방은영, 2015; 엄성은, 2009).

- 전래동요는 영유아뿐만 아니라 어른들도 쉽게 익히고 부를 수 있다. 가락은 쉽고 단순하기 때문이다.

- 전래동요는 뇌 발달을 돕는다. 전래동요에 내재되어 있는 놀이적 요소와 움직임의 요소는 영유아의 소근육 발달을 돕고 뇌 발달을 돕는다.
- 전래동요는 세상을 긍정적으로 인식하고 영위하도록 돕는다. 노랫말과 놀이노래는 영유아의 삶에 즐거움을 선물하여 에너지 넘치는 삶을 살도록 한다. 옛 아이들의 순수하고 밝은 감정과 정서, 생각을 느낄 수 있으므로 현대사회 아이들의 정서에 좋은 영향을 줄 수 있다.
- 전래동요는 삶의 즐거움을 배가시킨다. 기억하기 쉬운 노랫말의 운율과 반복적인 리듬 패턴은 영유아로 하여금 전래동요를 생활의 일부로 여겨 자주 흥얼거리게 한다.
- 전래동요는 모국어 습득의 기초로서 언어발달에 효과적이다. 노랫말 속에서 우리말의 아름다움과 해학적인 표현을 느끼는 것을 물론 우리말의 신축성 및 운율을 통하여 다양하고도 풍부한 어휘력을 배울 수 있다. 즉, 많은 부분을 차지하는 말놀이 동요 형식은 영유아의 일상에서 많이 사용하는 장난스러운 말투를 포함하는 장난기 어린 말투와 글자나 숫자풀이 형태 등 언어 자체의 유희성을 사용하므로 영유아가 비교적 쉽게 따라 부를 수 있다.
- 전래동요는 자주 부름으로써 음악적 능력과 표현성을 증진시킨다. 음악의 기초 요소인 다양한 리듬, 박자, 빠르기, 강약, 놀이로 구성되어 있다. 또한 기초적인 우리 음악 어법이 담겨져 있기 때문에 우리나라 음악 어법을 자연스럽게 받아들여 새로운 우리 음악을 창조할 수 있는 능력을 기를 수 있다.
- 전래동요는 창의성 발달에 효과적이다. 고정화된 노래가 아닌 아이들 사이에서 끊임없이 다듬어지고 창작되면서 불러온 노래로 이 시대의 아이들 또한 그들의 생각과 느낌을 놀이와 노래 속에서 다양하게 표현함으로써 새로운 노래와 놀이문화를 탄생하게 한다.
- 전래동요 속의 놀이적 요소는 신체발달에 효과적이다. 영유아 일상생활에 필요한 기초 체력을 기르는 것은 물론, 건강하고 안전한 생활습관을 형성

하도록 돕는다.

- 전래동요는 정체성 발달을 돕는다. 민족문화유산과 민족 정서를 자연스럽게 습득하고 전수하는 역할을 하도록 돕는다. 즉, 나라 전체의 사람들이 참여하여 만든 노래이기 때문에 조상들의 삶을 이해하고 나아가 우리나라의 문화와 얼을 지키고 가꾸어 나갈 수 있는 기초 교육이 된다.
- 전래동요는 영유아의 사회성 및 협동적인 문제 해결을 통한 공동체 의식 함양에 도움을 준다. 여럿이 어울리는 놀이 노래 속에서 개인의 생활 문화가 아닌 우리의 생활 문화, 즉 공동체의 질서와 규범 및 문화를 이해하고 만들어 가는 사회성을 갖게 한다.
- 전래동요의 놀이성은 영유아로 하여금 자신의 책임 완수, 선의의 경쟁, 양보하기, 공정한 판단력, 새로운 규칙과 방법에 대처하는 지혜를 길러 주고 자기의 생각을 표현하고 수행하도록 한다.
- 전래동요는 영유아로 하여금 많은 사회적 정보를 자연스럽게 습득하고 수감각 및 과학 원리와 사회적 규범, 그리고 공간 감각 등을 자연스럽게 습득하도록 돕는다. 또한 자연에 순응하고 일치감을 표현한 노래를 부름으로써 자연의 느끼고 이해하면서 자연 보호의 소중함과 보호의 필요성을 깨닫게 한다.

(3) 전래동요의 지도방법

전래동요 지도방법은 다음과 같다(방은영, 2015).

- 전래동요는 피아노 반주에 의한 지도도 가능하지만 국악기인 장구를 활용하여 구음으로 부르기 및 장단을 치면서 지도할 수 있다. 이는 장구가 자연스럽게 전래동요의 추임새를 익히고 표현할 수 있도록 하는 데 효과적이기 때문이다.
- 교사가 악기 연주에 자신이 없을 경우 수준 높은 연주자에 의해 녹음된 CD와 같은 음향자료를 이용하여 지도하는 것이 바람직하다. 장단과 가락의 조화 그리고 가락이 지니고 있는 특징을 좀 더 정확하고 빠르게 익히고

표현할 수 있도록 돕는다.

- 전래동요를 지도할 때, 어울리는 추임새 및 신체 움직임을 함께하면서 노래하는 방식이 효과적이다.
- 우리 언어만의 뉘앙스와 억양 등을 잘 살려 전래동요가 지닌 정서를 느끼며 즐겁게 부르도록 지도한다.
- 현대적 언어와 감각을 수용하는 것을 게을리 하지 말고 적극적인 개사와 멜로디 변형을 시도하고 함께 해 보려고 노력한다.
- 영유아의 일상과 연관된 다른 가사를 만들어 붙이고 불러 보는 활동 등을 통하여 더욱더 친근하게 노래 놀이에 참여하게 된다.
- 교실뿐만 아니라 유희실, 그리고 야외 놀이터 등을 활용해 영유아가 마음껏 노래 부르며 신체를 활용해 즐길 수 있도록 한다.

〈표 3-5〉 우리나라 전통악기

구분	내용
장구	장구는 허리가 가늘고 잘록한 통의 양쪽에 가죽을 붙인 악기이다.
해금	왼손으로 줄을 잡고 오른손으로 활대를 쥐고 줄과 줄 사이에 활을 끼워 두 줄을 문질러 소리를 내는 악기이다. 해금은 궁궐에서 열리는 장엄한 의식부터 백성들의 흥겨운 놀이마당에 이르기까지 널리 쓰였다.
태평소	멍이 뚫린 나무관에 깔때기 모양의 쇠를 단 전통악기로 소리가 크고 기운차다. 사물소리와 잘 어울려 신명을 돋워 준다.
가야금	오동나무로 만든 울림통에 명주실을 열두 줄로 꼬아 얹은 악기이다. 열두 줄은 기러기 발 모양을 닮은 괘 위에 얹혀 있다. 이 괘를 움직여서 음높이를 조절한다.
거문고	울림통 위에 길게 늘어선 열여섯 개의 괘 위에 여섯 줄을 얹어 만든 악기이다. 거문고를 연주할 때는 오른손에 '술대'라고 하는 얇은 나무막대를 쥐고 튕기며 연주한다.
대금	대금은 대나무로 만든 악기로 신라시대 때부터 연주되어 온 고유의 관악기이다.
단소	세로로 불어 소리를 내는 악기이다. 단소는 누구나 쉽게 배울 수 있어 널리 연주되고 있다.
피리	나무에 구멍을 뚫어 세로로 부는 악기이다. 피리의 종류에는 향피리와 당피리, 세피리 등이 있다.

3. 나라별 전통음악

1) 영유아를 위한 다문화 음악교육

다문화 음악교육이란 다양한 나라의 문화를 음악이라는 매개체를 통하여 배우는 것이다. 즉, 문화적으로 다양한 세계 여러 나라 고유의 문화 정체성을 존중하면서 다른 지역에 대해 개방적이고 수용적인 태도를 가질 수 있도록 하여 세계 여러 나라 고유의 정서와 문화를 이해하도록 돕는 전통성을 고취하는 것을 의미한다.

영유아를 위한 다문화 음악교육은 자신의 문화에 대한 정체성을 가지고 경험, 연령, 성별, 언어, 종교, 사회적 계층 등의 다양한 배경을 가진 집단의 음악을 교육함으로써 각 문화들 간의 차이와 관계를 조명하고 음악을 수업의 소재로 활용하여 다문화를 경험하는 것이다(김영연, 2010; Campbell & Scott-Kassner, 2010). 이처럼 영유아를 위한 다문화 음악교육은 우리나라의 음악을 포함하여 국기와 국가, 세계 여러 나라의 전래동요, 전통악기, 전통 춤을 영유아에게 가르침으로써 각 문화들 간의 차이를 조명하는 행위이다(김민채, 2012).

오늘날 영유아는 그 어느 시대보다도 세계화와 다문화 물결 속에서 자신이 속한 사회를 바로 인식하고 긍정적인 문화 정체성을 소유할 필요성이 요구되고 있다. 그 이유는 세계화와 다문화의 물결 속에서 영유아기부터 가족과 지역사회, 나라의 구성원으로서 자신에 대한 이해와 문화를 인식함으로써 문화적 자아를 형성하는 것이 중요하다는 인식이 높아지고 있기 때문이다. 따라서 현대사회에서 세계화와 다른 문화에 따른 문화 정체성은 닫힌, 완고하게 정형화된 문화 정체성이 아니라 열린, 긍정적인 유연한 문화 정체성으로 개성을 상실하면서 다른 문화를 그대로 추종하거나 수용하는 것이 아니라 오히려 자신에 대한 인식, 자신이 속한 문화를 바로 알고 편견 없이 능동적으로 문화교류를 지향하는 정체성을 의미한다. 영아는 만 1~2세가 되면 자신뿐만 아니라 타인의 피부색, 성, 신체 구조 등에 관심을 보이고 다른 사람의 문화적 행동을 인식하기 시작하며, 자기가 무엇인가를 원할 때 또는 타인이 자기에게 해롭게 할 때 감정을 어떻게 표현하는지를 학습할 수 있다. 유아는 만 3~4세가 되면 민족과 성에 대한 정체성을 가질 수 있고, 자신이나 친숙한 사람이 소속된 하위문화와 다른 문화 간의 공통점과 차이점을 찾는 데 많은 흥미를 보이기 시작한다. 만 5세가 되면 사회계층, 장애 상태, 지역에 따른 생활방식과 하위문화의 다양성을 인식하고 집단구성원으로서 자신을 동일시하기 시작한다(전인옥, 이숙희, 2014). 이와 같이 영유아기의 발달상 다문화교육은 꼭 필요한 것으로 이해되며 세계화에 맞춘 하나의 교육과제이기도 하다. 이러한 다문화교육을 보다 쉽게 영유아들에게 접근하게 하기 위해서는 우리나라의 음악과 함께 다양한 세계 여러 나라의 음악을 배움으로써 음악이 가지고 있는 세계 여러 나라의 고유한 민족성과 문화를 이해하는 교육과정이 필요하다.

다문화 음악교육의 가치는 다음과 같다(권덕원, 2000).

- 다문화 음악교육은 타국의 문화, 음악, 종교 등을 이해할 수 있게 한다.
- 다문화교육을 통해 자신의 정체성을 갖게 한다.
- 다문화 음악교육에서 각 나라마다의 다양성과 차이점을 인식하고, 음악적 창의성을 발달시키며 음악이 갖는 세계 만국어로서의 기능을 설명하고 있다.

2) 베트남

(1) Cum Num Cum Niu(주먹 세어 보기: 쿰놈쿰뉴)

Cum Num Cum Niu

① 곡 소개

- 베트남 남부지방에서 아이들이 수 세기를 하면서 부르는 찬트다. 처음 시작 할 때 수 세기를 하기로 정해진 영유아는 검지로 다른 영유아들의 주먹 쥔 손을 세다가 찬트가 끝날 때 가리키는 주먹 쥔 손의 영유아가 다음 수 세기의 술래가 된다.

② 노랫말 번역

손을 꼭 쥐어라! 손을 꼭 쥐어라!
예쁜 손, 아름다운 손, 금화, 젓가락
세 가지 꽃을 피게 하는 쌀나무
도둑이 달걀을 훔친다.

출처: 전인옥(2011).

③ 놀이방법

- 주먹을 쥐었다 손바닥을 폈다 하는 손 리듬놀이를 찬트에 맞춰 놀이한다.
- 5~6명의 영유아들이 둥글게 원을 만들어 선 채로 주먹을 쥔 손을 세로로 포갠다.
- 먼저 주먹 세기를 할 영유아를 정하고, 노래를 부르면서 고정박에 맞추어 주먹 수 세기를 한다.
- 노래가 끝날 때, 주먹 세기에 걸린 영유아의 손을 세로로 포개진 주먹들에서 빼고, 주먹 쥔 손을 뺀 영유아가 다음 주먹 세기의 술래가 되어서 동작을 반복한다.
- 마지막까지 주먹 쥔 손이 남은 영유아가 게임에서 이긴다.

3) 중국

(1) 수건 돌려라

① 곡 소개

- 한국의 수건돌리기 놀이와 비슷한 형태로, 수건놀이에 맞추어 중국에서 불리는 전래놀이 노래이다.

③ 놀이자료

- 손수건 또는 스카프

④ 놀이방법

- 여러 영유아들이 원으로 둘러앉고 한 영유아가 술래가 된다.
- 술래는 손수건을 가지고 노래를 같이 부르며 둘러앉은 영유아들 중 한 명 뒤에 몰래 손수건을 놓고 도망간다.
- 자기 뒤에 손수건을 발견한 영유아는 술래를 좇아 뛰고, 술래는 손수건을 뒤에 놓은 영유아의 자리까지 뛰어가서 앉는다. 만약 술래가 그 전에 잡히면 계속 술래를 해야 하고, 만약 술래가 자리에 먼저 가서 앉으면 자기 뒤에 손수건을 발견한 영유아가 다음 술래가 된다.

4) 필리핀

(1) 꽃은 지고

꽃은 지고

① 곡 소개

- 필리핀의 전통적인 놀이노래로 봄은 생명의 소중함과 활력을 깨닫게 해 주는 계절이라는 노래이다.
- 놀이영상: https://www.youtube.com/watch?v=WOfuWCAyrl0
- '꽃피는 봄날'로도 번안되어 불리기도 한다.

② 노랫말 번역

서울교대 세계 음악 연구팀 역사

가을에는 꽃이 지고	봄이 오면 꽃이 피네
꽃이 만발한 봄은	사계절의 여왕
붐티야야 붐티야야	붐티야야 에에
붐티야야 붐티야야	붐티야야 붐티야야 어 봄

③ 놀이방법

- 1~2마디: 모두 손을 잡고 앞으로 걷는다.
- 3~4마디: 모두 손을 잡고 뒤로 걷는다.
- 5~6마디: 술래가 가운데로 나와 혼자 엉덩이를 흔들면서 춤을 추다가 엉덩이로 다음 술래를 지목한다.
- 바뀐 술래가 가운데로 나와 춤을 추고, 노래를 부르면서 계속 반복한다.

(2) 필리핀 전통악기

① 전통음악

- 필리핀은 다른 동남아시아 나라들과 마찬가지로 여러 가지 타악기를 연주한다. 악기의 모습은 마치 우리나라의 북이나 꽹과리, 혹은 징과 비슷하다. 필리핀은 오랜 기간 동안 스페인의 식민지를 경험했기 때문에 대부분의 사람들이 기타와 같은 서양의 음악에 더 익숙하다. 식민지의 영향을 받지 않은 산악지역의 소수민족이나 남부 민다나오의 무슬림들은 자신들의 전통적인 악기와 음악을 즐기고 있다.

② 놀이자료

- 필리핀 전통악기 사진, 관련 동영상 또는 음원

마라카스	캐스터네츠	플라우타: 대나무 피리
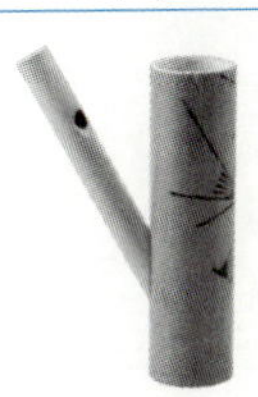	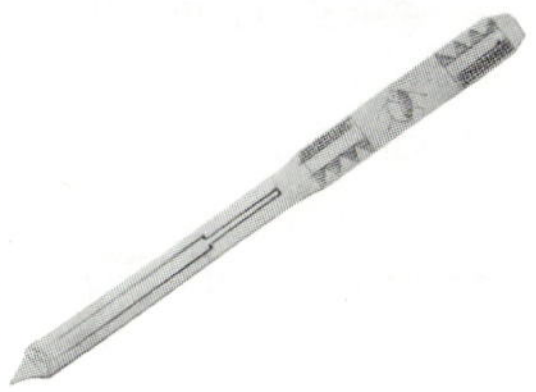	
피토: 대나무 전통악기	쿠빙: 입술피리	

출처: 어린이박물관 다문화 꾸러미.

③ 필리핀 전통악기의 종류

- 마라카스: 흔들어서 소리를 내는 전통악기의 일종이다. 코코넛 껍데기에 구멍을 뚫어 속에 있는 코코넛 육질을 모두 꺼낸 후, 그 속에 모래를 적당히 넣고 손잡이로 막아서 만든다. 손잡이를 쥐고 흔들면 사각사각 소리가 난다.
- 캐스터네츠: 필리핀 사람들은 전통적으로 자연에서 얻는 재료를 간단히 이용해서 악기를 만들었다. 왼쪽은 코코넛 껍질로 만든 캐스터네츠이고, 오른쪽은 대나무로 만든 캐스터네츠다.
- 플라우타: 필리핀 말로 피리를 뜻한다. 대나무에 구멍을 내고 예쁘게 장식해서 만든다.
- 피토는 전통악기 피리이다. 피토는 필리핀 말로 여덟을 뜻하기도 하고, 또한 대나무 파이프를 뜻한다. 전통악기에서는 대나무 호각을 뜻하는 말로 쓰인다. 대나무 통에 물을 적당히 넣어서 불면 새소리와 비슷한 소리가

나기 때문에 악기로 쓰이기도 한다.

- 쿠빙: 대나무로 만든 필리핀 전통악기이다. 입술에 대고 불어서 소리를 내는 악기인데, 이와 비슷한 악기들이 동남아시아의 여러 나라에도 있다.

5) 캄보디아

(1) Leak Kanseng(스카프를 감춰라)

Leak Kanseng

① 곡 소개

- 캄보디아의 크메르인들은 전통의상 중 비단 또는 면 스카프인 Krama를 여자는 가슴에 대각선으로, 남자는 허리 아래에 두른다. 〈Leak Kanseng〉은 캄보디아의 새해, 9월 조상의 날, 10월 꽃의 축제 때 영유아들이 원형으로 둘러앉아 전통적인 스카프인 Krama를 가지고 하는 놀이이다.

② 노랫말 번역

스카프를 감춰라!	고양이가 물면	끌고	간다

③ 놀이자료

- 손수건 또는 스카프

④ 놀이방법

- 유아들은 원형으로 둘러앉는다. 술래는 한 손에 스카프를 들고 원 밖에서

노래를 부르면 걷는다.

- 술래는 둘러앉은 영유아들 중 한 명 뒤에 몰래 스카프를 놓고 도망간다.
- 자기 뒤에 스카프를 발견한 유아는 술래를 쫓아 뛰고, 술래는 스카프를 뒤에 놓은 영유아의 자리까지 뛰어가서 앉는다. 만약 술래가 그 전에 잡히면 계속 술래를 해야 하고, 만약 술래가 자리에 먼저 가서 앉으면 자기 뒤에 스카프를 발견한 영유아가 다음 술래가 된다.

6) 태국

(1) 코끼리

코끼리

보통빠르게

태국 동요

① 곡 소개

- 태국의 상징 동물인 코끼리를 주제로 한 동요로, 코끼리에 대한 태국 사람들의 친근함을 나타낸 노래이다.
- 태국의 코끼리는 '창타이'라고 불리며 뜻은 영광, 용기, 관용을 상징한다. 코끼리는 장수와 신뢰의 동물로 간주하며, '창타이'가 상징적인 이유는 태

국 왕가가 코끼리를 불교의 동물로 생각하여 신성시하기 때문이다. 태국 코끼리는 과거 전쟁에서 왕실 수레에 이용되었으며 오늘날에는 태국 왕실 권위의 상징으로 되어 있다.

- 창-코끼리, 응우엉-코, 응아-상아, 후-귀, 따-눈, 항-꼬리, 야우-길다

② 노랫말 번역

김경자 역사

코끼리 코끼	리--코	끼리 보았	니—몸
집이 크고	무거워 긴	코 이름 응우엉	-코 밑에
길쭉한 상아	-귀도 눈도 있	어 꼬리는 길	어

③ 놀이자료

- 태국 코끼리 사진

④ 놀이방법

- 한 줄로 서서 걸으며 코끼리의 특징적 몸동작을 표현해 본다.
- 노래에 맞추어 좌우로 몸을 기울이며 교실을 걸어 본다.

(2) 태국 전통악기

① 전통음악

- 태국은 고전음악과 민속음악이 있다. 고전음악은 실로폰이 중심이 되는 '삐팟'이 있고, 현악기 중심의 '크르엉싸이'가 있다. 민속음악은 각 지역의 고유악기를 이용한 음악을 말한다. 동북부 지방의 음악은 템포가 빠른 것이 많다.

② 놀이자료

- 태국 전통악기 사진, 관련 동영상 또는 음원

③ 태국 전통악기 종류

- 칭: 작은 징(놋쇠판) 2개가 한 쌍으로 2개를 마주 부딪쳐 소리를 낸다. 연주 속도를 조절해 주는 역할도 한다.
- 컹엉: 커다란 바구니 같아 보이는 악기이다. 18개의 종으로 이루어져 있다. 종의 중앙을 쳐서 소리를 낸다.
- 라낫: 나무배와 같은 모양을 한 실로폰이다. 작은 채로 나무판을 쳐서 소리를 낸다.
- 삐: 대나무로 만든 피리이다
- 캔: 대나무로 만든 악기로 입으로 바람을 불어 소리를 낸다. 대나무 줄기의 길이에 따라 음높이가 다르다.
- 끌렁: 북으로 울림통이 길어 팔에 끼고 연주하기도 한다.

7) 일본

(1) Tsuki(달)

① 곡 소개

- 일본은 양력 8월 15일을 전후하여 오본 기간을 정하고 시골에서 축제를 연다. 이때 춤을 추면서 부르는 노래가 〈Tsuki〉(달)이다. 일본에서 보름달이 뜨는 날에 불리는 노래와 춤이라는 점에서 우리나라 음력 8월 15일 추석에 추는 강강술래와 흡사하다.

② 노랫말 번역

뜬다	뜬다	뜬 -	다
둥-근	둥-근	아-주 둥근	달
쟁-반	같-은	달이	뜬다

출처: 전인옥(2011).

③ 놀이자료

- 일본의 봉오놀이 그림자료, 북

④ 놀이방법

- 일본에서 보름달이 뜨는 여름밤에 전통 옷을 입고 부채를 꽂고 춤추며 걷는 봉오놀이처럼 여러 영유아들이 둥근 달 모양의 원을 만들어 빙 둘러서고, 교사가 북을 준비하여 원 가운데에서 연주한다.
- 교사가 연주하는 북의 기본 박에 맞추어 〈Tsuki〉를 같이 노래를 부르며 둘러선 영유아들은 원의 한 방향으로 걷기놀이를 한다.
- 영유아들이 걸어가면서 일본 전통무용의 손바닥 뒤집는 다양한 모양을 만들며 춤을 추듯이 노래를 충분히 느끼면서 걸어 본다.

(2) Kaeru No Uta(개구리의 노래)

① 곡 소개

- 일본에서 개구리가 우는 봄에 아이들이 즐겨 부르는 〈Kaeru No Uta〉(개구리의 노래)는 원래 독일의 전래동요를 번역한 노래다. 그러나 현재 독일에서는 이 노래의 전승이 끊어져 일본의 전래동요로 인식되고 있다. 〈Kaeru No Ua〉의 유래를 설명하면서 고유한 전통문화를 계승하는 것이 얼마나 중요한지를 알 수 있다.

② 노랫말 번역

개구리	노래가	들-려-	오네요 -
꽥꽥	꽥꽥	개굴개굴개굴개굴	꽥꽥꽥-

출처: 전인옥(2011).

③ 놀이자료

- 귀로

④ 놀이방법

- 개구리 노래의 노랫말을 번역하여 들려 주면서 개구리의 노래 두 가지 의성어를 신체악기를 활용하여 소리 내어 본다. '과 과 과 과'는 손뼉 치기와

함께 하고, '게로 게로 게로 게로'는 무릎 치기와 함께하며 노래를 불러 본다.

- 개구리 노래를 다양한 언어로 배울 수 있게 언어카드를 사용하여 일본의 개구리 우는 소리 부분에서 '과 과 과 과'를 한국의 개구리 우는 소리 '꽥 꽥 꽥 꽥'으로 불러 본다. 또한 일본의 개구리 우는 소리 '게로 게로 게로 게로'를 한국의 개구리 우는 소리 '개굴 개굴 개굴 개굴'로 바꾸어 노래를 불러 본다.
- 개구리 노래 의성어를 귀로로 연주하면 노래를 불러 본다.

(3) 토끼

토끼

① 곡 소개

- 일본에서 옛날부터 전해 오는 전래동요로, 보름날에 영유아들이 부르는 노래이다.
- 우사기–토끼, 나니–무엇, 미테–보다, 하네루–뛰다, 츠끼–달

② 노랫말 번역

서울교대 세계 음악 연구팀 역사

토 끼야	토끼야	무얼보고	뛰느냐	
둥글둥글	보름달님	달맞이	하러가	니

③ 놀이방법

- 우리말과 원어 노랫말로 감상한다.
- 우리말과 원어 노랫말로 읽고 뜻을 알아본다.
- 우리말 또는 원어로 따라 불러 본다.

8) 몽골

(1) 좋아 좋아

좋아 좋아

① 곡 소개

- 영유아들이 어려도 혼자서 잘할 수 있다는 내용의 노래이다.
- 칙치–새끼손가락, 헹–만큼, 비시에–않아요, 올어–내가, 오가야–씻다, 팀에후 아이–그렇죠, 꺼여꺼여–좋아 좋아.

② 노랫말 번역

김경자 역사

손가락 만큼은 작지	않아	세수도 혼자	해–요
그렇죠 앙–	좋아 좋아 좋아	그렇죠 앙–	좋아 좋아 좋아

③ 놀이방법

- 노래의 원어를 읽고, 노랫말의 뜻을 알아본다.
- 노랫말을 동작으로 표현해 본다.
- '좋아 좋아(꺼여꺼여)'가 나오는 부분만 재미있는 동작을 만들어 표현하며 노래를 불러 본다.
- 노래를 부르며 '좋아 좋아(꺼여꺼여)'가 나오는 부분에 만든 동작을 하고 재미있는 동작을 전체가 따라 한다.

(2) 몽골 전통악기

① 전통음악

- 몽골 사람들은 음악을 좋아하고 즐기는 민족이다. 초원에서 들려오는 다양한 자연의 소리를 노래와 악기를 통해 표현한다.

② 몽골 전통악기의 종류

- 모링호르(마두금): '모링호르'는 '말머리 모양의 현악기'라는 의미를 가진 몽골의 전통악기로 몽골을 상징하는 대표적인 악기로서 몽골인들이 매우 소중히 여긴다. 이 악기는 두 개의 현이 팽팽하게 늘어진 악기 몸통 끝부분에 말머리 모양이 조각되어 있어 '모링호르', 즉 '마두금'이라는 이름이 붙여졌다. '모링호르'는 말의 울음소리와 발굽 소리 등을 생생하게 표현할 수 있다.
- 야탁: 우리나라의 가야금과 같은 종류의 몽골전통 악기이다. 야탁 연주는 아름다운 선율로 우리의 마음을 편안하게 해 준다.
- 샨스: 원래는 줄이 두 개였으나, 지금은 세 개의 줄로 발전된 전통악기이다. 독주, 협주 등 다양한 연주를 할 수 있다.

9) 기타

(1) 독일: Viva la Musica

① 곡 소개

- 〈Viva la Musica〉는 독일 작곡가 미하엘 프레토리우스(Michael Praetorius, 1571~1621)가 음악을 찬양하는 의미로 만든 곡이다.

② 노랫말 번역

만세	음악이여	만세, 만세
음악이여	만세	음악이여 만세

③ 놀이자료

- 언어카드('Vva'는 만세, 'Musica'는 '음악'의 뜻)

④ 놀이방법

- 언어카드를 보면서 'Viva'는 '만세', 'Musica'는 '음악'의 뜻이라는 것을 이해한다.
- 노랫말에 Viva가 몇 번 나오고, Musica가 몇 번 나오는지 손가락으로 세어

알아맞히기 게임을 한다. '비바'는 5번, 뮤지카는 3번 나온다.

- 노래를 완전히 익힌 다음, ①, ②, ③의 부분을 세 모둠으로 나누어 돌림노래를 불러 본다.

(2) 가나: Obwisana

① 곡 소개

- 가나의 어린이들이 돌멩이를 옮기며 부르는 동요이다.

② 노랫말 번역

돌멩이에 손을 다쳤어요. 할머니!	돌멩이에 손을 다쳤어요.
돌멩이에 손을 다쳤어요. 할머니!	돌멩이에 손을 다쳤어요.

③ 놀이자료

- 작은 돌멩이

④ 놀이방법

- 원형으로 둘러앉는다.
- 노래를 부르면서 일정한 박자에 맞추어 돌멩이를 옆 친구에게 전달한다.
- 익숙해지면 속도를 빠르게 한다.

(3) 모나코: A Ram Sam Sam

A Ram Sam Sam

① 곡 소개

- 모로코의 전래동요이다. 'ram sam sam'은 별다른 의미가 없는 재미있는 소리이다. 'guli'는 '말해줘'의 뜻이며, 'rafig'는 아랍어로 '친구'를 의미한다.

② 노랫말 번역

아	람쌈쌈 아	람쌈쌈	말해줘, 말해줘, 말해줘	람쌈쌈
아	친구야	친구야 말해줘	말해줘, 말해줘, 말해줘	람쌈쌈

③ 놀이방법

- 노래를 부르면 아래에 제시된 동작을 해 본다.
- ram-sam-sam(무릎 치기－손뼉치기－손뼉치기)
- guli guli guli guli(양쪽 팔을 구리구리 하듯이 돌린다)
- a ra-fig(양쪽 팔을 위로 올렸다－내린다)

4. 다문화음악의 실제

1) 세계 여러 나라 동요 여행

활동 목표	1. 여러 나라의 동요를 감상한다. 2. 각 나라의 문화에 관심을 갖는다. 3. 여러 나라의 동요의 특징을 비교해 본다.
준비물	세계 여러 나라의 동요 음원, 세계 지도, 나라별 사진 자료
활동 방법	1. 여러 나라에 대해 이야기 나눈다. – 'ooo'이라는 나라를 들어 본 적이 있니? – 세계 지도에서 ooo는 어디에 위치해 있을까? – 우리나라는 어디에 있니? 2. 여러 나라에 대해 알아본다. – 우리나라의 오른쪽에 있는 섬나라는 어느 나라일까? – 세계에서 인구가 가장 많은 나라로 우리나라와 땅이 닿아 있는 나라는 어느 나라인지 알고 있니? • 사진을 보며 각 나라의 특징에 대해 이야기 나눈다. 3. 여러 나라의 동요를 감상하고 따라 불러 본다. – 오늘은 여러 나라 중에서 중국, 일본의 동요를 감상해 볼 거야. – 중국의 동요는 어떤 느낌일 것 같니? – 우리나라와 동요와 어떤 차이점이 있을까? – 각 나라의 동요를 감상해 보자. • 한 곡씩 노래를 감상해 본다. – 중국의 동요 '수건 돌려라'를 들어 보니 어떤 느낌이 드니? – 우리나라의 놀이 '수건돌리기'와 비슷한 놀이가 나오는구나. – 일본 동요 '토끼'를 들어 보니 느낌이 어떠니? – 불러 보고 싶은 동요가 있니? – 우리나라 말로 노래를 불러 보자. 4. 활동을 평가한다. – 여러 나라의 동요를 들어 보니 어떠니? – 우리나라 동요와 어떤 점이 다르니? – 다시 들어 보고 싶은 나라의 동요가 있니?

ㄹ) 베트남 동요 감상

활동 목표	1. 다른 나라의 전래동요에 대해 관심을 갖고 감상한다. 2. 다른 나라의 동요를 즐겁게 부르며 음률 활동에 참여한다.
준비물	영상 자료 '베트남 동요-꽃은 지고', 영상 자료 '동요-꽃은 지고', 노래 '꽃은 지고' 가사판
활동 방법	1. '베트남'하면 연상되는 것에 대해 이야기한다. – 세계 여러 나라 중 베트남에 대해 알고 있는 것이 있을까? – 베트남하면 무엇이 가장 먼저 떠오르니? – 베트남이 아시아 어느 쪽에 있는지 지도를 통해 알아보자. – 베트남의 대표적인 문화는 무엇일까? – 베트남의 음식에 대해 알고 있는 것이 있니? – 오늘 음률 영역에서 베트남의 대표적인 동요에 대해 알아보면 어떨까? – 제목은 '꽃은 지고'라는 곡이란다. 2. 영상을 통해 베트남 동요를 감상한다. – 먼저 영상을 보면서 노래를 들어 보자. – 반복적인 멜로디의 느낌이 어떠니? – 가사판을 보고 함께 불러 보자. – 노래에 어울리는 동작을 만들어 볼까? **〈꽃은 지고〉** 가을에는 꽃이 지고 봄이 오면 꽃이 피네 꽃이 만발한 봄은 사계절의 여왕 붐티야야 붐티야야 붐티야야 에에 붐티야야 붐티야야 붐티야야 붐티야야 어 봄 3. 베트남어로 전래동요를 감상한다. – 이번에는 베트남어로 '꽃은 지고' 동요를 감상해 보자. – 우리나라 말로 동요를 들었을 때와 베트남어로 들었을 때 느낌이 어떻게 다르니?

3) 세계 여러 나라 악기 소리가 들려요

활동 목표	1. 여러 가지 전통악기의 생김새와 연주방법에 관심을 갖는다. 2. 여러 나라의 악기 소리를 들으며 느낌을 표현한다.
준비물	세계 여러 나라의 악기 관련 자료
활동 방법	1. 우리나라의 악기에 대해 이야기 나눈다. 　－우리나라 전통악기에는 어떤 것이 있을까? 　－○○는 어떻게 연주하는 악기니? 소리는 어떻게 들리니? 　－우리나라 악기 연주하는 것을 본 적이 있니? 어디에서 봤었니? 2. 세계 여러 나라의 악기에 대해 이야기한다. 　－다른 나라에는 어떤 악기가 있을까? 　－(자료를 보며)너희가 본 적 있는 악기는 무엇이니? 　－○○악기는 어떻게 생겼니? 어떤 나라의 악기니? 　－어떻게 연주하는 악기일까? 이 악기의 소리는 어떨까? 　－어떤 소리가 나는지 함께 들어 보자. 3. 여러 나라의 악기에 대한 느낌을 자유롭게 표현한다. 　－연주해 보고 싶은 악기는 무엇이니? 　－○○악기 소리를 몸으로 표현한다면 어떻게 움직일 수 있을까?

4) 호두까기 인형

활동목표	• 셈여림, 빠르기, 리듬 등의 요소를 탐색한다. • 다양한 춤에 관심을 갖고 즐긴다. • 음악에 대한 다른 친구의 예술적 표현을 존중한다.
준비물	차이콥스키의 ≪호두까기 인형≫ 영상 자료, 발레 공연 사진
활동방법	1. 발레와 음악에 대해 이야기 나눈다. 　－사진 속의 사람들이 누구인지 알 수 있겠니?(발레리나, 발레리노) 　－발레 하는 것을 본 적이 있니? 　－발레 할 때는 어떤 음악에 맞춰서 동작을 할까? 2. 곡과 작곡가에 대해 소개한다. 　－발레의 곡으로 아주 잘 알려진 곡이 있단다.

〈곡의 해설〉
'호두까기 인형'은 차이콥스키의 대표적인 3대 발레곡 중의 하나이다. 독일의 호프만이 지은 동화 「호두까기 인형과 생쥐 왕」이라는 이야기에 차이콥스키가 아름다운 음악을 만들고 러시아 무용수가 발레극으로 만들었다.

3. 곡의 스토리를 소개한다.
   – 이 곡이 왜 '크리스마스의 멋진 선물'이 되었을까?

〈곡의 스토리〉
크리스마스 이브 날 밤 '마리'가 선물로 받은 호두까기 인형을 동생이 못 쓰게 만들었어요. 마리는 그 인형을 고쳐서 크리스마스트리에 장식을 해 놓고 잠이 들었어요. 그런데 마리는 그날 밤 이상한 꿈을 꾸어요. 크리스마스트리에 달렸던 장난감과 과자들이 살아서 움직였어요. 그래서 마리는 문 뒤에 숨어서 몰래 지켜보았어요. 호두까기 인형은 쥐의 왕과 싸움을 벌이는데 호두까기 인형이 위협을 당하자 마리가 슬리퍼를 던져 호두까기 인형을 구해 줘요. 그러자 호두까기 인형은 멋진 왕자님으로 변신하고 마리를 꿈의 궁전으로 안내해요. 마리는 축하파티에 초대되어 아름다운 춤과 음악을 감상해요. 잠이 깨어난 마리는 호두까기 인형을 꼭 안은 채 행복하게 크리스마스의 아침을 맞았어요.

4. 영상으로 차이콥스키의 ≪호두까기 인형≫ 모음곡과 춤을 감상한다.
   – 내용을 생각하면서 ≪호두까기 인형≫을 감상해 보자.
   – 발레리나는 곡에 따라 어떻게 춤을 추는지 보면서 음악을 들어 보자.

5. 영상을 통해 부분을 나누어 음악을 감상한다(〈아라비아의 춤〉, 〈러시아의 춤〉, 〈중국의 춤〉, 〈꽃의 요정 왈츠〉).
   – ≪호두까기 인형≫ 중에서 〈아라비아의 춤〉을 감상해 보자.
   – 음악을 들어 보니 어떤 느낌이 드니?
   – 차이콥스키는 ≪호두까기 인형≫이라는 작품에서 여러 나라의 춤을 음악으로 표현했대. 어떤 춤을 표현한 곡인지 또 다른 부분을 감상해 볼까?
   – ≪호두까기 인형≫ 곡 중에서 이번에는 〈○○○의 춤〉을 들어 보자.

6. 음악에 대한 자신의 느낌을 몸으로 표현한다.
   – 너희가 발레리나라면 어떻게 몸을 움직여 보겠니?
   – 이번엔 음악에 대한 자신의 느낌을 몸으로 표현해 볼까?
   – 〈○○○의 춤〉을 추면서 팔과 다리는 어떻게 흔들어 보면 좋을까?

7. 차이콥스키의 ≪호두까기 인형≫ 모음곡을 감상한 느낌에 대해 이야기 나누며 활동을 마무리한다.
   – 어느 춤곡이 빠르고 가장 신났니?
   – 어느 춤곡이 가장 아름답다고 느껴졌니?
   – 너희가 발레를 한다면 어느 곡으로 하고 싶니?

출처: 강보라(2022).

5) 다문화 관련 동요

하마하마 춤춰라

전래동요

- 하마: 달팽이의 경상북도 사투리. 경상도에서는 달팽이를 '하마고둥이', '하마고디'라고도 한다.
- 요 뿔 조 뿔: 이 뿔 저 뿔. 대부분의 달팽이는 빛이나 소리, 냄새 등을 감지할 수 있는 더듬이를 가지고 있는데, 그 더듬이를 뿔로 표현한다.
- 개똥밭: ① 개똥이 많고 물기가 많아서 기름진 밭. ② 개똥이 많은 더러운 밭. 개똥이 많은 곳은 기름질 테니, 그 의미가 서로 통한다고 할 수 있다. 이 노래에서는 ①번 기름진 밭을 뜻한다.
- 느그 할배: 너희 할아버지의 경상도 사투리. 할배는 주로 경상도 강원도에서 쓰는 할아버지의 사투리이다.

어깨 동무

전래동요

꿩꿩 장서방

자진모리장단 전래동요

덩			덩			소		—	고		
덩			덩			소		—	고		
어		떤	소		리	날		—	까		
이		런	소		리	나		—	지		
○			○			○		◎	○		
북면			북면			북면		테	북면		
○			○			○		◎	○		
북면			북면			북면		테	북면		
• 찰, 찰 탬버린 – 북면, 흔들기/칭, 칭 트라이앵글 – 치기, 트레몰로											

실구대 소리

자진모리장단 전래동요/국립국악원

• 실구대 – 실을 둥그렇게 감아 놓은 실뭉치, 실구대틀 – 실을 감는 틀, 꼬꾸대 – 닭 또는 닭의 울음소리, 꼬꾸대틀 – 닭장

벌아 벌아 꿀 떠라

자진모리장단

전래동요/국립국악원

- 꿀떠라–꿀을 빨아 먹어라, 지게달래–진달래, 연달래–철쭉

Funga alafia

나이지리아

- 서부아프리카 지역에서 널리 불러지고 있는 〈풍가 알라피아〉는 따뜻한 마음을 전하는 흥겨운 노래이다.
- 이 노래의 가사에는 환영과 평화, 건강과 감사를 뜻하는 내용이 담겨 있다.
- '풍가 알라피아'는 나이지리아를 중심으로 한 아프리카 지역에서 전통적으로 구전되어 오는 노래. '알라피아(alalfia)란 환영, 평화, 건강, 축복 등을 뜻하고,'아셰(ashay)'는 고맙습니다'의 의미를 지는 것으로 추정되고 있다.
- 노랫말 번역: 어서오세요, 아셰 아셰. 반갑습니다, 아셰, 아셰

Sorida

짐바브웨이

- 아프리카 짐바브웨에서는 만나면 〈Sorida〉라는 노래를 부르면서 인사를 한다. 이 노래는 짐바브웨에서 모든 연령대의 사람들이 만날 때마다 마주 보고 하는 인사놀이로서, 노래뿐만 아니라 동시에 손 리듬놀이를 통해서 서로의 피부를 접촉하며 반갑고 다정한 인사를 나눈다.
- 노랫말 번역: 친구와 인사해 안녕 안녕. 사랑의 인사해 안녕 안녕.

배가 떠나네

강보라 작사
스코틀랜드 민요

5. 다문화가정 영유아 놀이

1) 표준보육과정에서 놀이

영유아는 놀이하면서 자연스럽게 세상과 교감하며 성장해 간다. 놀이는 시작과 끝이 정해져 있는 것이 아니라 이어지고 끊어지며 새롭게 생성되어 가는 연속적 과정이며 이는 곧 배움의 과정과 같다. 교사는 영유아의 놀이를 배움의 과정으로 이해하고 영유아의 놀이를 지원해야 한다. 표준보육과정에서는 영유아가 놀이를 통해 경험하는 배움을 각 영역과 연결 지어 이해할 수 있도록 안내하고 있다. 표준보육과정 각 영역의 내용은 어린이집에서 경험해야 할 의미 있고 가치 있는 배움의 내용으로 구성되어 있다. 이는 교사가 가르쳐야 할 내용이 아닌 영유아가 즐겁게 놀이하면서 배우는 내용이다. 교사는 영유아의 놀이에서 나타나는 통합적 경험을 영역별 내용과 연결해 보면서 영유아의 놀이를 통한 배움을 이해할 수 있다(보건복지부, 2020).

2) 표준보육과정과 신체교육

(1) 0~1세, 2세 신체운동 영역

0~만 1세 영아는 감각적 자극에 반응하는 것으로 시작하여 주변 탐색과 자신의 신체 탐색 과정을 통해 자연스럽게 몸의 움직임을 발전시켜 나간다. 이와 같은 탐색을 통한 감각과 신체 인식의 과정은 영아가 자신의 몸을 구성하는 대근육, 소근육을 사용함으로써 조절능력을 키워 나가는 데 기초가 된다. 또한 영아는 다양한 운동을 시도하는 것을 좋아하는데 이와 같은 기본 동작을 포함하는 신체활동은 실내뿐 아니라 바깥놀이에서도 일어나며 자신의 몸을 통해 혹은 도구를 사

용함으로써 자연스럽게 경험되어진다. 이를 위하여 교사는 0~만 1세 영아가 편안하게 오감각으로 자극에 반응하고 주변을 다양하게 탐색할 수 있도록 하고, 대·소근육을 움직이면서 기본 운동을 포함한 실내외 활동에 관심을 가지고 즐길 수 있도록 지원해야 한다.

〈표 3-6〉 0~1세 신체운동 영역

내용범주	내용
감각과 신체 인식하기	• 감각적 자극에 반응한다. • 감각으로 주변을 탐색한다. • 신체를 탐색한다.
신체활동 즐기기	• 대 · 소근육을 조절한다. • 기본 운동을 시도한다. • 실내외 신체활동을 즐긴다.

2세 영아는 일상생활에서 감각적 자극을 경험하고 감각기관을 활용하여 감각적 차이를 구분하며 자신의 신체를 탐색하고 움직이면서 자신의 신체에 대해 인식하고 기본적인 신체 명칭이나 세부적인 신체 명칭에 대해 알아 간다. 또한 만 2세 영아는 대·소근육을 조절하면서 신체의 움직임과 사물에 미치는 영향을 이해하고 걷기와 같은 기본적인 이동운동을 잘할 뿐 아니라 걷기를 기반으로 하는 여러 가지 이동 동작(예: 기어가기, 걷기, 옆 구르기 등)과 단순한 비이동동작을 시도하고 즐긴다. 신체운동 영역은 만 2세 영아가 감각 능력을 활용하고 신체활동을 즐기는 것을 목표로 한다. 이를 위하여 교사는 만 2세 영아에게 다양한 감각 능력을 활용하고 신체의 각 부분을 움직일 수 있는 기회를 제공하고 대·소근육을 조절하며 몸의 균형감각을 기를 수 있는 기본운동과 신체활동을 즐길 수 있는 경험을 지원해야 한다.

〈표 3-7〉 2세 신체운동 영역

내용범주	내용
감각과 신체 인식하기	• 감각 능력을 활용한다. • 신체를 인식하고 움직인다.
신체활동 즐기기	• 대 · 소근육을 조절한다. • 기본 운동을 즐긴다. • 실내외 신체활동을 즐긴다.

(2) 만 3~5세 신체운동 · 건강 영역

유아는 몸을 움직여 놀이하는 것을 좋아하며, 자신의 몸을 건강하고 안전하게 지키고자 하는 힘을 가지고 있다. 신체운동 · 건강 영역은 유아가 자신의 몸에 관심을 가지고 신체활동에 즐겁게 참여하며, 건강하고 안전한 생활을 해 나가는 다양한 경험과 관련된 내용이다. 교사는 유아가 몸을 충분히 움직이는 경험을 통해 신체활동의 즐거움을 느끼고 기초 체력을 키우도록 돕는다. 교사는 유아가 일상에서 건강하고 안전한 생활을 실천할 수 있도록 지원할 수 있다.

〈표 3-8〉 2019 개정 누리과정 신체운동 · 건강영역

내용범주	내용
신체활동 즐기기	• 신체를 인식하고 움직인다. • 신체 움직임을 조절한다. • 기초적인 이동운동, 제자리 운동, 도구를 이용한 운동을 한다. • 실내외 신체활동에 자발적으로 참여한다.
건강하게 생활하기	• 자신의 몸과 주변을 깨끗이 한다. • 몸에 좋은 음식에 관심을 가지고 바른 태도로 즐겁게 먹는다. • 하루일과에서 적당한 휴식을 취한다. • 질병을 예방하는 방법을 알고 실천한다.
안전하게 생활하기	• 일상에서 안전하게 놀이하고 생활한다. • TV, 컴퓨터, 스마트폰 등을 바르게 사용한다. • 교통안전 규칙을 지킨다. • 안전사고, 화재, 재난, 학대, 유괴 등에 대처하는 방법을 경험한다.

3) 놀이의 개념 및 중요성

놀이에 대한 개념은 학자마다 다양한 탐구와 해석이 이루어지고 있으나 놀이의 본질적 특성에 관한 공통된 견해를 정리하면 다음과 같다(신윤승, 신혜원, 2022).

- 놀이에 참여하는 영유아는 즐거움과 기쁨이라는 긍정적 정서를 경험하게 된다.
- 놀이는 외적인 동기가 아닌 영유아의 자발적인 동기에 의해 추구된다.
- 놀이는 영유아가 놀이의 주체가 되어 놀이의 시작과 마무리를 스스로 결정하는 주도성에 의해 이루어진다.
- 놀이는 놀이에 참여하는 영유아가 자유롭게 선택한다.
- 놀이는 결과나 목표를 달성하기보다 참여와 과정이 중심이 된다.
- 놀이는 외부로부터 주어진 규칙을 넘어 자유롭고 융통적으로 변형 가능하다.
- 놀이의 맥락은 다양한 비실제적 가작화 요소를 포함한다.

놀이는 영유아가 세상과 소통하는 방식이며, 영유아는 놀이를 하면서 성장한다. 영유아는 다양한 놀이를 하면서 유능해진다(교육부, 보건복지부, 2019).

- 놀이는 개별 영유아의 발달 수준을 나타낸다.
- 놀이에서 나타나는 능동성과 주도성, 호기심은 영유아의 발달을 도모한다.
- 놀이를 지속하고 반복하는 과정을 통해 영유아의 발달 수준은 더욱 견고해진다.
- 놀이는 영유아의 정서적 스트레스를 해소할 수 있도록 돕는다.
- 놀이하는 과정에서 이루어지는 언어적 경험은 영유아의 의사소통능력을 증진시킨다.

4) 놀이와 신체발달

놀이와 신체발달의 관계를 영아기와 유아기로 나누어 살펴보면 다음과 같다(이숙재, 2019).

(1) 영아기

출생 초기에는 움직이는 물체를 쳐다보거나 소리를 듣고 자기 손이나 발을 이리저리 움직이면서 놀이를 한다. 생후 4개월 이후에는 손으로 놀잇감이나 물건을 잡아 흔들거나 입으로 빨면서 탐색하는 놀이를 한다. 1, 2세가 되어 이동 능력이 생기고 손으로 잡는 운동기술이 발달하면 활동 범위가 넓어지고 좀 더 다양한 탐색과 놀이를 할 수 있다. 예를 들어, 장난감 자동차를 끌고 다니거나 작은 모양 조각을 구멍에 끼워 맞추는 등의 놀이를 통해 눈과 손의 협응력 및 대소근육의 운동 능력이 발달한다. 또한 영아기는 놀이를 통해 신체발달 가운데 두뇌 발달이 촉진된다. 영아기는 뇌 발달이 빠르게 진행되는 시기로 특히 감각운동놀이를 하면서 전두협의 시냅스가 활발하게 생성되어 뇌 발달이 촉진된다. 그 밖에 인형 돌보기, 자동차놀이 등을 하면서 건강하고 안전하게 생활하는 데 필요한 기초능력을 기를 수 있다.

(2) 유아기

유아는 다양한 놀이를 하면서 유아의 신체발달이 촉진된다. 예를 들어, 여러 종류의 블록으로 쌓기 놀이를 하거나 조각 그림 맞추기를 하면서 눈과 손의 협응력이 발달하고 소근육 운동능력이 발달한다. 또한 실외에서 달리고, 매달리고, 기어오르고, 던지는 등의 운동놀이나 쫓고 쫓기는 거친 신체놀이, 규칙 있는 게임 등을 함으로써 체력과 대근육 운동능력이 증진된다. 유아기는 기본운동능력을 기르기에 가장 이상적인 시기이다. 이 시기에는 신체가 유연하여 다양한 자세와 움직임을 잘 받아들일 수 있을 뿐만 아니라 모험심이 많아서 새로운 동작을 시도해 보려는 열의가 대단하기 때문이다. 유아의 놀이와 신체발달의 관계를 종합하면 다음과 같다.

- 놀이 동작을 하면서 대·소근육을 움직이게 되므로 신장, 체중 등 신체 성장이 촉진되고 혈액 순환, 배설, 수면 등의 생리 기능이 증진된다.
- 운동놀이를 하면서 뛰기, 던지기, 매달리기 등의 기본운동능력과 체력이

향상된다.

- 놀잇감을 보고, 만지고, 두드리는 탐색 활동을 통해 감각 및 지각 능력이 발달하고 뇌 발달이 촉진된다.
- 놀이경험을 통해 유아가 건강하고 안전하게 일상생활을 하는 데 필요한 능력을 증진시킨다.

6. 놀이와 발달

1) 연령별 놀이발달

영유아 발달에 적합한 놀이 지도를 하기 위해서는 연령에 따른 일반적인 놀이 특징을 파악하는 것이 필요하다. 출생~5세 영유아의 놀이의 특징을 연령별로 살펴보면 다음과 같다.

〈표 3-9〉 연령별 놀이발달의 특징

연령	놀이발달의 특징
0~12개월	• 탐색놀이: 손과 입으로 사물을 탐색하는 놀이를 한다. • 감각운동놀이: 밀고 당기는 놀이나 물 휘젓기 등의 놀이를 한다. • 12개월 · 사회적 놀이: 부모나 형제가 주관하는 짝짜꿍, 까꿍놀이에 참여한다.
1세	• 감각운동놀이: 끌고 다니는 손수레, 큰 공을 가지고 논다. • 조작놀이: 운전대 돌리기, 큰 상자에 작은 상자 넣기를 한다. • 쌓기놀이: 스펀지 블록이나 종이 벽돌을 가지고 쌓기놀이를 한다. • 역할놀이: 성인의 행동을 모방하는 단순한 행동을 한다. • 사회적놀이: 혼자서 놀거나 성인과 함께 놀이한다.
2세	• 운동놀이: 층계 오르내리기, 흔들 목마 타기, 끌고 돌아다니는 놀잇감, 찰흙이나 밀가루 반죽 등을 좋아한다. • 조작놀이: 눈과 손의 협응력이 발달하여 크기대로 쌓기, 구멍에 모양 맞추어 넣는 놀이를 한다. 또 크레파스로 끼적거리기를 한다.

연령	놀이발달의 특징
	• 쌓기놀이: 블록을 옮기거나 한 줄로 늘어놓기, 높이 탑 쌓기를 한다. • 역할놀이: 일상생활에서 경험한 내용의 단순한 역할놀이를 한다. • 사회적 놀이: 또래에게 관심을 보이나 상호작용은 없다.
3세	• 운동놀이: 달리기, 세발자전거 타기를 좋아한다. • 조작놀이: 구슬꿰기, 퍼즐 맞추기, 찍찍이 붙이기 등을 한다. • 쌓기놀이: 블록으로 폐쇄된 공간을 만들거나 다리를 만들고 자기가 만든 구조물에 이름을 붙인다. • 역할놀이: 엄마 아빠 역할 등의 가정생활에 관련된 역할놀이를 한다. • 사회적 놀이: 혼자놀기를 즐기거나 또래 곁에서 나란히 병행놀이를 한다. • 미술놀이: 크레파스로 그림 그리기를 하거나 가위로 종이 오리기를 한다. • 언어놀이: 말하기를 좋아하고 우스갯소리나 그림책 보기를 좋아한다.
4세	• 운동놀이: 모험적인 놀이를 좋아해서 한 발로 서기, 기어오름대 오르내리기를 잘 한다. • 수 · 조작놀이: 학습과 관련되는 분류놀이, 수놀이에 흥미를 보이고 퍼즐 맞추기, 일상 생활용품 조작하기를 잘한다. • 쌓기놀이: 블록으로 폐쇄 공간과 다리를 혼합한 구조물을 만들어 극놀이에 사용한다. • 역할놀이: 역할놀이가 양적, 질적으로 발전한다. 놀이 내용도 병원놀이, 가게놀이 등으로 확대되며, 꼭 실천하지는 못하지만 사전에 놀이 계획을 세우기도 한다. • 사회적 놀이: 또래와 놀이에 대한 의견이나 놀잇감을 교환하는 연합놀이를 한다. • 미술놀이: 크레파스 이 외에 물감, 매직펜, 색연필, 풀 등을 사용해서 그리기, 만들기를 한다. • 언어놀이: 우스갯소리나 익살 부리는 말장난, 수수께끼를 좋아한다.
5세	• 운동놀이: 한 발로 뛰거나 스키핑 하기, 계단에서 뛰어내리기, 엎드려서 미끄럼 타기를 좋아한다. • 수 · 조작놀이: 다양한 퍼즐 맞추기, 바느질하기, 분류, 서열화 카드놀이를 할 수 있다. • 쌓기놀이: 블록으로 균형과 패턴을 고려해서 복잡한 구조물을 만든다. • 역할놀이: 사전에 계획을 세워서 다양한 내용의 역할놀이를 한다. • 사회적 놀이: 또래와 역할을 분담해서 협동놀이를 한다. • 미술놀이: 모양 따라 가위질하기, 찰흙 빚기, 색종이 접기, 다양한 대상 그리기 등을 한다. • 언어놀이: 끝말잇기, 수수께끼 등의 말놀이와 동화책 보기를 좋아하며 이야기 꾸미기, 동요 짓기를 할 수 있다. • 과학 탐구놀이: 확대경, 온도계 등으로 관찰하고 실험하는 놀이를 한다. • 목공놀이: 목공 연장을 사용해서 단순한 작품을 만들 수 있다. • 게임: 주사위 게임이나 운동 게임을 한다.

출처: 이숙재(2019).

2) 놀이의 유형

(1) 사회적 놀이의 분류

파튼(Parten, 1932)의 분류에 따르면 그 내용은 다음과 같다.

① 비참여 행동(만 0~1.5세)

비참여 행동은 놀이에 참여하지 않으며 목적을 가지고 있지 않은 듯이 보인다. 자신의 손과 발을 만지작거리기나 목적 없이 어슬렁거린다.

② 방관자적 행동(만 1.5~2세)

방관자적 행동은 타인의 놀이를 지켜보는 행동으로 놀이에 참여하지는 않는다. 하지만 또래가 놀이하고 있을 때 가까이에서 지켜보면서 친구에게 말을 걸지만 놀이에 직접 참여하지는 않는다.

③ 단독놀이(만 2~ 2.5세)

단독놀이는 혼자 놀이하는 것이다. 주변에 다른 또래들이 있는 것을 알지만 친구들이 하는 놀이와 상관없이 독립적으로 놀이를 하는 형태이다. 놀이하는 공간에서 친구가 가까이에 있지만 자신의 놀잇감을 가지고 노는 것이 놀이의 주요 목적이다.

④ 병행놀이(만 2.5~3.5세)

병행놀이는 옆에서 친구와 동일한 놀잇감으로 놀고 있지만 서로 상호작용하지 않고 독립적으로 놀이하는 형태이다. 함께 놀이하지 않고 간섭이나 직접적인 교류 없이 놀이한다.

⑤ 연합놀이(만 3.5~4.5세)

연합놀이는 친구들과 함께 어울려 놀기는 하지만 자신이 원하는 대로 놀이를 한다. 놀이를 하면서 상호작용을 하고 놀잇감을 빌려 주는 등의 친사회적인 모습을 보이기는 하지만 역할을 분담해서 협력하지 않고 놀이 내용이 체계적이지 않은 단계이다.

⑥ 협동놀이(만 4.5세 이후)

협동놀이는 가장 발전한 사회적 놀이 단계로 여러 명의 유아가 함께 놀이하면서 구체적으로 역할을 분배하고 놀이에서의 규칙을 만들어서 적용하는 형태이다. 놀이에 참여하는 유아들이 공동으로 관심 있어 하는 역할놀이를 하거나 구조물을 만들어 보는 등 함께 의견을 교환하고 친구의 생각을 받아들이는 등의 집단놀이가 진행된다.

(2) 인지적 놀이의 분류

스밀란스키(Smilansky, 1968)의 인지적 놀이 분류는 다음과 같다.

① 기능놀이

주로 감각운동기의 영아가 기능적인 즐거움을 위해 반복적으로 되풀이하는 단순한 놀이이다. 놀잇감이나 사물을 조작하지 않고 혼자 뛰뛰기를 하면서 신체를 움직이는 단순한 놀이이다. 또한 자신의 손가락, 모빌, 딸랑이 등과 같이 자신의 감각기능을 자극하는 놀잇감에 흥미를 나타내며 주로 빨기, 보기, 듣기, 만지기 등의 움직임을 보인다.

② 구성놀이

구성놀이는 기능적 활동으로부터 창조적 활동으로의 전환으로, 영유아가 놀이 재료를 다루어 창조적인 활동을 함으로써 개인적으로 창조의 즐거움을 느낀다. 구성놀이는 다양한 크기의 블록, 점토, 모래 등으로 여러 가지 사물을 만들어 본다. 이러한 구성놀이는 영유아들의 창의력을 발달시키고 완성된 구조물에 대해 기쁨과 성취를 느끼게 한다.

③ 상징놀이

상징놀이란 눈에 보이지 않는 대상을 표상하거나 사물 또는 상황을 실제와 다르게 변형시켜 표상하는 놀이이다. 상징놀이 초기에는 자신의 일상생활 내용으로 가작화를 하고 점차 범위가 확대된다. 소꿉놀이를 시작으로 병원놀이, 소방관놀이 등으로 이어지며 언어발달에 따라 놀이의 내용이 달라질 수 있다.

④ 사회극놀이

사회극놀이는 상징놀이가 더욱 발전된 놀이 형태로 두 명의 영유아가 가상적 상황에 대해 극놀이를 하는 것이다. 스밀란스키는 수준 높은 사회극놀이의 여섯 가지 조건을 다음과 같이 지적한다.

- 역할의 가작화: 가상적인 역할을 언어나 행동으로 표현
- 사물의 가작화: 사물의 용도를 다양하게 가작해서 언어나 행동으로 표현
- 행동 상황의 가작화: 상황이나 행동을 언어로 가작
- 지속성: 한 가지 놀이 주제(episode)를 적어도 10분간 계속
- 상호작용: 동일한 놀이 주제를 가지고 두 명 이상의 놀이자가 상호작용
- 언어적 의사소통: 놀이 주제에 대해 놀이자 간에 언어적 의사소통을 함

⑤ 규칙 있는 게임

규칙을 가진 게임놀이의 종류에는 신체적 기술을 요하는 게임(예: 줄넘기, 숨바꼭질 등), 인지적 기술이 필요한 전략 게임(예: 바둑, 장기 등), 우연에 의해 승부가 결정되는 게임(예: 빙고, 주사위 던지기 게임 등)이 있다. 규칙 있는 게임을 통해서 유아들은 정해진 규칙에 따라 놀이를 하며, 규칙을 만들어서 적용하기도 한다. 이러한 과정을 통해 나와 다른 생각이 있음을 알고 수용하는 태도를 가지게 된다.

3) 놀이에 영향을 미치는 요소

영유아의 놀이 환경은 여러 가지 요인의 영향을 받으며 이루어지고 있다. 영유아에게 놀이는 생활이며 학습의 수단이므로 놀이행동에 영향을 주는 요인들을 살펴볼 필요성이 있다. 각 요인들이 놀이에 미치는 영향과 놀이발달을 촉진시키는 방법에 대하여 살펴보면 다음과 같다(김혜숙, 2022; 이숙재, 2019).

(1) 연령

영유아는 연령이 증가함에 따라 놀이의 형태나 유형, 내용이 다양해지고 복잡해진다. 티자드, 필프스와 플루이스(Tizard, Philps & Plewis, 1976)의 연구에서 연령에 따른 놀이 유형의 차이를 밝히고 있는데, 연령이 어린 집단의 영유아는 상징놀이와 실외놀이 참여도가 낮고 혼자놀이를 많이 하는 반면, 연령이 높아질수록 놀이시간이 지속적이며 상징놀이를 많이 하고 혼자놀이 횟수가 감소하였다. 파튼에 의하면 영유아의 사회적 놀이가 연령의 증가에 따라 비참여행동, 방관자적 행동, 단독놀이, 병행놀이, 연합놀이, 협동놀이를 하며 친구의 수와 놀이 형태가 달라진다. 따라서 영유아의 놀이발달을 돕기 위하여 연령에 따른 놀이의 특징을 이해하여 영유아 개인의 발달적 수준에 알맞은 놀이 환경을 구성해 주는 것이 필요하다(김혜숙, 2022 재인용). 이처럼 영유아의 연령이 많아질수록 놀이 수준이 높아지며 복잡한 규칙이나 기술이 필요한 놀이를 많이 한다. 또한 놀이 지속시간이 길어지고 놀잇감의 활용도가 다양해지며 놀이 친구와 함께 참여하는 사회적 놀이 빈도와 수준 높은 인지적 놀이가 증가한다(이숙재, 2019). 따라서 영유아의 놀이발달을 돕기 위하여 연령에 따른 놀이의 특징을 이해하여 영유아 개인의 발달적 수준에 알맞은 놀이 환경을 구성해 주는 것이 필요하다.

(2) 성

놀이 형태는 남아와 여아를 비교해 볼 때 신체놀이에 더 많이 참여하고, 여아는 조용한 놀이를 선호한다. 여아들은 상상놀이에서 인형이나 소꿉놀이, 역할놀이 등의 주제로 극놀이를 하고, 남아들은 모험적이고 위험이 따르는 주제인 교통놀이, 경찰놀이, 해적놀이 등의 극놀이를 주로 한다. 이처럼 놀이의 형태와 선호도의 성 차이는 생물학적·발달적인 요인도 있지만, 부모의 성유형화된 기대와 이에 따른 상호작용, 성역할에 대한 학습과 모방, 성유형화된 정보가 영향을 미치게 된다. 따라서 성역할에 구애받지 않는 다양한 놀잇감을 경험할 수 있는 기회를 많이 제공해 주어야 한다(김혜숙, 2022).

(3) 인지능력

영유아의 놀이와 인지발달 간의 관련성은 연구자들에 의해 연구되어 왔다. 터만(Terman)은 우수아와 정신지체아의 놀이와 인지능력 상관관계에서 우수아는 신체활동이나 거친 게임보다 지적이며 조용한 게임을 선호하였으며, 우수아는 자기보다 나이가 많은 친구를 좋아하고 상상놀이를 많이 하였다고 제시하였다. 반면 정신지체아는 독창성이 적고 복잡한 규칙이 없는 게임을 선호하며 자신보다 어린 유아와 잘 노는 특징이 있다(Mar, 1971). 그러나 영유아의 지능에 관련하여 스밀란스키는 사회극놀이 훈련 효과가 영유아의 지능에 따라 차이가 없으며, 또한 이숙재(1984) 연구에서 상상놀이 참여 빈도는 영유아의 지능지수에 따라 차이가 없는 것으로 나타났다(김혜숙, 2022 재인용). 영유아의 지능과 놀이의 상관관계의 연구들을 볼 때 영유아의 지적 능력이나 인지 양식이 영유아의 놀잇감 선택과 활용방법에 관계가 있음을 알 수 있으나, 연구결과가 일관성 있게 나타나지 않으므로 앞으로 연구에서 더 논의가 필요하겠다.

(4) 부모

부모의 양육태도는 영유아의 놀이행동에 중요한 영향을 미친다. 현대사회는 부모의 맞벌이 증가로 인해 영유아들과 충분한 놀이를 하지 못하고 상업용 장난감이나 구조화된 놀이 프로그램이 제공되는 경향이 많다. 부모가 영유아의 놀이에 개입하여 함께 놀이할 때 놀이 형태나 놀이수준이 달라진다. 또한 부모와의 긴밀한 상호작용이나 안정된 애착관계는 영유아의 상상놀이 참여를 자극하거나 촉진시킬 수 있다. 부모가 의도적이고 직접적으로 영유아에게 상징놀이를 위한 소품을 제공해 주거나 놀이를 제안하고 활동을 격려하는 부모의 태도는 영유아의 놀이 행동 발달에 지대한 영향을 미친다(김혜숙, 2022).

(5) 사회 · 경제 · 문화적 배경

영유아의 놀이행동에 사회 · 경제 · 문화적 배경은 밀접한 관련이 있는 것으로 나타났다. 스밀란스키(1969)는 사회 · 경제적인 수준이 낮은 취학 전 영유아가 놀이를 적게 하며, 사회극놀이에 전혀 참여하지 않는다고 보고하였다. 또한 문화적인 배경은 사회적인 요인들이 상호 밀접한 관계를 맺으며 영유아의 놀이발달에 영향을 미친다. 영유아의 놀이가 교육적이고 가치 있는 활동이 되기 위해 영유아 주변의 사회 · 문화적 배경을 고려한 놀이 계획을 시도할 필요가 있다.

(6) 교사

교사는 교육의 실행 주체로 매우 중요하며, 영유아들에게 풍부한 환경을 마련해 주고, 알맞은 놀이 유형이나 놀잇감을 제공함으로써 놀이의 질을 높이는 중요한 요인이다. 즉, 교사는 영유아들이 양질의 놀이에 참여할 수 있도록 환경을 조성하고 시간, 공간, 자료, 필요한 경험 등의 자원을 적절하게 제공하여야 한다. 또한 또래 간 상호작용 및 활동 자료와의 상호작용이 적극적으로 진행될 수 있도록 격려하면서 현재 진행 중인 영유아들의 놀이 상황에서 적절한 지원을 하여 놀이에 긍정적인 영향을 줄 수 있다. 따라서 교사는 놀이 상황 및 발달수준과 흥미에 따라 적절한 역할을 하는 것이 중요하다.

(7) 놀이공간

놀이를 위한 실내 · 외 놀이공간과 공간의 배치방법은 놀이의 유형과 놀이의 질에 중요한 영향을 미친다. 놀이 장소가 실내인지 실외인지에 따라 놀이활동 유형이 달라질 수 있다. 실외에도 놀이영역을 구분하여 다양한 자료를 제공하여 실내놀이가 연계될 수 있도록 제시해야 한다.

(8) 놀잇감

놀잇감은 질 높은 놀이를 위하여 필요한 요소로서, 놀이자료의 특성에 따라 놀이유형과 놀이행동에 영향을 줄 수 있다. 놀잇감의 사실성과 구조성에 주의를 기울여 제공해야 한다. 2~3세 영유아들에게는 가작화놀이를 위해 모형 장난감, 주방용품, 소품 등 사실적인 자료를 제공하고, 4~5세 유아에게는 사실성이 적은 자료를 제공하며 덜 구조화된 소품으로, 특정한 모양이 없는 인형, 점토, 블록, 상자 등을 이용하여 창조적인 놀이를 할 수 있도록 한다. 놀잇감은 놀이의 중요한 요인으로 효과적인 놀이를 위해 놀잇감의 선택과 활용에 지속적인 관심을 가져야 할 것이다.

4) 놀이의 환경

놀이환경은 영유아 기관의 실내 · 외 공간과 놀이자료를 포함한다(신혜원 외, 2022).

- 시간: 영유아의 놀이가 충분히 이루어지기 위해 가장 먼저 마련되어야 하는 환경은 바로 시간이다. 따라서 일과 중 실내의 놀이시간을 가장 먼저 확보한다.
- 공간: 교실을 포함한 실내공간은 영유아에게 가장 친숙한 놀이 환경이며 가장 오랫동안 머무는 곳이다. 교사는 교실에서 영유아가 즐겁게 할 수

있는 놀이를 감안하여 흥미영역 및 놀이공간을 마련할 수 있다. 실외공간은 영유아가 다양하게 신체를 움직이고, 자연이나 계절의 변화를 느낄 수 있는 놀이환경이다. 이에 영유아가 안전하게 놀이할 수 있도록 공간과 자료를 구성한다.

- 자료: 영유아가 놀이에 사용할 수 있는 놀잇감, 매체, 재료와 도구 등이 포함된다. 영유아는 놀이자료를 사용해 자신의 생각, 감정, 상상 등을 자유롭게 표현할 수 있다. 이 같은 자료에는 일상용품, 자연물, 악기, 미술재료, 책, 가변적 특성의 재료인 재활용품 등이 있다.

7. 영유아를 위한 놀잇감

1) 놀잇감의 선택

놀잇감이란 놀이에 대한 흥미를 유발하고 놀이를 효율적으로 진행하는 매체의 역할을 하는 모든 물건을 말한다. 영유아는 놀이용으로 제작된 놀잇감 이 외에 주변의 많은 것을 놀이에 사용한다. 놀잇감은 종류만 다양한 것이 아니라 질적인 수준도 다양하다. 영유아의 놀이를 촉진시키는 데 있어 무엇보다도 중요한 것은 놀잇감의 선택이다. 놀이 경험을 통해 영유아가 성장하도록 돕기 위해서는 발달에 적합하며 흥미롭고 안전한 놀잇감이 제공되어야 한다(김혜숙, 2022).

따라서 놀잇감은 안전성, 적합성, 내구성, 경제성 등의 기능적 조건과 영유아의 신체적, 지적 · 창의적, 사회 · 정서적 성장을 촉진시키는 교육적 조건 및 사회 · 문화적 조건을 갖추어야 한다. 이와 같이 놀잇감의 조건을 정리하면 〈표 3-10〉과 같다.

〈표 3-10〉 놀잇감 구비의 조건

기능적 조건	교육적 조건	사회 · 문화적 조건
• 안정성 – 재질, 페인트, 구조, 부품 안전 – 안전한 크기, 무게, 형태, 끝 마무리 • 적합성 – 영유아 발달 및 흥미 – 영유아 요구에 적합 • 내구성 – 재질 및 구조의 견고성 – 간편한 보관 및 관리 • 경제성 – 저렴한 가격 – 다양한 활용도	• 신체발달 증진 – 대 · 소근육 운동 및 협응력 증진 – 다양한 감각 경험 제공 • 언어적 · 지적 발달 증진 – 언어능력 촉진 – 탐색 활동 자극 – 확산적 사고력, 해결력 증진 • 정서 · 사회성 발달 증진 – 정서적 안정감 유지 – 자유로운 정서표현 장려 – 사회적 상호작용 촉진 • 창의성 발달 증진 – 상상력과 창의력 고취	• 편견 없는 놀잇감 – 성, 외모, 직업, 장애에 대한 반편견 – 편견 없는 놀이 환경 • 인종의 다양한 수용 – 다문화가정 친구 수용 – 친사회적 공동체 의식 • 가족의 유대감 강화 – 가족의 놀이 참여 자극 – 가족친화놀이 장려 • 다양한 놀이문화 조성 – 지역사회 문화 반영 – 시대적, 사회적 맥락

출처: 이숙재(2019).

영유아의 놀이는 놀잇감에 의해 많은 영향을 받는다. 영유아에게 어떤 놀잇감을 제공해 주느냐에 따라 유아의 놀이가 달라진다. 따라서 영유아의 놀이를 촉진시키기 위한 놀잇감 선택 시 다음과 같은 점을 고려해야 한다(권혜진 외, 2022 새인용).

- 놀잇감 선정 시 영유아의 발달 수준을 고려해야 한다.
- 놀잇감 선정 시 놀잇감의 안정성과 내구성을 고려해야 한다.
- 영유아의 상상력이나 창의성을 높일 수 있는 놀잇감을 선택한다.
- 미적 측면이나 기능적 측면에서 영유아의 흥미를 끌 수 있는 놀잇감을 선택한다.
- 영유아들 간에 적극적인 상호작용을 유발할 수 있는 놀잇감을 선택한다.

ㄹ) 연령별 발달 특징과 놀잇감 유형

놀잇감과 영유아의 발달은 매우 밀접한 관계가 있어서 영유아가 어떤 놀잇감을 가지고 놀이를 하려면 그 놀잇감을 갖고 놀 수 있는 능력이 발달해야 한다. 따라서 영유아의 발달 수준에 적합한 놀잇감을 제공해야 한다(이숙재, 2019). 연령에 따른 놀잇감 유형은 〈표 3-11〉과 같이 정리할 수 있다.

〈표 3-11〉 연령에 따른 놀잇감 유형

구분	특징	놀잇감
0세	• 손과 입으로 사물을 탐색하는 놀이 • 밀고 당기기, 공굴리기 등 다양한 운동놀이 • 위생성, 안전성, 견고성을 고려한 놀잇감 제공	모빌, 딸랑이, 오뚝이, 헝겊공, 헝겊인형, 거울,
만 1세	• 눈과 손의 협응력 발달 • 걷기를 위한 놀잇감과 단순한 소근육 운동놀잇감 제공 • 대상영속성 개념을 활용한 까꿍놀이 놀잇감	손수레, 유모차, 보행기, 사물그림책, 리듬악기, 모양 맞추기, 물 · 모래놀이 용품
만 2세	• 걷기, 뛰기, 계단 오르내리기 • 감각운동놀이 • 자율성을 고려한 놀이 활동	찰흙, 점토, 책, 큰 조각 퍼즐, 구슬꿰기, 미끄럼틀, 인형, 리듬악기
만 3세	• 다양한 미술재료와 같은 놀잇감 • 남성과 여성의 적절한 성역할 인식 놀이 • 우스운 소리나 말놀이 선호	그네, 미끄럼틀, 시소, 정글짐, 블록, 적목, 퍼즐, 구슬 꿰기, 개념발달 놀잇감, 인형, 미술 놀잇감, 리듬악기
만 4세	• 상상놀이, 역할놀이 확장 • 학습과 관련되는 놀이 • 자유롭게 탐색하고 창의적으로 표현하는 놀이 • 다양한 조형놀잇감, 운동놀잇감, 역할놀잇감	야구놀이, 자전거, 고리 던지기, 퍼즐, 전신거울, 병원놀이, 가게놀이, 경찰놀이, 지적학습 관련 놀잇감, 컴퓨터
만 5세	• 다양한 운동기술을 시험하는 놀이 • 정교한 신체놀이 • 규칙을 만들고 지키려는 그룹 게임 • 관찰하고 실험하는 놀이 • 실제 사물과 비슷하지 않은 형태의 놀잇감 • 기술지향적인 놀잇감	줄넘기, 철봉, 목공놀잇감, 과학놀잇감, 지구의, 물 · 모래 놀잇감, 우체국놀이, 은행놀이, 교통놀이, 플래시카드, 지적학습 관련 놀잇감, 컴퓨터

출처: 신재한, 김영희(2020).

8. 나라별 전통놀이

1) 전통놀이를 활용한 다문화교육

영유아기 발달특성을 고려할 때, 놀이를 통해 자신과 다른 나라의 문화를 이해할 수 있도록 돕는 것이 효과적이다. 놀이는 영유아의 생활이며 문화이다. 영유아는 놀이를 통해 사물과 사람을 만나는 방식을 학습하게 되며 이것은 각 가정이나 각 지역의 독특한 문화의 내용이 된다. 따라서 놀이에는 그 사회의 문화가 반영되어 있기 때문에 다문화교육에 의한 매우 효과적인 교육적 접근방법이 될 수 있다. 특히 각국의 영유아 놀이는 범문화적 공통성의 토대 위에 문화적 다양성을 나타내기 때문에 영유아가 자신의 문화와 다른 나라의 문화의 유사성과 차이점을 느낄 수 있게 한다(권혜진 외, 2022).

전통놀이는 놀이 본연의 오락적, 표현적 놀이로서 문화적 다양성을 여전히 가지고 있어서 각 나라의 전통놀이는 다문화교육을 위한 좋은 매개체가 될 수 있다. 전통놀이란 옛날부터 민간에 의해 전승되는 놀이를 말한다. 전통놀이는 그 나라의 정서와 문화가 오랜 역사 속에서 전승되어 왔고 민족적 정체성이 잘 집약되어 있다(양민정, 2015). 이러한 영유아의 놀이는 세계 어느 나라에서나 볼 수 있고, 그들이 속해 있는 사회의 독특한 문화를 반영하고 있다. 전통놀이 경험은 영유아 자신이 속한 사회의 놀이문화를 긍정적으로 인식하여 문화 주체성을 확립하고 다른 사회의 문화를 이해하고 수용하는 태도를 형성하는 데 도움을 줄 수 있다. 따라서 세계 여러 나라 전통놀이를 통해 영유아는 자신의 문화에 대한 관심으로 문화정체성을 확립하고 다른 문화권의 전통놀이에 대한 이해와 탐구로 문화적 다양성과 다른 놀이문화에 대해 상대적 존중감을 형성할 수 있다(권혜진 외, 2022; 전인옥, 2011).

세계 여러 나라의 전통놀이는 영유아의 전인적 성장과 다른 나라의 문화를 자연스럽게 이해하고 받아들이는 데 적합한 교육 자료가 될 수 있다. 다문화접근 전통놀이란 문화적으로 다양한 세계 여러 나라와 한국지역사회 고유의 문화정체성을 존중하면서 다른 지역에 대해 개방적이고 수용적인 태도를 가질 수 있도록 하여 한국과 세계 고유의 정서와 문화를 이해하도록 돕는 전통성을 고취하는 놀이이다(전인옥, 2011).

세계 여러 나라 전통놀이 활동은 영유아들이 우리나라 전통놀이뿐만 아니라 다른 나라 전통놀이도 스스럼없이 수용하며 즐길 수 있다. 또한 세계 여러 나라 전통놀이의 공통점과 차이점을 발견하여 자신들의 상황에 맞게 변형하거나 확장하여 놀이함으로써 다양한 문화에 대한 공존경험의 기회를 가질 수 있다. 세계 전통놀이를 통한 다문화교육은 세계 여러 나라 어린이들과 자연스럽게 친구가 되는 간접 경험을 가질 수 있는 효과적인 교육활동이며 영유아들의 다문화 인식에 긍정적인 영향을 미칠 수 있는 효과적인 방법이라고 할 수 있다(권혜진 외, 2022).

〈표 3-12〉 우리나라 전통놀이

구분	내용
윷놀이	설이나 대보름, 한가위 같은 명절에는 윷놀이를 한다. 편을 갈라 윷을 던지고 그 결과에 따라 말판에 말을 움직이면서 겨루는 놀이이다. 윷을 던져 나온 모양에 따라 동물 이름이 붙는다. 도는 돼지, 개는 개, 걸은 양, 윷은 소, 모는 말을 뜻한다.
연날리기	설날부터 보름까지 소원을 담은 연을 만들어서 날렸다. 연의 가짓수는 백 가지도 넘는다. 네모꼴 방패연과 마름모꼴 가오리연이 대표적인 연이다. 방패연은 가운데에 둥근 방구멍이 뚫려 있어서 높이 날릴 수 있고 옆으로도 잘 움직일 수 있다.
팽이치기	주로 겨울철 얼음판 위에서 아이들이 나무로 만든 팽이를 갖고 돌리며 노는 놀이이다. 요즘은 팽이를 만드는 방식이나 노는 방식이 계절과 공간의 제한을 받지 않고 언제 어디서나 할 수 있는 놀이로 변했다.
널뛰기	음력 정월에 즐기는 여자들의 민속놀이다. 긴 널 가운데에 멍석을 괴어 놓고 양 끝에 두 사람이 서서 번갈아 발로 구르면서 뛰어오른다.
제기차기	제기를 떨어뜨리지 않고 차면서 노는 놀이다. 엽전이나 쇠붙이에 얇고 질긴 종이나 천을 접어서 싼 다음, 끝을 여러 갈래로 찢어 너풀거리게 만든 제기를 가지고 논다. 제기를 차는 방법은 발들고차기, 양발차기, 외발차기, 뒷발차기 등이 있다. 땅을 딛지 않고 계속 차는 것을 헐랭이라고 한다. 여럿이 모여서 돌려 가며 차는 동네제기도 있다.

구분	내용
비석치기	일정한 거리에서 손바닥만 한 작은 돌을 발로 차거나 던져서 상대의 비석을 쓰러뜨리는 놀이다. 비사치기라고도 부른다.
줄다리기	여럿이 힘과 마음을 하나로 어우를 수 있는 놀이다. 짚을 엮어서 굵고 긴 줄을 만든다. 두 줄로 하는 줄다리기는 암줄과 수줄로 나누어서 하는데, 놀이를 시작할 때 수줄을 암줄에 끼우고 비녀목을 꽂아 줄이 풀리지 않도록 만든다. 여자는 암줄을 잡고 남자는 수줄을 잡아서 당기는데 여자 쪽이 이겨야 풍년이 온다고 한다.
투호	일정한 거리에 병을 놓고 편을 갈라 병 속에 화살을 던져 넣으며 노는 놀이다. 화살을 많이 넣는 편이 이긴다. 누구나 손쉽게 즐길 수 있는 놀이로, 집중력을 길러 줄 수 있어 요즘에도 많이 하는 놀이다.
산가지 놀이	옛날에는 나뭇가지를 이용해서 수를 셈하기도 했다. 이것을 이용한 놀이가 산가지 놀이다. 수숫대, 싸리, 대나무 등을 매끈하고 짧게 깎아 만든 대를 이용하여 여러 가지 문제를 내고 이를 풀며 논다. 놀이방법으로 산가지 떼어 내기, 산가지 따기, 형태 바꾸기, 산가지 들기, 삼각형 없애기, 쌍 만들기 등이 있다.
공기놀이	작은 돌을 일정한 규칙에 따라 집고 받고 하는 놀이다. 요즘에는 플라스틱 등 다양한 재료로 만든 공기도 있다. 공기 5개를 가지고 노는 다섯 알 공기는 한 알 집기, 두 알 집기, 세 알 집기, 네 알 집기, 꺾기 등의 방법이 있다.
강강술래	풍작과 다산을 기원하기 위해 널리 행해지던 민속놀이다. 음력 8월 한가윗날 주로 한다. 밝은 보름달 아래 여성들이 둥글게 모여서 손을 잡고 '강강술래'라는 후렴이 붙은 노래를 부르며 빙글빙글 돌면서 춤추고 노래한다.

2) 베트남

① 쮸엔

- 우리나라의 공기놀이와 비슷하다. 공 하나와 나무막대 열개를 사용해서 놀이를 한다. 공을 한 번 튕겨 공중으로 올라간 사이 나무막대를 2개, 3개씩 늘려 가며 잡는 놀이다. 공을 다시 잡지 못하거나 막대를 잡지 못하면 상대방에게 차례를 넘겨준다.

② 깐항

- '깐'이란 '메다'라는 뜻을 가지고 있고 '항'이란 '상점'을 뜻한다. 베트남의

토속적이고 대표적인 거리의 행상 모습이다. '깐항'에 물건을 넣어 나르며 놀이할 수 있다.

③ 게우 거

- 한국의 줄다리기와 흡사하다. 특이한 것은 미혼 남녀들이 주로 하는데 한쪽에는 남성들이 다른 한쪽에는 여성들이 편을 나눠 게임을 한다.

④ 냐이샵: 대나무 춤추기

- 한국의 고무줄놀이와 비슷한 놀이이다. 대나무를 중심으로 흥겨운 리듬에 맞춰 독특한 율동을 곁들여 즐기는 놀이다.

3) 중국

① 팡펑정(연날리기)

- 연을 중국어로 '풍쟁'이라고 한다. 풍은 바람의 힘을 빌어 올라간다는 뜻이며, 쟁은 악기인 쟁과 같은 소리가 난다고 하여 풍쟁이라고 부른다. 새 모양이 많고, 복을 비는 의미의 모양도 많다.

② 티지엔즈(제기차기)

- 제기는 원형의 받침에 닭털을 꽂아서 만든다. 받침으로는 흔히 동전을 사용한다.

③ 콩쥬

- 콩쥬는 속이 빈 대나무(공죽)로 만들었다고 해서 붙여진 이름이다. 양쪽에 손잡이가 달린 줄을 장구를 닮은 대나무 콩쥬 가운데 몸통 부분에 여러 번 돌려 감아 어깨를 들썩이며 공중에서 돌리는 놀이다. 몸을 많이 사용하지 않아 누구나 즐길 수 있다.

4) 필리핀

① 씨빠

- 필리핀의 제기인 '씨빠' 모양은 우리나라의 제기와 비슷하지만 차는 방법은 발로만 차는 우리나라 제기놀이와는 다르게 팔꿈치로도 치며 놀이한다.

② 숭카

- 16개의 둥근 구멍을 파 놓은 나무판과 그곳에 담는 작은 조가비를 이용해서 노는 게임이다. 순서에 따라 반시계방향으로 조가비를 옮기는 게임으로, 제일 많은 조가비를 자기의 홈(큰 구멍)으로 모아 오는 사람이 이긴다.

③ 팔로 세보

- 마을 축제 때에 남자들이 주로 하는 놀이이다. 길고 곧은 대나무를 미끄럽게 기름칠을 해서 세워 두고 올라가는 놀이이다. 대나무 꼭대기에는 깃발을 달아 놓거나 상품을 넣은 주머니를 달아 놓아서 올라가는 사람이 차지하게 되며, 올라가다가 미끄러져 떨어지는 사람은 탈락하게 된다.

④ 툼방 프레소

- 세 명에서 여섯 명 정도의 사람이 빈 깡통과 슬리퍼를 가지고 하는 놀이다. 술래 한 사람은 세워져 있는 깡통을 지키면서 다른 사람을 잡아야 하고, 나머지는 술래를 피해서 슬리퍼로 깡통을 쓰러뜨리려 한다. 깡통이 쓰러지면 술래는 다시 깡통을 가져다 제자리에 세워 둬야 하고, 이때 다른 사람을 잡을 수 없고, 다른 사람들은 자신이 던진 슬리퍼를 주워서 술래로부터 멀리 달아난다.

5) 캄보디아

① 반 클리

- '구슬 쏘기'라는 의미로 한국의 구슬치기와 비슷한 놀이로 구슬을 누가 더 잘 쏘는지 대결하는 놀이이다. 두 명 이상이 함께 즐기는 놀이로 구슬과 구멍을 팔 수 있는 흙 덮인 땅만 있으면 어디서나 할 수 있다.

② 쪼 쓰바엑 쯔응

- 캄보디아 어린이들이 많이 신는 쪼리(발가락 슬리퍼)를 이용한 놀이로 친구들과 모여서 신발을 멀리 날리는 간단한 게임이다.

③ 롯 까으쑤

- 고무줄 넘기라는 뜻으로 작은 고무줄 여러 개를 연결하여 만든 긴 고무줄을 이용한 놀이이다. 롯 까으쑤를 하기 위해서는 최소 3명이 모여야 한다. 가위바위보로 순서가 정해진 사람은 양쪽에서 고무줄을 잡고, 이긴 사람이 넘는 사람이 된다. 처음에는 낮게 시작해서 점점 고무줄을 높게 올려 난이도를 높이는 게임이다.

6) 태국

① 던까라(코코넛 밟고 걷기)

- 코코넛 야자수 나무 열매를 반으로 잘라 끈을 연결하여 만든 던까라에 발가락을 끼워 걷는 놀이이다. 목적지에 먼저 도착하는 사람이 우승한다.

② 말타기

- 바나나잎 또는 대나무 잎을 이용하여 말을 타듯이 움직이는 태국의 전통놀이이다. 넓은 공간에서 자유롭게 뛰면서 놀이한다.

③ 눈 가리고 항아리 때리기

- 항아리의 위치를 확인하고, 천이나 안대로 눈을 가린 뒤 나무막대로 항아리를 때리는 태국의 전통놀이이다. 태국뿐만 아니라 베트남, 스리랑카 등 동남아시아에서도 이러한 놀이를 즐긴다.

7) 일본

① 겐다마(죽방울)

- 우리나라의 죽방울에 해당하며, 나무로 된 봉을 한쪽은 뾰족하게 하고 다른 한쪽은 접시 모양으로 만들어, 구멍을 뚫은 공에 실을 달아 놓은 목제 완구이다. 놀이방법은 큰 홈이나 작은 홈에 올려놓았다가 중간 홈에 옮기는 방법, 방울을 고정시켰다가 위로 던져서 송곳 끝에 끼는 빙법, 방울을 흔들다가 위로 띄워서 송곳 끝에 끼는 방법 등이 있다.

② 다루마오토시

- 둥근 원통형의 나무를 일정 간격으로 자른 것을 밑에 쌓고 가장 윗부분에 달마 모양의 원통형 나무로 올려놓는다. 나무망치로 가장 위에 있는 달마가 떨어지지 않도록 하면서 밑에서부터 하나씩 옆에서 쳐서 빼내는 놀이이다. 달마가 넘어지지 않도록 하면서 달마 아랫부분 것까지 빼내면 성공이다.

③ 하네츠키

- 정월에 하는 놀이 중 하나로 '하고이타'라고 불리는 채로 깃털이 꽂혀 있는 공을 치는 놀이이다. 배드민턴처럼 두 명이 공중에서 공을 치며 그 공이 떨어지면 지게 된다. 놀이에서 지면, 이긴 사람이 먹물을 묻힌 붓으로 진 사람 얼굴에 낙서를 한다.

④ 코마(팽이)

- 우리나라의 팽이와 비슷하며, 팽이 소재는 나무 외에 대나무, 조개, 철 등이 있다. 놀이 방법은 다양한데 팽이를 서로 맞부딪쳐서 상대 것을 먼저 쓰러뜨리거나 손바닥 위에서 돌리기, 돌고 있는 팽이 다리에 줄을 감아올리기 등이 있다.

⑤ 긴교스쿠이(금붕어 건지기 놀이)

- 종이를 붙인 뜰채를 사용하여 수조 안에 있는 금붕어를 정해진 시간 내에 몇 마리나 건져 냈는가를 겨루는 놀이이다.

8) 몽골

① 샤가이

- 몽골 아이들이 가지고 노는 장난감으로 양의 복사뼈 또는 그것으로 하는 놀이를 말한다. 양의 복사뼈는 안쪽과 바깥쪽, 앞쪽과 뒤쪽 등 네면이 있고, 각 면은 각각 양, 염소, 말, 낙타를 상징한다. 즉, 안쪽은 말, 바깥쪽은 낙타, 앞쪽은 염소, 뒤쪽은 양이 된다. 샤가이 놀이 규칙은 간단한 것에서부터 복잡한 것에 이르기까지 여러 가지가 있다.

② 우니스

- 나무로 여러 가지의 조각 모양을 맞추는 놀이이다. 이동을 하며 사는 유목민의 게르와 가구들을 이음기법으로 만드는 방식에서 유래되었다. 우니스를 크고 작은 여러 모양으로 만들어 일정한 법칙을 가지고 맞추면 모양이 완성된다. 나무조각의 갯수와 모양은 매우 다양하다.

③ 샤타르

- 몽골 장기를 말한다. 몽골 사람들은 아주 오래전부터 장기를 두었다. 유목생활의 모습을 보여 주는 다양하고 화려한 모양의 32개의 말과 펠트로 만든 놀이판으로 구성되어 있다.

9) 기타

(1) 인도네시아

- 가싱: 인도네시아 팽이인 '가싱'은 대나무로 만들어 대나무 몸체에 얇은 나무 막대를 넣고, 막대에 끈을 돌돌 감는다. 한 손으로 몸통을 잡고 다른 한 손으로 줄 반대편에 있는 나뭇조각을 쭉 잡아당기면 팽이를 돌릴 수 있다.

(2) 인도

- 칸차(구슬치기): 인더스 문명의 모헨조다로와 하라파 도시 유적에서 발견된 여러 가지 장난감 중에는 흙으로 빚었거나 돌을 다듬어 만든 구슬들이 있는데, 이는 구슬을 놀이에 사용한 흔적이다. 그래서 인도인들은 구슬치기 놀이를 인도의 고유한 놀이로 여긴다.
- 길리 단다(자치기): 남아시아 일대에서 매우 인기 있는 놀이로, 짧은 막대

'길리'를 그보다 긴 막대 '단다'로 치는 놀이이다. 우리의 자치기와 비슷하다. 인도 사람들은 이 놀이가 기원 전후 시대를 아우르는 마우리아 왕조로부터 내려오는 것이며 크리켓의 기원이라고 여긴다.

- 케겔른(볼링): 케겔은 곤봉이라는 뜻인데 이것을 세워 두고 동그란 공을 굴려서 쓰러뜨린다.

(3) 호주

- 부메랑: 호주 원주민들이 새나 작은 짐승의 사냥, 전투, 놀이 등에 사용하던 도구이다. 나무로 만든 부메랑의 단면은 밑이 편평하고 위쪽은 불룩한 반원형이다. 벌어진 쪽을 앞으로 해서 한쪽 끝을 잡아 손목을 비틀면서 던지면 똑바로 날아가다가 옆으로 회전하여 원을 그리고 되돌아온다.

(4) 우즈베키스탄

- 쿠라쉬: 씨름과 아주 비슷한 놀이로 남자 두 명이 겨루는 경기이다. 경기에서 이기면, 상금으로 커다란 소와 양을 상금으로 받는다. 쿠라쉬를 잘하면 마을의 영웅이 된다.

9. 놀이를 통한 다문화교육의 실제

1) 제기차기(한국)-티찌엔즈(중국)-따까오(베트남)

<table>
<tr><th colspan="2">제기차기(한국)–티찌엔즈(중국)–따까오(베트남)</th></tr>
<tr><td colspan="2">제기차기는 실내, 실외에서 모두 가능하다. 몸이 균형을 키워 주며 눈과 발, 손의 협응을 요하는 놀이와 다리의 운동과 몸의 균형성을 길러 준다. 물체의 낙하에 대한 판단력이 필요하며 집중력을 요하는 놀이이다. 마당이나 공터에서 쉽게 단련할 수 있는 운동이다.</td></tr>
<tr><td>공통점</td><td>• 제기를 발로 차는 놀이이다. 기본적으로 발을 이용하고 제기라는 도구를 사용하는 놀이이다.
• 혼자 혹은 여러 명이 즐길 수 있다.</td></tr>
<tr><td>차이점</td><td>제기의 모양이나 경기방식에 있어서 차이점이 있다.
• 놀이방법: 한국은 발로만 차는 반면 중국은 지역에 따라 손이나 무릎으로 제기를 차거나 머리로 치기도 한다. 베트남에서도 발로만 차는 것이 아니라 등, 어깨, 손, 몸 전체로도 받아 낸다.
• 놀이자: 한국은 주로 정초나 설날에 남아들이 하는 놀이이다. 중국은 일상적으로 다양한 계층의 사람들, 특히 여아나 여성 중심의 생활화된 스포츠로 현대에 와서도 남녀노소 불문하고 넓은 공터에서 간편하고 재미있는 여가 스포츠로 널리 활용되고 있다. 베트남은 시기에 관계없이 하면서 대부분 남자들이 많이 하지만 여자들도 즐긴다.
• 놀이도구: 한국에서는 제기나 엽전이나 구멍이 난 주화를 얇고 질긴 한지나 비단으로 접어서 싼 다음, 양 끝을 구멍에 꿰고 그 끝을 여러 갈래로 찢어서 너풀거리게 하거나 깃털, 천, 종이조각 등 여러 가지 재료를 이용한 술을 달아 만든다. 현대에 와서도 제기 도구가 플라스틱으로 바뀐 거 외에는 변화가 없는 반면, 중국은 찌앤치우(제기공)라는 새로운 현대식 운동경기로 거듭났다. 베트남에서는 동물의 빳빳한 깃털을 사용하여 제기의 깃털을 만들며 매우 화려한 특징을 가지고 있다.</td></tr>
<tr><td>놀이실행</td><td>• 여러 나라의 제기차기 놀이의 사진이나 동영상 자료를 감상한다.
• 제기를 다양한 방법으로 만들어 본다. 다양한 재료와 색상을 사용하여 각자 창의성을 발휘하여 만들어 본다.
• 제기차기를 직접 해 본다.
• 각국의 방식으로 제기차기의 놀이방식을 바꾸어 가며 진행해 본다.
• 놀이 규칙을 새롭게 만들어 본다.</td></tr>
</table>

출처: 권혜진 외(2022).

ㄹ) 우리나라와 다른 나라의 공기놀이

활동 목표	우리나라 전통놀이인 공기놀이의 방법을 알고 즐겁게 놀이한다. 다른 나라의 공기놀이 하는 다양한 방법에 대해 안다.
준비물	• 그림 자료 '일본, 몽골, 태국과 우리나라의 공기놀이하는 모습' • 공깃돌
활동 방법	1. 공기놀이에 대한 경험을 나눈다. – 오늘은 우리나라 전통놀이인 공기놀이를 해 보자. – 공기놀이를 해 본 적이 있니? – 어떻게 하는 놀이일까? – 무엇으로 공기놀이를 했었니? – 너희들이 알고 있는 공기놀이 방법은 어떤 거니? – 공기놀이는 손에 쥘 수 있을 정도의 크기의 돌이나 비슷한 물건을 가지고 던지거나 치는 등 쉽게 할 수 있는 놀이란다. 2. 공기놀이 재료와 놀이방법에 대해 이야기 나눈다. – 옛날 사람들은 무엇을 가지고 공기놀이를 했을까? – 공기놀이를 할 때 필요한 돌멩이는 어디에서 구할 수 있었을까? – 공기놀이를 하려면 공깃돌이 몇 개가 필요할까? – 공기놀이 방법 소개 그림 자료를 보고 놀이해 보자. – 몇 년을 정해 놀이해 볼까? – 점점 많은 수를 정해 놀이해 보자. – 다른 공기놀이 방법을 알고 있는 친구들이 있니? 3. 다른 나라의 공기놀이를 소개한다. – 우리나라와 같은 공기놀이가 다른 나라에도 있을까? – 세계 여러 나라에서 우리와 비슷한 공기놀이를 했는데 동물의 뼈를 이용해 놀이하기도 했단다. – 몽골에서는 '샤카이'라는 이름의 공기놀이와 베트남에서는 '쭈엔'이라는 비슷한 놀이를 했어. 태국에서는 돌을 잡는다는 뜻의 '메이크 캡(Make Keb)'이라는 공기놀이를 했단다. 4. 일본의 공기놀이에 대해 알아보고 놀이해 본다. – 일본의 공기놀이에 대해 알아보자. – 일본의 공기놀이는 저글링처럼 하는 방법으로 공깃돌을 양손에 하나씩 쥐고 있다가 공중으로 던져 손에 있는 공깃돌을 서로 바꾸어 옮기는 놀이란다. – 일본의 공기놀이를 해 보자. – 어떤 공기놀이가 더 재미있었니?

- 저글링처럼 하는 공기놀이는 어땠니?

5. 다양한 방법으로 자유롭게 공기놀이를 하도록 한다.
   - 우리나라 공기놀이 중 '코끼리 공기' 놀이로 해 보자.

〈코끼리 공기〉

- 공깃돌을 바닥에 펼친다(2명-10개 펼쳐 놓기).
- 왼손과 오른손을 합쳐서 코끼리 모양을 만든다.
- 코끼리 모양으로 집게를 집듯이 공깃돌을 가져간다.
- 가져간 공깃돌의 수를 세어 비교한다.

   - 우리나라 공기놀이와 일본 공기놀이를 친구들과 다양하게 놀이해 보자.
   - 다른 방법으로 공기놀이를 해 볼 수 있을까?

CHAPTER **04**

다문화가정 영유아 미술교육

Chapter 04

다문화가정 영유아 미술교육

• 학습목표 •

1. 다문화가정 영유아 미술교육의 필요성을 이해한다.
2. 영유아 미술발달단계의 특징에 따른 다문화가정 영유아의 미술발달단계를 이해한다.
3. 다문화가정 영유아 미술치료의 효과를 이해한다.
4. 다문화가정 영유아 미술교육의 실제를 이해한다.

1. 미술의 이해

1) 미술의 의미

미술은 우리가 인식하는 세상을 시각적으로 표현하는 보편적인 인간 활동으로 예술의 한 분야이다. 동굴벽화에서부터 현대 설치에 이르기까지 미술은 수천 년 동안 인간이 경험하는 감정, 생각, 인식을 시각적 요소로 표현하였다. 즉, 미술의 시각 요소인 형태, 색채, 구도, 선이 서로 조화를 이루어 인간의 감정, 생각, 인식을 미술작품에 의미를 담아 표현한 것이다. 이는 미술작품의 기초적인 형태들의 결합이 또 다른 의미를 갖는 것을 의미한다. 이것은 지적으로 인식하고 있는 것을 작품 안에 의미작용을 갖게 하여 나타내 보이는 것이며 형태를 통해 객관성을 가질 수 있게 된다. 우리가 미술 활동에 참여할 때, 우리는 그의 작품에 말을 걸고, 세상과 다른 방식을 만나고, 삶을 변환시키는 행위로써, 세계와 교감하는 것, 그럼으로써 자기 자신이 누구이고, 무엇을 믿고 어떻게 해야 하는지에 대한 자신의 능력을 확장시키는 것이다. 또한, 작품을 본다는 것은 형태를 통해서 표현하고자 하는 의미를 알게 되는 것으로 표현된 것이 무엇에서부터 기인한 것인지 직접적인 유추가 가능하다. 이러한 의미에서 미술은 뜻을 통하게 하고 이해할 수 있게 하며, 언어를 사용하지 않고도 내적인 경험을 명확히 표현하는 방법이 된다. 진정한 예술은 삶 밖에 있는 것이 아니라 삶 속에서 일어나고 있는 경험에 영향을 받는다.

과거에는 미술의 의미를 '어떤 기술을 익힌다.'와 '학습된 특별한 능력'으로 한정지었다면, 오늘날 미술의 의미는 자기 생각과 느낌을 자유롭게 표현하고 색과 형태, 선 등 다양한 재료를 선택하고 사용하려는 감각적인 미의식으로 확대되었다. 이는 미술 활동을 통한 눈과 손으로 자신의 의지 속에서 창조의 기쁨과 일상 속에서 감각적 의식개발을 이끌어 나가는 성장의 발달을 느껴 보게 해 주는 것이다. 영유아 미술은 예술적 표현이나 기술만 가르치는 것이 아니라, 영유아들이 주변 세계를 탐색하고 경험하면서 자신이 보고, 느끼고 생각하고 말하고자 하는 것을 표현할 기회를 제공해 주는 것이다. 이러한 기회는 영유아의 전인적인 인간교육의 관점에서 미적 감수성이나 창의성 등을 개발하고 인간의 삶과 문화를 이해하고 공감할 수 있는 중요한 역할을 한다.

2) 미술의 구조

미술을 이해하고 표현하고 감상하는 데 공통적으로 작용하는 미적 판단 기준(aesthetic criteria)이 있다. 모든 미술작품을 창조할 때 사용되는 기본요소로 작가는 자신이 느끼는 아름다움, 생각, 감정, 느낌 등을 표현하기 위해 형태나 색채 등과 같은 미술의 요소와 균형, 강조와 같은 원리를 이용하여 수백 가지의 다양한 예술작품을 창조한다. 미술의 요소는 모든 미술작품을 창조할 때 사용되는 점, 선, 형, 색, 질감, 공간감 등을 말하며, 미술의 원리는 이러한 요소를 조직하여 시각적으로 즐거움을 주기 위한 것으로 균형, 강조, 움직임, 조화 등을 말한다. 또한,

미술작품은 우리가 경험하고, 느낀 삶을 반영하여 표현하기 때문에 공간적이고 시간적일 뿐만 아니라 감성을 자극하는 구조이다.

(1) 미술의 요소

미술 요소는 점, 선, 면, 형(형태), 색채, 명암, 질감, 양감, 공간, 구도의 10가지 요소를 의미한다.

① 점

점은 미술의 기본 단위로 모든 형태의 출발점이며 가장 작은 최초의 감각 대상이다. 미술에서의 점은 형태를 보이지 않으며 시각적으로 표시할 수 없어서 크기와 모양을 갖는다. 점의 위치, 수, 색, 크기, 질감 등에 따라 움직임, 리듬감 등에 따라 느낌은 서로 다르게 나타난다.

데미안 허스트, 〈스팟 페인팅〉, 1986년

리히텐슈타인, 〈행복한 눈물〉, 1964년

② 선

선은 점을 그 기본요소로 한다. 미술에서는 선으로 감정을 표현하며 평면을 장식하여 자기만의 미적 세계를 조형화한다. 기하학적으로는 두 점 사이의 연결 혹은 점의 연속을 선이라고 정의한다. 선은 다양성을 지니고 있어, 선 하나로 우아한 느낌, 강한 느낌, 경쾌한 느낌, 화난 느낌, 빠른 느낌, 여유 있는 느낌, 날카로운 느낌, 부드러운 느낌 등 무한하게 표현할 수 있다.

바실리 칸딘스킨, 〈구성 8〉, 1923년

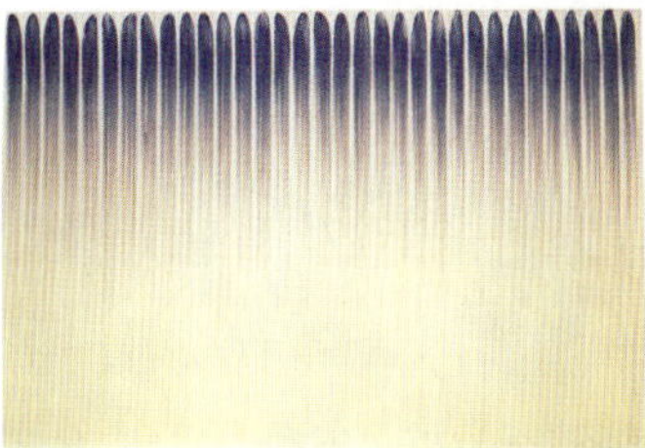

이우환, 〈선으로부터〉, 1974년

③ 면

보통 길이와 비교해 폭과 면적이 큰 것을 면이라고 한다. 깊이, 넓이, 높이, 공간감, 입체감, 재질감 등으로 표현할 수 있다. 선과 마찬가지로 면의 종류도 다양하며 구상적, 추상적 표현과 더불어 대칭, 비대칭, 균형, 불균형, 동적, 정적인 것 등 무한한 표현이 가능하다.

몬드리안, 〈빨강과 노랑 그리고 파랑의 구성〉, 1942년

카지미르 말레비치, 〈절대주의 구성〉, 1916년

④ 형(형태)

사물의 총체적이며 개별적인 생김새나 모양을 의미한다. 형(shape)은 평면, 형태(form)는 주로 입체의 모양을 가리킨다.

김재관, 〈큐브 비밀〉, 2006년

미켈란젤로, 〈피에타〉, 1498~1499년

⑤ 색채

색채는 미술 요소 중에서도 가장 감각적이고 본능적이며, 여러 방향으로 감정을 일으키는 주원인이 된다. 색은 빛의 파장에 대한 눈의 감각 반응으로 모양, 재질감과 함께 사물을 구별하는 특징 중 하나이며 색의 성질은 색상, 명도, 채도의 속성을 갖는다. 또한, 색은 우리의 정서, 생각, 행동, 심리 상태에 직접적인 영향을 미치는 표현 요소이다.

마티스, 〈붉은 방〉, 1908년

박일선, 〈몽유금강산도〉, 2014년

⑥ 명암

명암은 미술 활동의 과정과 결과물에 표현되는 밝기의 단계이다. 빛의 변화와 강약을 비롯하며 색채의 대비와 감정에도 중요하게 작용한다.

램브란트, 〈동방박사의 경배〉, 1632년

모네, 〈건초더미 (여름의 끝)〉, 1891년

⑦ 질감

질감은 표현하고자 하는 대상의 표면의 성질을 말하며 주로 작품에 사용되는 재료, 도구와 밀접한 관련이 있다. 질감은 크게 촉각적 질감과 시각적 질감으로 나눌 수 있다. 촉각적 질감은 입체적이고 실제로 만질 수 있는 질감을 뜻하고,

시각적 질감은 선이나, 색 명도만으로 실제로는 존재하지 않는 질감을 느끼게 하는 것을 말한다.

오펜하임, 〈오브제〉, 1936년

반고흐, 〈별이 빛나는 밤〉, 1889년

⑧ 양감

양감은 표현된 대상의 크기, 부피, 두께, 무게 등 여러 조형적 요소들이 한데 모여 하나의 덩어리처럼 느껴지는 것을 말한다. 회화에서는 명암이나 원근법 등으로 입체감을 표현하고, 색, 빛, 그림자 등으로 밀도감을 표현할 수 있다. 또한, 작품 자체가 실질적인 부피와 무게를 갖게 되는 조각과 공예 등의 경우 양감은 실재의 물질적 덩어리를 의미한다.

마그리트, 〈리스닝 룸〉, 1952년

쿠사마야요이, 〈호박조각〉 1998년

⑨ 공간

공간은 미술작품 내에서 형들 간의 거리를 말한다. 즉, 형이 작품 속에서 서로 가까이 촘촘하게 모여 있을 수도 있고, 산발적으로 흩어져 있을 수도 있으며, 가득 차 있거나 비어 있을 수도 있다. 또 형의 수가 많거나 적게 표현할 수도 있고, 형태를 어떻게 배치하느냐에 따라 위, 아래, 멀리, 가까이, 안과 밖 등을 나타낼 수도 있다.

모네, 〈생자르 역〉, 1877년

알프레드 시슬레, 〈루브시엔느 눈길〉, 1878년

⑩ 구도

구도는 건축에 비유한다면 설계도와 같은 형과 색의 짜임과 계획이다. 미술 요소로서의 구도는 미술적 표현에 임할 때 화면을 구성하는 계획으로 화면을 변화 있고 통일성 있는 아름다움을 느끼게 하는 역할을 한다. 변화가 너무 많으면 혼란스럽고 너무 없으면 단조롭게 되므로 질서, 조화 등의 통일성을 함께 이루게 하는 것이 바람직한 구도라 할 수 있다.

반고흐, 〈오베를쉬르우아즈의 교회〉, 1890년

라파엘로 산치오, 〈아테네 학당〉, 1511년

(2) 미술의 원리

미술의 원리는 미술 요소들을 사용해 이미지를 효과적으로 표현하고 하나의 완전한 작품으로 만들기 위한 구성 원리를 말한다. 미술 요소들을 적절히 조화, 배열, 결합하여 대상을 효과적으로 표현하고, 궁극적으로는 하나의 완전한 작품으로 만드는 데 사용되는 여러 구성 원리를 말한다.

① 통일

통일은 여러 가지 조형 요소들이 일정하게 반복되거나 조화 또는 일치를 이루고 있으며 서로 연결된 성질을 가지고 있다. 조화는 작품을 형성하는 색과 도구의 총체적인 어울림으로 미적 요소인 선, 형, 색 등이 전체적으로 통일된 느낌을 준다.

데미안 허스트, 〈알약〉, 2000년

클림트, 〈생명의 나무〉, 1909년

② 변화

변화는 색, 형, 크기, 배치 등을 주변의 요소들과 다르게 하여 단조롭지 않게 하는 것이다. 즉, 반복되는 형태에 다른 것을 첨가함으로써 새로운 느낌을 주어 생동감과 활력을 주는 것이다.

신윤복, 〈단오풍정〉, 18세기 말~19세기 초

장 미셸 바스키아, 〈행진〉, 1986년

③ 균형

균형은 시각적으로 어느 한쪽으로 기울이지 않고 평형을 이루기 때문에 시각적인 안전감을 주고 질서와 안정, 통일감을 느낄 수 있게 한다. 균형은 대칭, 방사, 비대칭을 통해 이룰 수 있다.

레오나르도 다빈치, 〈최후의 만찬〉, 1490년

살바도르 달리, 〈십자가에 달린 성 요한의 그리스도〉, 1951년

④ 대조(대비)

대조는 대립한 성질의 차이가 두드러지게 느껴지는 현상으로 서로 반대되는 요소가 공간적이나 시각적으로 보이는 현상이다. 상반되는 성질을 이용하여 독특성을 강조함으로써 대조되는 모습을 나타낸다. 대비는 변화가 없고 소극적이지만 완전한 대칭에서 조금이라도 깨지면 거기에는 율동감이 나타나고 적극적인 성질을 느끼게 된다.

르네 마그리트, 〈데칼코마니〉, 1966년

마르크 샤갈, 〈예술가의 회상〉, 1981년

⑤ 비례

비례는 부분과 부분, 전체와 부분의 길이나 양의 수량적인 관계 간의 크기의 상관관계를 의미한다. 모든 것은 상대적으로 물체 간의 상대적인 크기의 관계가 비례이다. 황금분할(1:1.618)은 역사적으로 고대의 건축가들에 의해 수학적 비례를 신비한 상징으로 귀하게 생각하며 건물의 비례에 적용하였다. 황금비로 더욱 잘 알려진 황금분할은 오늘날 가장 널리 사용되는 체계 중의 하나이다.

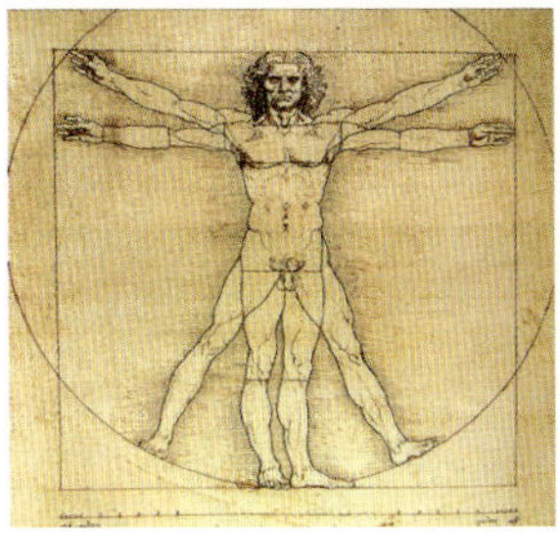

레오나르도 다빈치, 〈비트루비우스 인간〉, 1490년

파르테논 신전 속 황금비[1]

⑥ 강조

강조는 전체와 다르게 어떤 특정 부분만을 강하게 표현해서 변화를 주는 것으로 미술작품에서 중요한 부분과 그렇지 않은 부분을 다르게 나타내기 위한 우선순위별로 강약을 주고자 할 때 사용한다.

마르크 샤갈, 〈녹색 바이올린 연주자〉, 1924년

르네 마그리트, 〈살아있는 예술〉, 1967년

⑦ 패턴과 리듬

미술에서 패턴은 점, 선, 형, 색에 의해서 규칙적으로 반복되어 만들어진 디자인으로 패턴들은 표범 피부와 같이 자연스럽게 발생하거나 예술가에 의해서 고안된다. 리듬은 흐름이나 움직임을 뜻하는 그리스어의 리트머스(rhythmos)에서 유래되었으며 규칙성 있게 움직이는 흐름을 의미한다.

1) http://blog.hwenc.co.kr/625

이성임, 〈일월오봉도〉, 2010년

잭슨폴록, 〈가을 리듬〉, 1950년

(3) 색의 기본요소

색에 있는 세 가지 요소를 색상, 명도, 채도라 하며, 이것을 색의 3요소라고 한다. 색은 이 요소들의 차이로 구별되며 색상을 가지는 색을 유채색이라 하고, 검정, 회색, 흰색과 같이 색을 갖지 않는 색을 무채색, 색상이 같은 색을 동색, 색상이 비슷한 색을 유사 색, 색상 차가 가장 큰 반대되는 색을 보색이라 한다.

① 색의 3요소

- 색상(hue): 색상은 빨강, 파랑, 노랑 등으로 명명되어 구별되는 특성으로 색의 질감의 차이를 표시하는 정도를 의미한다. 3원색을 1차색이라고 하며, 이를 섞어서 만들 수 있는 주황색(빨강과 노랑의 혼합)과 초록색(노랑과 파랑의 혼합), 보라색(빨강과 파랑의 혼합)을 2차색이라고 한다. 요하네스 이텐(Johannes Itten)은 1차색(빨강, 노랑, 파랑)을 기준으로 각각을 혼합하여 2차색을 만들고, 그다음 1차색과 2차색을 혼합하여 3차색을 만들어 12색 상환을 완성 지었다.

요하네스 이텐, 1,2,3차색[2]

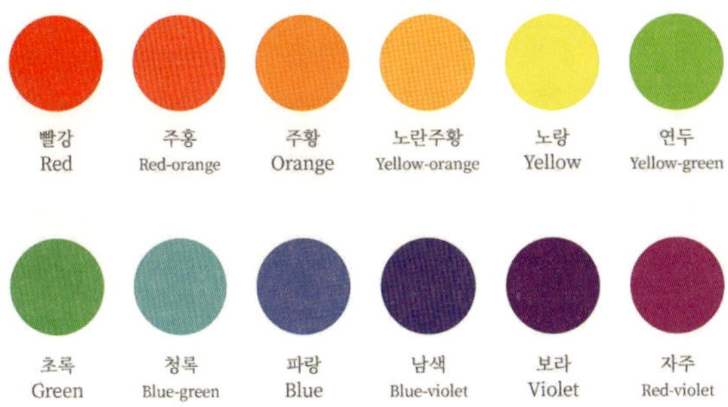

12색상환

• 명도(brightness): 명도는 색의 밝고 어두운 정도를 말하는 것으로, 무채색은 명도만을 가진다. 모든 색 중에서 흰색은 명도가 가장 높고, 검은색은 명도가 가장 낮다.

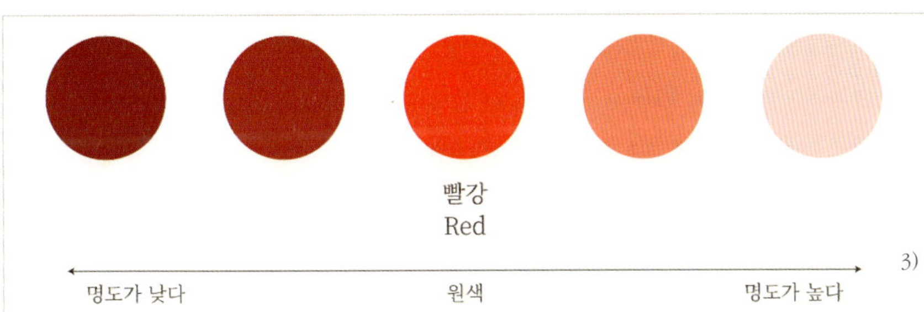

• 채도(chroma): 채도는 색의 맑고 흐린 정도로서, 채도가 가장 높은 색을 순색이라 하는데, 순색에 회색이나 검은색을 섞으면 채도가 낮아지게 된다.

2) https://designisland.tistory.com/20
3) https://designisland.tistory.com/20

② 색 대비

- 색상 대비: 색상이 다른 두 색을 동시에 놓았을 때 두 색이 서로의 영향으로 색상 차가 나는 현상을 말한다.

- 명도 대비: 밝기가 다른 두 색이 서로의 영향으로 밝은색은 더 밝게, 어두운 색은 더 어둡게 보이는 현상이다. 색채의 밝고 어두운 정도를 나타낸 색의 속성으로 같은 조건의 백색 면에 저명한 명암의 속성을 척도화한 것으로 밝은 색은 명도가 높다고 하고, 어두운색은 명도가 낮다고 한다.

- 채도 대비: 다른 두 색을 인접시켰을 때 서로의 영향을 받아 채도가 높은 색은 더욱 높아 보이고, 채도가 낮은 색은 더욱 낮아 보이는 현상이다.

(4) 색의 의미

① 생활에서의 색의 기능

색은 안전, 위험, 주의, 금지 등을 표시하는 기능이 있어 오래전부터 생활에 활용되어 왔다. 또한, 색은 여러 가지 독특한 성질을 가지고 있으며, 그 색 자체가 주는 느낌으로 인한 상징성이 있다. 우리 생활에 이러한 색의 상징을 기능적으로 활용함으로써 능률적이고 쾌적한 생활을 할 수 있음과 동시에 사고를 예방할 수도 있다.

4) https://designisland.tistory.com/20

[생활에서의 색의 기능][5]

- 빨간색: 빨간색은 위험 상황을 의미한다. 방화나 소화전 표시, 금지, 정지를 나타낼 때 사용되는 색이다.

- 노란색: 노란색은 경고를 의미한다. 감전 주의, 충돌 우려가 있는 기둥, 바리케이드, 가전제품의 경고문에 사용한다.

- 주황색: 주황색도 위험 상황에서 주로 사용한다. 스위치 박스, 기계의 안전커버, 항해, 항공의 보안 시설의 구명보트, 구명대, 수로표지에 쓰인다.

- 녹색: 녹색은 안내, 피난, 위생, 보호, 구호의 표시로 사용한다. 비상구와 신호등의 녹색 등은 피난 및 진행을 의미한다.

- 파란색: 파란색은 지시와 의무적 행동을 의미한다. 또한, 평화의 상징적 의미를 지닌다.

- 검은색: 죽음, 어둠을 의미한다.

- 흰색: 청결, 위생, 생명과 깨끗함을 의미한다.

② 전 세계 문화 속에서 색상의 의미

미술과 인류학에서 색의 상징성이란 색상을 통해 보는 이에게 관련된 의미를 나타내는 기능을 의미한다. 색상별로 누구나 보편적으로 가지는 연관성이 있을 수 있지만, 그 의미는 문화에 따라 다를 수 있다.

- 빨간색(Red): 서양 국가에서 빨강은 흥분, 열정, 사랑, 위험을 상징한다. 인도 문화에서 빨강은 가장 강력한 색이며 공포와 불, 재산과 힘, 순수함, 비옥함, 유혹, 사랑, 아름다움 등 여러 가지 의미를 지닌다. 남아프리카 공화국에서 빨강은 애도의 색이며, 국기의 빨간 부분은 독립을 위한 투쟁의 폭력과 희생을 상징한다. 중국 문화에서 빨강은 전통적으로 새해에 입는 색깔이고, 장례식과 결혼식에서도 입는다고 한다. 축하를 상징하고, 행운, 번영, 행복, 장수를 불러오는 색이다.

- 주황색(Orange): 네덜란드의 국가 색이 주황색이며 네덜란드 왕족을 상징한다. 이집트 등 여러 중동 국가에서 주황색은 애도의 색이라고 한다. 인도에서는 신성한 것으로 여기고, 불교도들에게 주황색은 영성과 평화를 의미한다. 일본과 중국에서 주황색은 용기, 행복, 사랑, 건강을 상징한다. 서양에는 주황색이 상징하는 것이 훨씬 많다. 가을이나 추수를 연상시키고, 검은색과 함께 사용된 주황색은 이승과 저승의 경계가 희미해진다고 하는 할로윈을 의미한다. 동남아시아 국가(라오스, 태국, 캄보디아, 미얀마)에서는 경건하고 신성한 것을 주황색과 연관시킨다.

- 노란색(Yellow): 노랑은 유쾌하고 따뜻한 느낌의 색이지만, 어두운 의미를 부여하는 문화권들이 있다. 프랑스에서 노랑은 질투, 배신, 나약함, 모순을 의미하며, 독일에서는 노랑은 질투를 상징한다. 여러 아프리카 국가에서 노랑은 높은 사람들만 사용할 수 있기에 보편적으로 돈, 가치, 성공과 연관된 의미를 지닌다. 이집트인들도 노랑과 금을 밀접하게 연관 짓는데,

5) https://www.imagetoday.co.kr/

미라를 노랗게 칠하고 망자가 사후세계로 가기 전에 무덤을 노랗게 칠한다고 한다. 그래서 이집트에서 노랑은 애도를 상징하는 의미도 있다고 한다.

- 초록색(Green): 전 세계에서 공통적으로 받아들여지는 의미는 자연, 생태, 환경 의식, 군대, 신호등의 색깔 등 여러 가지가 있다. 서양 문화에서 초록색은 봄, 돈, 신선함, 미숙함, 질투, 탐욕을 상징한다. 동양과 아시아 문화권에서는 녹색을 새롭고 영원한 인생, 새 출발, 비옥함, 젊음, 건강, 번영과 연관 짓는다. 19세기에 스페인으로부터 독립한 멕시코는 독립을 상징하기 위해 국기에 녹색을 넣었으며, 숲이 많은 남아메리카 문화권에서 녹색은 죽음을 상징하는 경우가 많다고 한다. 북남미 지역, 유럽, 이슬람 국가에서 초록색은 일반적으로 자연, 봄, 건강과 연관된다. 이와 반대로 미국과 유럽 연합에서는 때때로 건강하지 못한 상태와 연관되기도 한다. '파랗게 질리다'(green around the gills)라는 표현은 안색이 좋지 않은 사람을 나타낸다.

- 파란색(Blue): 파랑은 우울, 왕족, 신뢰 등 전 세계에서 그 어느 색깔보다도 더 다양한 의미를 지니고 있다. 서양 문화에서 파랑은 우울한 기분과 연관되는 경우가 많다. 한편 신뢰, 안전, 권위를 상징하는 차분하고 위안을 주는 색으로 간주되기도 한다. 중동 국가들에서 파랑은 안전과 보호를 의미하며, 천국, 영성, 불멸을 상징한다. 파란색에 의미를 부여하는 종교들이 많다. 가톨릭 신자 비율이 높은 라틴 아메리카 국가 중에는 파랑이 희망과 건강, 성모마리아를 상징하며, 고대 이집트와 유대교에서는 파란색을 신성이나 하늘과 연관시켰고, 힌두교에서는 사랑과 기쁨을 상징한다. 세계 평화를 유지하기 위해 설립된 정부 기구인 국제 연합의 깃발에 연한 파란색을 사용한다.

- 흰색(White): 가장 밝은색인 흰색은 서양에서는 완벽함, 순수함, 새로움,

중립을 나타낸다. 흰색은 색조가 없는 색상이지만 전 세계에서 종교적으로 다양한 의미를 지닌 색이다. 기독교에서는 세례를 받을 아이들이 흰색 옷을 입고, 천주교에서는 교황이 희생을 상징하는 흰색 옷을 줄곧 입어 왔다. 하얀색이 상징하는 것이 모두 긍정적인 것만은 아니다. '유령처럼 창백한'이라는 영어 표현에서 알 수 있듯이, 여러 문화에서 하얀색은 죽음, 유령, 환영을 상징하는 색이기도 하다. 또한, 고대 이집트에서는 영토의 대부분을 차지했던 불모의 사막 색상 때문에 하얀색이 죽음을 상징하기도 한다.

- 검은색(Black): 유럽과 북아메리카에서는 검은색을 애도, 마법, 악, 우아함, 죽음과 연관시키는 일이 많다. 인도에서 검은색은 악한 기운을 막아 주는 색으로 턱 아래나 귓가에 검은 점을 찍으면 악귀의 눈을 피할 수 있다고 한다. 일본에서 검은색은 신비로움과 연관된다. 즉, 죽음을 포함해 초자연적이고 보이지 않는 모든 미지의 대상을 의미한다. 많은 사람이 검은색은 죽음의 색이라고 생각할 때 고대 이집트의 사람들은 나일강을 뒤덮은 검은 옥토를 보고 검은색은 생명의 색이라며 긍정적으로 바라보았다.

2. 영유아 미술교육

1) 영유아와 미술

영유아에게 있어 그림은 세상을 어떻게 보고, 느끼고, 생각하고 있는지를 그대로 나타내 주는 세계 공통적인 언어라고 할 수 있다. 영유아는 아직 행동에 있어서 미분화된 상태이고 자신과 타인, 놀이와 일, 현실과 꿈 등에 확실한 구분이 없다. 영유아의 자기 중심성으로 외부에서 주어진 사물에 대한 인상을 자기 느낌대로 그림으로 표현하기 때문에 영유아에게 그림은 자신의 내면을 나타내 주는 자연스러운 표현 수단이 된다. 영유아의 그림에는 말로 표현하지 못하는 자신의 감정이나 생각들이 낙서로 표현되어 자기의 감정인 희로애락을 표출할 수 있고, 선과 색, 형태와 주제를 통해 영유아의 이야기가 자연스레 드러난다. 이처럼 영유아의 그림은 언어가 발달하지 않은 아이의 생활기록이라고 할 정도로 영유아의 정신세계가 잘 반영되어 있기에 정서적으로도 중요한 매개체 역할을 한다. 또한, 영유아는 창의적 경험을 통해 자신의 내적 풍요로움과 만족감을 얻어 자존감과 자율성을 향상시켜 사회통합을 가능하게 한다. 이는 영유아가 자신과 관계된 문제를 받아들이고 극복하는 능력을 기르며 융통성 있는 상호관계를 형성하도록 돕는다. 영유아는 그리기, 꾸미기, 만들기 등의 미술 활동을 통해 신체, 정서, 언어, 인지, 사회적인 측면에서 원만한 인격을 형성시킬 뿐만 아니라 전인적인 인간으로 성장할 수 있도록 돕는다.

2) 영유아 미술교육의 의미

교육은 인간이 지닌 잠재적 가능성을 바람직한 방향으로 발전할 수 있도록 도와주는 과정이다. 영유아 미술교육은 인간의 본능적인 표현 욕구를 창조적으로 발현하도록 미술의 기술과 지식을 가르치고 배우는 과정이다. 여기에는 다른 사람이 만든 미술작품을 이해하고 평가하는 방법도 포함된다. 아직 언어 발달이 다 이루어지지 않은 영유아들은 다양한 매체를 탐색하고, 그리고, 꾸미고, 만드는 통합적인 미술 활동을 체험하면서 흥미와 기쁨을 느끼고, 개성과 창의력을 발달시켜 시각적 · 공간적 · 조형적으로 자신의 생각과 느낌을 다양한 매체와 방법으로 표현하는 것을 배운다. 이러한 교육과정을 통해 영유아는 기술과 지식을 보다 의미 있고 전체적인 방식으로 주변 환경과의 상호작용을 위해 활용한다. 그러므로 영유아의 미술교육은 영유아가 성장하며 사회의 구성원이 되는 미래의 삶에서 중요한 의미로 반영될 수 있어야 하며 미래 영유아의 삶과 연계될 수 있어야 한다.

3) 영유아 미술교육의 중요성

(1) 영유아 미술은 감각 · 신체 발달을 촉진한다

미술 활동은 영유아의 신체 발달을 돕는다. 영유아들은 크레파스로 낙서하기, 붓으로 칠하기, 찍기, 오리기, 주무르기 등 다양한 미술 활동을 하는 과정에서 소근육과 대근육을 사용하게 된다. 이러한 근육 감각 운동 경험은 손과 팔의 힘을 길러 주고, 손가락을 조절하는 능력, 눈과 손의 협응력을 정교하게 발달시켜 쓰기 기술에도 도움을 준다. 신체 발달이 빠를수록 먹는 것에서부터 신발 끈을 묶는 것까지 스스로 자립할 수 있는 영유아들의 능력이 더 빨리 발달된다.

[영유아의 신체 발달을 촉진하는 미술 활동의 예][6]

(2) 미술은 영유아의 자기표현 기회를 제공하고 의사소통 능력을 촉진한다

미술 활동은 언어 표현능력이 부족한 영유아에게 자신의 느낌과 생각을 표현할 수 있는 수단과 통로를 제공한다. 미술 활동과정에는 말하기, 듣기, 읽기, 쓰기의 광범위한 언어 영역이 포함되어 있다. 미술 활동을 하면서 영유아는 색, 모양, 행동에 대한 기본 어휘를 익힐 수 있고, 자신의 창작물에 의미를 부여하여 말로 표현해 보고, 다른 친구들이 발표할 때 듣는 과정을 통해 언어에 대한 기초 발달을 이룰 수 있다.

6) https://www.imagetoday.co.kr/

[영유아의 자기표현과 의사소통 능력을 촉진하는 미술 활동의 예][7)]

(3) 미술은 영유아의 정서발달을 촉진한다

미술은 영유아에게 정서적 안정감과 해방감을 준다. 영유아는 자신을 둘러싼 갈등과 걱정, 불안 등 말로 표현하지 못하는 내적 감정을 미술 활동을 통해 탐색하고, 분출함으로써 카타르시스를 경험하게 된다. 이러한 경험은 영유아 자신의 내적 풍요로움과 정서적 안정감을 느끼게 해 줄 뿐만 아니라 자신을 수용하는 경험을 하게 해 준다. 미술 활동을 통해 습득한 자아수용은 만족감과 성취감을 함양시켜 궁극적으로 긍정적인 자아존중감을 형성하도록 돕는다.

[영유아의 정서발달을 촉진하는 미술 활동의 예][8)]

(4) 영유아 미술은 영유아의 창의적 사고를 촉진한다

미술은 영유아의 창의력을 계발하고 발휘할 수 있도록 돕는다. 영유아가 자신이 이해한 재료의 특성에 따라 새롭고 독창적인 아이디어를 생각하고, 다양한 방법으로 조합해 보고, 자신만의 독특한 방법으로 미술 활동에 참여하는 경험에서

7) https://www.imagetoday.co.kr/
8) https://www.imagetoday.co.kr/

영유아의 창의적 사고가 촉진된다. 창의성은 재능이나 지능이 아니며 뛰어난 결과물도 아니다. 창의성은 사고하고 탐구하고 실천하는 과정을 통한 경험에서 비롯된다.

[자화상을 창의적인 방법으로 표현한 영유아 미술작품][9]

(5) 미술은 영유아의 사회성 발달을 촉진시킨다

영유아의 미술 활동은 자아 중심적이기는 하지만 자신을 중심으로 한 생활 세계를 표현하는 것이다. 이처럼 영유아는 미술 활동을 하면서 주변의 친구와 다양한 상호작용을 맺음으로써 타인을 이해하게 되고 다른 사람들과 어울려 살아가야 한다는 것을 배우게 된다. 협동 작품을 하면서 영유아는 서로 도우며 순서나 규칙, 질서를 지킬 줄 알고 미술도구나 재료들을 나누어 사용하면서 양보와 주고받는 요령을 습득하게 된다. 이처럼 영유아는 미술 활동의 경험을 통하여 영유아 자신과 타인에 대한 감수성을 증가시켜 사회적으로 성장할 기회를 갖게 한다.

[영유아의 사회성 발달을 촉진하는 미술 활동의 예][10]

9) https://url.kr/yobhe3, https://url.kr/7139xk, https://url.kr/eu3whi
10) https://www.imagetoday.co.kr/

(6) 인지발달

영유아들은 미술 활동을 하면서 '다양한 재료 중에서 무엇을 가지고 어떻게 표현할까?' 하는 문제에 부딪히게 된다. 이때, 영유아는 자신이 직접 경험한 다양한 사람, 사물, 사건들의 이미지를 재정비하며, 문제를 계획하고 조절하며 해결하는 능력을 기르게 된다. 다양한 미술 재료와 도구를 사용하면서 재료의 특성을 알게 되고 각각의 특성에 알맞은 다양한 표현 방법을 탐색하게 된다. 이러한 과정에서 색의 개념, 크기, 형태 등과 같은 요소들과 함께 위, 아래, 옆, 뒤, 왼쪽, 오른쪽과 같은 공간 개념도 터득하게 된다. 이처럼 미술 활동은 자신과 자신을 둘러싼 세계에 대하여 탐구적 태도를 보이게 하며, 창조 활동을 통하여 사건에 계열성, 원인과 결과에 대한 이해, 다양한 문제해결 능력을 길러 줄 뿐만 아니라 비판적 사고, 분석 및 종합적 사고와 같은 고등지능을 발달하게 한다.

[영유아의 인지발달을 촉진하는 미술 활동의 예][11]

(7) 미술은 영유아의 다양성 인식을 촉진시킨다

미술은 영유아들이 서로 다른 문화적 배경을 가진 친구들과 함께 미술 활동을 통해 다양한 문화를 경험하고 이를 존중하는 자세를 배우도록 돕는다. 미술작품 속에는 다양한 작가의 생각과 관점, 생활과 풍습 등의 다양한 문화가 담겨 있다. 영유아들은 미술 감상을 통해 우리나라뿐만 아니라 다른 나라의 문화와 역사, 전통을 이해할 수 있고, 그것을 바라보는 다른 영유아의 다양한 관점이 있음을 알고 서로 나눌 수 있다. 따라서 미술교육은 점점 더 다양한 사회에 살게 될 영유아들

11) https://www.imagetoday.co.kr/

이 다문화와 다른 나라의 역사에 관해 편견 없이 수용할 수 있는 능력을 길러준다.

[다른 나라 생활 속의 다양성과 공통성 인식의 예]

폴고갱, 〈빨래하는 아를의 여인〉, 1888

김홍도, 〈빨래터〉, 제작연도 미상

쿠르베, 〈돌을 깨는 사람들〉, 1849년

윤두서 〈돌 깨기〉, 제작연도 미상

[다양성 인식을 촉진하는 미술 작품의 예]

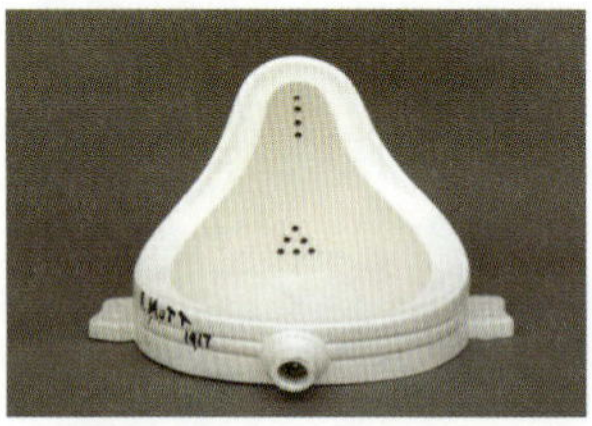

마르셀 뒤샹, 〈샘〉, 1950

마우리치오 카텔란, 〈코미디언〉, 2019

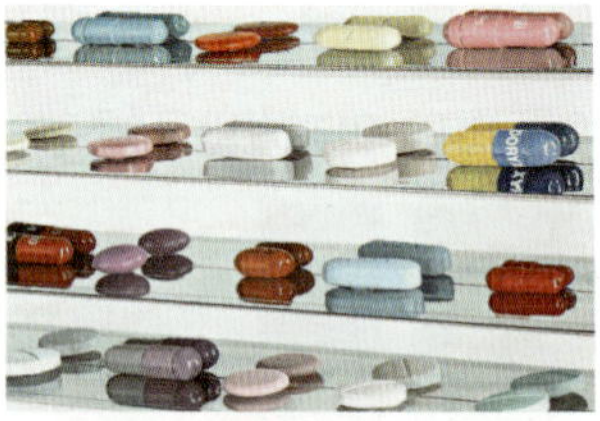

데미안 허스트, 〈빈공간〉, 2000

3. 영유아 미술발달

1) 영유아 미술발달적 특성

모든 영유아는 인종이나 사회, 문화적 배경에 상관없이 공통적이고 보편적인 그림 발달단계를 거친다. 미술발달단계마다 고유의 표현 특징이 나타나기 때문에 영유아의 그림을 이해하는 데 중요한 토대가 된다. 미술발달단계는 영유아의 인지와 개념 발달의 지연을 구분하고 확인하는 데 도움을 주고, 발달적 측면에서 영유아의 표현 작품에 대해 생각할 수 있는 토대를 제공해 줌으로써 영유아의 그림을 사정하는 기초로 사용될 수 있다. 발달과 그림을 고려할 때 중요하게 기억해야 할 것은 영유아의 미술발달이 엄격한 수직적 과정이 아니라 아동의 삶의 많은 요인으로 인해 영향을 받는다는 점이다. 미술발달은 정서, 인지, 사회, 신체적 성장을 포함하는 요인들에 의해서 만들어지며, 그림 형식의 진보와 퇴보는 이러한 영향 중 하나 또는 많은 것들로 인해 영향을 받기 때문에 영유아 미술발달 측면에 변동이 있을 수 있다. 영유아의 미술발달은 스트레스 상황이나 정서적 장애를 다루는 영유아의 전반적 발달 능력에 대한 중요한 정보를 제공해 주고, 영유아가 그린 미술표현의 형식과 내용을 이해하는 독특한 방식을 제공해 준다.

2) 영유아 미술발달에 따른 심리이해와 특성

영유아의 성장과 발달에 관한 심리학적인 연구가 등장하면서 영유아 미술에서도 발달 심리학적인 측면이 강조되었다. 영유아의 그림은 신체, 나이, 지적 발달과 함께 표현의 발달로 일정한 과정을 거쳐서 발달하며 각 개인 나름대로 다양한 특성을 보인다. 로웬펠드(Lowenfeld)와 켈로그(Kellogg) 등 많은 학자는 영유아 시기별로 미술표현 발달단계를 객관적이며 과학적으로 구분하여 증명하였다. 영유아 그림 발달과정에 나타난 각 단계의 특성을 안다는 것은 영유아를 이해할 때 도움이 될 수 있을 만한 준거를 제공해 준다. 이러한 자료는 영유아에게 적절한 교육과 환경을 제공해 줄 수 있다는 측면에서 전문가들에게 많은 지지를 받고 있다. 영유아의 미술발달을 연구한 대표적인 학자로는 로웰펠드와 켈로그가 있다.

(1) 로웰펠드의 아동화 발달단계

로웰펠드는 경험적 연구에서 아동이 사고를 조직하고 인지능력이 발달하는 과정과 미술발달과정이 굉장히 유사하다는 것을 발견하였다. 아동의 그림의 많은 부분에서 운동기술, 지각력, 언어, 기호 조직화, 감각 능력, 공간 적응력 등 아동의 능력에 대한 표시가 나타났다. 그의 연구는 그림 발달을 주요한 6단계, 난화기, 전도식기, 도식기, 또래 집단기, 의사실기, 결정기로 제시하였다.

① 난화기(Scribbling stage): 자아표현의 시작(2~4세)

난화는 아무렇게나 그리기, 긁적거리기, 마구 그리기 등의 표현도 쓰고 있으나, 낙서형태의 즐겁게 그리는 놀이의 성격으로 이해하는 것이 바람직하다. 심리학에서는 18개월 또는 2세쯤에 시작하는 이 난화를 기능적 쾌락이라고 하며, 영유아 초기의 근육운동 지각의 경험이라고도 한다. 정신분석학에서는 무의식적인 표현으로서 부모의 관심을 끌려는 욕구가 심층에서 작용한다고 보고 있다. 이 시기의 영유아는 그림을 그릴 때 무의식적인 동작을 하다가 차츰 팔을 움직일 때 종이 위에 나타나는 점, 선, 모양 등의 표시에 관심을 가지게 되고 의식적으로 낙서를 좋아하게 된다. 난화는 다음의 3단계의 일반적인 발달단계를 거친다.

- 마구 그리는 난화기: 목적 없는 무의식적인 신체 운동의 결과로 나타나는 낙서이다. 손놀림이 조절되지 않아, 손에서 이어지는 선들의 형태들이 연결되지 않고, 뚝뚝 끊어진다. 이 시기의 영유아들은 크레파스나 사인펜, 연필을 손에 잡히는 대로 아무 곳에나 방향감각이 없이 끼적거려 놓는 낙서를 즐긴다.
- 조절된 난화기: 낙서를 하면서 영유아는 자신의 손의 움직임과 그림의 모양이 일치함을 알게 된다. 자신의 동작과 종이 위에 나타나는 어떤 표현 사이의 관계를 발견하게 된다. 이 시기의 영유아는 시각적으로 낙서를 통제하는 단계로 선을 수평, 수직, 좌형, 혼합형, 원형의 순으로 순차적으로 발전한다.

• 이름 붙이는 난화기: 그림에 의미가 있음을 알게 되고, 자신이 그린 그림에 이름을 붙이기 시작한다. 단순한 근육운동으로 이루어지던 난화가 점차로 생각할 수 있는 이미지 표현으로 의미를 부여하게 된다. 알고 있는 사물이나 주변 세계와 연결하여 그림을 그리고자 한다. 그러나 그리는 도중에 명명하는 사물이 바뀔 수도 있고, 실제로 명명하는 사물의 형태가 나타나지 않을 수도 있다.

[난화기의 예]

마구 그리는 난화기

조절된 난화기

이름을 붙이는 난화기

이 시기의 색채지도는 자신의 표현과 도화지를 구별할 줄 알게 하는 것이 중요하므로 강한 대비의 조합(흰 종이에 검은색 크레파스 등)이 필요하다. 그러나 색채보다는 선과 형태의 창조를 할 수 있는 기회가 더 중요하며 근육운동과의 협응능력을 발달시키고 환경과 그림이 관계를 맺도록 지도하는 것이 좋다.

② 전도식기(Preschematic Stage): 재현의 첫 시도(4~7세)

전도식기에는 난화기의 무의식적인 표현과정으로부터 점차 의식적인 표현과정으로 옮겨진다. 상징적 도식 표현의 기초단계로서 2차원적인 그림을 그리기 시작하는 단계이다. 대상을 주로 사람의 모습을 많이 그리며, 매우 단순한 형상으로 표현되는데 머리는 원으로 팔과 다리는 긴 선으로 사람의 모습이 나타난다. 이 시기의 영유아의 작품에서 공간표현을 볼 수 있다. 이 공간표현은 사실적인 것과 관계없이 자신에 대한 관계의 중요도에 따라 물체를 배치한다. 물체의 크기도 영유아가 주관적으로 느끼는 물체의 중요도에 따라 크기가 결정되며, 색채로 구별할 줄 알며 감정적으로 좋아하는 색을 선택하기 시작한다. 이 시기의 특징으로 표현 의욕은 왕성해지나 정서가 불안정하고 표현도 목적이 없으며, 표현하는 그 자체에 즐거움을 느낀다. 또한, 그림에 객관성이 없고 자기중심적인 개인차가 크다. 이 시기의 영유아는 본 것보다는 아는 것을 표현하려고 하는 점이 특징이다. 전도식기에는 영유아에게 주어지는 동기부여가 중요하며, 이것을 영유아의 경험과 결부시켜 지도하는 것이 좋다. 특히 자기의 신체개념을 먼저 인식시킨 후 자신에게 직접 관련된 주제를 표현하게 한다.

[전도식기 그림의 예]12)

③ 도식기(The Schematic Stage): 형태개념의 습득(7~9세)

도식기는 형태 개념을 성취하는 단계로 사물에 대한 일정한 개념을 찾을 수 있다는 능력과 판단이 생기게 되므로 설명적이고 독자적인 표현 방법이 나타난다. 인물이나 사물에 대한 개념이 부족하여 이를 반복하여 그리기를 즐긴다. 자신이 중요하다고 느끼는 부분은 확대, 강조하고 그렇지 않은 부분은 취소 생략한다. 도식기의 공간표현은 기지선의 등장이다. 이 시기의 또 다른 표현의 특성은 투시법(X-ray)에 따른 비시각적인 표현 방법을 들 수 있다. 이 시기의 그림의 색채는 아동이 대상과 색채가 상호관계가 있음을 알게 됨으로써 같은 대상에 같은 색을 반복해서 채색한다.

12) https://url.kr/49cb1k, https://url.kr/v6xwbk, https://url.kr/wmiuto,

[도식기 그림의 예][13]

④ 또래 집단기(The Gang Age): 사실 표현의 시작(9~11세)

또래 집단기의 아동들은 심리적으로 성장 욕구가 강한 시기로, 환경에 대한 인식과 감수성이 발달하면서 자기의식이 확대된다. 또래 집단기는 도식적 표현에서 사실적이며 객관적인 표현의 경향으로 변하여 가며, 기지선 개념에서 벗어나 위에서 보는 것이 가능해지며, 공간표현에서도 자기중심적인 나열식의 단조로움에서 탈피하여 중복 표현이 나타난다. 표현양식에서도 점차 시각적 인식이 발달하면서 정서를 표현하는 데 더는 과장이나 생략, 이탈 등을 사용하지 않고, 어떤 것을 표현하기 위해서 다른 표현 방법을 모색하기 시작한다. 색채 면에서 도식적인 색채와 대상관계에서 벗어나 특징적인 색채를 사용하여 표현하기 시작한다. 이 시기의 아동들은 기하학적인 선과 기지선 사용을 탈피하고 사실적인 묘사를 위해 선을 사용하는 데까지 발달한다.

[또래 집단기 그림의 예]

13) https://www.imagetoday.co.kr/

⑤ 의사실기(The Pseudo-Naturalistic Stage): 합리적인 표현(11~13세)

의사실기로 들어서면서 시각적인 자극에 반응하는 아동과 비시각적인 정서적 경험에 기울어지는 아동으로 나뉜다. 시각적인 자극을 더 선호하는 아동은 멀리 있는 대상을 작게 그리는 원근법적 해석과 함께 3차원적인 특징을 가진 공간에 관심을 가지고, 대지의 조건에 따라 달라지는 색과 명암의 차이, 리듬, 균형을 통한 느낌이 표현되는 미적 기능을 중요시한다.

[의사실기 그림의 예][14)]

⑥ 결정기(The Period of Decision): 창의적 활동의 위기(13~16세)

사춘기에 접어들면서 환경을 창의적으로 받아들이며 표현이 시각형, 촉각형으로 뚜렷하게 구분된다. 시각형은 외관과 비례, 명암, 배경, 원근 등을 중시하고 촉각형은 내면 정서의 표현, 색채나 공간표현인 주관적 경험을 중시한다. 성인으로의 입문 과정이며 자신의 행동이나 자기의 창조적 작품에 대하여 지각하게 되며 창조적인 작품에 대한 감각적인 활동이 주를 이룬다. 아동에 따라 그림 그리기를 계속하지 않거나 지지받지 못한 경우, 이 단계에 도달하지 못한다.

[결정기 그림의 예][15)]

14) https://www.imagetoday.co.kr/, https://url.kr/gtz4n1

(2) 켈로그의 영유아 미술발달단계

켈로그는 모든 발달과 마찬가지로 미술발달도 예측 가능한 순서를 따르며 영유아가 성장함에 따라 발달속도가 다를 수 있듯이 그림표현 또한 영유아 개인의 속도로 발달하게 된다고 하였다. 켈로그(1969)는 30년 동안 미국과 30개 이상의 국가에서 아동의 그림 백만여 점을 수집하여 분석하였고, 이러한 광범위한 경험적 증거를 바탕으로 영유아 초기 그림의 표현 속성을 분류하였다. 켈로그는 영유아 그림 발달단계를 묘화 형태 5단계, 그림의 기본형태, 배치, 형태, 디자인, 회화 단계로 나누었다.

① 그림의 기본형태 단계(Pattern stage, 1~2세)

낙서형태가 시작되는 2세 전후에 나타나는 특징은 끼적거리기와 함께 형태를 분석하는 내용이 간단한 것에서부터 복잡한 것까지 미술의 기본이 되는 20가지의

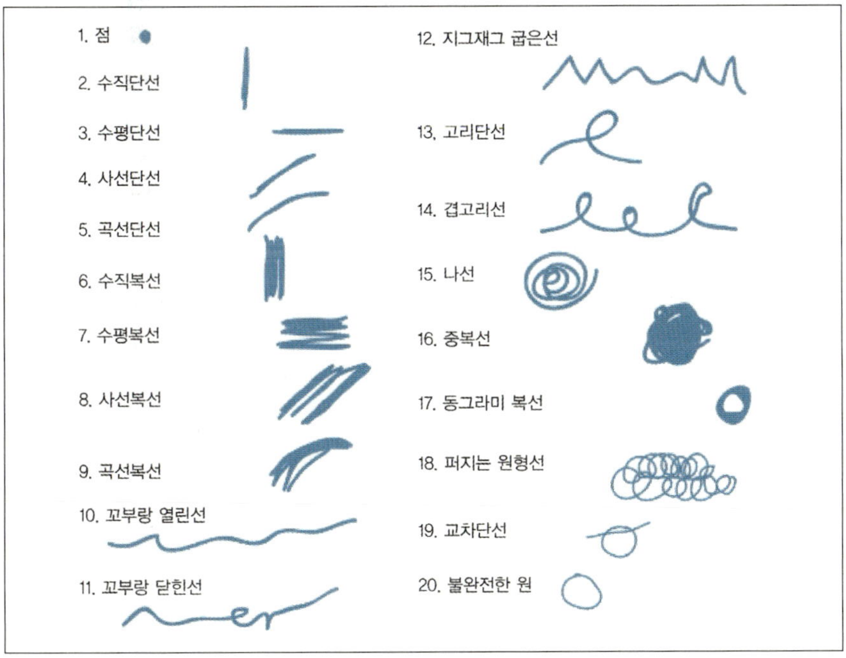

[그림 4-1] 20가지 기본낙서 패턴[16]

15) https://url.kr/6c3ie8,

16) Fox & Schirrmacher(2014: 97).

기본적인 선형과 도형으로 이루어진다. 영유아들은 20가지의 기본형태의 낙서에서 시작하여 배치, 형태, 디자인, 회화 단계를 거치기 때문에 이 시기의 영유아의 낙서는 그림을 그리는 데 기초를 형성하게 된다.

② 배치 단계(Placement Stage): 2~3세

눈과 손의 조절이 발달하면서 영유아의 낙서는 더 통제되고 배치에 관심을 갖게 되면서 17가지의 배치형태를 보인다.

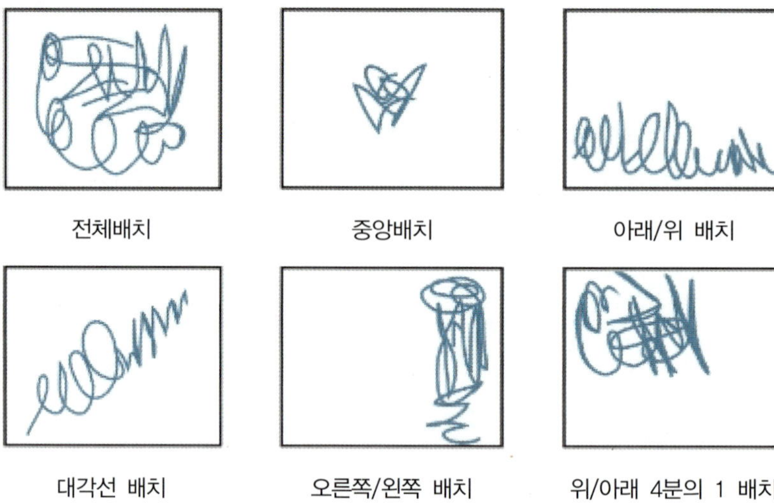

[그림 4-2] 낙서 배치형태의 예[17)]

③ 형상화 단계(Shape stage, 2~3세)

2세가 되면 명확한 배치형태로 끼적거리기를 하다가 3세가 되면 단일선으로 원형, 십자형, 오각형 등의 도형을 그리게 된다. 이때는 모양에 대한 인식을 하면서 중앙의 의미를 알게 된다. 이 시기는 유사 도형 시기와 도형 시기의 중간에 나타나며 17가지로 분류할 수 있다. 또한, 이때는 도식 중에 2가지가 모여서 이룰 때 집합이라 하고, 도식이 3가지 이상 혹은 집합이 여러 가지 모양으로 이루어지는 것을 연합이라 한다. 이는 66가지의 기본도형을 가지고 있다.

17) Fox & Schirrmacher(2014: 97).

[그림 4-3] 기본도형의 6가지 형태18)

④ 디자인 단계(Design Stage): 3~4세

3세경이 되면 유아의 그림에서 기본적인 도형 6가지(원, 십자가, 엑스, 사각형, 삼각형, 부정형) 형태가 나타난다.

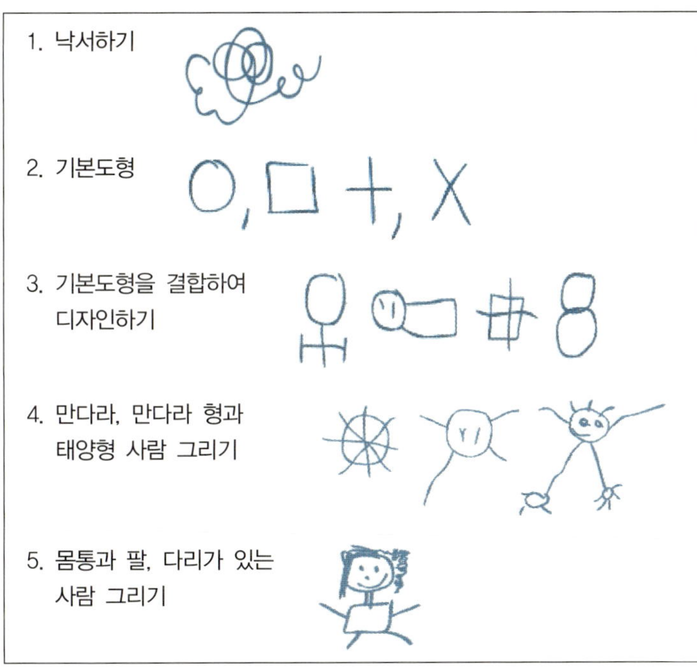

[그림 4-4] 켈로그 그리기 단계에 따른 사람 그리기19)

18) Fox & Schirrmacher(2014: 98).

19) Fox & Schirrmacher(2014: 100).

⑤ 초기회화 단계(Pictorial Stage): 4~5세

초기회화 단계에서는 이전 시기에 나타난 도형들을 연결하여 사람, 건물, 나무, 동물, 운송기관과 같이 사물의 형태를 표상하는 회화적인 표현을 시작한다. 이때의 그림은 객관적으로 무엇을 그린 그림인지 형태를 알 수 있다.

[초기회화 단계의 사람]

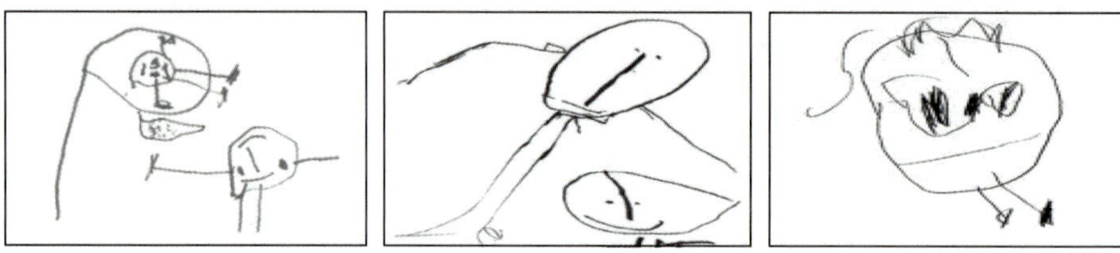

4. 다문화가정 영유아 미술교육

미술은 인간의 자기표현 수단이며 의사소통의 매개체이다. 영유아의 미술교육은 영유아가 그리고 꾸미고 만드는 통합적인 미술 활동을 하면서 흥미와 기쁨을 느끼고, 개성과 창의력을 발달시켜 전인적 인격을 갖춘 바람직한 인간을 형성하기 위한 것이다. 즉, 영유아 미술교육은 영유아의 인지, 언어, 신체, 창의성, 심미성, 정서, 사회 발달과 같은 영유아의 전인적 성장과 발달을 돕는 기회를 제공한다.

미술교육의 기본을 바탕으로 다문화가정 영유아를 위한 미술교육이 가지는 의미는 크게 두 가지로 생각해 볼 수 있다. 첫째는 영유아들에게 미술교육이 가지는 의미와 같은 맥락에서 보는 의미이다. 즉, 비다문화가정 영유아와 마찬가지로 다문화가정 영유아도 다양한 미술 활동을 통하여 신체 · 정서 · 인지 발달을 도모하고, 자기표현, 창의력 및 행복감과 자신감을 증진시키게 된다. 특히 한국어가 서

툰 다문화 영유아는 언어 이외의 다양한 미술 매체를 활용하여 자기의 감정을 표현할 수 있으며, 이러한 자기표현이 다문화가정 영유아의 교육 전반에 중요한 요소가 되기도 한다. 이처럼 일반적인 미술교육의 의미와 함께 다문화가정 영유아를 위한 미술교육에서 언급되어야 하는 또 하나의 의미는 미술교육의 치료적 역할에 대한 이해이다. 다문화로 인해 생길 수 있는 정서적 갈등이나 어려움을 미술을 통해 극복하고, 문화적 회복력을 증진시킬 수 있다.

1) 다문화가정 영유아 미술교육의 이해

> *"All human problem-solving, as anthropologists have indicated, includes cultural learning. Culture, we recall, may be defined as all behavior learned by an individual in conformity with a group. Culture "teaches" the individual not only to recognize certain phenomena, but also certain symbols of phenomena, and the logical relationships among them. Culture also sets the goals of human problems, and teaches the inferences (logic) which people in a particular culture regard as profitable."*
>
> *(James Banks, 1996)*

"인류학자들이 지적했듯이 인간이 문제를 해결하는 모든 과정은 문화적 학습을 수반한다. 우리가 말하는 문화란, 특정 집단에 순응한 한 개인이 학습한 모든 양식이라고 정의될 수 있다. 문화는 그런 개인에게 어떤 현상을 인지하는 방법뿐만 아니라, 현상이 상징하는 바와 그 사이에 존재하는 논리적인 관계성 역시 "가르쳐"준다. 또한, 문화는 인간 문제해결의 목표를 규정하고 그에 대해 특정 문화권에서 사람들이 유익하다고 판단하는 연역적 추론(논리)을 가르쳐 준다"(Banks, 1996). 뱅크(Banks)가 언급한 바와 같이, 문화 학습은 복잡하고 모호한 상황에서 효과적으로 문제를 해결하고 의사를 결정하는 데 중요한 역할을 한다. 개인은 관련 정보를 식별하고 해석하고 선택하여 평가하며 문화적 가치와 규범에 따라 가장 적절한 행동을 선택할 수 있다. 문화 학습을 향상시킴으로써 개인과 사회는 복잡한 도전과 기회에 더 잘 대처하고 창의성과 혁신을 촉진하고 보다 포괄적이고 지속 가능한 커뮤니티를 구축할 수 있다.

미술은 문화적 경계를 초월하는 보편적인 언어이며, 영유아에게 다양한 문화에 대한 이해를 키우고 차이점에 대한 존중을 증진하도록 돕는 데 중요한 역할을 한다. 다문화가정 영유아 미술교육은 영유아들이 문화적 다양성을 소중히 여기며 문화적으로 관련된 경험과 관점을 미술교육에 통합하려는 접근법이다. 이 접근법은 다른 문화적 배경을 가지고 있는 영유아들이 다양한 경험, 신념, 가치관을 가질 수 있음을 인정하고, 차이점을 반영하여 존중하는 학습 환경을 제공하는 것이다. 이처럼 다문화가정 영유아 미술교육은 다양한 문화적 배경을 가진 영유아들이 함께 다양한 재료와 기법을 활용하여 자유롭게 그리고, 만들고, 감상하고, 탐색하는 미술창작과정을 통해 영유아들은 다양한 문화를 이해하고 존중하는 태도를 길러 자신의 문화 정체성을 발견하고, 새로운 것을 배우고 성장하여 다문화 사회에서 살아가는 데 필요한 문화 감수성과 창의성을 함양할 수 있다. 이를 위해 교사는 다양한 언어와 문화적 차이를 이해하고 존중하는 자세를 가져야 하며, 영유아들이 소통하기 쉬운 환경을 만들어야 한다. 다문화가정 영유아 미술교육을 통해, 영유아들은 언어와 문화의 차이를 인식하고, 서로를 이해하고 존중하는 경험을 하게 되며 다양한 문화적 배경을 가진 사회에서 건강하게 성장할 수 있도록 돕는다. 다문화가정 영유아 미술교육은 영유아들의 창의성과 상상력을 발휘할 수 있는 기회를 제공하고 확대하고 발전시킬 수 있는 전인적 교육이다.

2) 다문화가정 영유아 미술교육의 개념

미술교육의 일환으로 다문화적 접근을 처음 시도한 대표적인 학자는 맥피(Mcfee)이다. 그는 다문화 미술교육의 토대를 마련한 학자로서 다원주의의 관점에서 미술의 개념을 사회적 의사소통 체계와 문화적 체계로 정의하였다.

"culture is a pattern of behaviors, ideas, and values shared by a group. The visual arts are a means of communicating, teaching, and transmitting these cultural ideas, and values, thus maintaining the behaviors, ideas, and values"

June King McFee and Rogena M. Degge (1977)

"문화는 한 집단이 공유하는 행동 양식, 사고방식, 가치판단의 일련의 패턴이다. 시각 예술은 문화적인 사고방식과 가치판단을 공유하고, 가르치고, 전달하는 하나의 수단으로서, 이를 통해 행동 양식, 사고방식, 가치판단을 지속시키는 역할한다"(McFee & Degge, 1977). 이는 문화와 시각 예술 간의 관계에 대한 이해를 나타내며, 문화적인 사고방식과 가치판단을 시각 예술을 통해 전달하고 유지하는 역할이 중요하다는 것을 강조하였다. 우리가 미술이라 부르는 것을 "시각적 형태를 조직하여, 질적인 의미를 의도적으로 해석, 창조, 확장하거나 담아내고, 대상의 형식과 의미를 강화하는 인간 활동의 과정과 결과"라고 정의 내린다(McFee, 1995). 시각 예술은 문화적인 사고방식과 가치를 표현하고 전달할 수 있는 매우 강력한 수단으로, 특히 다른 문화와 상호작용하는 과정에서 문화 간의 이해와 대화를 위한 매개체가 될 수 있다. 즉, 미술을 삶과 의사소통 방식인 문화적 형태로 미술에 대한 개념을 바꾸었다. 또한, 미술은 그 자신이 속한 문화권의 사상과 그곳에서 받아들이는 정서, 가치의 방식, 상징적, 양식적, 생산적 전통의 유형과 그들의 질서 체계를 따르거나 탈피하려는 예술가 개인의 과정이기에 미술은 그 시대의 문화와 지식을 전달하는 유형으로 보았다. 이처럼 미술적 상징에는 사회·문화적 경험이 압축, 추상, 통합되어 있으므로 예술은 그 사회상을 이해하고 그 사회에 살고 있는 개인의 경험이 반영되어 있는 모델이 된다. 다문화 미술교육은 특정 문화 집단을 위함이 아닌 현재를 살아가는 우리 모두를 위한 교육이며 여러 문화 속에서 보이는 각각의 삶의 방식과 태도를 상징하는 것이다. 다문화 미술교육을 통해 자신을 존중하는 태도를 갖게 함으로써 나와 다른 남을 이해하고 배려하고 수용할 수 있는 기반을 마련하고 모두에게 그들을 둘러싸고 있는 다양한 문화들을 충분하고 깊이 있게 이해하도록 이끌 수 있고 감동을 주는 감각적 매체로서 미술은 문화적으로 중요한 의미를 담고 있다. 그린(Greene, 1969) 또한, 다문화 문제는 예술을 통해 다루어져야 한다고 주장하면서 자신이 보는 것에 몰입하고 다른 사람과 자신의 고유한 것을 예술 경험을 통해 수용해야 한다고 하였다. 그녀는 모든 사람이 서로 다른 문화 간의 차이를 내면화하여 상대방의 시각과 의견을 더 잘 이해할 수 있도록 해야 한다고 하였다. 이러한 내면화를 통해 새로운 시각을 얻으려고 노력함으로써 공감과 존중이 증가하게 된다는 것이다. 이는 서로 다른 문화 간의 이해와 대화에 중요한 역할을 하는 것으로, 문화 간의 대화와 이해가 필요한 현대 사회에서 매우 중요한 가치이다.

3) 다문화가정 영유아 미술교육의 필요성

영유아기는 생애 발달과정 중 최초의 단계로서 인간발달의 모든 영역에 걸쳐 기초를 쌓아 가는 시기이다. 이 시기에 영유아는 자아 및 타인과 세상에 대한 기본적 이해를 형성하게 된다. 유아교육에서 다문화 교육의 필요성은 문화의 유사점과 차이점에 대한 유아들의 이해가 만 2세부터 나타나기 시작한다는 연구결과에 의하여 지지되고 있다. 유아는 이미 24개월 이전에 타인과 구별되는 자아를 인식하고, 만 2세가 되면 신체적 특징, 의상, 언어 등에 기초해 사람들 간의 유사성과 차이점을 지각한다(Seefeldt, 2005). 이 시기에 영유아는 다른 사람과 자신을 구별 짓기 시작하면서 자아개념을 형성하고, 자신과 관계된 사람들의 사회적 특성에 맞추어 자신의 행동과 표현을 조절하며 다른 사람을 이해하기 시작한다. 이처럼 만 2세에서 6세 영유아의 다문화에 대한 이해 능력은 영유아의 인지발달과 더불어 향상되고 있다. 영유아기 발달과정을 고려할 때 다문화 교육은 영유아기에 시작하는 것이 가장 효과적인 시기이다. 양옥승(1997)의 연구에 따르면 연령별 다문화 이해는 다음과 같이 나타난다.

〈표 4-1〉 유아기의 다문화 이해 능력(양옥승, 1997)

구분	내용
만 2세	• 만 2세에 이미 교육을 통해 개인주의적 또는 공동체적 사고형성이 가능하다.
만 3세	• 외형적 차이를 기준으로 집단을 구분하고 집단의 성원으로서 자신을 동일시할 수 있다. • 타인의 피부색, 성, 신체적 특성 등 외형의 차이뿐만 아니라 타인의 문화 사회적 행동에 관심을 보이기 시작한다. • 부모 등의 친숙한 사람을 통해 편견을 가지기 시작한다.
만 4세	• 인종에 따른 집단 비교가 가능하고, 자신의 인종과 성에 대한 인식에 기초하여 정체성을 가질 수 있다. • 자신이나 친숙한 사람이 소속된 하위문화와 타 문화 간의 공통점과 차이점을 찾는 데까지 관심을 확장시킬 수 있다.
만 5세	• 하나의 집단구성원으로서 자신의 존재를 인식하기 시작한다. • 민족, 집단이나 성별에 따른 문화 차이를 반영하여 타인의 행동을 수용할 수 있다. • 인종, 민족, 성, 계층, 장애, 지역 등에 대한 사회적 편견을 그대로 내면화하는 한계를 보이기도 한다. • 성인의 도움을 받게 되면 고정관념, 편견, 부당한 사회적 행위에 대해 비판적으로 생각하는 것도 가능해진다.
만 6세	• 교육을 통해 인종, 민족, 성별 차이 이외에 계층이나 장애, 지역에 따라 다른 생활 방식이 있을 수 있음을 이해한다. • 그에 따른 하위문화의 차이를 인식하고 공동체의 구성원으로서의 자신을 동일시할 수 있다. • 지역사회에서 발생하는 차별적 상황에 대해 문제를 제기하고 해결할 수도 있다.

이러한 연구결과로, 다문화 교육에서 미술교육은 항상 중심적인 초점이 되어 왔다(La Pierre & Ballenfee-Morris, 2002). 유아교육 환경에서 문화적 관점과 관행을 미술교육에 통합시켜 다른 문화의 다양한 예술 형태에 노출시킨다면 영유아들은 미술교육을 통해, 보다 포괄적이고 문화적 반응으로 다른 배경을 가진 사람들을 더 개방적으로 생각하는 태도로 이어질 것이다. 이는 영유아들이 자신의 문화를 이해하고 존중하는 태도를 기를 수 있으며 다른 문화와의 교류를 통해 새로운 것을 배우고 성장할 수 있기에 미술교육이 문화를 이해하는 가장 강력하고 효과적인 수단이 된다.

4) 다문화가정 영유아 미술교육의 중요성

전반적으로 영유아의 다문화 미술교육은 문화적 다양성, 창의성, 정체성 형성 및 인지발달을 촉진하는 데 중요한 역할을 한다. 다문화가정 영유아 미술교육은 다양한 문화와 가치관을 가진 영유아들과 함께 미술 활동을 하며 상호 이해와 문화 교류를 통해 자신감과 창의성을 키우는 교육이다. 미술은 다문화가정 영유아에게 창조의 과정이며 다양한 경험을 제공해 주고 새로운 세계를 열어 준다. 다문화가정 미술교육은 영유아의 발달에 다음과 같은 도움을 준다.

(1) 호기심과 탐구

다문화 미술교육이 영유아들의 호기심과 탐구를 장려할 수 있다. 다른 문화와 예술 형식을 소개함으로써, 영유아들은 자연스러운 호기심을 불러일으키고 질문을 하고 새로운 지식을 찾도록 격려할 수 있다. 이것은 호기심을 갖고 주변 세계를 탐험하려는 욕구를 키우는 데 도움이 될 수 있다.

(2) 문화적 이해

미술은 영유아들이 전 세계의 다양한 예술, 전통, 관습 및 신념에 노출시켜 문화적 역량을 발전시키는 데 도움을 준다. 이는 다른 문화적 배경을 가진 사람들을 이해하고, 수용하며, 효과적으로 상호 작용할 수 있는 능력이다.

(3) 의사소통 기술 향상

미술은 문화적 장벽을 넘어 단어로 표현하기 어려운 감정이나 생각을 전달하는 의사소통을 위한 보편적 언어이다. 미술교육을 통해 다양한 문화적 관점을 탐구하고 소통함으로써 영유아들은 자신을 표현하는 능력을 개발할 수 있다. 또한, 다문화가정 영유아들은 언어나 문화적 차이로 인한 소통의 어려움을 극복하고, 다른 언어를 배우며 의사소통 능력을 향상한다.

(4) 비판적 사고와 문제해결 기술

영유아의 다문화 미술교육은 비판적 사고와 문제해결 기술을 촉진한다. 영유아들은 다양한 문화와 다양한 예술 형태를 탐구함으로써 새롭고 의미 있는 방식으로 자신을 표현하는 방법을 모색해 나간다. 이러한 과정에서 창의적이고 비판적으로 생각하는 법을 배우고, 다른 사람들과 협력하는 활동을 통해 문제해결 능력을 향상시킨다.

(5) 고정관념과 편견

영유아의 다문화 미술교육의 또 다른 이점은 고정관념과 편견에 대응하는 데 도움이 될 수 있다는 것이다. 영유아는 미디어의 다양한 이미지와 메시지에 노출되어 다른 문화와 사람들에 대한 인식을 형성해 간다. 다양한 예술 형태에 소개함으로써, 그들은 다른 문화의 복잡성과 풍부함을 볼 수 있어 고정관념과 편견에 도전하는데 도움이 될 수 있다.

(6) 정체성과 소속감

영유아들이 미술 창작활동을 통해 우리가 누구인지, 미술을 소중하게 생각하는지 전달할 수 있다. 영유아들은 자신의 경험과 관점을 반영하는 미술작품을 만들어 자신을 표현하고 비슷한 경험과 가치를 공유하며 다른 사람들과 연결된다는 걸 느낄 수 있다. 이를 통해 영유아들은 정체성과 소속감을 키워 소외감과 고립감에서 벗어날 수 있다.

(7) 공감과 관용

미술은 영유아들이 다른 사람들의 눈을 통해 세상을 보도록 격려함으로써 다른 관점과 문화에 대한 공감과 관용을 키울 수 있다.

(8) 글로벌 시민의식

미술은 영유아들이 다른 문화적 관점에 노출시키고 글로벌 커뮤니티에서 자신의 역할에 대해 생각하도록 격려함으로써 글로벌 시민의식을 개발할 수 있도록 도와준다.

(9) 이중 언어 및 다국어 개발

다문화 미술교육은 영유아들의 이중 언어 및 다국어 개발에 도움을 준다. 영유아들이 다른 문화의 예술작품에 노출되면 새로운 언어와 단어에도 노출된다. 이는 특히 여러 언어를 배우는 영유아의 경우 언어 습득 및 어휘 개발을 향상시킬 수 있다.

이처럼 다문화가정 영유아 미술교육은 다양한 문화적 관점을 영유아 미술교육에 통합함으로써 영유아들이 다양한 문화에 대해 더 깊은 이해와 존중을 개발하도록 돕는다. 영유아들은 미술작품을 창작하는 과정에서 다양한 매체와 다른 나라의 문화를 경험하고 탐구하면서 자신의 생각과 감정을 미술로 표현한다. 이러한 과정을 통해 영유아들은 세상을 보는 새로운 방식을 배우고 세계에 대한 존재를 드러내며 더 큰 세계로 나아가기 위해 준비하도록 돕는다.

5. 유아교육과정과 다문화 미술교육

어린이집 표준보육과정(이하 '표준보육과정')은 어린이집의 만 0~5세 영유아에게 국가수준에서 제공하는 보편적이고 공통적인 보육의 목표와 내용을 제시한 것으로, 0~1세 보육과정, 2세 보육과정, 3~5세 보육과정(누리과정 포함)으로 구성되어 있다. 4차 표준보육과정과 2019 개정 누리과정은 모두 유아교육과정으로, 영유아의 발달 특성에 맞추어 제공되는 통합적인 교육과정이다. 우리나라 영유아 미술교육을 위한 국가 수준의 교육과정은 제4차 어린이집 표준보육 과정과 2019 개정 누리과정의 예술 경험 영역에서 제시하고 있다(교육과학기술부, 보건복지부, 2019). 이는 자연과 생활 속에서 '아름다움 찾아보기', '창의적으로 표현하기'. '예술감상하기' 세 부분으로 구성되었다. 이 세 범주는 독립적으로 이루어지거나 정해진 순서에 의해서만 이루어지는 것이 아니라 활동 내용에 따라 통합적으로 구성되기도 하고 순서가 바뀌어 진행될 수도 있다. 이러한 예술 경험은 영유아의 내재된 문화적 상징을 미술적 표상으로 연계하여 영유아들이 자연과 일상 속에서 감각을 통한 자극에 호기심을 가지고 아름다움을 찾아보고, 창의적으로 표현하고 감상하는 경험을 통해 영유아의 인지적, 언어적, 신체적, 창의적, 심미적, 정서적, 사회적 발달과 같은 영유아의 전인적 성장과 발달을 돕는다. 4차 표준보육과정과 2019 개정 누리과정의 예술 경험은 다음과 같이 명시되어 있다.

1) 제4차 어린이집 표준보육과정의 예술경험 영역

우리나라의 영유아 미술교육을 위한 국가 수준의 교육과정은 제4차 표준보육과정과 2019년 개정 누리과정의 예술경험 영역에서 제시하고 있다. 각 영역에서는 영역별 목표와 내용을 연령별로 제시하고 있는데, 0~1세 보육과정과 2세 보육과정으로 구분되어 있다.

(1) 0~1세 예술경험 영역

0~1세 영아는 자연과 생활 속에서 감각을 통한 자극에 호기심을 가지고 반응하며 다양한 방법으로 표현하기를 즐긴다. 영아는 자연물, 사물, 환경의 아름다움에 관심을 가지고 즐김으로써 풍부한 정서를 경험한다. 자신과 환경과의 상호작용에서 아름다운 요소를 발견하고 좋아하는 태도를 형성한다. 일상에 대한 긍정적인

태도를 기르고 자신을 둘러싼 대상과 상생하는 즐거움을 경험한다. 영아는 자신의 관심과 경험을 소리나 움직임으로 표현하고, 감각을 통한 미술을 경험하며 익숙한 사람의 행동을 모방하며 이를 반복하는 것을 즐긴다. 영아는 이러한 경험을 통하여 감성을 계발하고 심미감을 형성하며 행복한 일상을 영유하게 된다. 이를 위하여 교사는 영아가 익숙한 일상 환경에서 호기심을 가지고 주의 깊게 바라보며 경험할 수 있도록 지원한다. 또한, 영아가 자신의 경험을 자유롭게 표현할 수 있도록 허용적인 환경을 조성한다.

① 목표: 아름다움을 느끼고 경험한다.

예술경험 영역의 목표는 0~1세 영아가 자연과 생활에서 아름다움을 느끼고 경험하며 표현하는 과정을 즐기는 것이다. 영아가 아름다움에 관심을 가지고 느끼는 것을 즐기며 자신의 경험과 느낌을 자연스럽게 표현하도록 한다.

② 내용

내용범주	특징
아름다움 찾아보기	• 자연과 생활에서 아름다움을 느낀다. • 아름다움에 관심을 갖는다.
창의적으로 표현하기	• 소리와 리듬, 노래로 표현한다. • 감각을 통해 미술을 경험한다. • 모방 행동을 즐긴다.

(2) 2세 예술경험 영역

2세 영아는 자연과 생활 속에서 경험하는 다양한 감각 자극을 통해 아름다움을 느끼고, 아름다움을 인식하게 된다. 이 경험을 통해 점차 아름다움에 관심을 가지고 찾아보며 표현하기를 즐긴다. 노래나 리듬을 흥얼거리고 움직임과 춤으로 나타내고 스스로 다룰 수 있는 재료와 도구로 미술을 즐기며 일상에서 체험한 것을 상상 놀이로 표현하며 즐거움을 경험한다. 예술 경험 영역은 2세 영아가 일상에서 아름다움을 느끼고 즐기며 이를 통해 자신의 생각이나 느낌을 자유롭게 표현하는 경험을 가지도록 하는 내용이다. 영아는 이러한 경험을 통해 감수성을 계발하고 심미적 태도를 증진시킨다. 이를 위하여 교사는 영아가 익숙한 일상에서 접하는 대상과 공간에 주의를 기울여 아름다움을 느낄 수 있도록 충분한 시간과 여유로운 공간을 제공하도록 한다. 또한, 영아가 다양한 예술을 저마다의 방법으로 자유롭게 표현하고 즐기도록 돕고, 이 과정에서 개별 영아의 느낌과 생각, 표현방법을 존중하여 자유롭고 편안한 분위기에서 자신의 생각을 표현하도록 지원한다.

① 목표: 아름다움을 느끼고 즐긴다.

예술경험 영역의 목표는 2세 영아가 일상에서 아름다움을 느끼고 즐기는 것이다. 영아가 마주하는 자연과 생활 속 경험에서 아름다움을 느끼고 관심을 가지며, 예술을 통해 자신의 느낌과 생각을 자유롭게 표현하도록 한다.

② 내용

내용범주	특징
아름다움 찾아보기	• 자연과 생활에서 아름다움을 느낀다. • 아름다움에 관심을 갖는다.
창의적으로 표현하기	• 익숙한 노래와 리듬을 표현한다. • 움직임과 춤으로 자유롭게 표현한다. • 미술재료와 도구로 표현해 본다. • 일상생활 경험을 상상놀이로 표현한다.

2) 개정 누리과정의 예술경험 영역

누리과정은 3~5세 유아를 위한 국가 수준의 공통 교육과정으로 국가 수준의 공통성과 지역, 기관 및 개인 수준의 다양성을 동시에 추구한다. 유아는 일상에서 아름다움과 경이감을 느끼고 즐기며 표현하는 풍부한 감성을 가진 존재이다. 예술 경험 영역은 유아가 자연, 생활, 예술에서 아름다움을 찾아보고 느끼며, 창의적인 방법으로 자신의 경험, 생각, 느낌을 표현해 보고, 다양한 예술표현을 존중하는 경험과 관련된 내용이다. 교사는 유아가 아름다움을 느끼고 즐기며 창의적으로 표현하는 과정을 통해 풍부한 감수성을 기르도록 돕는다. 또한, 유아가 다양한 예술 감상을 통해 상상력을 키우고 예술표현이 가지고 있는 고유의 가치를 존중하도록 지원할 수 있다. 유아의 전인적 발달과 행복 추구, 유아 중심과 놀이 중심 추구를 통하여 유아의 자율성과 창의성을 신장시킨다.

① 목표: 아름다움과 예술에 관심을 가지고 창의적 표현을 즐긴다.

- 자연과 생활 및 예술에서 아름다움을 느낀다.
- 예술을 통해 창의적으로 표현하는 과정을 즐긴다.
- 다양한 예술표현을 존중한다.

② 내용

내용범주	특징
아름다움 찾아보기	• 자연과 생활에서 아름다움을 느끼고 즐긴다. • 예술적 요소에 관심을 갖고 찾아본다.
창의적으로 표현하기	• 노래를 즐겨 부른다. • 신체, 사물, 악기로 간단한 소리와 리듬을 만들어 본다. • 신체나 도구를 활용하여 움직임과 춤으로 자유롭게 표현한다. • 다양한 미술재료와 도구로 자신의 생각과 느낌을 표현한다. • 극놀이로 경험이나 이야기를 표현한다.
예술감상하기	• 다양한 예술을 감상하며 상상하기를 즐긴다. • 서로 다른 예술표현을 존중한다. • 우리나라 전통 예술에 관심을 갖고 친숙해진다.

3) 유아교육과정과 다문화 미술교육

다문화가정 영유아 미술교육은 유아교육과정 안에서 다문화교육과 미술교육이 상호 보완적인 관계를 맺는 통합적 교육이다. 미술교육이 지향하는 '미적 감수성', '정서 함양', '창의성 증진' 등의 미술교육적 가치에 다문화 교육내용인 '문화', '협력', '편견', '정체성', '평등성', '다양성'의 주제를 접목한 것이 다문화 미술교육이다. 영유아를 대상으로 한 다문화 미술교육은 놀이와 유희를 중심으로 미술 활동의 본질에 가깝게 발현될 수 있다는 점에서 의미를 갖는다. 이는 다문화 미술교육이 단순히 가시적인 모습, 언어, 문화의 차이를 인지하는 것을 넘어서 다름을 수용하고 존중하며 즐길 수 있는 정의적 차원과 다양성의 보호와 공존을 위한 실천적 지식에 참여하도록 하는 교육 방식을 뜻한다. 하지만, 기존 다문화 미술교육 프로그램은 미술의 본질이 배제된 채 세계 여러 나라의 생활 양식과 아름다운 문화들을 소개하거나 명화를 감상하는 정도에 그쳤다. 김영주, 나진경(2019)의 연구에서는 다양한 경험의 효과는 꼭 해외와 관련된 경험일 필요는 없는 것으로 나타났다. 해외 문화와 관련된 다양한 경험이 아니더라도 다양한 경험 자체의 속성이 외집단(본 연구에서는 동남아인)에 대한 부정적 태도를 감소시키고 우호적인 태도를 보였다. 즉, 서로 다른 관점을 통합하고 다양한 생각으로 문제를 대하는 유연한 사고방식은 외집단에 대한 잘못된 편견에 빠지지 않게끔 도울 수 있었던 것이다. 이 결과 역시 해외와 관련된 경험, 혹은 인종과 관련된 경험을 통제하고서도 유의하였다. 이는 다양한 미술 경험만으로도 영유아의 다문화 감수성을 향상시킬 수 있으며 다양한 예술 형태를 통해 영유아 자신은 물론 타인들의 삶에 대한 다양한 관점들을 경험하게 하고 자신의 삶에 대한 확장되고 심화된 이해를 갖게 할 수 있다는 의미이다. '영유아의 발달에 적합한 예술을 제공한다'는 것의 의미는 예술 프로그램을 통해 영유아와 적극적으로 소통하고자 하는 예술경험의 목적에 의거한다. 연령에 따른 발달적 특성의 구분 그 자체보다는 영유아의 신체와 정신이 모두 '변화하는 과정' 중에 있고 예술경험을 통해서 기꺼이 '성장하기'를 원한다는 것이다. 영유아 예술프로그램은 영유아의 경험을 중심으로 한 놀이적이고 창의적인 접근방식에 기초해야 할 뿐만 아니라, 영유아 발달에 대한 이해에 있어 각 예술 장르의 독특성에 기초한 해석이 반드시 필요하다(서울문화재단, 2019). 다문화가정 영유아 미술교육은 선천적인 창의성을 발현하기 위한 것이 아니라 그들의 사회적 실천으로서, 영유아들이 자신의 또래문화와 시각문화, 사회문화적 담론들과 규칙, 가치 등과 상호작용하면서 자신의 사회문화적 의도를 지닌 다각적이고 창의적인 예술표현을 할 수 있도록 이끄는 것이다.

(1) 만 0~1세 다문화가정 영유아 미술교육 내용

0~1세 다문화가정 영아의 미술교육은 표준보육과정의 예술 경험 영역과 별반 다르지 않다. 이 시기의 영아는 감각 탐색기로 감각을 통해 세상을 배워 가는 시기이기에 미술교육 또한 영아의 탐색과 즐거움에 초점을 둔다. 생후 1년 동안 영아들은 인생에서 가장 급격하게 성장이 이루어지는 시기이다. 생후 1년이 되면 키는 2배, 체중은 3배 이상 증가하게 되고, 두뇌는 첫 3개월 동안 성인의 50% 정도 발달되고, 12개월이 되면 성인의 72% 정도까지 발달된다. 영아의 발달 수준에 맞추어 교사는 영아에게 색, 모양, 질감이 다양한 미술 재료를 탐색하고 표현할 수 있는 안전하고 편안한 공간을 만들어 주어야 하며, 영아가 재료를 탐색하는 과정에서 촉각, 시각, 청각 자극을 포함한 다양한 감각을 활용할 수 있도록 지도해야 한다. 다양한 질감, 색상, 냄새를 탐색하면서 영아는 주변 세계를 이해하는 감각처리 기술을 개발하는 법을 익히게 된다. 또한, 이 시기는 영아의 애착이 형성되는 시기이기에 교사는 영아의 미술 활동에 긍정적인 태도와 격려를 보여 줌으로써 영아가 충분한 안정감과 신뢰감을 느낄 수 있도록 해야 한다. 신뢰감은 자신감과 같은 개념으로 이 시기의 신뢰감 형성이 중요한 이유에 관해 에릭슨은 정신적 생명력의 가장 근본적인 선행조건은 신뢰감이라고 하였고, 이는 인생 첫 해의 경험을 통해 배운 세상에 대한 태도로 이후의 삶에 계속해서 영향을 미친다고 하였다. 또한, 이 시기에 신뢰가 잘 형성되지 못하면 성인기에 마음의 문을 닫고 자기 안으로 숨어드는 철회가 나타날 수 있다고 말하며 영아기에 신뢰가 제대로 발달해야 유아기에 자율성이 발달할 수 있다고 하였다. 즉, 이 시기의 영아의 미술교육은 다양한 매체를 활용한 영아의 탐색과 즐거움에 초점을 두고, 교사는 영아가 안전한 장소에서 잘 즐길 수 있도록 경려와 신뢰감을 주어 안정적인 애착 형성을 할 수 있도록 도와야 한다. 영아의 미술교육은 다음 발달단계와 능력에 적응할 수 있도록 돕는 과정이기에 모든 영역에서 기초를 다지는 시기이다.

[만 0~1세 다문화가정 미술교육 활동의 예][20]

주의사항	영아는 모든 것을 입에 넣는 경향이 있으므로, 미술 재료는 영아들이 먹을 수 있고, 피부 친화적인 재료와 색상을 사용해야 한다.

(2) 만 2세 다문화가정 영유아 미술교육 내용

사회성의 전성기라 할 수 있는 24개월 이후부터 자아개념을 형성하는 시기로 자신에 대한 인식과 나와 다른 사람을 구별하고, 타인들 간의 유사성과 차이점을 인식한다. 2세경부터 영아는 타인을 탐색하는 과정에서 인종, 민족성, 사회계층에 대한 편견이나 고정관념을 접하게 되고, 다른 사람의 행동을 인식하기 때문에 다양한 문화에 대한 이해와 수용의 태도를 갖도록 다문화가정 미술교육 프로그램을 구성해야 한다. 만 2세경부터 영아는 자조 기술이 발달하여 일상생활에서 과제의 성공적 수행을 통해 자신의 능력에 대한 신뢰를 형성한다. 이는 자아존중감의 기초가 된다. 이 시기 영아의 미술교육은 영아가 성공적 수행을 경험할 수 있도록 시간 안에 영아가 완성할 수 있는 매체를 제공하며, 시각적으로 작품의 완성도를 높이기 위해, 영아가 만든 작품을 액자로 만들거나, 완성된 작품을 영아의 눈높이에 맞게 교실에 걸어 두는 것도 좋은 방법이다. 이 시기의 영아에게 너무 많은 재료는 영아를 질리게 만들 수도 있고, 어떤 재료를 선택해야 할지 몰라 고민하다 시간 안에 완성을 하지 못할 수도 있다. 교사는 영아를 관찰한 후, 영아들의 기질이나 특성에 따라 어떠한 재료를 선호하는지 관찰해야 한다. 다양한 재료를 제공해 주기보다는 영아가 흥미를 느끼는 재료를 제공해 주고, 쓰임새가 다른 다양한

20) https://www.imagetoday.co.kr/

도구(붓, 나무, 공, 천, 장난감 등)를 주어 영아가 미술 활동과정에서 다양한 표현을 할 수 있는 기회를 제공해 주어야 한다. 이를 통해 영아는 같은 재료로 다양한 표현이 가능하다는 것을 인식할 수 있게 된다. 이처럼 영아는 생활 주변에서 다양성을 탐색하고 경험하게 되고, 하나의 재료에 성질이 다른 도구들을 사용해 보면서 도구를 효율적으로 사용하기 위해 다양한 방법을 모색하기 때문에 문제해결 능력이 발달하게 된다.

[만 2세 다문화가정 미술교육 활동의 예][21)]

(3) 만 3세 다문화가정 영유아 미술교육 내용

지금까지 영아들은 자연과 일상 속에서 미술교육을 통해 다양성을 탐색해 봤다면, 이제부터는 다양성을 창의적으로 표현해 보는 시기이다. 유아는 영아기에 형성된 신뢰감을 바탕으로 자신의 의지로 행동하고자 하는 자율성을 획득하려는 모습을 보인다. 유아는 자기가 하고, 싶은 대로 하는 것보다 혼자서 하는 것을 더 선호한다. 에릭슨은 이 시기 유아의 발달과업을 의심과 부끄러움을 극복하고 자율성을 얻는 것이라고 하였다. 3세 유아는 소근육 발달이 잘 이루어지지 않아 미술도구를 사용하는 데 미숙하다. 도구를 사용하지 못하는 것으로 인해 부끄러움이나 좌절감을 느끼지 않도록 교사는 유아의 호기심을 자극할 수 있는 여러 가지 모양과 색, 질감이 있는 종이류, 미술도구 외에 유아에게 익숙한 다양한 도구들로 유아가 쉽게 접할 수 있는 기본 재료를 제공해야 한다. 유아가 재료를 잘 다루지 못하고, 실패하더라도 교사는 유아가 도움을 청하기 전까지 유아 스스로 할 수

21) https://www.imagetoday.co.kr/

있도록 끝까지 지켜보며 응원을 해 준다면 유아는 시행착오를 통해 문제해결 기술을 터득하는 법을 배우게 된다. 이 시기 미술교육은 미술의 요소와 원리를 학습하여 유아를 중심으로 가까운 곳에서부터 멀리 있는 곳으로 확장해 나간다. 즉, 어린이집 혹은 유아의 집에서 도형과 관련된 것을 찾고, 도형을 조합해 보는 것에서부터 시작한다. 차츰, 동네 마트, 다른 지역, 다른 나라로 문화를 넓혀 가는 것이다. 이는 유아가 낯선 것에 대해 경계를 갖지 않고 자연스럽게 적응하도록 돕기 위해서이다. 유아의 미술표현은 표상에 대한 내적 동기가 유지될 수 있도록 해야 하며, 유아 자신의 아이디어로 재료를 선택하고, 생각을 시각적으로 표상하는 데 의의를 두어야 한다(김신영, 배인자, 유혜숙, 2001). 이를 통해 유아는 자신이 선택한 목표와 가치를 이루기 위하여 자신의 행동을 상황에 맞게 통제하고 조절하고 적응시키는 능력을 개발하여 자율성을 획득하게 된다. 프로이트는 이 시기를 항문기라고 하였는데, 이는 배변훈련을 하는 시기이기도 하지만 '보유'와 '배출', '잡는 것'과 '놓는 것'을 상징하기 때문이다. 유아는 무엇은 언제 '잡고', '놓아야' 할지를 익히는 자율성을 획득하여 개인이 정한 목표와 가치에 따라 스스로의 행동을 조절하고 적응하며, 상황에 맞추어 간다. 이러한 자율성은 행동에 대한 통제력, 자기 조절력, 책임감, 자존감, 자기 효능감과 관련이 있다. 이 단계에서 자율성의 획득 여부에 따라, 사랑에서 나오는 좋은 의지와 증오에 찬 자기주장, 무조건적인 순응과 자발성, 자기표현과 강박적인 자기 구속 등 어떤 특성이 발달하는지가 결정되는 시기이다. 즉, 이 시기에 발달된 특성으로 유아의 다문화를 수용하는 태도도 결정된다.

[만 3세 다문화가정 미술교육 활동의 예][22]

22) https://www.imagetoday.co.kr/

(4) 만 4세 다문화가정 영유아 미술교육 내용

4세가 되면 영아는 민족집단과 성에 대한 정체성을 가질 수 있게 되고, 자신이 속한 문화와 타 문화 사이의 공통점과 다른 점을 발견하는 데 흥미를 갖고 있으며 사물의 크기, 성과 연령의 차이에 민감하게 반응한다. 또한, 감정이입 반응이 나타나면서, 정서표현을 위한 단어 수가 상당히 증가하고 현재, 과거, 미래에 대한 정서와 자신과 다른 사람에 대한 간단한 정서를 표현할 수 있으며, 정서의 인과관계 및 상황과 관련된 정서를 동일시하고 정서조절 능력도 증가한다. 이 시기의 유아는 모든 감정이 분화되어 표정, 태도, 의사 표현, 동작 등이 풍부해진다. 그린버그와 스넬(Greenberg & Snell, 1997)은 영유아기의 경험과 교육이 정서 지능에 중요한 요소로 작용한다고 보았다. 이는 정서 지능도 인지 지능과 마찬가지로 경험과 교육을 통해 어느 정도 향상시킬 수 있음을 시사한다. 다문화가정 영유아 미술교육에서 다양성을 수용하기 위해서는 먼저 나의 이해와 더불어 다른 사람의 감정을 이해하는 것이 선행되어야 한다. 자신과 타인의 감정을 이해하지 못하는 것은 나와 다른 사람을 이해하거나 수용하는 것이 거의 불가능하기 때문이다. 미술 영역에서 4세 유아는 그림의 형태와 의미가 나타나는 시기이고, 가위질을 능숙하게 하는 등 손을 사용하는 능력이 발달하는 시기이기 때문에 다양한 매체를 이용하여 자신의 생각과 감정을 표현하는 미술 활동은 감정을 탐구하고, 자아 감각을 키우는데 도움이 된다. 감정 콜라주나 감정가면 만들기는 타인의 감정을 이해하고 수용하여 감정발달을 촉진시키며, 다양한 매체를 이용하여 자신의 생각과 느낌을 표현하는 미술 활동과 함께 작품전시 및 감상 활동은 다양한 문화적 관점을 탐구하고 소통함으로써 영유아들은 자신을 표현하는 능력을 개발할 수 있다. 이는 다양한 자극을 해석하는 눈을 키우기 위함이다. 나에게 충분히 우호적인 상대인지 아닌지, 나의 요청을 상대가 들어줄지, 또는 나의 도움이 그 사람에게 더 필요한지 등을 판단하는 기준이 될 수 있기 때문이다. 이 때문에 사람의 시각 정보처리 기제는 얼굴의 표정을 처리하는 빠르고 정확한 방식을 가지고 있고, 그 결과 우리는 얼굴 구성요소들의 작은 변화나 차이만으로도 슬픔이나 고통스러움 등의 표정을 구별해 낼 수 있다. 얼굴에 나타난 표정지각에서 가장 중요한 정보는 눈, 코, 입과 같은 얼굴을 구성하는 요소들과 주변 근육들의 움직임이다. 하지만 표정지각은 단순히 얼굴 내의 정보만을 사용해서 얻어지지는 않는다. 표정을 제대로 파악하기 위해서 주어진 상황, 맥락적인 정보들 또한 고려하여야 한다. 또한, 다문화가정 영유아들은 언어나 문화적 차이로 인한 소통의 어려움을 극복하고, 다른 언어를 배우며 의사소통 능력을 향상한다. 유아가 실생활에서 직면하고 있는 문제들과 관련지어 자신과 다른 사람의 정서를 정확하게 인식하고 민감하게 반응할 수 있다면, 자신과 다른 문화의 사람, 혹은 자신과 생각이 다른 사람들을 수용할 수 있게 된다. 이로써 긍정적인 자아개념을 갖게 되어 원만한 대인관계를 유지할 수 있는 능력을 기르게 된다. 즉, 사고와 느낌과 행동의 밀접한 관계를 이해하도록 하는 정서 교육을 통해 유아는 성격 및 인간관까지 변화시킬 수 있게 되므로 앞으로 유아가 겪을 수 있는 정서적, 사회적 문제들을 예방할 수 있다. 미술은 또한 유아가 자신의 정체성을 탐구하고 표현하는 수단이 될 수 있다. 다양한 미술 활동을 통해 우리가 누구인지, 무엇을 소중하게 생각하는지 우리 자신의 경험과 관점을 반영하는 미술작품을 만들어 유아들은 자신과 비슷한 경험과 가치를 공유하는 다른 사람들과 연결할 수 있다. 이를 통해 유아는 어떻게 행동하고 살아가야 하는지를 배우게 된다.

[4세 다문화가정 미술교육 활동의 예][23)]

23) https://www.imagetoday.co.kr/

(5) 5세 미술교육 내용

4세까지 다문화가정 영유아 미술교육이 영유아의 오감을 활용하여 다양성을 탐색하고 내재화하는 과정이었다면, 5세부터는 인지적 관점에서 세계 여러 나라의 문화를 체험해 보고, 창의적으로 표현하고, 감상하기를 통해 반편견적 사고로 확장해 나아가는 내용이다. 5세가 되면 유아는 대근육과 소근육의 발달로 활발한 움직임이 가능한 시기이기에 호기심을 갖고 주위 환경과 사람들에게 접근한다. 이 시기는 놀이의 시기이기도 하다. '아이들은 놀면서 배운다.'라는 말이 있듯이, 놀이는 인간의 기본적인 본성 중 하나로 유아들의 일상생활 속에서 자연스럽게 나타난다. 놀이를 통해 유아는 자신이 속한 세계와 상호작용하며 능동적으로 자신의 세상을 학습하고 경험하며 이를 다양하게 표현한다. 또래 친구들과 집단을 이루어 충돌하기도 하고 마음을 끌기 위해 노력하기도 하면서, 목적 추구, 경쟁, 정복의 기쁨을 맛보는 것은, 이 시기의 중요한 발달과업이다. 유아들은 규칙 있는 게임을 경험하면서 미리 정해 놓은 규칙에 따라 자신의 감정을 조절하고 행동하는 방법을 터득하며, 집단의 요구를 수용하여 적합한 규칙을 정하거나 필요한 경우 합의를 통해 규칙을 변경하는 사회적 기술을 배우게 된다. 이 시기 유아의 미술발달은 낙서 그림에서 의식적인 표현과정으로 옮겨 가며 주변 물체를 표상화, 상징화하는 시기이다. 공간표현은 사실적인 것과 관계없이 자기에 대한 관계의 중요도에 따라 물체를 배치하고 감정적으로 좋아하는 색을 선택한다. 이러한 특성에 맞추어 5세 다문화가정 영유아 미술교육은 미술놀이를 통해 세계의 아름다운 문화와 전통을 명화, 사진, 영상, 실물 등의 매체를 접하고, 나의 나라와 문화적 배경이 다른 친구들의 나라의 문화적 배경을 이해하고, 그것을 표현하는 방법을 배워 서로를 이해하고 존중하며, 문화 간 교류와 상호작용을 통해 자신과 타인 간의 관계를 발전시킨다.

[만 5세 다문화가정 미술교육 활동의 예][24)]

6. 다문화가정 영유아 미술교육 환경

영유아를 위한 환경은 편안하고, 안전하며, 영유아 발달에 적합하도록 구성되어야 하기 때문에 구성 원리는 영유아의 건강과 안전을 최우선으로 고려해야 하며, 정서적 안정감을 줄 수 있어야 한다. 또한, 움직임과 이동성을 확보하여 탐색과 발견의 기회가 마련되어야 하며, 일상생활 영역과 미술영역을 함께 구성해야 한다.

1) 다문화 영유아 미술교육을 위한 환경의 중요성

교실은 영유아와 교사가 함께 만나는 공간으로 교실 환경은 다양한 의미를 부여한다. 특히 교실에서 제공되는 다양한 환경적 요인은 유아에게 많은 영향을 미치게 되므로 환경구성 안에 편견적인 요소를 없애고 다양성을 고려한 환경을 구성해야 한다. 나아가 영유아들이 다른 나라에 대한 호기심과 관심을 가지고 탐색하고자 하는 동기를 유발할 수 있도록 영유아들이 생활 속에서 쉽게 접하는 미술

24) https://bit.ly/3IMEFq2, /https://url.kr/a3si7k, https://url.kr/fcn13p

재료, 교구, 교재 등 다양한 환경자원을 통하여 여러 나라의 문화를 자연스럽게 접하게 한다. 영유아에게 다양한 매체를 제공하고 다양한 방식으로 탐색하고 표현할 수 있는 환경을 제공함으로써 영유아는 자신의 감정이나 생각을 자유롭게 표현하게 된다. 따라서 영유아의 미술발달 수준과 개인적인 흥미 등을 고려하여 미술 활동을 위한 환경을 균형 있게 제공해 줄 때 영유아들은 각각 독립적으로 발견과 선택, 책임과 결정의 과정을 경험할 수 있어 효과적인 다문화가정 영유아 미술교육을 기대할 수 있다.

2) 다문화 영유아 미술교육을 위한 환경구성 원리

미술 영역은 시각적으로 매력적이고 영유아의 흥미를 끌어야 하며 자유로운 활동이 가능한 독립적인 공간으로 구성한다. 영유아가 다양한 매체를 이용하여 표현해 보고 완성된 작품을 감상하는 기회를 제공하기 위해 조용하고 밝은 곳에 배치하는 것이 바람직하다. 또한, 미술 영역은 교실에서 편리하면서도 접근이 쉬운 곳에 위치하여야 하며 여러 명의 영유아가 함께 작업하면서 상호작용하고 자유롭게 이동할 수 있는 공간이 확보되어야 한다. 그리고 미술 영역에서는 여러 가지 재료와 도구가 많이 사용되므로 교사가 멀리서도 쉽게 보고 감독할 수 있어야 한다.

- 미술 활동은 자유로운 활동이 가능한 독립된 공간으로 구성한다.
- 미술 활동은 개별적인 미술 활동과 협동적인 미술 활동을 모두 경험할 수 있는 공간으로 구성한다.
- 미술 영역에는 여러 나라의 문화에 대한 이해를 높일 수 있는 재료와 재활용품과 자연물 등 다양한 미술 매체를 배치한다.
- 계절, 영유아들이 살고 있는 지역사회, 문화적 맥락을 고려한 주제와 연관되는 다양한 매체를 제공해 준다.

- 미술 매체는 영유아들이 편리하게 사용할 수 있도록 배치하고 충분하게 제공한다.
- 미술 영역에는 영 · 유아의 작품이 전시되도록 구성한다.

3) 실내 미술 영역의 환경구성

(1) 실내 미술 영역 환경구성

실내 미술 영역 환경은 영유아가 자신의 움직임을 스스로 조절할 수 있고 미술 활동에 집중할 수 있는 편안하고 쾌적한 공간이어야 한다. 또한, 영유아의 미술 활동을 하고자 하는 요구와 쉬고자 하는 요구를 모두 지원할 수 있는 공간이어야 한다. 영유아의 미술놀이 요구를 충족시키기 위해서는 영유아의 연령 및 발달 수준 등을 고려하여 보육실을 미술 영역으로 구성하여야 한다. 보육실은 다수의 영유아가 함께 생활하며 같은 시간대에 여러 가지 미술 활동이 이루어지는 장소이므로 영유아가 미술 활동을 자율적으로 선택하고 능동적으로 참여할 수 있도록 어린이집의 보육 프로그램 특성에 맞는 미술 영역으로 구성하고 다양한 미술 자료를 마련해 주어야 한다.

(2) 실내 미술 영역 환경 구성 시 유의점

- 미술 영역에는 다양한 자료를 보관할 수 있는 자료 정리장을 구비하고, 영유아가 손쉽게 자료를 꺼내어 활동할 수 있도록 배치한다. 또한, 완성된 작품을 건조할 수 있는 설비도 준비한다.
- 미술 영역에서 사용하는 물이나 물감 등이 바닥에 떨어질 때 영유아가 미끄러지는 사고가 발생할 수 있으므로 유의한다.
- 책상이나 바닥에 비닐 등을 깔아 보호하고 쉽게 청소할 수 있도록 한다.
- 제공하는 재료가 위생적이고 안전한지 점검한다.

- 영유아의 작품은 소중히 다루고 게시판이나 복도에 전시 공간을 마련하여 자주 전시한다.

4) 실외 미술 영역의 환경구성

(1) 실외 미술 영역의 환경구성

영유아들에게 바깥 놀이는 새로운 신체적 도전, 힘과 체력 발달, 대근육과 소근육 사용법, 다양한 실외 환경 탐색 및 실험, 또래와 상호작용하기, 자연을 감상하고 탐색하기 등의 기초를 제공한다. 이처럼 바깥 놀이를 통해 영유아는 신체, 인지, 정서, 사회성 발달이 통합적으로 이루어지기 때문에 영유아의 발달에 적합한 실외 환경은 매우 중요하다. 질적으로 우수한 실외 환경에 어떤 놀이기구가 있는지도 중요하지만, 영유아에게 더 의미 있는 실외 환경은 영유아의 자발적인 요구와 흥미에 따른 다양한 미술을 가능하게 하는 공간이다. 실외 환경에서는 자연물을 활용하여 미술활동을 할 수 있는 기회를 만들어 주는 것이 더 의미 있는 미술활동이다. 나뭇잎을 이용하여 작품을 만들어 볼 수도 있고, 흙이나 모래 위에 그림을 그려 볼 수도 있다.

(2) 실외 미술 영역 환경구성 시 유의점

- 실외 미술 영역에는 바깥에서 접할 수 있는 다양한 환경의 특성을 통해 다양한 주제와 활동으로 실내 미술 영역의 활동들을 확장하도록 한다.
- 영유아들의 통행이 적은 곳에 이젤을 세워 놓거나 벽걸이식 이젤을 설치한다. 실외활동 특성상 바닥에 그림을 그리는 경우가 있으므로 경사가 없는 시멘트 재질의 바닥 공간을 확보한다.
- 기본적인 미술 재료와 비품은 실외 창고에 보관해 놓고 필요한 경우 꺼내어 사용하도록 한다.

- 다양한 재활용품이나 생활용품 등 입체 구성물 자료를 준비해 준다. 실내에서 다루기 어려운 재료 등을 제공하는 것이 좋다.
- 모래와 물을 활용한 미술 활동이 가능하므로 관련 재료를 준비해 준다.
- 정리 정돈을 위한 청소도구를 실외 창고에 비치하고, 활동이 끝난 뒤 손을 씻을 수 있도록 개수대에 비누와 수건을 비치해 둔다.

5) 연령별 미술 활동을 위한 환경 및 자료

(1) 0~2세 영아를 위한 미술 활동 환경 및 자료

① 0~1세 영아반의 경우, 미술 활동자료를 신체 영역 또는 탐색 영역 등에 비치할 수 있으며, 영유아가 자유롭게 자료를 꺼내 쓸 수 있도록 비치한다.

② 2세 영아반의 보육실에는 흥미 영역으로 미술 영역이 있으며, 영아가 창의적이고 활동적으로 표현하도록 세면대나 출입구 쪽에 배치한다. 2세 표현 활동은 그리기 · 찍기와 같은 평면적 조형 활동과 꾸미기, 붙이기, 판화와 같은 입체적 조형 활동으로 이루어질 수 있다.

③ 그림이나 사진 등을 감상할 수 있도록 영유아의 눈높이에 맞추어 붙여 주도록 한다.

연령	자료
0~1세	• 벽이나 바닥, 책상 위에 붙인 큰 도화지 • 무독성 크레파스, 부드럽게 써지는 색연필 • 붙임 딱지(sticker), 여러 가지 모양의 도장 등
2세	• 다양한 재질과 색깔의 종이류 • 색연필, 크레용, 크레파스 등 그리기 도구 • 우유팩, 잡지, 안전 가위 등의 폐품 • 밀가루 점토, 안전 가위, 풀, 붙임 딱지, 모양 도장 등

(2) 3~5세 유아를 위한 미술 활동 환경 및 자료

① 미술 영역은 자연과 사물의 아름다움을 체험하고 그리기, 만들기, 꾸미기, 구성하기 등의 활동을 하며 자신의 느낌이나 생각을 자유롭게 표현하고, 미적 아름다움을 감상하는 경험을 하는 영역이다.

② 미술 영역은 조용하고 밝은 곳이 좋으며, 물을 사용할 수 있는 공간과 가까이 배치한다.

③ 3세는 미술 활동이 능숙하지 않으므로 다른 유아의 방해를 받지 않고 마음껏 집중을 할 수 있는 충분한 공간과 시간을 마련해 주는 것이 필요하다.

- 소근육 발달이 잘 이루어지지 않아 미술 영역의 놀잇감이나 재료 사용이 미숙하지만, 다양한 내용의 미술 활동이 이루어질 수 있도록 여러 가지 모양과 색과 질감을 가진 종이류, 다양한 그리기 도구, 점토류를 포함하여 쉽게 이용할 수 있는 기본 미술 영역 자료를 제시한다.

④ 4세는 다양한 매체를 이용하여 자신의 생각과 느낌을 표현하는 작업 활동과 함께 작품 전시 및 감상 활동을 할 수 있도록 재료와 공간을 제공한다.

- 기본적인 미술 자료 이외에도 재활용품이나 헝겊, 나뭇잎 등 주변에 있는 사소한 물건들도 작업 활동의 자료가 될 수 있다. 따라서 미술 영역에는 기본 자료 이외에도 유아가 관심을 보이거나 새로운 활동이 전개될 때 적절한 자료를 첨가시켜 줄 수 있다.

⑤ 만 5세는 미술적 표현과 자료의 탐구를 통한 창의적 표현력을 길러 줄 수 있도록 풍부하고 다양한 재료를 항상 비치하여 유아가 필요에 따라 손쉽게 꺼내 사용할 수 있도록 한다.

- 미술 활동의 자료는 모양, 크기나 재질 등이 매우 다양하므로 큰 자료와 작은 자료를 유아가 보기 쉽게 잘 분류해 두어야 한다. 자료들은 주제나 시기에 따라 교체하거나 추가해 준다.

연령	자료	
3~5세	종이류	도화지, 색종이, 색지, 골판지, 포장지 등
	그리기 도구	크레파스, 색연필, 물감, 먹물, 붓, 사인펜, 매직, 핑거 페인트 등
	만들기 도구	가위, 풀, 테이프, 스테이플러, 펀치, 핑킹가위 등
	각종 자료	찰흙, 고무 점토, 밀가루 점토, 나뭇가지, 나무젓가락, 빨대, 실, 솜, 스펀지, 수수깡, 자연물(예: 솔방울, 돌, 나뭇잎, 조개껍데기, 깃털 등) 등
	여러 가지 재활용품	상자, 헝겊, 요구르트병, 휴지속심 등

7. 다문화가정 영유아 미술교육의 매체와 도구

1) 영유아 미술 매체의 개념

미술 매체는 영유아가 미술작품을 만들 때 사용하는 다양한 재료와 도구를 의미한다. 이러한 미술 매체는 영유아가 미술 활동을 할 때 창의성과 상상력을 발휘하고, 자기 표현력을 개발하는 데 중요한 역할을 한다. 사용되는 매체의 특성에 따라 영유아의 심리 상태를 강화하거나 소멸시킬 수 있고, 자기표현의 자유에 영향을 미칠 수 있기 때문에 영유아의 미술 매체는 영유아의 발달단계에 맞게 선택되어야 하며, 안전하고 유해물질이 없어야 한다. 또한, 영유아가 쉽게 사용할 수 있도록 크기나 형태도 고려해야 한다. 이를 통해 영유아들은 미술작품을 만들면서 창의성과 상상력을 발휘하고 자기 표현력을 향상시킬 수 있다. 영유아의 미술 활동을 이해하려면 어떤 재료를 선택하고 선호하는지 매체의 특성과 사용법, 매체의 장단점 등에 관한 풍부한 지식을 알아야 한다.

2) 미술 매체의 역할

영유아의 미술 활동에서 각각의 매체들은 서로 다른 개성과 역할을 가지고 있기에 교육 시간과 공간, 영유아의 성향에 따라 융통성 있게 선택해야 한다. 교사는 영유아의 발달상태에 알맞은 매체의 유형을 빨리 파악하여 매체의 특성과 영유아의 유형에 따라 어떤 효과를 낼 수 있는지를 고려하여 선택해야 하며 매체에 대한 지식과 효과적인 사용 방법을 영유아에게도 설명해 줄 수 있어야 한다.

(1) 미술 매체는 각기 다른 유용성을 가지고 있다

모든 매체는 다루는 데 있어 나름대로 특성이 있으므로 영유아 교사는 미술 매체를 다루는 법이나 매체로 작품을 만드는 기술, 매체가 가지는 표현의 한계를 알고 있다면 영유아를 더 잘 도울 수 있다.

(2) 각각의 재료들도 서로 다른 개성을 갖고 있다

어떤 재료들은 색깔이 화려하고 진한 것이 있고, 감각적이며 만지고 싶은 것도 있고, 우아하고 고요해 보이는 것도 있다. 또한, 우리의 마음을 끌거나 힘이 넘쳐 보이는 재료도 있다. 이러한 재료의 특성들은 영유아의 미술 작업 수준을 높이는 데 활용될 수 있다. 각각의 재료들의 특성들을 알고, 어떤 재료들이 지금 영유아의 마음을 표현하는 데 적절한 재료인지, 아닌지를 구분하여 제공해 주어야 한다.

(3) 각각의 재료들은 창조적인 표현을 위한 다양한 역할을 지니고 있다

친밀감을 형성하고 흥미를 부여할 수 있는 매체, 욕구표출에 용이한 매체, 정서적 안정감을 주는 매체, 자발성을 향상하게 시키는 매체, 느낌을 전달하거나 이야기를 전개하거나 개념을 재구조화하는 데 알맞은 매체들이 각각 있다.

(4) 미술작품은 우리가 계획한 대로 정확한 결과가 나오지 않는다

물감을 잘 조절하지 못하고 원하는 색을 표현하기 힘들어하는 영유아는 이때 좌절감을 맛볼 수도 있다. 영유아가 물감 사용을 힘들어한다고 해서, 바로 교사가 재료를 바꾸어 주게 되면, 그 과정을 이겨 내는 법을 배우지 못하게 된다. 교사가 기다려 주면, 이것을 있는 그대로 받아들이고, 기다리고, 신뢰하고, 흐름에 내맡기는 법을 다시 배우게 된다. 영유아가 무엇을 만들었냐는 결과보다는 매체를 만지고 주무르고 탐색하는 과정 자체가 일종의 놀이로, 작품의 완성 못지않게 작품을 만드는 과정 또한 중요하다.

3) 매체를 사용할 때 기본적으로 알아야 할 사항

미술 매체는 최적의 상태를 유지하면서 쉽게 접근할 수 있는 환경이어야 하고, 방법적으로도 쉽게 사용할 수 있어야 하며, 안전하게 매체를 보관해야 한다. 영유아 교사는 매체사용의 기초적인 지식을 가지고, 기법적으로 융통성과 창의성을 발휘하여 전문성을 제공할 수 있어야 한다.

- 매체는 안전하고 깨끗한 것을 사용해야 한다. 특히, 영유아들은 매체가 입으로 들어가거나 피부에 닿을 수 있기에 독소가 없는 것을 사용해야 한다.
- 영유아가 스스로 조절할 수 있는 매체와 조절할 수 없는 매체를 구별하여 제시해야 한다.
- 수정 가능한 매체와 아닌 매체를 구별하여야 한다.
- 영유아가 선택할 수 있는 한계 내에서 매체의 개수를 설정해서 제공해야 한다. 너무 많은 종류의 매체는 영유아에게 혼란을 상기시킨다.
- 쉽게 찢어지는 종이나 잘 부서지는 매체는 영유아에게 심리적 좌절을 유발시킬 수 있기에 고려되어야 한다.
- 영유아가 작품이 완성되지 않았을 때 느껴지는 미해결된 느낌이 없도록

주어진 시간에 완성할 수 있는 매체를 선발해서 제공하는 것이 중요하다. 영유아의 발달 수준, 협응 수준, 이전의 경험, 특별한 욕구와 흥미에 알맞은 것이어야 한다.

이러한 특징을 고려하여 영유아 미술 매체를 선택하면 영유아들은 더욱 즐겁고 안전하게 미술 활동을 할 수 있다.

TIP	미술 매체 중 물감, 핑거 페인트, 물기가 많은 점토 등은 퇴행을 촉진시킬 수 있는 재료로 알려져 있어서, 성격이 경직된 영유아에게 주로 적용하지만 충동적이고 자아 경계가 불분명한 영유아에게는 충동적 성향을 더욱 심화시킬 수 있어 적용을 자제한다. 반면, 색연필, 사인펜과 같은 딱딱한 재료는 높은 통제력을 지닌 재료로서, 충동적 성향을 통제하기 용이한 재료로 쓰인다. 이처럼 영유아의 성격과 반대성향의 재료를 제공하는 것은 영유아의 감정과 행동을 통합하여 자기조절능력을 향상시킬 수 있기 때문이다.

4) 미술 재료와 매체의 활용기법

(1) 매체의 종류

- 화지: 화지는 종이류로 평면작업을 위해서는 2차원 매체로, 입체작업을 위해서는 3차원 매체로 사용할 수 있다. 종이는 질감, 크기, 색깔이 다양하므로 연령과 활동의 종류에 따라 선택하고 크기, 색, 두께가 사용하는 데 불편이 없어야 한다. 찢기 활동에서 종이 결에도 신경을 써야 한다.
- 2차원 건조 매체: 연필, 색연필, 목탄, 콩테, 크레용, 크레파스, 분필, 사인펜 등이 2차원 건조 매체이다. 통제력이 필요한 영유아에게 유용하다.
- 2차원 습식 매체: 수채화 물감, 아크릴 물감, 유화 물감, 먹물 등이 2차원 습식 매체이다. 2차원 습식 매체는 유동성이므로 건조 매체보다 다루기 어렵지만, 위축된 영유아의 자발성을 촉진시키는 데 유용한 재료이다. 물감 뿌리기, 번지기, 데칼코마니 등의 기법을 활용하여 영유아의 호기심과

즐거움을 자극할 수 있고, 간단한 작업만으로 완성된 느낌을 줄 수 있어 영유아들이 자신의 감정과 상태를 표현하는 데 용이하다.

- 3차원 습식 매체: 지점토, 찰흙, 풀 물감, 밀가루 반죽 등으로 공간에 입체적인 표현을 하는 매체이다. 뭉치거나 두드리거나 깎아 내어, 작업하는 입체 매체들은 인지, 운동, 정서 발달에 도움을 준다.
- 3차원 건조 매체: 선재는 선을 나타낼 수 있는 재료로 다양한 자기 표출과 감정 표현이 가능하다. 이는 구부리거나 묶거나 붙이면서 나타내는 매체이다. 꼬인 끈이 풀어지는 재료는 신비감과 동기유발에 좋은 재료로 쓰이기도 한다.

(2) 매체의 종류와 기법[25)]

① 채색재료

- 수채물감: 물로 색의 밝기를 조절하고 겹치기, 번지기, 뿌리기 등 다양한 기법을 구사하기 좋고 산뜻하고 경쾌한 느낌이 나는 물감이다. 붓 대신 솔이나, 화선지, 스펀지, 헝겊, 비닐 등 각종 다른 매체에 묻혀 찍어 내거나 뿌려서 색다른 기법을 구사할 수도 있다.

- 아크릴 물감: 접착력이 강하여 거의 모든 바탕의 재료 위에 채색할 수 있으며, 속성 건조하는 수용성 물감이다. 덧칠하거나 투명성 있는 그림을 그릴 수 있고, 빨리 마르기 때문에 화면을 단시간에 정리할 수 있는 장점도 있다.

- 유화 물감: 건조가 느려서 정밀하게 그리는 데는 아주 큰 장점이 있다. 톱밥이나 모래, 각종 분말(흙, 돌가루, 석고) 등을 섞어 다양한 효과를 낼 수도 있다.

25) https://www.imagetoday.co.kr/

• 파스텔: 발색이 좋고 손으로 문질러 번지게 할 수 있고 잘 지워져 통제력이 없는 재료이다. 완성 후 정착액을 뿌려 보관한다.

• 오일파스텔: 크레용보다 훨씬 부드럽고 흰색의 사용도 쉽다. 혼색과 겹침, 긁어내기, 문지르기, 물과 기름의 반발성으로 기법 등 다양한 효과를 낼 수 있다.

• 크레용: 크레용은 딱딱한 것으로 선을 그리기에 적합하지만, 색을 섞기에는 적합하지 않다. 크레용이 영유아 그림 도구로서 적합한 이유는 부드럽고 끝이 둥글어서 안전하고, 찌꺼기가 나오지 않기 때문에 입으로 들어가는 위험이 적다.

• 색연필: 선묘를 하기에 부드러우며, 간단한 채색을 하기에도 좋다. 크레용과 비슷한 성질과 효과를 낼 수 있다.

• 수성 색연필: 붓에 물을 묻히면 수채화 물감처럼 퍼지는 색연필이다.

• 포스터컬러: 일정량의 물을 사용하여 색을 고르게 바르는 것이 좋고, 불투명 그림에 주로 사용된다.

• 구아슈(Gouache): 투명수채화보다 안료가 불투명하여 포스터컬러의 투명성과 별 차이가 없다. 그러나 포스터컬러보다 내광성과 내구성이 우수하다. 두텁게 덧칠할 수도 있고, 어두운색 위에 밝은색을 칠하여 유화의 느낌도 낼 수 있다.

② 소묘재료

- 연필: 소묘의 재료 중 표현이 자유롭고 수정이 가능한 재료이다. 연필의 경도(굳기)와 농도(진하기)에 따라 구분하여 사용할 수 있다. H(Hard) H, 2H, 3H, 4H 숫자가 높아질수록 연필심이 딱딱하고 흐리게 쓰이고, B(Black)는 B, 2B, 3B, 4B 숫자가 높아질수록 부드럽고 진하게 쓰인다. 영유아의 필압에 따라 다양하게 선택할 수 있다.

- 목탄: 가장 부드러운 재료로 명암 표현에 좋다. 완성 후 정착액을 뿌려 보관하고, 식빵이나 헝겊으로 지워진다. 단, 손에 잘 묻고, 쉽게 부서지기에 영유아 미술에서는 그리기보다는 다른 기법으로 주로 사용한다.

- 콩테: 콩테는 연필이나 목탄보단 훨씬 진하고 딱딱하고 강한 느낌의 표현을 할 수 있는 도구여서 깊이감, 무게감 표현이 가능하다. 콩테는 여러 가지 모양과 색이 있어 선택할 수 있다.

- 사인펜: 색이 선명하고 진하여 영유아들이 선호하는 매체 중 하나이다. 수성 사인펜은 수채물감과 함께 사용하면 번짐 효과가 있어 재미있는 표현이 가능하다.

- 마카: 여러 번 겹쳐 칠하여 명암과 채도를 조절할 수 있고, 다른 색과 겹쳐서 표현하는 것도 가능하다. 심의 굵기도 두 가지여서 넓은 면적과 세밀한 선을 표현하기 용이하다. 수채, 아크릴, 페인트 마카 등이 있어 그림의 의도에 맞게 다양하게 선택이 가능하다.

③ 입체재료

- 찰흙: 가소성이 풍부하고 흡착력이 강한 재료로 촉감을 동반한 활동에 유용한 재료이다.
- 유토: 유토는 기름을 기반으로 만든 점토이기 때문에 굳지 않는 특성이 있어 공기 중에 장시간 두어도 경화되지 않아 재사용이 가능하다.
- 테라코타: 찰흙으로 형태를 만든 후, 약 800℃의 온도에서 구워서 완성한다.

- 석 고: 다루기 쉽고 제작 시간이 짧지만 깨지기 쉽다.
- 발포 석고: 거품이 있는 석고라 깎는 데 어려움이 없다.
- 석고붕대: 인체의 부분을 그대로 본을 뜨는 순간 조형 제작에 좋으며, 제작하기 쉽고 건조가 빠르고 건조 후에는 단단하게 변한다.

[다양한 콜라주 재료]

돌

단추

구슬

모루

사진

신문

과일

나뭇잎

꽃

견과류

과자

천

8. 다문화가정 영유아의 미술교육 평가

다문화가정 영유아 미술교육에서 무엇을 가르칠 것인가? 어떻게 가르칠 것인가? 어떤 매체를 사용할 것인가? 등도 중요하지만 어떻게 평가해야 하는가? 또한 중요한 문제라고 할 수 있다. 평가가 없다면 영유아의 활동과 결과 사이를 이해할 수 있는 근거가 없고, 영유아를 사회와 유기적으로 연결시킬 수도 없으며, 더 질적인 교육이 이루어질 수 없기 때문에 다문화가정 영유아 미술교육에서 평가는 꼭 필요한 요소이다. 다문화가정 영유아 미술교육 평가는 미술영역, 발달영역, 다문화 영역 평가로 구분하여 실시한다.

1) 다문화가정 영유아 미술교육 평가 내용

미술교육 프로그램 활동이 진행되는 과정에서 영유아가 보이는 전반적인 반응을 관찰하고 기록하여 영유아의 개별적 특성을 평가하는 것이다. 이를 위해 교사는 영유아의 미술 활동 수행과정과 진전상태를 정확하고 세심하게 파악하여 영유아가 자신의 능력을 제대로 표현할 수 있도록 도울 수 있다. 미술 영역 평가항목에는 미술 활동 과정, 재료를 다룰 수 있는 기술, 매체의 활용, 비판적 기술이 평가되고, 발달영역에서는 영유아의 발달과 미술발달 등이 평가된다. 마지막으로 다문화 영역에서는 다문화 교육내용인 문화이해, 다양성, 편견, 협력, 정체성 형성, 평등성에 관한 영유아의 인식 수준이 평가된다. 이와 같은 평가는 다문화가정 영유아 미술교육 활동 과정을 검토하고 반성하며 개선점을 파악하여 적용할 수 있다. 다문화가정 영유아 미술교육 프로그램에 참여한 영유아는 다양한 나라와 민족, 문화가 존재함을 아는 단계에서 여러 민족과 다양한 문화를 살피거나 경험할 수 있게 된다. 인종, 민족, 문화, 개인의 다양성 중심의 다문화가정 영유아 미술교육 프로그램은 유아에게 '나와 다름'에 대한 이해를 통한 새로운 것에 대한 수용적 태도, 창의적 성향에 대한 자극, 다양함을 이상하게 여기지 않는 유연한 태도를 가질 수 있게 된다. 다문화가정 영유아 미술교육 평가과정은 다음과 같이 구체화하여 진행할 수 있다.

(1) 미술 활동 과정

영유아의 미적 능력 계발을 위해 매우 중요한 부분이다. 미술 활동 과정에서 새롭고 독창적인 아이디어를 얼마나 생산하고, 지속적으로 자신의 생각을 수정하고 추가, 개선해 나가는지에 대한 부분이다. 영유아의 아이디어 생산과 시각적 자극에 대한 반응은 최종 작품만으로는 파악하기가 힘들며 미술 활동 과정에서 더 분명하게 나타난다. 그러므로 교사는 미술 활동과정에서 영유아들이 어떠한 창의적 행동특성을 보이는지 세심한 관찰을 통해 평가하여야 한다.

(2) 매체의 활용

영유아들이 다양한 재료를 적절하게 사용하여 재료에 대한 이해를 지속적으로 발전시키고 있는지를 살펴보는 부분이다. 예를 들어, 물감을 사용하기 위해 붓을 다루는 기술이 있어야 하고, 단색물감을 쓰다가 색을 혼합하여 사용하는지, 선으로만 형태를 표현하다가 질감이나 패턴 등으로 표현하는지, 점토를 활용하여 디자인할 수 있는지 등에 대한 내용이다.

(3) 감상 능력(비판적 기술)

영유아들이 작품을 보고, 구별하고, 분석할 수 있는 비판적 기술에 대한 부분이다. 영유아는 예술작품을 만드는 것뿐만 아니라 비평할 수 있는 능력도 필요하다. 다양한 선과 모양, 색을 구별하고 느낌과 표현에 어떤 차이가 있는지 이해하여야 한다.

(4) 개별유아의 발달

영유아의 발달단계와 연계한 평가 부분이다. 영유아 미술 활동의 목표를 설정하여 영유아에게 적합한 미술 활동을 계획하거나 지도하기 위한 지표로 활용하기 위한 것이다. 영유아의 발달 수준을 평가할 때는 미술발달단계와 영유아의 발달 상황에 대한 종합적인 평가를 포함하여야 한다. 평가결과에 따라 영유아를 재촉하거나 서둘러서는 안된다. 평가의 목표는 미술 활동에 참여한 결과, 영유아들이 얼마나 발전했는지를 보는 것이다. 미술 활동에 대한 태도, 자신과 다른 아이들의 작품을 소중히 여기는 정도가 어떻게 변하였는지도 살펴본다.

(5) 문화이해

다양한 문화 간의 유사점과 차이점을 이해하고 존중하며 긍정적인 태도를 발달시키는가에 대한 평가이다.

(6) 다양성

현대 사회의 다양한 문화 간에는 유사점과 차이점이 있음을 이해하여 문화의 다양성을 수용하고 자문화와 타 문화의 문화적 가치를 존중하는 태도를 가지고 있는가에 대한 평가이다.

(7) 편견

자신과 타인, 가족 형태, 인종, 문화에 대한 선입견과 편견 및 고정관념에 대해 비판적인 사고를 토대로 문제 상황에 대처하고 이를 해결할 수 있는 능력에 관한 평가이다.

(8) 협력

다양한 사람들과 함께 살아가며 어려운 일은 서로 돕는 긍정적인 관계를 형성할 수 있는 능력과 다른 문화와의 갈등에 대처하고 해결하는 기술을 습득하는 능력에 관한 평가이다.

(9) 정체성 형성

타인을 존중하고 자신의 긍정적인 자아개념을 형성하고 자아 정체감과 집단 정체감을 형성하는 것에 관한 평가이다.

(10) 평등성

국가, 민족, 계층, 성에 대한 차별 없이 인간은 평등하다는 가치를 형성하는가에 관한 평가이다.

2) 다문화가정 영유아 미술교육 평가

교사가 영유아를 위한 미술 활동을 계획하고 실행하는 과정에 대한 평가 부분이다. 프로그램 평가는 프로그램의 목표, 내용, 평가 등이 실제 수업에 잘 반영되었는지에 대해 부정적이기보다는 긍정적 측면에서 미래에 더 나은 미술교육을 수행하기 위해 어떤 점을 수정, 보완해야 할 것인가에 초점을 맞춘다. 이를 통해 교사는 효과적인 미술교육 수행에 도움이 될 뿐만 아니라 교사 스스로 성장하고 발전할 기회를 얻게 된다. 다음의 평가척도는 바네스(Barnes, 1987)가 제시한 평가모델, 쉬르마허(Schirrmacher, 1993)의 미술 능력 평가, 오종숙(1988)이 사용한 표현방식에 관한 요인별 평가척도, 신정숙(1989)의 유아 그림 평가척도, 이정자(1999)의 유아 그림의 창의적 표현분석 척도, 정미경(1999)의 유아미술 능력 평가척도, 박재옥(2013)의 유아 다문화 교육 평가과정을 도태로 활동 과정, 매체 활용, 표현능력, 감상 능력, 발달영역의 다섯 가지 영역의 56문항의 평가를 재구성하여 제작하였다.

〈표 4-2〉 다문화가정 영유아 미술교육 평가

평가요인	평가관점	평가기준	평가척도
활동과정	흥미도 문화이해	다양한 매체나 주제에 호기심과 관심을 보이는가?	① ② ③ ④ ⑤
	다양성	미술 활동 동안에 예리하면서도 흡수적인 태도를 보이는가?	① ② ③ ④ ⑤
	자신감 정체성	자신의 경험을 주저함 없이 의도한 대로 자신 있게 표현하는가?	① ② ③ ④ ⑤
	책임감	미술영역에서의 규칙을 지키며 자료를 제자리에 정리하는가?	① ② ③ ④ ⑤
	협력	필요할 때 다른 아동과 협력하여 활동하는가?	① ② ③ ④ ⑤
		다른 영유아들을 돕는가?	① ② ③ ④ ⑤
	평등성	친구의 외모, 신체조건과 상관없이 모두 친구로 대하는가?	① ② ③ ④ ⑤
	편견	미술 활동에서 어려움을 극복할 수 있는가?	① ② ③ ④ ⑤
		미술활동에서 나타난 자신의 실수, 성공적이지 않았던 시도 등을 인정하는가?	① ② ③ ④ ⑤
	완성도	표현하고자 한 대상을 중도에 포기하지 않고 끝까지 작품을 완성하는가?	① ② ③ ④ ⑤
매체활용	편견	영유아는 나와 다른 것에 대해 거부감을 갖지 않고 흥미를 갖는가?	① ② ③ ④ ⑤
		다양한 매체를 거부감 없이 활용하였는가?	① ② ③ ④ ⑤
	재료의 이해와 활용	선택한 재료의 특징을 이해하고 적절하게 활용하였는가?	① ② ③ ④ ⑤
		재료의 성질을 이해하는가?(예, 플라스틱, 점토, 종이 등)	① ② ③ ④ ⑤
		색상 간의 차이를 구별하여 선택할 수 있는가?	① ② ③ ④ ⑤
		색칠하려는 재료에 따라 적절하게 물감 붓을 사용할 수 있는가?	① ② ③ ④ ⑤
		여러 가지 매체 중에 적절한 매체를 선택할 수 있는가?	① ② ③ ④ ⑤
	기법의 융통성	여러 가지 기법을 활용하는 융통성을 보였는가?	① ② ③ ④ ⑤
	도구사용의 적절성	미술도구를 적절하게 사용하는가? (가위, 풀, 붓, 크레용, 점토, 수채물감 등)	① ② ③ ④ ⑤

평가요인	평가관점	평가기준	평가척도
표현능력	정체성	타인의 신체 상을 긍정적으로 표현하는가?	① ② ③ ④ ⑤
		자신의 신체 상을 긍정적으로 표현하는가?	① ② ③ ④ ⑤
	문화이해	우리나라와 다른 문화를 이해하고 다른 나라를 소개하는 활동으로 확장하는가?	① ② ③ ④ ⑤
		우리나라에서의 다른 나라체험(견학, 실물자료)을 통해 다른 나라를 이해하는가?	① ② ③ ④ ⑤
		유아가 다른 나라의 구체적인 명칭과 함께 국기, 수도, 문화적 배경, 화폐, 언어사용, 음식, 생활방식, 방송, 건축물, 의상, 관광지 등을 살펴보며 이해하는가?	① ② ③ ④ ⑤
	평등성	다른 사람의 아이디어, 스타일 및 작품에 관용적인가?	① ② ③ ④ ⑤
	다양성	다양한 그리기 재료를 사용할 수 있는가?	① ② ③ ④ ⑤
	도구사용의 적절성	미술도구를 적절하게 사용하는가? (가위, 풀, 붓, 크레용, 점토, 수채물감 등)	① ② ③ ④ ⑤
	협력	미술 활동을 통해 다른 나라의 모습을 표현하는가?	① ② ③ ④ ⑤
		미술과 다문화를 연결하여 이해를 시도하는가?	① ② ③ ④ ⑤
	정체성	자신의 경험을 주저함 없이 의도한 대로 자신 있게 표현하는가?	① ② ③ ④ ⑤
		자신의 작품을 소중하게 생각하는가?	① ② ③ ④ ⑤
		다른 영유아의 작품을 소중하게 생각하는가?	① ② ③ ④ ⑤
		자신의 신체 상을 긍정적으로 표현하는가?	① ② ③ ④ ⑤
		자신의 실수, 오류 및 실패를 수용하는가?	① ② ③ ④ ⑤
		감정과 관련된 주제를 다룰 수 있는가?	① ② ③ ④ ⑤
	다양성	우리나라와 다른 나라의 같은 점과 다른 점을 비교하며 다양함을 이상하게 여기지 않고 인정하는 유연한 태도를 지니는가?	① ② ③ ④ ⑤
		여러 인종과 성별, 신체조건 등의 차이를 이해하고 다양함을 존중할 수 있는가?	① ② ③ ④ ⑤
	독창성	일반화된 표현에서 벗어나 주제와 관련된 자신만의 독특한 표현을 하였는가?	① ② ③ ④ ⑤
	재료의 이해와 활용	선택한 재료의 특징을 이해하고 적절하게 활용하였는가?	① ② ③ ④ ⑤
			① ② ③ ④ ⑤

평가요인	평가관점	평가기준	평가척도
	조화로운 구성 평등성	표현하려는 대상의 크기, 위치 등을 조화롭게 배치하였는가?	① ② ③ ④ ⑤
	색의 조화 평등성	배색은 잘 되었는가?	① ② ③ ④ ⑤
	정교성 정체성	표현하려는 대상에 대해 그 대상만의 고유한 특징이 정교하게 잘 표현되었나?	① ② ③ ④ ⑤
감상 능력	미적 요소의 발견	감상작품에 대해 미적 요소를 중심으로 설명하는가?	① ② ③ ④ ⑤
	주제 정하기	감상작품에 대해 주제를 정할 수 있는가?	① ② ③ ④ ⑤
	편견	감상작품에 대해 자신의 느낌을 설명하는가?	① ② ③ ④ ⑤
		아이디어와 경험에 대해 토론할 수 있는가?	① ② ③ ④ ⑤
	다양성	감상작품들에서 공통점과 차이점을 찾아내는가?	① ② ③ ④ ⑤
		명화에 나온 인물을 편견 없이 감상할 수 있는가?	① ② ③ ④ ⑤
	문화이해	작품에 대해 소중하게 생각하고 진지한 태도로 감상하는가?	① ② ③ ④ ⑤
		보이는 것들의 유사점과 차이점을 지적할 수 있는가?	① ② ③ ④ ⑤
유아 발달	발달	영유아 연령의 발달 수준에 적합한가?	① ② ③ ④ ⑤
		영유아 미술발달 수준에 적합한가?	① ② ③ ④ ⑤
	정체성	감정과 관련된 주제를 다룰 수 있는가?	① ② ③ ④ ⑤
	편견	다른 영유아 작품의 어떤 측면을 좋아하거나 싫어하는지 이유를 말할 수 있는가?	① ② ③ ④ ⑤
	학습연결	다른 학습 영역과 미술을 연결할 수 있는가?(예, 수학-미술).	① ② ③ ④ ⑤
	수개념	분류, 비교, 그룹화를 통한 수 개념을 이해하는가?	① ② ③ ④ ⑤

9. 다문화가정 영유아 미술치료

1) 다문화가정 영유아 미술치료의 개념

미술치료는 궁극적으로 심신의 어려움을 겪고 있는 사람들을 대상으로 그들의 미술 활동 과정에서 나타나는 다양한 심리적 문제를 예방하고 치료하는 데 목적이 있다. 다문화가정 영유아에게 미술치료는 의미 있는 경험으로 자신의 가치를 높여 주고 새로운 것을 발견하게 하며, 자신에 대한 자신감과 가능성, 가치관 등을 형성할 수 있게 돕는다. 특히, 시각적인 표현 수단인 미술은 문제 행동을 보이는 영유아에게 언어적 표현 수단과 달리 심한 저항감이 없어 영유아들은 자신의 경험이나 내적 욕구, 무의식적인 갈등을 미술 활동을 통해 표출하게 된다. 인간의 무의식적인 면과 예술작품의 감정적인 내용을 이용하여 영유아들의 공감적인 위로와 자아 성찰, 자기표현 능력을 촉진시켜 자신의 감정을 이해하고 조절할 수 있도록 돕고, 창의성과 상상력을 자극하여, 영유아들이 자신의 문제를 해결하고, 새로운 아이디어를 발전시키는 능력을 키워 영유아의 정서적, 인지적, 사회적 발달을 촉진한다. 다문화가정에서 자란 영유아들은 다양한 문화적 배경과 가치관을 가지고 있어서, 사회적, 문화적 심리 정서적 적응에 어려움을 호소하고 있다. 이러한 문제를 해결하기 위해, 다문화가정 영유아 미술치료는 미술을 통해 영유아들이 자신의 감정을 표현하고, 자신의 시각 표현을 의식화하도록 안내하고 동행한다. 이때, 미술은 시각언어를 치료적 의미로 연결하는 중요한 요인이 된다. 영유아는 미술치료를 통해 자신의 감정을 표출하고 드러내는 것에 멈추는 것이 아니라, 자신과의 만남을 통해 자신의 감정에 말을 걸고, 소통하고 공감함으로써 스스로 해결 방법을 찾아갈 수 있도록 도와주는 역할을 한다. 이를 통해 다양한 문화적 배경과 가치관을 가진 영유아들이 서로의 문화를 이해하고 존중하여, 상호 이해와 문화적 조화를 이뤄 의미 있는 삶을 살아가도록 도와주는 것이 미술치료이다.

미술치료는
• 가르치거나 지시하지 않고, 자유롭게 자신을 표현하게 한다.
• 개인의 특성과 삶에 초점을 맞추어 진행한다.
• 결과보다 과정을 더 중요하게 생각한다.
• 다른 사람의 작품과 비교하지 않는다.
• 심리적인 색상과 형태를 중시한다.

2) 다문화가정 영유아 미술치료 효과

영유아에게 있어 그림은 세상을 어떻게 보고, 느끼고, 생각하고 있는지를 그대로 나타내 주는 세계 공통적인 언어라고 할 수 있으며, 자신의 내면을 나타내 주는 가장 자연스러운 표현 수단이다. 그림에는 말로 표현하지 못하는 자신을 둘러싼 갈등과 걱정, 불안 등과 내적 공상과 상상력 같은 심리적 환경까지도 영유아가 어떻게 느끼고 있는지가 담겨 있다. 영유아는 자신의 내적 상처에 대해서 스스로 말로 표현하기 힘든 상황에서 마음의 병이 더욱 깊어지고 스스로 해결하는 능력이 부족하다. 그렇게 억눌려 있던 공격성이나 갈등들은 미술 활동으로 분출시키며 문제의 진행을 예방할 수 있다. 영유아 미술치료는 창의적 경험을 통하여 자신의 내적 풍요로움과 만족으로 자존감과 자율성을 향상하게 시키며 일상적인 생활에서 일탈된 영유아에게 자신감을 줄 수 있고, 사회적 통합을 가능하게 한다. 그래서 아동은 자신과 관계된 문제를 받아들이고 극복하는 능력을 기르며 융통성 있는 상호관계를 형성한다.

3) 다문화가정 영유아 그림에 대한 이해와 치료적 접근

영유아들의 그림을 이해하기 위해서는 다양한 맥락을 고려하여 발달적, 정서적, 대인 상호 간의 관계를 포함하는 다양한 각도에서 그림을 보아야 한다. 영유아들이 그림을 어떻게 그렸고, 무엇을 그렸으며, 왜 그렸는지에 영향을 미치는 요소들을 평가하는 것이 중요하다. 그림의 맥락을 고려하지 않고 영유아의 미술 표현을 해석하게 되면 영유아 표현이 위험한 것으로 오인되거나, 잘못 해석할 수 있게 된다. 치료사가 더 통합된 관점으로 영유아들의 그림을 바라볼 때, 치료사 자신이 잘못 이해할 위험성을 줄이게 되고 일반적인 관점으로 영유아들을 바라보는 데 더 도움이 될 수 있을 것이다. 영유아의 그림은 그림 그 자체에 영유아의 이야기가 자연스레 드러날 뿐만 아니라, 치료사가 이러한 시각적인 이야기를 이용해서 영유아와 상호작용하고, 영유아 자신의 생각과 관심을 다른 사람과 이야기하는 동안 정화(카타르시스)를 느낄 수 있도록 해 준다. 치료사는 영유아가 그림을 그린다는 창조적인 과정을 경험하는 데 가치를 두고 영유아가 그림을 그리는 것에 완전히 몰입하도록 허용하고 격려해 주는 것이 중요하다. 영유아가 그림을 그릴 때 치료사가 옆에 있는 것은 그림 그리기를 평가하거나 사정의 목적이 아닌, 치료목적으로 사용할 때 중요한 요소로 작용한다. 치료사는 영유아가 하는 창조적인 작업의 목격자로서, 도구를 가져다주거나 작업을 도와주고 창조적인 과정을 지지해 주는 역할로서, 그림을 그리는 도중이나 대화 중에 일어날 수 있는 강한 감정의 피난처가 되어 줌으로써 조건적인 수용과 자신을 표현할 기회를 제공해 주는 것이 중요하다. 이때 영유아는 창조적인 능력과 자기표현을 통해서 자신을 수용하는 경험을 한다.

4) 미술치료에서의 상징적 표현

미술은 상징 언어의 대표적 예술로써, 미술의 역사는 바로 인류에게 의미 있는 상징의 기록이다. 문자보다 먼저 존재한 그림은 바로 인류의 역사와 문화의 흔적을 가리키며, 그 시대를 이해할 수 있는 중요한 역할을 말한다. 그림 언어의 상징성은 시대와 문화를 초월하는 힘을 지니는데, 이는 그림이 인간 최초의 단일 언어이자 공통언어이기 때문이다. 리드(Read)에 의하면 그림을 통한 상징 언어는 회화를 구성하는 기본요소인 선의 율동, 형태, 공간, 색채로 표현된다. 이와 관련하여 미술치료에 적용되는 대표적인 상징으로는 선 상징, 형태 상징, 공간 상징, 색채 상징 등을 들 수 있다.

(1) 선 상징

영유아가 그린 선의 힘, 속도, 장단, 방향, 강약, 율동성, 운동성, 목적과 방향성, 활기참과 허약함과 역동성 등을 통해 심리적 상태와 신체적 상태를 모두 살펴볼 수 있다.

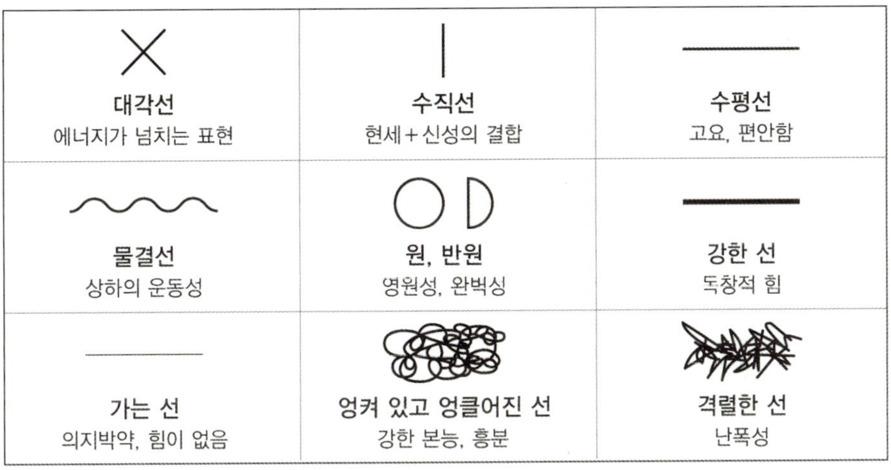

[그림 4-5] 선 상징(Kellogg, 1970)

(2) 형태 상징

형태는 미술의 기본요소이며 다른 구성요소와 긴밀한 상호관계를 맺고 있다. 칸딘스키(Kandinsky)는 모든 형태는 자기의 내적 반향을 가지고 있으며, 그 형태와 같은 성질의 정신적 실체, 내적인 내용의 표현이라고 하였으며 아른하임(Arnheim)은 그의 저서 『미술과 지각』에서 모든 형태는 방향성을 가지고 있으며 한 형태의 이미지는 그 형태 하나에 달려 있는 것이 아니라 참조 틀과 관련하여 존재한다고 하였다.

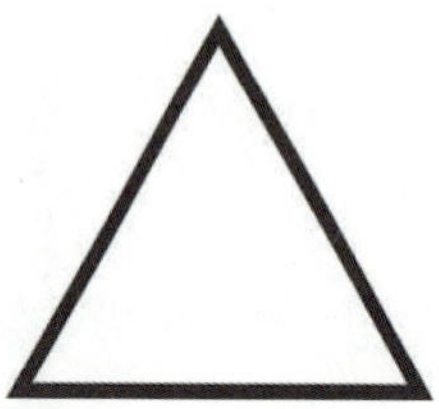

① 삼각형의 상징적 의미

- 역동적 형상, 신의 조화, 새로움과 창의성 분출, 관계, 독립성, 자율성, 변화의 시도를 암시, 새로운 관계의 기회, 부모 자녀 간의 긴장 관계, 보완과 균형, 공생관계에서의 독립
- 역삼각형: 여성적, 수동적인 힘, 변화, 물, 무의식, 하늘의 은총, 잠재력, 음의 상징
- 피라미드 삼각형: 남성적, 창의적인 힘, 생동력, 불, 생명력, 리비도, 양의 상징

② 사각형의 상징적 의미

- 편안함과 안정감, 대지를 상징, 단단함, 무거움, 고요, 구체성과 명백함, 인간적인 것, 공동체 의식, 소속감, 폐쇄적 답답한 공간, 안정성과 조화와 균형, 정신에서 물질로의 변화, 정리 정돈의 욕구와 자신만의 공간에 대한 욕구
- 사각형 테두리를 선호하는 사람은 사고가 빈곤, 상상력 부족, 융통성 결여

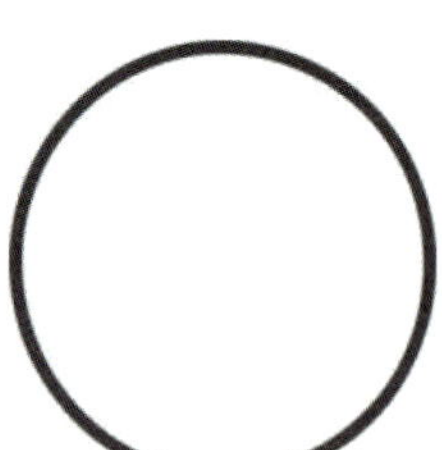

③ 원의 상징적 의미

- 완성과 영원성, 조화와 통일성, 내적 질서와 균형, 개성화 과정(융), 이완적
- 만다라: 인간의 삶과 소원, 자연을 형상화한 것
- 치료적 개입: 삶의 중심과 내적 균형이 필요한 사람, 우울증 환자에게 적용

④ 나선형의 상징적 의미

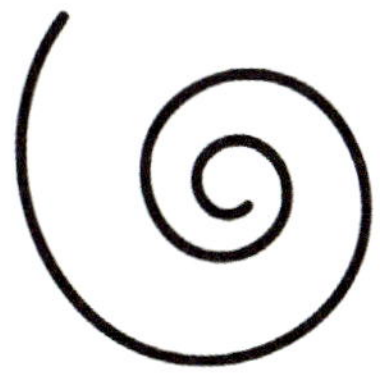

- 나선형의 운동: 변화, 역동, 생명력, 치유의 에너지, 전체성 추구, 의식의 구성, 개별화의 과정
- 왼쪽으로 감은 선: 어머니의 자궁, 죽음의 길로 돌아가는 것
- 오른쪽으로 감은 선: 삶에서의 발전, 미래와 전진
- 미로놀이: 퇴행과 발전의 공존을 통한 전체성의 체험

(3) 공간 상징

영유아의 그림에 나타나는 내용이 공간상에서 어디에, 어떻게 배열되는가에 따라 그림을 그린 사람의 심리적, 정신적, 육체적 상태를 이해할 수 있다. 심리적으로 건강한 사람은 70%의 공간을 사용하며, 우울한 경향이 있는 사람은 30% 이하 공간을 사용한다.

① 종이 가운데 위치한 그림

적정한 수준의 안정감을 느끼고 있음을 반영하는 경우가 있다. 그러나 지나치게 가운데 부분에 그리려고 애를 썼다면 영유아가 불안정감을 느끼거나, 인지적, 정서적으로 경직된 특성이 있거나 혹은 대인관계에서 지나치게 완고하고 융통성이 없는 스타일일 수 있다.

② 오른쪽에 치우쳐져 그린 그림

그림을 종이의 오른쪽 부분에 그리는 사람은 좀 더 안정되어 있고 행동 통제를 잘하며, 욕구 만족지연 능력이 높고, 지적인 만족감을 선호하는 경향이 있다. 이는 인지적으로 감정을 통제하려는 경향성이나 억제적 경향성을 반영한다. 또한 내향성이나 권위적 대상에 대한 부정적이고 반항적인 경향성을 지닌 사람도 오른쪽에 치우쳐 그리는 경우가 종종 있다.

③ 왼쪽에 치우쳐 그린 그림

충동적으로 행동하려는 경향성, 욕구와 충동의 즉각적인 만족을 추구하려는 경향성, 변화에 대한 욕구, 외향성 등을 반영할 수 있다. 또한, 퇴행적 욕구가 높을 때도 왼쪽으로 치우쳐 그리기도 한다.

④ 위쪽에 치우쳐 그린 그림

욕구나 포부 수준이 높고 달성하기 어려운 목표를 설정해 놓고 갈등과 스트레스를 느끼고 있을 가능성이 있으며 현실 세계에서보다는 자신만의 공상 속에서 만족을 얻으려는 경향성이 있다. 한편 이러한 경향이 상황이나 처지에 맞지 않는 과도한 낙관주의나 대인관계 혹은 사회적 상황에 대한 지나친 무관심과 고립적 경향과 관련된다.

⑤ 아래쪽에 치우쳐 그린 그림

그림을 과도하게 종이 아래쪽에 치우쳐 그리면 생각해 볼 수 있는 가능성은 내면에 상당한 불안정감과 부적절 감이 내면화되어 있거나 혹은 우울증적 상태에 있을 수 있다는 것이다. 혹은 공상에 자주 빠지거나 이상을 추구하기보다는 확실하게 현실에 뿌리를 두고 분명하고 실제적인 것을 추구하는 경향성을 나타낼 수도 있다.

종이 가운데 그린 그림

오른쪽에 치우쳐져 그린 그림

왼쪽에 치우쳐 그린 그림

위쪽에 치우쳐 그린 그림

아래쪽에 치우쳐 그린 그림

(4) 색 상징

색채는 인간의 감정과 정서에 커다란 영향을 미치기 때문에 미술 영역은 물론 심리학 분야에서도 많이 논의되고 있다. 개인이 선택하는 색채는 그 개인의 특성, 경험, 학습, 순간적인 감정 상태 등을 반영하기도 하고, 개인이 생활하고 있는 시대, 문화, 사회의 공통성을 나타내기 때문에 색에 대한 느낌은 개인차에 따라 다르게 나타난다. 특히 색의 선호도에 따라 큰 차이가 나타나며, 성별, 연령별, 생활 문화 환경에 따라 좌우된다. 색채는 색상뿐만 아니라 명도, 채도, 배색 등에 따라 다르게 보이고 그 심리적 효과도 다르다. 색채가 인간에 미치는 영향을 앎으로써 미술치료에서 색채를 치료적으로 활용할 수 있다.

① 빨간색

빨간색을 선호하는 영유아의 경우, 활기 넘치고 적극적인 에너지의 소유자로 자유로운 행동과 건전한 적응력을 보인다. 영유아가 표현한 빨간색이 조화롭고 아름답게 칠해졌을 경우 영유아의 애정표현으로 볼 수 있고, 다른 색 위에 이중으로 덧칠했을 경우는 적대감, 자기주장의 표현으로 볼 수 있다. 영유아가 빨간색을 거칠고 투박하게 색칠했을 경우는 적대감과 공격성을 표현한 것으로 볼 수 있다.

- 너무 많은 붉은색: 에너지-공격적 행동, 이기적, 거만
- 적절한 붉은색: 에너지, 자기중심적, 온화, 건강, 풍부한 감정, 건강한 신체
- 부족한 붉은색: 에너지 부족, 의존적, 자신감 부족, 자기비하적, 공포심

마르로스코, 〈무제〉, 1970년

② 주황색

주황색을 선호하는 영유아의 경우, 사교성과 사회성이 높아 사람과 금방 친해지나 혼자 있는 것을 좋아하지 않아 외로움을 많이 느낀다. 때로는 강한 감정을 표현하기 수줍어하는 영유아는 감정을 피하기 위해 주황색을 과다하게 사용할 수

도 있다.

- 너무 많은 오렌지색: 격한 감정, 지배적, 극도로 활동적, 지나치게 관대, 공격적, 극도의 애정 결핍
- 적절한 오렌지색: 친밀, 긍정적, 창조적, 직관적
- 부족한 오렌지색: 인간관계 측면에 있어서 불균형, 쉽게 화를 냄, 민감, 죄책감, 불신, 감정에 충실하지 못함

마티스, 〈춤〉, 1909~1910년

③ 노란색

노란색을 선호하는 영유아의 경우, 대부분 긍정적이며 행복감을 느끼고, 친구관계가 좋은 편이다. 반면, 과잉보호 속에서 자란 영유아에 따라 애정에 대한 욕구, 의존적인 경향이나 퇴행적 행동이 나타나며 어리광 부리는 것을 좋아한다.

- 너무 많은 노란색: 자만한 생각에 빠지기 쉬움, 평가적, 대가적, 완벽주의자, 욕구 불만
- 적절한 노란색: 활발한 성격, 행복하다, 존중, 강한 의지, 지적, 편안, 감정 표현에 솔직함, 카리스마가 있음
- 부족한 노란색: 남들의 인정을 받고 싶음, 우울감, 자기 비하, 혼자 남는 것이 대해 두려움, 불안, 남들이 어떻게 생각하는가에 대해서 걱정함, 질투심이 많고, 불신하게 됨

클림트, 〈키스〉, 1907년

④ 녹색

녹색을 선호하는 영유아의 경우, 온순하고 참을성이 많으며 어디든지 잘 적응하는 특징과 함께 자기 통제적이고 내성적 성향을 보이기에 예민하고 상처받기 쉬울 수 있다. 또한, 녹색은 엄격함이나 타인의 시선을 의식하는 성격의 사람들이

선호하는 색으로 가정에서 지나치게 엄격한 훈육을 받는 영유아에게서 종종 나타난다.

- 너무 많은 녹색: 너무 민감하다, 늘 불만족스럽다, 판단적, 소유적, 감상적이며 상처받기 쉽다.
- 적절한 녹색: 균형, 동정적, 감정 이입이 된다, 감정에 솔직해진다, 재능을 기른다, 친근감
- 부족한 녹색: 갈망이나 화 등의 감정을 풀어내는 데 어려움을 보이고, 사람들을 용서하거나 신뢰하지 않게 된다.

모네, 〈수련이 핀 연못〉, 1899년

⑤ 파란색

파란색을 선호하는 영유아의 경우, 타인에 대한 비판적인 시각을 지니고 있으며, 이성적, 자기중심적인 성향을 보인다고 한다. 더불어 의지력과 독립심이 강한 면모를 보이기도 한다. 만약 영유아가 파란색을 큰 덩어리의 형태로 표현하면 억제하고 있는 불안을 표출하는 것이며, 간단한 선이나 형태를 채색하는 경우는 기분이 좋고 적응을 원만하게 하고 있음을 보여 준다.

- 너무 많은 파란색: 생각하기 전에 말부터 한다, 항문기 고착, 거만, 탐닉, 자기중심적
- 적절한 파란색: 집중력이 있음, 신념에 따라 살며, 현재에 만족함, 예술적이며 사고적임
- 부족한 파란색: 자기 절제가 안 됨, 소통의 어려움, 소심, 변덕, 교활, 자신을 스스로 솔직하게 표현할 수 없음

마티스, 〈누드 II〉, 1952년

⑥ 보라

보라색을 선호하는 영유아의 경우, 친구를 많이 사귀기 싫어하는 감정적인 면

이 강해 대인관계가 좋지 못한 경우가 있다. 하지만, 많은 연구에서 훌륭한 리더형의 자질이 있다는 보고도 있다. 또한, 영유아에게 보라색은 건강상태와도 밀접한 관련이 있다.

- 너무 많은 보라색: 행동에 제한을 많이 받는 경우로 정서적인 불안 및 질병과 상응
- 적절한 보라색: 카리스마, 영혼과 연결, 끝없는 지혜와 연결, 균형 있는 의식과 연결, 물질적인 것에 끌리지 않음, 죽음을 두려워하지 않음
- 부족한 보라색: 사물을 객관적으로 볼 수 없음, 결단력이 결여, 예민, 성공에 대한 두려움이 있음

이우현, 〈보라 빛 날〉, 2015년

⑦ 분홍색

분홍색을 선호하는 영유아의 경우, 부드럽고 섬세하며 애정이 많다. 솔직하고 순수한 모습을 지녔지만, 표현력이 부족하고 지구력이 약하여 일을 끝까지 끌고 나가기 어렵다.

- 너무 많은 분홍색: 유쾌하고 즐거운 성향으로 행동 지향적이다.
- 적절한 분홍색: 침착하고 나서지 않는 명랑함, 어느 정도 조용히 즐기는 것이 특징
- 부족한 분홍색: 인내력이 부족, 자제력이 약함

드가, 〈핑크드레스를 입은 댄서들〉, 1880년

⑧ 갈색

갈색을 선호하는 영유아의 경우, 퇴행적 의미와 애정 욕구와 관련 있다. 의지력이 약하며, 의존심이 강한 편으로 항상 불만이 많고 자기주장을 잘 나타내지 않는다. 자기의 행동과 손의 사용에 자신감이 부족하며 무조건 참으려는 경향성이 있

고, 유아적 상태로서 현실에 적응력이 부족하다. 너무 빨리 대소변을 가리게 하고, 지나친 결벽증으로 자유스러운 분위기와 감정이 구속될 때 이색을 많이 사용한다.

- 너무 많은 갈색: 따뜻한 갈색(황갈색, 붉은 갈색)은 생명과 따뜻함을 나타내는 대지 상징
- 적절한 갈색: 생산력과 어머니의 모성적 힘, 자연과의 일치 상징, 자연의 비옥함을 대변
- 부족한 갈색: 단단한 대변의 색, 배고픔, 경멸과 무시받는 느낌을 상징, 엄격한 교육과 훈련 결벽증을 표현

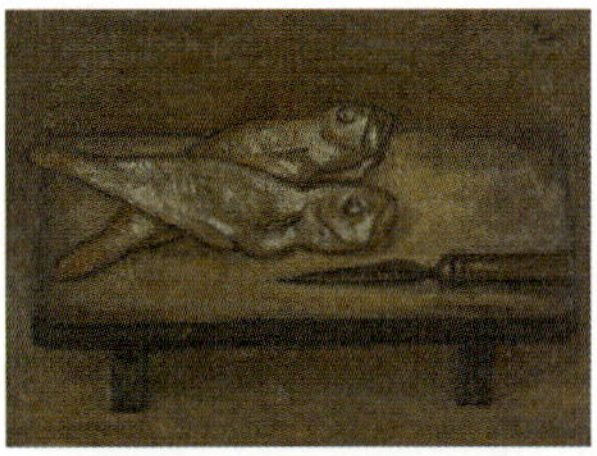

박수근, 〈도루묵〉, 1952년

⑨ 회색

회색을 선호하는 영유아의 경우, 불안한 마음을 검정 대용으로 사용하는 경향이 있다. 내성적 성향을 지녔으며, 겸손함과 냉철함을 가짐과 동시에 우울한 면이 있다. 또한, 편식이 심한 경우가 많고 경계심과 외로운 감정이 다른 영유아보다 높게 나타난다.

- 너무 많은 회색: 대인관계가 원만치 않고 경계심이 강하며, 열등감을 갖고 있음
- 적절한 회색: 안전하고 균형 잡힌 삶을 선호, 타인의 감정을 상하게 하고 싶지 않아 자신의 감정 고통을 피하기 위해 감정을 제어함
- 부족한 회색: 주저하고 삼가는 특징, 조용함의 상징, 통제와 극단적인 것을 조정하는 색, 우울함을 나타내고 공격적 표현을 억제함

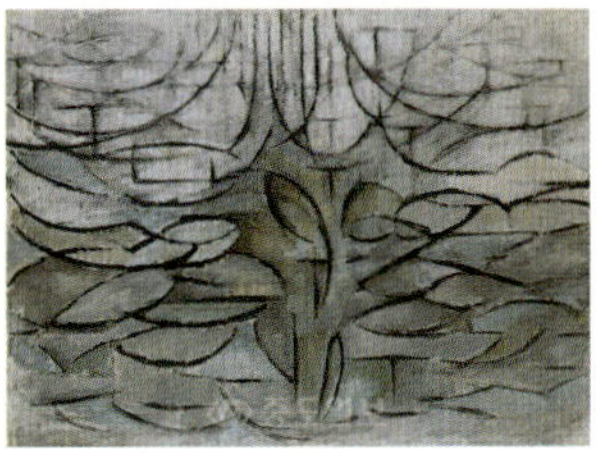

몬드리안, 〈꽃이 핀 사과나무〉, 1912년

⑩ 검은색

검은색을 선호하는 영유아의 경우, 부모가 교육에 대한 적극성이 매우 높아 가

정에서 심한 간섭과 강한 체벌 등의 엄격한 훈육이 이루어질 가능성이 높아 보인다. 또한, 자기통제가 굉장히 과도하지만, 겉모습은 매우 온순하고 적응력이 높게 보일 수 있다.

- 너무 많은 검은색: 정서 행동에 결함, 공포와 불안, 압박감, 고독함, 공격성
- 적절한 검은색: 활발하고 자의식이 강함
- 부족한 검은색: 반항적 항의를 하나 포기도 잘함

말레비치, 〈검은 정사각형〉, 1915년

⑪ 흰색

흰색을 선호하는 영유아의 경우, 외부에 대한 경계심이나 일에서 실패했을 때 결백함을 증명하고 싶을 때 많이 나타나고, 두려움과 무기력이 있을 가능성도 있다. 또한, 평소 거짓말을 많이 하는 영유아들은 집 그림에서 창문에 흰색을 색칠하는 경우가 많다.

- 너무 많은 흰색: 자신의 행동이나 결과에 대한 타인의 평가에 신경을 쓰는 경향이 많음
- 적절한 흰색: 순수, 보편성, 투명성, 깨끗함, 명료함, 신성함, 개방성과 솔직함, 절대적 자유, 탈억제, 긍정을 의미한다.
- 부족한 흰색: 완전한 희생, 포기, 삶의 다채로움 거부, 생명의 결핍, 감정의 결여, 차가움, 엄격함, 경직성, 공허, 절망, 외로움과 불행을 의미한다.

사전트, 〈연기〉, 1880년

5) 다문화 영유아 미술 심리 진단

(1) 집-나무-사람검사(HTP: House-Tree-Person)

HTP검사는 인간의 정서와 인식에 대한 정보를 얻기 위해 사용되는 투사검사 중 하나이다. HTP는 House-Tree-Person의 약자로, 집, 나무, 사람을 그리면서 무의식적인 생각과 감정을 드러내는 것을 이용하여 대상의 심리적인 특징과 성격 등을 판단하는 데 사용된다. HTP검사는 아주 어린 유아에게도 친숙한 대상으로 의식적이거나 무의식적인 연상을 일으킬 수 있다. 집 그림은 영유아의 가족관계에 대한 정보를 제공하며, 나무 그림은 영유아의 심리적 발달과 환경에 대한 인식을 안내한다. 사람 그림은 영유아의 자아상과 중요한 타인과의 관계를 설명해 준다.

- 실시방법

① 준비물: 16절지(A4), 4장, 4B연필, 지우개

② 그리기

HTP 그림검사는 대상이 집, 나무, 사람의 그림을 그리는 것으로 진행된다.

> 지금부터 4가지 그림을 그려 봅시다. 그림을 잘 그리고 못 그리는 것을 알아보는 것이 아니므로 편안한 마음으로 생각한 대로 자유롭게 그리면 좋습니다.

대상은 먼저 가로로 제시한 종이에 집을 그리고, 이어서 세로로 제시한 종이에 나무와 인물의 그림을 그린다. 이 과정에서 교사는 영유아의 그림 그리는 방식, 그림의 세부 사항, 색상, 크기, 배치 등을 통해 대상의 무의식적인 감정과 생각을 파악해야 한다.

③ 질문단계(PDI)

그리기 단계를 마친 후에는 영유아에게 각각의 그림을 보여 주며 여러 가지 질문을 한다. 정해진 질문의 형식은 없으며 영유아의 특성에 맞게 질문을 하는 것이 좋지만, 일반적으로는 다음과 같은 질문들이 기본적으로 사용 된다.

④ 그림 내용에 대한 해석

- 집: 집의 장소, 누가 살고 있는가?, 주변의 다른 집, 거주하는 사람, 집안 분위기, 집의 크기, 집과 나와의 거리 등
- 나무: 나무의 종류, 나이, 크기, 건강, 계절, 나무의 소원, 나중에 이 나무는 어떻게 될까? 등
- 사람: 성별, 나이, 직업, 지금 하고 있는 행동, 기분, 성격, 행복 여부, 친구 관계 등

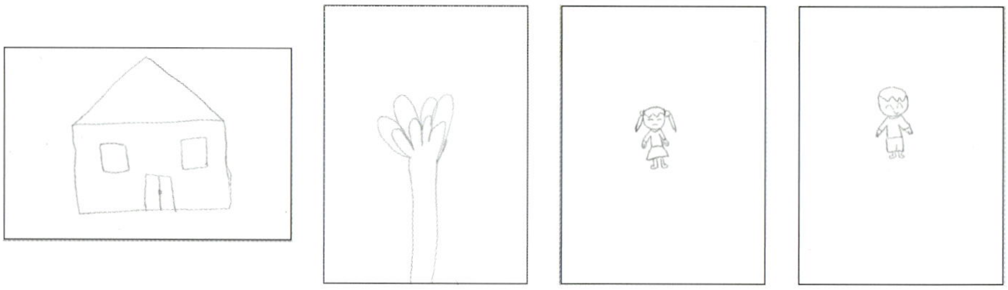

집 나무 사람1 사람2

(2) 동적가족화

동적가족화(KFD: Kinetic Drawings a Family Test) 그림 검사는 영유아가 자신의 가족관계를 어떻게 인식하고 있는지 알아보는 검사 도구로써 물고기 가족화, 동물 가족화 등이 있다. 이 검사를 통해 가족 구성원 간의 관계와 가족 성격을 이해하는 데 매우 유용하게 사용된다. 영유아가 그림을 그리는 동안 가족 구성원들의 각각의 위치, 크기, 모양, 표정 등을 관찰하고, 영유아가 그림을 그리는 방식,

색상, 세부사항 등을 통해 영유아의 무의식적인 감정과 성격을 파악할 수 있다. 동적가족화 그림검사의 내용해석은 대상이 그린 그림을 분석하여 가족 구성원들 간의 관계, 대상의 가족 성격, 가족 구성원들의 역할과 위치 등을 이해하는 것이다. 예를 들어, 대상이 그린 가족 구성원들의 위치와 크기, 표정 등을 통해 대상이 어떻게 자신의 가족 구성원들 간의 관계를 인식하고 있는지, 대상이 어떤 성격을 가지고 있는지 등을 분석할 수 있다. 동적가족화 그림검사는 가족 구성원의 상호작용과 역동성을 확인할 수 있는 투사검사로 영유아의 그림에 대해 구체적으로 질문을 던지면서 그 결과를 해석한다.

- 실시방법

① **준비물:** 16절지(A4), 4장, 4B연필, 지우개

② 그리기

A4 한 장의 종이에 가로로 그리게 한다.

> 자신을 포함해서 당신의 가족 모두가 무엇을 하고 있는 그림을 그려 보세요. 만화나 막대기 같은 사람이 아니고 온전한 사람의 형태로 그려 주세요. 무엇이든지 어떤 행위를 하고 있는 그림을 그려야 합니다.
> 자신도 그리는 것을 잊어서는 안됩니다.

③ 질문단계(PDI)

그림을 완성한 후, 그림 속에서 인물상을 그린 순서, 각각의 인물상이 누구인가, 연령, 무엇을 하고 있는 것인가(행위 종류), 가족 중 생략된 사람이 있는가, 가족의 첨가된 사람이 있는가를 확인하고 용지의 여백에 기입해 둔다.

④ 그림 내용 해석

동적가족화 그림검사의 내용해석은 영유아가 그린 가족 구성원들의 위치와 크기, 표정과 사후 질문을 통해 영유아가 어떻게 자신의 가족관계를 인식하고 있는지, 가족의 성격, 가족의 역할과 위치 등을 이해하는 것이다. 영유아가 그린 가족

구성원들의 위치가 가운데에 있을 경우, 영유아가 가족 구성원들에게 중심적인 역할을 하고 있을 가능성이 있다. 반면에 가족 구성원들과 멀리 떨어져 있거나, 가족 간의 관계가 애매 모호하게 그려져 있을 경우, 가족들과의 관계에 불안을 느끼고 있거나, 상호작용이 어렵게 느껴질 수 있다. 또한, 가족 구성원들의 크기나 표정 등을 통해 영유아의 무의식적인 감정을 분석할 수 있다. 영유아가 자신의 모습이 작게 그렸을 경우, 자신에 대한 자존감이 낮을 가능성이 있고, 가족 구성원들의 표정이 부정적일 경우, 가족과의 관계에서 스트레스를 느끼고 있을 가능성이 높다.

〈표 4-3〉 동적가족화 그림 표현내용과 상징적 의미

표현내용	상징적 의미
일반적인 가족모습	• 원만하고 신뢰관계에 있는 가족
가족 간 분리선	• 외롭거나 억압된 분노감정 • 그 가족 구성원으로부터 자신을 분리시키려는 욕구
포위	• 자신을 귀찮게 하거나 위협할 때 그 사람을 포위하여 분리
가장자리	• 방어, 저항, 가족 내의 문제 회피
인물 밑선	• 그 사람에 대한 불안감
검사지의 윗선	• 가정 내에서 주변 상황이 불안정, 위기감을 느낄 때
검사지의 아랫선	• 가정으로부터 인정받지 못하고 지지받지 못한 경우, 안정 욕구의 표현
공, 축구공 외에 던질 수 있는 물체	• 공격성, 경계심
태양, 전등, 난로 등	• 적절한 열과 빛: 애정적, 온화, 희망 • 강렬하고 파괴적인 열과 빛: 애정 욕구, 증오심
칼, 춤, 날카로운 물체, 불, 폭발물 등	• 분노, 거부, 적개심
자전거, 오토바이, 차, 기차, 비행기 등	• 힘의 과시 • 자전거를 제외하고는 의존적 요소에 의한 힘의 과시
비, 바다, 호수, 강 등 물과 관련되는 것	• 우울감정, 억울함

[동적가족화 예]

10. 다문화가정 영유아 미술교육의 실제

1) 세계 여러 나라 인사_문화이해

활동목표

예술 경험

- 노래를 즐겨 부른다.
- 상황에 맞는 여러 가지 인사법을 안다.
- 인사 놀이 경험을 이야기로 표현한다.

다문화 교육

- 문화 간의 유사성과 차이점을 인식한다.
- 각 문화에 대한 이해와 존중심을 형성한다.

미술교육

조형요소	내용
움직임	인사하는 모습의 활동성

활동자료

• 시각자료: 다양한 인사 상황 그림 자료, 세계 여러 나라의 인사말 동영상

활동방법

1. 일반적인 인사그림을 차례대로 보면서 상황에 맞게 반가움, 고마움을 표시하는 인사말과 안부를 묻는 인사말을 나눈다.

[세계 여러 나라의 일반적인 인사법][26)]

"안녕하세요!"
(배꼽인사)

"반갑다!"
(악수)

"안녕! 잘가!"
(손인사)

"잘 있었어?"
(포옹)

2. 민족 · 시대 · 성별 · 직업 등에 따라 다른 인사 그림을 보고 누가 · 언제 · 어떻게 하는 인사인지 이야기해 본다.

[민족 · 시대 · 성별 · 직업 등에 따라 다른 인사][27)]

뉴질랜드
마오리족 인사

영국 왕족 인사

절하기

군인 경례하기

26) https://www.imagetoday.co.kr/
27) https://www.imagetoday.co.kr

3. '세계 여러 나라 인사말' 동영상을 보여 주고 노래를 따라 한다.

'세계 여러 나라 인사말' 동영상[28]

4. 세계 여러 나라의 인사말을 해 본다(교사는 연령에 따라 그림의 수를 조절한다.)

세계 여러 나라의 인사말[29]

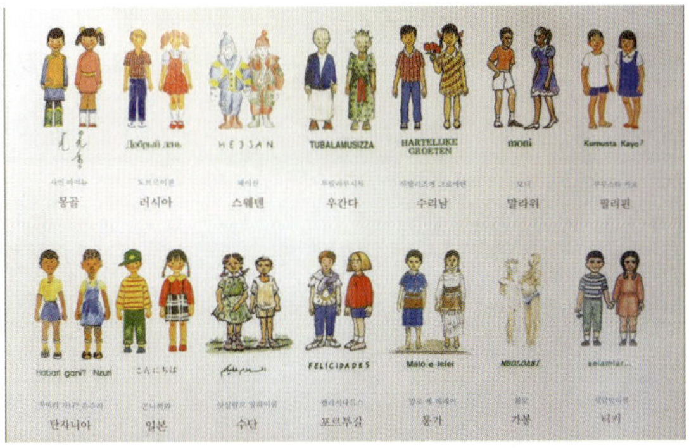

- 반가운 사람을 만났을 때 어떻게 인사하죠?
- 외국 사람을 만나 본 적이 있나요? 외국 사람들은 어떻게 인사하죠?
- 그림을 보면서 다른 나라의 인사말과 인사 방법을 알아볼까요.
- 제일 재미있게 느껴지는 인사법은 어떤 것인가요?
- 우리나라의 인사법과는 어떤 차이가 있나요? 같은 점은 무엇인가요?
- 인사법은 차이가 있지만 반가운 마음은 모두 똑같아요. 다만 그것을 표현하는 방법에 차이가 있을 뿐이에요.

28) https://www.youtube.com/watch?v=ivfYo13qrZU
29) http://www.purmi.com

• 반가운 마음을 담아서 세계 여러 나라의 인사법으로 인사를 나눠 볼까요.

세계 여러 나라의 인사법[30]			
	중국	니하오(마)	한 손은 주먹, 한 손은 펴고 서로 부딪힌다.
	프랑스	봉쥬르	서로 볼을 맞대고 키스한다.
	일본	오하요, 곤니찌와, 곤방와	양손을 배에 대고 허리를 깊이 숙여 인사한다. 큰 손님이거나 반가운 손님이 오면 무릎을 꿇어서 정중히 인사한다.
	미국	하이, 헬로우	악수를 힘 있게 한다. 에스키모족은 서로의 뺨을 친다. (반갑다는 뜻)
	인도	나마스떼	두 손을 모아 합장하며 인사한다.
	이스라엘	샬롬	상대방의 어깨를 주물러 준다.
	티베트	따시델렉	자신의 귀를 잡아당기며 혓바닥을 길게 내민다. (친근감 표시)
	대한민국	안녕하세요	신체 접촉 없이 머리와 허리를 구부려 인사한다. 악수를 하더라도, 서열 관계를 의식해서 보통 하급자는 두 손으로 악수를 하거나, 허리와 머리를 약간은 굽힌다.

30) https://ko.wikipedia.org/wiki

5. 음악에 맞춰 자유롭게 걷다가 교사가 호루라기를 불면 유아들은 교사가 제시한 그림처럼 몸으로 인사를 표현해 본다.
   - 음악에 맞춰 걷다가 호루라기 소리에 유아들은 멈춰 2명씩 짝 짓는다.
   - 교사가 보여 주는 인사 그림처럼 서로 인사한다.
   - 지금 짝과 헤어지면서 인사하고, 새로운 짝을 만나서 그대로 인사한다.

6. 친구와 몸이 닿는 인사를 한 느낌에 대해 이야기 나눈다.
   - 뉴질랜드의 마오리족처럼 코끝을 서로 맞대며 인사하고, 안아 보고, 손을 잡아 보니까 친구한테서 어떤 느낌이 들었나요?
   - 왜 그렇게 생각했는지 이야기해 볼까요?

7. 유아마다 자기만의 인사를 만들어 보고, 다 함께 우리 반의 인사도 만들어 본다.
   - 율이는 반짝반짝 손으로 인사하고, 시한이는 엉덩이를 부딪치며 인사를 하네요.
   - 앞으로 외국 사람들을 만나도 당황하지 않고 반갑게 인사할 수 있다.

2) 자연을 표현해 봐요_다양성

활동목표

예술 경험

- 다양한 나무 사진을 감상한다.
- 나무의 선과 형태, 질감을 표현할 수 있는 다양한 재료를 탐색하고 활용해 본다.

다문화 교육

- 또래 관계에서 상호작용능력을 향상시킨다.

미술교육

조형요소	내용
선/형	선의 방향과 길이, 모양
색	빛에 따른 색 변화, 색이 주는 느낌
질감	나뭇잎, 줄기의 촉감

활동자료

- 그리기도구: 켄트지, 아크릴 물감
- 시각자료: 주변에 있는 나무 사진, 움직이는 나무 동영상(바람소리, 나뭇잎소리)
- 조각자료: 나뭇잎, 나뭇가지, 풀, 꽃

활동방법

1. 공원의 나무, 나무 그림, 사진, 나무가 움직이는 동영상 등을 보여 준다(나무가 자라는 모습을 쭉 뻗은, 구부러진, 위로 옆으로, 아래로, 사선으로 등의 단어를 이용하여 설명해 준다).
2. 나무 기둥, 가지, 나뭇잎을 만져 보고 촉감을 느낄 수 있도록 한다.
3. 주변에서 나뭇가지, 나뭇잎, 꽃 등을 주어 온다.
4. 자연물을 이용해 자신이 표현하고 싶은 것을 만들어 본다.
5. 다른 친구들은 무엇을 만들었는지 관찰한다.
6. 유아가 만든 작품은 사진을 찍어 준다.
7. 붓을 사용하는 대신, 나뭇잎, 꽃, 나뭇가지 등의 자연 재료에 아크릴 물감을 묻혀 도화지 위에 그려 보고, 으깨 보고, 뿌려 본다.[31)]

"유아들은 새로운 질감, 감각, 발견하는 물건을 통해 주변 세계에 대한 이해를 쌓고 있다." 유아의 이러한 활동은 두뇌에 신경 연결을 형성하는 데 도움이 되므로 창의력 향상과 사회성 발달에 도움을 준다.

3) 명화 속 여러 나라 사람_다양성

활동목표

예술 경험

- 미술작품에 대하여 심미감을 느낀다.
- 다양한 인물화를 감상해 본다.

다문화 교육

- 사진을 보고 신체의 피부색, 키의 크기, 몸집의 크기, 남자와 여자 등 외형적인 차이점을 구별해 본다.
- 여러 인종과 성별, 신체조건 등의 차이를 이해하고 다양함을 존중하도록 한다.

31) https://www.imagetoday.co.kr

미술교육

조형요소	내용
선/형	선의 방향과 길이, 모양
색	색의 다양함

활동자료

- 그리기도구: 도화지, 크레파스, 그림물감
- 시각자료: 여러 인종들의 인물화

활동방법

1. 다양한 생김새의 초상화를 감상한다(여러 가지 외모가 그려진 그림이나 사진자료를 보여 주며 유아들에게 보여 준다).

신윤복, 〈미인도〉, 18세기 말~19세기 초

레오나르도 다빈치, 〈모나리자〉, 1503~1506년

마네, 〈올랭피아〉, 1865년

폰타나, 〈곤잘보스의 딸 안토니에타의 초상〉, 1595년

2. 여러 가지 인물화를 보여 주며 이야기 나눈다.(교사는 다양한 상황에서 편견이 가능한 많이 노출될 수 있도록 계획한다.)
   - 여러 사람들이 있어요. 무엇을 하고 있나요?
   - 어떤 모습을 하고 있나요?(자세, 의상, 머리모양 등)
   - 이 사람은 누구일까?
   - 어떤 일을 하는 사람일까?

- 이 사람은 지금 기분이 어떨까?
- 누가 이 그림을 그린 것 같니?
- 어떤 점이 같고 어떤 점이 다른가요?
- 사람들의 피부색은 어때요? 우리와 어떻게 다르나요?
- 머리카락 색은?
- 사람들끼리 다른 점이 있을까요?

3. 옆에 있는 친구와 나의 모습과 다른 부분을 다르다고 놀리면 어떤 기분이 들지 각자 생각할 수 있는 시간을 준다.
4. 각 유아의 생각을 이야기해 본다.
5. 겉모습은 다르지만 그들도 모두 나와 같은 사람이고 하는 일도 비슷하며 나처럼 슬플 때, 기쁠 때가 있다는 것을 알려 준다.(다양한 외모의 차이와 다양한 인종과 연계하여 미술 활동을 진행한다.)
6. 자신이 좋아하는 인물화를 그려 본다.
   - 인물을 그린다면 누구를 그리고 싶은가요?
   - 어떤 방법으로 그리고 싶은가요?
7. 친구들 앞에서 자신의 작품을 소개하는 시간을 갖는다.
8. 자신과 친구의 다른 점과 같은 점에 대하여 이야기 나눈다.
9. 교사는 다양한 외모와 인종에 대한 이해와 편견에 대하여 유아가 스스로 문제를 해결할 수 있도록 이끌어 준다.

4) 세계 여러 나라 인종_편견

활동목표

예술 경험

- 여러 나라 사람들의 생김새에 관심을 갖는다.
- 나의 생각을 그림으로 표현하고 설명할 수 있다.

다문화 교육

- 다양한 사람과 감정이입과 교류를 할 수 있다.
- 자신과 타인의 가치 인정 및 존중감 형성한다.
- 나와 다른 모습의 사람들에 대해 수용적인 태도를 갖는다.

미술교육

조형요소	내용
선/형	선의 방향과 길이, 모양
색	편견에 따른 색의 변화

활동자료

- 그리기도구: 크레파스, 색연필, 가위, 풀, 사람도안
- 시각자료: 세계 여러 나라 사람들의 모습 자료, 다양한 외모의 그림자료

활동방법

몽골

필리핀

나이지리아

미국

1. 여러 나라 사람들의 사진이나 그림을 보며 이야기를 나눈다.[32]
   - 이 사람 얼굴이 어떻게 생겼니?
   - 너희들과 어떤 점이 다르니?

32) https://url.kr/i4brux, https://url.kr/uiet57, https://url.kr/2zxoea, https://www.imagetoday.co.kr

• 이 친구는 (   )라는 나라에 살고 있어요.

2. 나라별 사람들의 생김새의 특징과 자연 환경에 대해 이야기를 나눈다.

• (   )는 우리나라보다 더운 나라예요.

• 햇빛이 강해서 피부도 우리보다 까맣습니다.

3. 다른 나라 친구들의 모습을 도안 위에 색깔을 선택해서 꾸며 주세요.[33]

4. 유아들은 자신이 꾸민 다른 나라 사람들의 모습을 발표한다.

5. 친구의 작품을 감상하고 느낌을 이야기한다.

6. 편견이나 통념을 무너뜨릴 수 있는 것이 예술작품에 관해 소개해 준다.

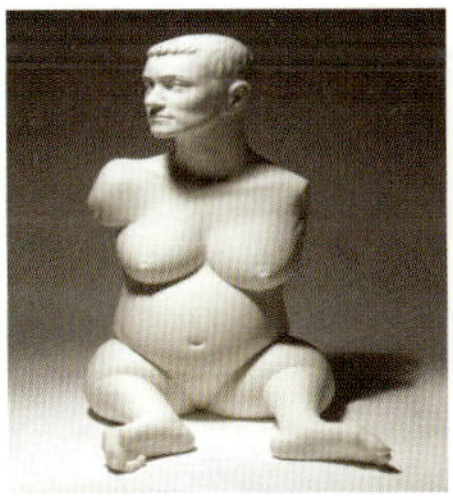

마크 퀸, 〈임신한 앨리슨 래퍼〉, 2005~2007년

폴고갱〈이아오라나 마리아〉, 1891년

브누아, 〈마들렌의 초상〉, 1800년

바스키아, 〈무제〉, 1982년

7. 각 작품을 감상한 후 유아들은 자신의 생각과 느낌을 발표한다.

33) https://www.imagetoday.co.kr

8. 아름답지 않은 예술이 최고의 예술로 찬사를 받고 있는 것은 편견이나 통념을 무너뜨릴 수 있는 것이 예술의 힘이라는 것을 이야기해 준다.
9. 상황을 어떻게 받아들이고 생각하는 것은 자신의 편견에 대해 비판적 사고를 기르는 것이라는 것을 알려 준다.

CHAPTER **05**

다문화가정 영유아 건강 및 안전관리

Chapter 05

다문화가정 영유아 건강 및 안전관리

• 학습목표 •

1. 영유아 건강관리에 대하여 이해한다.
2. 다문화가정 영유아의 질병 관리 및 건강 관리를 이해한다.
3. 다문화가정 영유아의 건강관리를 위한 지역사회 연계를 이해한다.
4. 다문화가정 영유아 안전관리를 이해한다.
5. 다문화가정 영유아의 안전관리를 위한 가정연계를 이해한다.

현대사회 가족의 형태는 많은 변화를 가져왔다. 특히, 여성의 사회진출로 맞벌이 부부가 많아지고 점차 가족의 형태는 '초핵가족화'되었다. 이로 인해 어린이집을 이용하는 영유아의 연령은 점점 어려졌을 뿐만 아니라 영유아가 어린이집에 머무르는 시간은 점점 길어지고 있다. 이러한 보육현장에서 영유아의 건강과 안전은 무엇보다도 중요한 영역으로 어린이집에서 건강한 생활과 안전한 환경을 지원하는 것은 영유아의 기본적인 권리를 존중하고 보다 질 높은 생활을 보장하는 것이다. 영유아는 발달이 미숙하고 면역력이 약해 위험에 노출되기 쉬우며 스스로 자신의 의사를 표현하는 것이 자유롭지 않기 때문에 자신의 아픔이나 불편함을 전달하는 데 무리가 있다. 또한 또래와 함께 지내는 어린이집에서의 집단생활은 질병에 노출되거나 감염성 질환으로 인한 위험한 상황으로 내몰릴 수 있는 실정이다. 따라서 여러 영유아들이 함께 생활하는 공간에서 보육교사들의 민감한 보육이 이루어지지 않을 경우 안전에 대한 위험에 노출될 수 있다.

특히, 다문화가정 영유아의 경우 의사소통에 더욱 취약하며, 보호자 역시 언어적 표현의 미숙함으로 인해 어린이집과의 소통을 두려워하는 경우가 많아 어린이집과의 소원한 관계를 형성하는 경우가 많다. 그러나 영유아의 건강과 안전에 있어서는 어린이집과 가정의 긴밀한 협력의 관계가 필요하며, 여기에 지역사회의 협력 역시 중요한 요소가 될 수 있다. 어린이집은 가정과 협력하여 영유아의 건강한 생활을 위해서 청결한 공간을 마련해 주고, 질병으로부터 안전한 삶을 유지할 수 있도록 예방 및 관리해 주어야 한다. 또한 영유아가 안전한 일상생활을 유지하기 위해 사고위험으로부터 보호받을 수 있도록 안전한 환경을 제공해 주고, 안전사고로부터 대처하기 위한 방안을 계획해야 하며, 영유아의 발달에 적합한 다양한 방법으로 안전교육을 실시해야 한다.

본 장에서는 영유아 건강의 기초적인 개념과 안전관리의 개념을 이해하고, 다문화가정 영유아의 관점에서 가정과 지역사회가 협력하여 건강관리 및 안전관리를 실천할 수 있는 방안을 모색해 보고자 한다.

1. 영유아 건강관리

1) 영유아 건강관리의 개념

인간에게 있어 건강은 아무리 강조해도 과하지 않다. 건강이란 모든 차원에서 평안한 상태를 유지하기 위해 주어진 환경적 조건에서 사회적 임무와 신체적인 기능을 발휘하여 수행할 수 있는 최적의 상태임을 의미한다(임미혜, 2022). WHO(1948)는 건강을 “질병이나 장애가 없는 것뿐만 아니라 신체적 · 정신적 · 사회적 안녕의 상태”라고 정의한다. 영유아에게 있어서 건강은 매우 중요한 것으로 우리나라 국가수준의 보육과정인 「제4차 표준보육과정」과 국가수준의 유아교육과정인 「2019개정누리과정」은 각 과정의 운영을 통해 영유아를 건강한 사람으로 성장할 수 있도록 할 것을 첫 번째로 강조하고 있다. 영유아기는 전인적 성장의 기반이 되고, 이 시기에 형성되는 건강의 기초는 인생의 전반에 걸쳐 영향을 미칠 수 있다.

영유아가 건강하다는 것은, 첫째, 영유아가 연령에 따른 신체발달이 이루어지고, 치료를 요하는 질병이 없이 신체적으로 건강함을 의미한다. 둘째, 능동적으로 활발하게 활동을 함으로써 정신발달이 순조롭게 이루어지는 것이다. 셋째, 또래, 부모, 교사, 이웃, 지역사회 등 주변 사람들과 바람직한 사회생활을 하는 것까지도 포함한다. 이러한 측면에서 영유아의 건강관리는 단순히 신체적 관리에 그치는 것이 아니라 정신적 관리, 사회적 관리 등을 통해 심리적으로도 안정될 수 있도록 관리해야 한다(박선희 외, 2014).

영유아의 건강 상태는 유전적 영향과 함께 환경적 영향에 따라 그 질이 달라질 수 있다. 따라서 인적 환경, 물리적 환경, 개인적 위생 등을 고려해야 하며 이에 가장 직접적 영향을 미치는 요인은 교사이다(조경자, 이현숙, 2010). 따라서 영유아를 대상으로 하는 보육교사는 건강관리에 대한 지식과 기술을 습득하고 이를 영유아와의 일상생활에 반영할 수 있어야 한다.

2) 영유아 건강의 중요성

영유아기는 어떤 시기보다도 발달이 매우 빠르며, 건강한 생활의 기초가 되는 시기이다. 특히, 이 시기 영유아들은 탐색과 관찰을 통해 주변환경과 상호작용하는 것을 즐기는 반면에 운동능력은 미숙하여 사고 및 감염에 매우 취약하다. 그러나 지적인 호기심이 강하고 탐색을 즐기는 영유아기는 건강하고 안전한 생활 습관을 형성하기 최적의 시기이다. 영유아들은 각자 자신만의 방법으로 다양한 경험을 통해 지식을 구성해 나간다. 이 시기 형성한 건강 및 안전의 행동은 성인이 되어 가는 과정에서 내내 영향을 미치기 때문에 영유아로부터 일상생활 속에서 건강안전의 개념을 체득할 수 있도록 준비해 주어야 하고, 반복적으로 실천함으로써 자연스럽게 인지하도록 해야 한다. 그러나 영유아기에는 발달이 미숙하고,

면역성이 약하며, 스스로 자신의 건강을 지키기에 어려움이 있다. 또한 이러한 이유로 질병에 취약하여 발병하면 건강의 위험에 놓이게 된다. 이러한 측면에서 영유아의 건강을 관리하고 안전한 환경을 구성하는 것은 매우 중요하다.

영유아기 건강이 중요한 이유를 정리하면 다음과 같다(임미혜, 2022).

첫째, 영유아기는 인간의 성장과 발달에 있어 기본적인 틀이 완전하게 결정되는 시기이다. 따라서 영유아기의 건강은 평생 건강한 삶을 살 수 있는 기본적인 체력이 형성되는 시기이므로 매우 중요하다.

둘째, 예방에 초점을 둔다는 관점에서 영유아기의 건강관리의 중요성을 강조할 수 있다. 질병에 노출되어 회복하려면 예방보다 더 많은 시간과 노력이 요구된다.

셋째, 영유아기는 면역능력이 소실되어 질병에 걸리기 쉬우며, 자신의 건강을 스스로 지키기에 미숙하므로 성인의 보호와 관리가 필요하다.

넷째, 영유아의 건강은 미래 시민의 건강으로 국가적 차원과 관계가 있다. 건강한 영유아는 더 안정적이고 행복하여 더 나은 학습을 통하여 생산적이면서 사회에 이바지할 수 있는 사회구성원으로 성장할 수 있다.

2. 다문화가정 영유아의 질병 관리

1) 영유아 질병의 이해 및 유형

질병은 몸에 생기는 병을 의미하며, 영유아가 질병에 걸리는 원인은 다양하다. 면역성이 약한 영유아는 질병의 위험에 더 잘 노출될 수 있으며, 감염성 병원균에 노출됨으로써 감염병에 걸릴 수 있다. 어린이집과 같이 집단생활을 하는 환경에서는 영유아의 신체접촉이 많고, 공동의 공간과 사물을 함께 사용하기 때문에 더육이 질병으로부터 자유로울 수 없다. 영유아의 신체적인 특징, 발달적 행동의 특성에 의해서도 질병에 노출될 수 있다. 영유아는 신체 부위의 간격이 짧아 염증이 생기기 쉽고, 염증의 전이도 빠르게 나타난다. 또한 위생에 대한 인식이 부족하고, 손으로 만지기, 빨기 등의 행동 특성은 영유아의 건강 문제를 위협하는 행동 특성이 될 수 있다. 그 밖에도 어린이집의 위생과 청결 등 환경에 의해서도 영유아는 질병에 걸릴 수 있다.

영유아가 걸릴 수 있는 질병의 종류와 증상을 정리하면 다음 〈표 5-1〉와 같다.

〈표 5-1〉 영유아기 질병의 종류

구분	질병
호흡기 질환	감기, 폐렴, 급성 인두염, 천식, 가와사키병, 알레르기 비염
소화기 질환	설사, 변비, 구토, 식중독
피부질환	기저귀발진, 아토피성 피부염,
기타	아구창, 영아돌연사증후군, 중이염

2) 감염병의 이해 및 관리

감염병이란 병원성 미생물이나 그 독성 산물에 감염된 사람과의 직간접적인 접촉이나, 주위 환경에서 기생동물의 중간 숙주나 보균자 또는 무생물과의 접촉에 의해 전염되는 질환을 말한다(교육부, 2017: 임미혜, 2022 재인용). 영유아기에는 면역력의 발달이 미숙하고 위생적 생활 습관이 형성되지 않아 특히 감염병에 노출되기 쉬우며 어린이집의 집단생활 환경은 감염의 위험을 증가시키는 환경이라 할 수 있다. 영유아기에 자주 발생하는 감염성 질환을 정리하면 다음 〈표 5-2〉와 같다(어린이집안전공제회, 2019a).

〈표 5-2〉 영유아기 자주 발생하는 감염성 질환

병명	발생 상황	증상
수두	• 2~8세에서 발병 • 여름철에 잘 발생	• 미열, 발진(가슴, 배부터 시작하여 얼굴, 팔, 다리에 나타남) • 발진→반점→수포→딱지 • 폐렴의 합병증이 있음
수족구병	• 5세 이하의 유아, 여아보다 남아가 더 잘 걸림 • 여름철에 잘 발생	• 입 안이나 목에 작음 물집이 생기고, 손바닥이나 발바닥에도 작은 돌기(구진)가 나며, 그 끝에 물집이 맺힘
유행성 눈병	• 바이러스가 원인	• 눈이 쓰리거나 아픔 • 잠을 자고 일어나면 눈꼽이 생겨 눈썹끼리 달라붙음 • 눈물이 자주 나고 벌겋게 충혈됨 • 밝은 광선에서 견디기 어려워함 • 손으로 눈을 자꾸 비빔
유행성 독감	• 인플루엔자 바이러스가 원인	• 두통, 오한, 열, 구토, 기침이 발생 • 증상 후 5일까지 전염성이 높으므로 주의해야 함
돌발성 발진	• 3세 이하의 유아가 잘 걸리며, 정확한 원인은 알 수 없음	• 갑작스런 고열과 경련이 일어남 • 눈 주위가 부음 • 발진은 반점상이며 주로 몸통, 목, 귀 뒤에 나타나며, 얼굴이나 다리에 발생함
전염성 농가진	• 포도상구균이나 연쇄상구균이 원인 • 여름철에 많이 발생	• 발진 부위에 수포나 농포를 형성하고, 이것이 터져서 누런 딱지를 형성함(불에 데인 것과 같은 모습)
볼거리 (유행성이하선염)	• 바이러스에 의한 감염	• 발열 두통, 근육통, 구토 등 증상을 보이다가 귀밑샘, 혀밑샘 등에 염증 발생
홍역	• 바이러스가 원인	• 발열, 기침, 콧물, 결막염, 구강 내 병변, 홍반성 발진
뇌염	• 바이러스가 원인	• 두통, 발열, 오한, 구토, 시력저하, 혼미, 간질, 발작

출처: 어린이집안전공제회(2019a).

어린이집에서 감염병을 예방하기 위해서는 환경의 위생관리를 철저히 하고, 영유아들의 위생관리, 즉 일상생활 속에서 손 씻기의 습관화, 양치질 등의 위생적인 생활 습관을 통해 예방이 가능하다. 또한 감염병에 노출된 영유아의 경우 조기에 발견하고 격리함으로써 다른 영유아들에게 확산되지 않도록 하고, 놀이 공간 및 놀잇감도 격리 및 소독하여 감염의 확산을 막아야 한다. 환아의 증상을 잘 살피고

법정 감염병일 경우 관할 부서에 신고해야 하며, 관할 보건소의 지시에 따른다. 시·군·구 보고 대상 감염병은 수족구병, 풍진, 유행성결막염, 인플루엔자(유행성 독감), 장염, 홍역, 유행성이하선염(볼거리), 전염성농가진, 수두, 무균성 수막염, 결핵, 성홍열, 기타 감염병으로 지정하고 있으며, 「감염병의 예방 및 관리에 관한 법률」 제12조(그 밖의 신고 의무자) 및 동법 시행규칙 제8조(그 밖의 신고대상 감염병)에 따른 보건소 신고 대상 감염병으로 결핵, 홍역, 콜레라, 장티푸스, 세균성 이질, 장출혈성대장균감염증, A형간염이 포함된다(보건복지부, 2023).

영유아의 등원을 제한하는 기준은 다음 〈표 5-3〉과 같고, 감염병 발생 보고의 양식사례는 다음 〈표 5-4〉와 같다.

〈표 5-3〉 휴원을 요하는 감염병의 등원 제한 기간

병명	초기증상	잠복기간	격리기간
홍역	발열, 재채기, 결막염, 발진	9~13일	발진이 없어질 때까지 → 발진 후 약 5일간
수두	발열, 발진, 물집이 생김	10~21일	딱지가 떨어질 때까지 → 발진 후 약 7일간
유행성 이하선염 (볼거리)	발열, 귀밑이 부어오름	7~21일	귀밑 부기가 다 빠질 때까지 → 빠진 후 약 5일간
풍진	가벼운 감기 같은 증세, 발열, 발진	10~21일	증상이 없어질 때까지 → 대개 발진 후 5일간
백일해	열은 없고 밤에 기침이 심함	7~14일	특유의 기침이 없어질 때까지 → 발병 약 3~4주
유행성 감기	발열, 기침, 목이 아픔, 뼈마디 아픔	1~3일	주요 증상이 사라질 때까지
유행성 결막염	눈이 붓고 흰자위가 충혈, 눈꼽	7일	주요 증상이 사라질 때까지
농가진	얼굴이나 수족에 쌀알 크기부터 대두 크기의 발진, 수포가 생김	2~5일	염증기가 지나 환부치료, 포대를 하고부터
수족구병	38°C 정도의 고열, 1~2일간 입속, 손바닥, 발바닥에 수포가 생김	3~6일	주요 증상이 사라질 때까지
전염성 설사증	설사의 횟수가 많고 변이 물 같고 열이 나며 감기 증상을 동반함	2~4일	주요 증상이 사라질 때까지

병명	초기증상	잠복기간	격리기간
감염(A형)	식욕부진, 두통, 열, 황달, 관절통	10~15일	주요 증상이 사라질 때까지
디프테리아	미열, 인후염, 기침, 쉰 목소리, 두통, 편도선 비대, 회색 반점	2~4일	배양검사가 2회 이상 음성이 나올 때까지

출처: 어린이집안전공제회(2019a).

감염병이 유행하는 시기에는 가정통신문을 통해 예방접종 및 건강관리에 대해 공지하고, 감염병에 노출된 영유아는 발병 여부를 확인하여 적절한 치료를 받게 하여 완치 후 등원할 수 있도록 한다.

(예시) 2개 언어(한국어, 영어) 병기

〈수족구병 예방 수칙〉
〈Rules for Preventing Hand, Foot, and Mouth Disease〉

- 올바른 손 씻기의 생활화
- Practice proper handwashing.
  - 흐르는 물에 비누로 30초 이상 손 씻기
  - Wash hands with soap for at least 30 seconds in urnning water.
- 기침예절 지키기
- Coughing etiquette
  - 기침할 때는 휴지나 옷소매 위쪽으로 입과 코를 가리고 하고 반드시 손 씻기
  - When coughing, block the mouth and nose with a tissue or sleeve. Wash hands afterward.

어린이집에서 영유아의 감염병 징후를 발견하게 되면 보호자에게 즉시 알려 진료를 받을 수 있도록 안내해야 하고, 진료를 통해 의사의 진단결과 감염된 것으로 의심, 혹은 감염될 우려가 있다고 판단되는 영유아는 등원을 중단하고 어린이집으로부터 격리해야 한다. 이때 가정 내 격리치료가 불가한 경우 보호자는 여성가족부의 아이돌봄지원사업 중 질병 감염 아동 특별지원서비스를 이용할 수 있다. 다만, B형 간염 등 일상적 접촉을 통해 감염되지 않는 질환일 경우 격리대상이 아니며, 잠복결핵 감염자는 결핵균 검사에서 음성확인자이기 때문에 격리대상이 되지 않는다. 어린이집에서는 해당 질환자가 등원에 제한을 받는 등의 불이익을 받지 않도록 주의해야 한다.

아이돌봄서비스

아이돌봄서비스 http://idolbom.go.kr
이용문의: 1577-2514

〈표 5-4〉 감염병 발생 시 보고서 양식

보육통합정보시스템 감염병 발생 보고서 양식

〈작성 방법〉
- 보고 질환: 수족구병 등 12가지 감염병 외 기타 감염병
  ※ 질병종류는 유행정도에 따라 변경될 수 있음
- 보고대상자: 해당질병으로 **'의사진단을 받은 아동'에 한하여 연령별 아동 수 기재**
- 보고시기: 매주 월요일에 보고(지난주 월~토에 발생한 현황을 집계하여 보고)

보고대상기간	년	월	주(전 주 월~토까지)			
연령별 / 질병명	0세	1세	2세	3세	4세	5세 이상
수족구병	명	명	명	명	명	명
풍진	명	명	명	명	명	명
유행성 결막염	명	명	명	명	명	명
인플루엔자(유행성 독감)	명	명	명	명	명	명
장염	명	명	명	명	명	명
홍역	명	명	명	명	명	명
유행성이하선염(볼거리)	명	명	명	명	명	명
전염성농가진	명	명	명	명	명	명
수두	명	명	명	명	명	명
무균성수막염	명	명	명	명	명	명
결핵	명	명	명	명	명	명
성홍열	명	명	명	명	명	명
기타 감염병	명	명	명	명	명	명
아동상태	• 자택격리 중: ○명 • 등원 중: ○명 • 사망: ○명 • 기타 ( ) 직접입력					
조치사항	(해당사항을 모두 체크) • 어린이집 소독실시 • 타 아동의 감염여부 확인(검진실시 등) ※ 의심 증상 아동은 즉시 병원내원 조치 • 각 가정에 감염병 발생사실 공지 • 기타 ( ) 직접입력					
조치계획	(해당사항을 모두 체크) • 어린이집 소독실시 • 타 아동의 감염여부 확인 • 각 가정에 감염병 발생사실 공지 • 기타 ( ) 직접입력					

출처: 보건복지부, 한국보육진흥원(2023).

감각의 자극을 흥미로워 하는 영유아들은 놀이에 손을 많이 사용하며, 놀잇감을 입으로 가져가는 등의 감각적인 활동을 즐기는 발달적인 특성을 가지고 있다. 또한 집단생활을 하는 영유아들은 많은 놀잇감을 공동으로 사용하고 이러한 과정에서 감염병에 쉽게 노출될 수 있다. 따라서 영유아들의 건강 문제를 위한 대응책이 필요하며, 1차적인 대응의 방법은 예방접종과 건강검진 등으로 건강 문제 발생 전에 영유아의 건강을 관리하는 방법이다. 영유아는 국가필수예방접종을 적절한 시기에 접종함으로써 건강한 삶을 도모할 수 있다. 따라서 어린이집에서는 입소하는 영유아의 가정에 예방접종 관리에 대한 안내를 제공해야 하며, 어린이집에서 관련 서류를 검토하고 보관하여 영유아의 건강을 적극적으로 관리해야 한다.

어린이집의 원장은 「감염병의 예방 및 관리에 관한 법률」 제33조의 4에 따라 영유아에 대하여 최초 보육을 실시한 날부터 30일 이내에 영유아의 예방접종에 관한 사실을 확인해야 하며, 재원하는 모든 영유아에 대하여 매년(1월 1일~12월 31일) 정기적으로 예방접종통합관리시스템을 활용하거나 예방접종증명서(이에 준하는 증명자료)를 통해 영유아의 예방접종에 관한 사실을 확인해야 한다. 이러한 과정을 통해 영유아가 반드시 필수예방접종을 할 수 있도록 보호자에게 지도해야 한다(보건복지부, 2023).

국가는 「감염병의 예방 및 관리에 관한 법률」을 통해 예방접종 대상 감염병과 예방접종 실시 기준 및 방법을 정하고 이를 근거로 재원을 마련하여 지원하고 있다. 국가에서 권장하는 연령별 필수예방접종 내용은 다음 〈표 5-5〉와 같다.

〈표 5-5〉 연령별 예방접종 일정

<table>
<tr><th>대상 전염병</th><th>백신종류 및 방법</th><th>횟수</th><th>출생 시</th><th>4주 이내</th><th>1개월</th><th>2 개월</th><th>4 개월</th><th>6 개월</th><th>12 개월</th><th>15 개월</th><th>18 개월</th><th>19~ 23 개월</th><th>24~ 35 개월</th><th>만 4세</th><th>만 6세</th><th>만 11세</th><th>만 12세</th></tr>
<tr><td>B형 간염</td><td>HepB</td><td>3</td><td>1차</td><td></td><td>2차</td><td></td><td></td><td>3차</td><td></td><td></td><td></td><td></td><td></td><td></td><td></td><td></td><td></td></tr>
<tr><td>결핵</td><td>BCG(피내용)</td><td>1</td><td></td><td>1회</td><td></td><td></td><td></td><td></td><td></td><td></td><td></td><td></td><td></td><td></td><td></td><td></td><td></td></tr>
<tr><td rowspan="2">디프테리아
파상풍
백일해</td><td>DTaP</td><td>5</td><td></td><td></td><td></td><td>1차</td><td>2차</td><td>3차</td><td></td><td colspan="2">4차</td><td></td><td></td><td colspan="2">5차</td><td></td><td></td></tr>
<tr><td>Tdap/Td</td><td>1</td><td></td><td></td><td></td><td></td><td></td><td></td><td></td><td></td><td></td><td></td><td></td><td></td><td></td><td colspan="2">6차</td></tr>
<tr><td>폴리오</td><td>IPV(사백신)</td><td>4</td><td></td><td></td><td></td><td>1차</td><td>2차</td><td colspan="4">3차</td><td></td><td></td><td colspan="2">4차</td><td></td><td></td></tr>
<tr><td>b형헤모필루스
인플루엔자</td><td>Hib</td><td>4</td><td></td><td></td><td></td><td>1차</td><td>2차</td><td>3차</td><td colspan="2">4차</td><td></td><td></td><td></td><td></td><td></td><td></td><td></td></tr>
<tr><td rowspan="2">폐렴구균</td><td>PCV</td><td>4</td><td></td><td></td><td></td><td>1차</td><td>2차</td><td>3차</td><td colspan="2">4차</td><td></td><td></td><td></td><td></td><td></td><td></td><td></td></tr>
<tr><td>PPSV</td><td>–</td><td></td><td></td><td></td><td></td><td></td><td></td><td></td><td></td><td></td><td></td><td colspan="5">고위험군에 한하여 접종</td></tr>
<tr><td rowspan="2">로타바이러스
감염증</td><td>RV1</td><td>2</td><td></td><td></td><td></td><td>1차</td><td>2차</td><td></td><td></td><td></td><td></td><td></td><td></td><td></td><td></td><td></td><td></td></tr>
<tr><td>RV5</td><td>3</td><td></td><td></td><td></td><td>1차</td><td>2차</td><td>3차</td><td></td><td></td><td></td><td></td><td></td><td></td><td></td><td></td><td></td></tr>
<tr><td>홍역
유행성이하선염
풍진</td><td>MMR</td><td>2</td><td></td><td></td><td></td><td></td><td></td><td></td><td colspan="2">1차</td><td></td><td></td><td></td><td colspan="2">2차</td><td></td><td></td></tr>
<tr><td>수두</td><td>VAR</td><td>1</td><td></td><td></td><td></td><td></td><td></td><td></td><td colspan="2">1회</td><td></td><td></td><td></td><td></td><td></td><td></td><td></td></tr>
<tr><td>A형간염</td><td>HepA</td><td>2</td><td></td><td></td><td></td><td></td><td></td><td></td><td colspan="5">1~2차</td><td></td><td></td><td></td><td></td></tr>
<tr><td rowspan="2">일본뇌염</td><td>IJEV
(불활성화 백신)</td><td>5</td><td></td><td></td><td></td><td></td><td></td><td></td><td colspan="4">1~2차</td><td>3차</td><td></td><td>4차</td><td></td><td>5차</td></tr>
<tr><td>LJEV
(약독화 생백신)</td><td>2</td><td></td><td></td><td></td><td></td><td></td><td></td><td colspan="4">1차</td><td>2차</td><td></td><td></td><td></td><td></td></tr>
<tr><td>사람유두종
바이러스
감염증</td><td>HPV</td><td>2</td><td></td><td></td><td></td><td></td><td></td><td></td><td></td><td></td><td></td><td></td><td></td><td></td><td></td><td colspan="2">1~2차</td></tr>
<tr><td>인플루엔자</td><td>IIV</td><td>–</td><td></td><td></td><td></td><td></td><td></td><td colspan="12">매년 접종</td></tr>
</table>

출처: 질병관리본부 예방접종도우미 누리집(Http://nip.kdca.go.kr) 표준예방접종일정표(2023).

예방접종은 영유아의 건강 상태를 확인하여 접종 전 건강한 상태에서 접종하는 것이 좋다. 특히, 발열, 설사 등 다른 질병의 징후가 있지는 않은지 살펴본 후 되도록 오전에 접종하는 것이 좋으며, 영유아의 건강 상태를 잘 알고 있는 사람이 접종기관에 함께 방문하는 것이 좋다. 접종 전 목욕을 하고 청결한 옷을 입는 것이 좋으며, 접종 확인의 기록을 위해 아기수첩(보건수첩)을 지참하고, 접종 시 영유아가 안정할 수 있도록 미리 접종에 대해 안내해 주어 마음의 준비를 할 수 있도록 도와준다.

예방접종 후 이상 증상 발현을 관찰하기 위해 20~30분간 머무르며 발진, 발적, 발열, 부종, 구토, 경련 등의 증상이 나타나지 않는지 살펴본다. 또한 귀가 후에도 3시간 이상은 주의 깊게 살펴볼 필요가 있으며, 이상 증상이 나타나면 내원하여 진찰을 받아야 한다. 예방접종을 한 날은 되도록 과격한 움직임을 피하고 안정을 취하도록 하며, 접종 당일은 목욕을 자제하고 접종 부위를 청결하게 유지한다. 예방접종을 받은 영유아는 되도록 바로 눕혀(엎드려 잠들지 않도록) 재우고, 접종 후 3일간은 영유아의 건강 상태를 관찰하여 이상 증상이 있는지 살펴볼 필요가 있다. 고열, 경련 등의 이상 증상이 있으면 의사의 진찰을 받도록 한다. 접종한 기록은 아기수첩, 예방접종증명서 등을 통해 어린이집에 정보를 공유한다.

예방접종 전에 열이 심하게 오르거나 구토 증상이 있는 경우, 투약이나 접종 시 발진이 생긴 경험이 있을 경우, 접종 후 열이 심하게 오르거나 발진, 경련 등의 증상을 보인 경우가 있거나 영유아의 발달 상태가 양호하지 않은 경우에는 예방접종 전에 반드시 의사와 상담을 나누어야 한다.

3) 다문화가정 영유아의 예방접종 관리

예방접종을 받지 않은 영유아에게는 필요한 예방접종을 받도록 보호자에게 안내 및 지도할 필요가 있고, 예방접종 여부 확인 및 관리를 위하여 생활기록부에 예방접종 여부 및 내용에 관한 사항을 기록하여 관리해야 한다(보육사업안내,

2023). 질병관리청은 한국어 능력의 부족으로 예방접종 전후의 주의사항 및 감염병 정보 등 의학지식에 대해 취약한 다문화가정의 정보취약을 보완하기 위해 예방접종 안내 책자 및 예방접종 예진표 등을 다국어로 발간해 다문화가정의 양육에 도움을 주고 있다. 안내 책자는 아동 필수예방접종의 종류 및 시기, 예방접종 시 주의사항, 감염병에 대한 정보 및 예방법 등으로 구성되어 있으며, 2012년 총 11개 나라 언어로 번역하여 보건소 및 다문화가정지원센터 등을 통해 배포한 것을 시작으로 현재 예방접종도우미(http://nip.cdc.go.kr) 홈페이지를 통해 다운로드 할 수 있다. 본 사이트에서는 현재 2023년 예방접종 보호자 가이드(다국어)와 예방접종사업 다국어 툴킷이 게시되어 있다. 이러한 예방접종 관련 서류 및 서식을 다국어로 제공하여 다문화가정 영유아가 예방접종 할 때 언어의 불편함으로 시기를 놓치거나 접종을 못함으로 생길 수 있는 건강 위험 상황을 해소할 수 있다. 이는 사용자인 다문화가정뿐만 아니라 의료를 제공하는 의료기관에도 유용하게 활용되고 있으며, 다문화가정 영유아를 보육하는 어린이집에서도 의사소통의 어려움에 대한 불편함을 해소할 수 있으며, 결과적으로 다문화가정 영유아의 건강관리에 도움이 된다. 다만, 이러한 도움의 장치가 있다는 것 자체를 모르는 부모를 위해 지속적으로 안내하고, 지역사회와의 협력을 통해 어린이집에 다문화 관련 자료를 비치하거나 어린이집에서 다문화가정 영유아의 가정으로 직접 배부할 수 있도록 하여 어린이집과 다문화가정의 협력적인 관계 형성에 도움을 줄 수 있다.

다음 〈표 5-6〉은 영유아의 예방접종관리를 기록할 생활기록부의 예시이며, [그림 5-1]은 질병환리청 예방접종도우미 사이트이다. [그림 5-2]는 질병관리청에서 제공하고 있는 다국어 예방접종안내 및 예진표의 예시이다.

〈표 5-6〉 영유아의 생활기록부

생 활 기 록 부(영아)

1. 인적사항

<table>
<tr><td colspan="2">어린이집명</td><td colspan="4"></td></tr>
<tr><td rowspan="3">아동</td><td>이 름</td><td colspan="2">(한글)
(한자)</td><td>성 별</td><td>남 · 여</td><td rowspan="3">사진
(3×4㎝)</td></tr>
<tr><td>생년월일</td><td colspan="2"></td><td>입 · 퇴소일</td><td>입소
퇴소</td></tr>
<tr><td>주 소</td><td colspan="2"></td><td>혈 액 형</td><td></td></tr>
<tr><td rowspan="3">보호자</td><td>아동과의 관 계</td><td>부</td><td>모</td><td colspan="3">기 타</td></tr>
<tr><td>이 름</td><td></td><td></td><td colspan="3"></td></tr>
<tr><td>전화번호</td><td></td><td></td><td colspan="3"></td></tr>
</table>

2. 기본생활습관 및 발달상황

영역 \ 연령		0세	1세	2세
기본생활습관	수 면			
	배 변			
	식 사			
활동발달	신체운동			
	사회관계			
	의사소통			
	자연탐구			
	예술경험			

3. 출결상황

구분 \ 연령	0세	1세	2세
보육일수			
결석일수			
의 견			

4. 영유아 표준예방접종

대상전염병	백신종류 및 방법	접종차수	접종일자	접종기관
결핵	BCG(피내용)	1회		
B형간염	HepB	1차		
		2차		
		3차		
디프테리아 파상풍 백일해	DTaP	1차		
		2차		
		3차		
		4차(추가)		
폴리오	IPV	1차		
		2차		
		3차		
b형헤모필루스 인플루엔자	Hib	1차		
		2차		
		3차		
		4차		
홍역·유행성이하선염풍진	MMR	1차		
수두	Var	1회		
일본뇌염	JEV(사백신)	1차		
		2차		
		3차		
	JEV(생백신)	1차		
		2차		
인플루엔자	Flu	매년 접종		
장티푸스(24개월 이상부터)	주사용	고위험군에 한함		
A형간염	HepA	1차		
		2차		
폐렴구균	PCV(단백결합)	1차		
		2차		
		3차		
		4차		
	PPSV(다당질)	고위험군에 한함		
기타 임시예방접종 등		*명칭 기재*		
		명칭 기재		

출처: 보건복지부(2023).

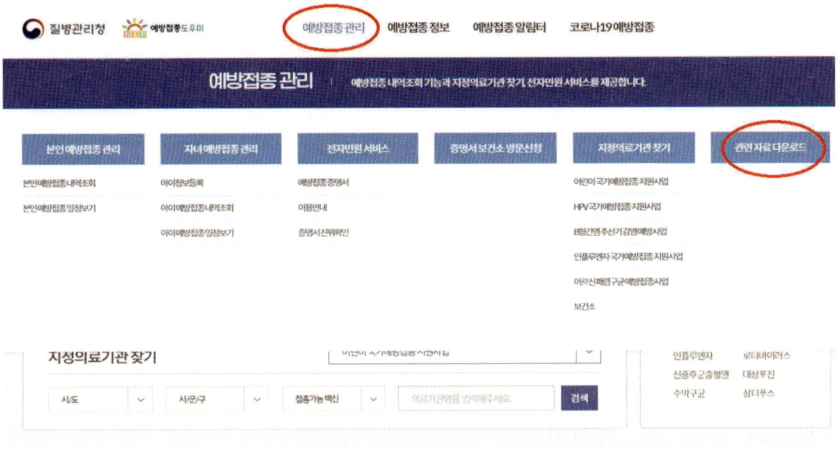

자료 다운로드: 질병관리청 예방접종도우미(https://nip.kdca.go.kr/) > 예방접종관리 > 관련자료 다운로드

[그림 5-1] 질병관리청 예방접종도우미

출처: 질병관리본부 예방접종도우미(https://nip.kdca.go.kr).

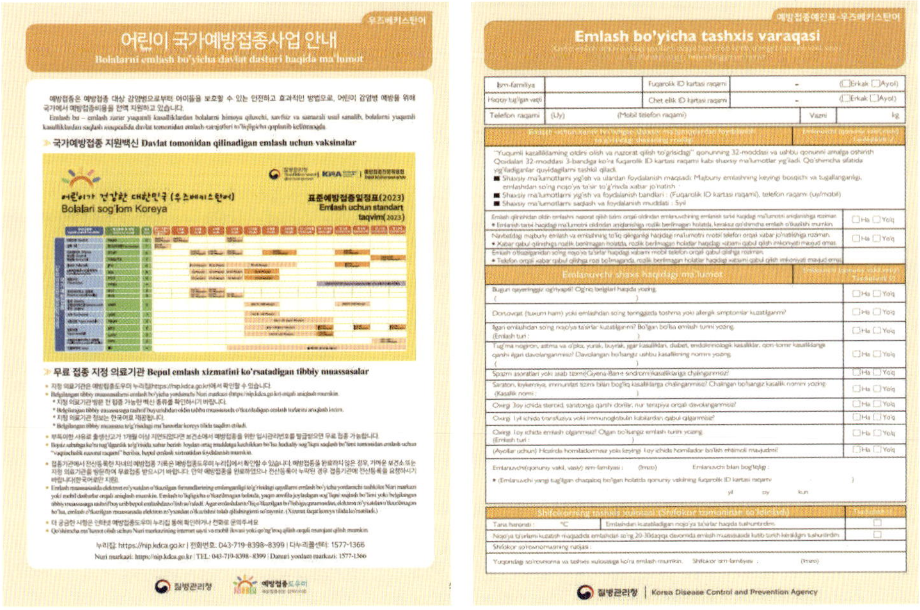

[그림 5-2] 다국어 예방접종 안내 및 예진표 예시

출처: 질병관리본부 예방접종도우미에서 제공하는 다국어 예방접종 안내서 및 예진표.

4) 건강증진을 위한 일상생활관리

(1) 일상에서의 영유아의 건강 확인

보육교사는 관찰을 통해 일상 중 영유아의 건강을 살펴봄으로써 위험한 상황에 처하지 않도록 미리 예방할 수 있다. 따라서 영유아가 등·하원할 때 영유아의 건강 상태를 살피고, 발열, 기침, 콧물, 눈곱, 발진, 기분 상태 등을 확인한다. 이상 증상이 보일 때는 영유아 또는 보호자(언어적 표현이 어려운 영아의 경우 보호자에게 확인)에게 영유아의 건강 상태를 확인해야 하며, 등원할 때 건강 상태에 문제가 없었다 하더라도 어린이집에서 생활하는 동안 이상 증상이 보이면 원의 보고체계에 따라 보고를 취하고, 부모에게 연락하여 영유아가 조기에 증상에 대한 대응을 할 수 있도록 도와주어야 한다.

일과 중에도 영유아의 건강 상태를 수시로 확인하고, 휴식을 필요로 하는 경우 쉴 수 있도록 지원해 주어야 한다. 또한 질병으로 아프거나 다친 영유아가 있을 때는 지침에 따라 조치해야 하는데 증상의 정도가 경미한 경우라도 보호자에게 전언(전화, 알림장 등)을 통해 반드시 알려야 한다. 증상의 정도가 악화되었을 경우 지체 없이 부모에게 영유아의 증상을 알리고 증상을 최소화할 수 있도록 조치를 취해야 한다.

영유아의 하원 시에도 모든 영유아의 건강 상태를 살펴 발열 등의 건강상태를 확인해야 한다.

(2) 영유아의 건강검진

「영유아보육법」 제31조 및 같은 법 시행규칙 제33조에 따라 어린이집에 등원하는 모든 영유아는 매년 1회 이상 건강진단을 실시해야 한다. 영유아는 국가에서 제공하는 영유아건강검진을 실시하거나 보호자가 별도로 건강검진을 실시하여 검진결과에 대한 통보서를 어린이집에 제출하여야 하며, 어린이집은 당해연도 또는 전년도 실시한 건강검진 서류를 관리해야 한다. 영유아 건강검진의 검진 기간은 생후 71개월까지 생일 전후에 받을 수 있다. 영유아가 차수에 따라 영유아 건강검진을 실시함으로써 영유아 건강진단을 갈음할 수 있으며, 검진 결과자료는 보육통합정보시스템 내 건강검진내역조회로 갈음할 수 있다.

영유아 건강검진은 영유아의 건강을 관리하는 데 예방적 차원의 큰 역할을 하는 것으로 보호자가 이에 대해 거부할 때에는 3회 이상 고지 및 안내해야 하며, 3회 이상의 제출요구에 응하지 않을 경우 보호자가 수신을 확인한 가정통신문, 알림장, 스마트 알림장 등 안내를 확인할 수 있는 서류를 보관하고 건강검진 실시 여부와 거부 사유를 생활기록부 등에 기록해 둔다. 이러한 조치는 「영유아보육법」에 따라 건강관리 미이행에 따른 과태료 부과 대상에서 제외될 수 있으므로 상황에 대한 기록 및 증빙자료를 수집해 두도록 한다.

영유아건강검진 항목은 문진 및 진찰, 신체계측, 발달평가 및 상담, 건강교육, 구강검진으로 구성되어 있고, 총 8차에 걸쳐 검진을 할 수 있다. 검진비는 무료이며, 영유아검진결과 발달장애가 의심되어 정밀한 평가가 필요한 경우 의료급여수급권자, 건강보험료 부과금액 하위 30% 이하인 자에 한해 평균 20만 원의 정밀검사비가 지원된다. 자세한 상담은 국민건강보험공단(www.nhic.or.kr 또는 1577-1000), 주소지 관할 보건소에 문의할 수 있다.

(3) 다문화가정 영유아의 건강지원

다문화가정 영유아의 경우 보호자와 보육교사들이 가장 힘들어하는 부분은 의사소통의 어려움이다. 따라서 입소와 함께 부모님과의 상담을 통해 외국인 부모님과 의사소통이 어려운 경우 어린이집과의 소통이 가능하고 소통내용에 대하여 외국인 부모에게 의사를 전달할 수 있는 보호자에게 도움을 받을 수 있도록 조치를 취함으로써 어린이집에서 안내되거나 요청하는 사안을 무리 없이 전달할 수 있다. 외국인 부모와 자녀만으로 이루어진 가정의 경우도 지역사회의 도움을 받을 수 있는지 미리 알아보고, 다문화가족을 지원하는 경로를 안내해 주도록 한다.

육아정책연구소(2021)의 연구 결과에 따르면 다문화가족 부모의 자녀 양육 어려움은, ① 자녀의 발달 지연 문제 경험(언어 발달 지연과 인지 · 정서 발달 지연), ② 자녀 양육 및 교육 시 언어적 한계 경험(결혼이민자의 한국어 부족으로 인한 어려움－자녀와의 일상적 대화에서의 어려움, 일상적 자녀 양육 및 훈육 어려움, 자녀 교육 시 어려움), ③ 교류 및 정보 부족 경험, ④ 부부간 사고방식 및 양육관 차이에서 발생하는 갈등 경험으로 나타났다(육아정책연구소, 2021). 연구 결과를 통해 알 수 있듯이 다문화가정 영유아의 보호자 역시 자녀의 발달에 대한 문제를 인지하고 있으며, 이에 어려움을 토로하고 있는 것으로 볼 때 부모로서 양육의 책무감을 가지고 있음을 알 수 있다. 따라서 이들이 신체적 · 정신적으로 건강하게 양육에 참여할 수 있도록 어린이집에서 좀 더 민감하게 준비하고 소통할 수 있도록 노력해야 한다.

(4) 건강주치의 제도

지역사회 보건소 및 의료기관과 협력하여 영유아의 건강지도에 도움을 받을 수 있다. 본 제도를 통해 영유아의 질환을 조기에 발견할 수 있고, 보육교사, 영유아, 학부모에게 질병예방교육을 실천할 수 있으며, 어린이집 영유아의 예방접종 및 정기 건강검진을 통한 건강증진에 도움을 받을 수 있다. 어린이집에서는 설문조사 등을 통해 보호자의 의견을 수렴하고, 접근성 등을 고려하여 의료기관을 선정 및 협약체결을 할 수 있다.

5) 보육환경의 청결과 위생

(1) 실내외의 청결과 위생

어린이집의 청결과 위생은 영유아의 건강에 매우 밀접한 영향을 미친다. 영유아의 건강한 성장을 위해서는 보육실, 조리실, 화장실 등 영유아가 사용하는 공간의 청결과 위생을 철저히 관리해야 한다. 영유아가 사용하는 모든 공간은 매일 청소하여 청결을 유지해야 하며, 정기적으로 소독을 실시함으로써 건강한 공간으로 관리해야 한다. 또한 실내 설비와 비품 등의 청결을 유지하고 특히 영유아가 공동으로 사용하는 물품은 정기적으로 세탁, 살균하여 관리하도록 한다. 화장실은 물이 있는 공간으로 세균의 번식이 쉬운 환경이므로 청결하게 관리해야 하며, 실내외 놀잇감 역시 영유아가 함께 사용하기 때문에 정기적으로 살균하여 위생적으로 관리할 필요가 있다. 그 외의 청소도구, 휴지통 등의 청결한 관리와 해충에 대한 방지에 신경 쓰도록 한다.

(2) 침구의 청결과 위생

어린이집에서 낮잠을 위한 침구는 개별침구를 사용하도록 하며, 공동으로 사용하는 매트 등을 침구로 사용하지 않도록 한다. 침구는 주 1회 정기적으로 세탁하여 청결을 유지하고, 여분의 침구를 구비하여 침구를 준비하지 못한 영유아에게 임시로 제공할 수 있으며, 사용 시에는 매번 세탁하도록 한다. 침구 보관장 역시 매일 청소하여 먼지 및 오물이 없도록 청결을 유지해야 하며, 침구 외에 다른 물건들을 보관하지 않도록 한다.

(3) 놀잇감의 청결과 위생

놀잇감은 영유아가 공동으로 사용하는 것으로 정기적으로 세척하고 일광욕을 통해 소독하여 위생적으로 사용할 수 있도록 관리해야 한다. 특히 영아용 놀잇감은 놀이 후 세척하여 청결한 상태를 유지할 수 있도록 관리한다.

(4) 화장실의 청결과 위생

화장실은 바닥에 물기가 없도록 관리해야 하며, 자주 환기를 시켜 냄새가 나지 않도록 한다. 변기의 오물은 바로 처리하고, 소독을 통해 위생적으로 사용할 수 있도록 한다. 화장실의 비품은 영유아의 손에 닿지 않도록 상부장을 활용하는 것이 좋으며, 물때나 곰팡이가 생기지 않도록 정기적으로 소독한다. 수건은 영유아가 개별적으로 사용할 수 있도록 하고, 칫솔, 치약 등 양치 도구 역시 개별적으로 사용할 수 있도록 준비한다.

그 외 기저귀갈이 공간의 매트는 영유아의 생식기가 노출되는 공간이므로 밟고 다니지 않도록 주의하고 사용 후에는 세척과 소독하여 위생적으로 관리한다. 사용한 기저귀는 뚜껑 있는 쓰레기통에 버리고 쓰레기통을 자주 비워 보육실 내에 악취가 나지 않도록 주의해야 하며, 자주 환기를 시켜 주어야 한다.

3. 다문화가정 영유아의 건강 관리

영유아 건강과 안전은 신체적 측면에서 다치지 않고 안정적인 기관 생활을 하는 신체적 건강과 영유아의 스트레스를 포함하는 정신적 건강으로부터 안전하게 보호되는 과정을 포함하고 있다.

1) 다문화가정 영유아의 신체적 관리

(1) 질병의 징후

아직 발달이 미성숙한 영유아기는 면역성이 약하고 위생적인 생활습관이 형성되기 전이므로 일상생활 안에서 다양한 건강 문제에 노출될 수 있다. 뿐만 아니라 발병 후 빠른 속도로 증상이 악화되거나 후유증이 나타나기도 하기 때문에 영유아의 건강 상태를 관찰하는 것은 매우 중요하다. 보육교사는 의사소통이 자유롭지 않은 영유아의 건강 상태를 수시로 세밀하게 관찰함으로써 질병의 조기진단을 취할 수 있으며, 영유아의 질병위험을 최소화할 수 있다.

영유아의 건강 관련 이상 증상으로 일과 중 활동에 참여하지 않고 평소에 비해

처지거나, 힘들어하거나, 움직임이 느리거나, 활동 중 조용히 있거나, 짜증을 내거나, 과도하게 흥분해 있거나, 피곤해서 또래와 쉽게 다투거나, 울고 보채는 등 평소와 다른 모습을 보인다(보건복지부, 한국보육진흥원, 2023). 지침에 따라 보육교사는 영아가 슬퍼 보이거나 불안정한 등의 평소와 다른 정서를 보이는지, 다른 행동 특성으로 활동수준의 차이가 있지는 않은지, 황달과 같은 피부 상태에 이상이 보이지 않는지, 발열, 탈수, 쇼크, 출혈, 청색증 등의 신체적 발현 증상을 보이는지 살펴보아야 한다((사)한국보육교사교육연합회, 2021a).

(2) 어린이집에서 환아 관리

① 환아의 격리

영유아는 일상생활 속에서 위생적인 습관을 실천함으로써 면역력을 증진시키고, 이러한 과정은 질병에 감염될 가능성을 낮출 수 있다(보건복지부, 한국보육진흥원, 2023). 어린이집에서는 영유아가 손 씻기, 양치질 등을 스스로 실천할 수 있도록 지도하여 위생적인 생활을 유지할 수 있도록 도와주어야 하며, 어린이집에는 감염병 관리수칙을 조직하여 해당 상황이 발생하였을 때 따를 수 있는 기준을 마련하여야 한다. 또한 관리수칙에 따라 다른 영유아들이 감염병에 노출된 영유아로 인해 전염되지 않도록 격리 등의 조치를 통해 상황을 정리할 수 있어야 한다.

어린이집에서 환아가 발생하였을 때는 환아가 조용하고 환기가 잘 되는 공간에서 쉴 수 있도록 하고, 적당한 온도와 습도를 유지해 준다. 환아의 상태를 세심하게 관찰하여 기록해 두고, 필요한 경우 다른 영유아로부터 격리한다. 격리가 필요한 경우는 다음과 같다(어린이집안전공제회, 2019a).

- 발열과 함께 구역질, 구토 등이 있는 경우
- 발열과 함께 발진현상이 있는 경우
- 설사를 하는 경우(두 번 이상 변을 보았거나 평소의 배변습관과 다른 경우)
- 최근 24시간 이내 두 번 이상의 구토가 있는 경우

- 피부나 눈에 황달증상이 있는 경우
- 영유아가 계속 보채거나 지속적으로 우는 경우

2023년 어린이집 평가 매뉴얼에 제시된 환아관리 지침에는 질병에 걸려 아픈 영유아에 대한 처리 절차, 사고로 다친 영유아에 대한 처리절차(상해유형에 따른 응급처치 내용 최소 3가지 이상 포함), 교직원 업무분장의 내용이 필수로 기재되어야 한다(보건복지부, 한국보육진흥원, 2023). 따라서 보육교사는 환아가 발생하였을 경우의 지침과 업무분장을 계획하여 게시할 필요가 있다. 다음은 환아관리 절차의 예시이다.

환아 관리의 절차

- 질병에 걸려 몸이 아프거나 사고로 다친 영유아가 발견되면 즉지 원장이나 주임교사에게 보고한다.
- 영유아에게 질병 · 사고 또는 재해 등으로 인하여 위급상황이 발생한 경우 즉시 응급의료기관에 이송한다.
- 보호자에게 연락하여 영유아의 상황을 알리고, 절차에 따라 처치한다.
  ① 질병에 걸려 아픈 영유아
    - 상황에 맞는 필요한 조치를 취하고 별도의 공간에서 원장 등이 보살피며 쉬도록 해 주거나 보육실의 한쪽 공간에서 자주 쉴 수 있도록 보호한다.
    - 응급상황일 경우 즉시 119나 응급실에 구조를 요청한다.
    - 보호자에게 연락하여 영유아의 상황을 알린다.
    - 보호자가 약을 보냈을 경우 부모가 의뢰한 투약사항에 따라 정확히 투약하고 기록하여 보호자에게 알려 준다.
    - 긴급하게 대처해야 하는 상황(고열 등)에서는 보호자와 유선으로 연락 후 필요한 조치를 취할 수 있다.

  ② 사고로 다친 영유아의 경우
    - 당황하지 않고 사고의 원인을 파악하여 필요한 조치를 취한다.
      - 안전사고가 발생하면 우선 교사 자신이 당황하지 않는 것이 무엇보다 중요함. 교사가 당황하게 되면 사고를 당한 영유아나 나머지 영유아들이 함께 당황해 하거나 더 불안해 할 수 있음
      - 사고를 파악할 때에는 누가 어떻게 다쳤는지, 그 현장에 남아 있는 위험이나 또 다른 사고의 위험은 없는지 판단함
    - 다친 영유아의 부상 정도를 파악하여 적절한 조치를 취한다.

- 119나 응급실에 구조를 요청한다.
- 보호자에게 연락하여 영유아의 상황을 알린다.
- 남은 영유아를 안심시킨다.
- 상해유형에 따른 응급처치(예시)

구분	내용
찰과상, 베임	• 가벼운 상처의 경우 다친 부위를 식염수나 깨끗한 수돗물로 세척함 • 물기를 깨끗한 거즈로 닦은 다음 상처에 밴드를 붙임 • 상처의 깊이와 크기, 부위 등에 따라 의료적 처치가 필요한 경우에는 병원에 가서 치료함
골절, 탈구	• 다친 부위를 무리하게 움직이지 말고 가장 편안한 상태로 고정한 후 병원에 방문함 • 다리를 다친 경우에는 살살 눕힌 후 종이 박스나 나무판, 패드 등을 무릎과 발목 아래에 넣어 받쳐 주어 고정함 • 팔의 경우에는 다친 부위의 위아래 관절까지 부목을 단단하게 대어 움직이지 않도록 고정함
화상	• 식염수로 화상 부위를 씻어 주고 깨끗한 거즈와 붕대로 화상 부위를 덮어 병원에 방문함 • 화상 부위가 손이나 발일 경우 손가락이나 발가락 사이에 천이나 거즈를 끼워서 서로 떨어뜨려 놓은 다음 깨끗한 붕대로 손과 발을 느슨하게 하고 병원에 방문함 • 주의사항 • 물집은 세균에 의한 감염을 일으키므로 벗기거나 터트리지 않음 • 영유아는 화상 부위를 찬물에 10분 이상 담그지 않음(체온 손실로 저체온증 우려) • 로션, 된장, 간장, 소주 등은 감염을 일으킬 수 있으므로 바르지 않음 • 모든 화상은 병원으로 이송하여 치료를 받아야 함

- 질식, 심한 부상 및 출혈, 충격, 이물질로 인한 응급상황 시, 즉시 119에 신고하고, 절차에 따라 응급처치를 한다.

※ 119 상담원에게 알려 주어야 할 내용

- 응급상황이 발생한 위치(어린이집 이름, 반 이름, 도로나 거리명 등)
- 응급상황의 내용(무의식, 무호흡, 안전사고 등)
- 도움이 필요한 사람의 인원수 및 상태
- 영유아에게 시행한 응급처치 내용(심폐소생술 등)
- 필요한 도움 등

출처: 보건복지부, 한국보육진흥원(2023).

② 투약 관리

영유아가 질병에 노출되었을 경우 투약관리에 신경 쓰고, 적절한 심리적 안정을 지원해 주어야 한다.

영유아가 약을 복용해야 하는 경우 상온보관, 냉장보관 등 보관방법에 따라 적절한 보관이 필요하며, 보호자는 투약사항을 자세히 기록하여 투약의뢰서를 어린이집으로 제출해야 한다. 보육교사는 부모가 의뢰한 투약사항에 따라 투약을 실시해야 하며, 투약 후 투약한 내용을 기록한 투약보고서를 부모에게 제시해야 한다. 어린이집에서는 투약의뢰 및 보고사항을 반드시 기록해야 하는데 투약의뢰서에는 약의 종류와 용량, 투약할 시간 및 횟수, 투약을 의뢰하는 보호자명을 필수로 기재해야 하며, 투약보고서에는 투약의 여부, 투약자 정보를 필수로 기재해야 한다. 투약의뢰와 투약보고는 알림장, 스마트 알림장, 부모와의 소통수첩, 문자메시지 등을 활용할 수 있으며, 별도의 투약 관련 서류를 따로 보관할 수 있다. 보호

〈표 5-7〉 투약의뢰서 및 투약확인서의 예시

투약의뢰서	투약확인서
금일 투약을 의뢰합니다. 원 아 명: 원아증상: 약의종류: □물약 □가루약 □연고 보관방법: □상온 □냉장 투약시간: 시 분 투약횟수: 회 투약용량: 20 년 월 일 요일 투약으로 인한 책임은 보호자(의뢰자)가 집니다. 의뢰자 (사인)	자녀의 투약을 보호자의 의뢰에 따라 아래와 같이 투약하였음을 알려드립니다. 원 아 명: 원아증상: 약의종류: □물약 □가루약 □연고 보관방법: □상온 □냉장 투약시간: 시 분 투약횟수: 회 투약용량: 20 년 월 일 요일 담당자 (사인) ○○○ 어린이집

출처: 보건복지부(2023).

자는 투약을 의뢰할 경우 반드시 서면, 문자 등을 사용하여 투약의뢰 기록을 남겨야 하며, 2023년도 보육사업안내서에 제시된 투약의뢰 및 보고 양식은 〈표 5-7〉과 같다.

어린이집에서는 응급한 사고를 대비하여 의약품을 포함한 비상약품을 준비해야 한다. 또한 실외용 비상약품을 별도로 구비하여 견학이나 체험, 산책 등 실외활동을 나갈 때 반드시 지참하여야 한다. 모든 약품에는 유효기간 표기가 있어야 하며, 유효기간이 지난 의약품을 사용하지 않도록 잘 관리해야 한다. 약품은 영유아의 손이 닿지 않는 공간에 보관하고, 잠금장치를 이용하도록 한다. 냉장 보관약의 경우 다른 영유아의 약과 혼돈되지 않도록 개별용기나 지퍼락 등에 보관한다.

어린이집에서 구비해야 할 비상약품 및 간이 의료기구는 다음 〈표 5-8〉과 같다.

〈표 5-8〉 어린이집의 비상약품 및 의료기구

비상약품(외용재)	간이 의료기구
항생제 외용연고, 근육용 마사지 연고 생리식염수, 벌레 물린 데 바르는 연고	붕대, 거즈, 소독솜, 삼각붕대, 탄력붕대, 칼, 가위, 핀셋, 반창고, 일회용 장갑, 일회용 반창고, 부목류, 체온계

출처: 어린이집안전공제회(2019a).

③ 응급처치

가. 응급처치의 개념

응급상황이 발생하면 일차적으로 반응하는 처치자의 신속하고 정확한 응급처치가 중요하다. 초기 대응은 응급상황에 처한 영유아의 생명을 좌우할 수 있고, 회복의 기간을 단축시킬 수 있으며, 장애의 수준을 결정지을 수도 있기 때문이다. 따라서 보육교사는 영유아가 처할 수 있는 응급상황에 대하여 정확하게 이해할 수 있도록 지속적인 교육을 실시해야 하며, 훈련을 통해 응급처치의 지식과 기술을 바르게 습득하여 자신감을 갖고 처치에 임할 수 있도록 노력을 기해야 한다.

무엇보다도 자신의 응급처치가 한 생명을 살릴 수 있음을 인식하고 책무감을 가지도록 해야 한다.

나. 영유아기 응급상황 대처방안

- 당황하지 않고 사고에 대해 파악한다.
- 부상 정도에 따라 적절한 조치를 취한다.
- 119구조대나 응급실에 구조요청을 한다.
- 병원으로 후송한다.
- 남은 유아를 안정시키고 사고의 경위를 파악한다.
- 사고처리를 마무리하고 사고보고서를 작성한다.

보육교사를 포함한 모든 보육교직원은 응급처치법에 대해 교육과 훈련을 지속적으로 실시해야 하며, 구급상자는 보육교직원의 손이 닿는 곳에 필요한 물품을 갖추어 준비해 둔다. 구급상자는 일정한 장소에 보관하도록 하며, 응급연락처, 약품사용법을 부착하여 응급 시 동선을 줄이도록 한다. 전화기가 있는 곳 옆으로 비상연락망, 응급절차의 목록을 게시하고 야외학습을 나갈 때에는 휴대용 구급상자와 비상연락망을 준비한다.

어린이집에 등원하는 모든 영유아는 보호자를 통해 응급처치동의서의 필수기재사항을 기록하여 관리한다. 응급처치 동의서의 필수기재사항은 보호자의 비상연락처, 의료기관으로 이에 대한 내용에 동의하는 보호자의 서명을 받아야 한다. 응급상황에 대한 준비사항을 정리하면 다음 [그림 5-3]과 같다.

[그림 5-3] 응급상황의 준비사항

출처: 행정안전부, 적십자(2020).

다. 영유아 안전사고 유형별 대처법

보육교사는 영유아의 응급상황을 숙지하고 미리 예방하거나 적절한 대처를 할 수 있도록 준비해야 한다.

▣ 영아돌연사증후군

영유아돌연사증후군(Sudden Infant Death Syndrome, SIDS)은 생후 1개월~1년 사이 영아가 갑자기 사망했을 때, 특별한 이유를 규명할 수 없는 경우로 여아보다는 남아의 경우 발생률이 높으며, 계절적으로는 겨울에 발생률이 높은 것으로 나타났다. 특별한 이유를 찾기 힘들지만, 저체중아, 미숙아, 임산부의 흡연, 다태임신, 어린 산모의 연령, 18개월 미만의 출산 간격 등의 원인을 추정하고 있으며, 간접흡연에 노출되거나 엎드려 재우는 경우도 원인으로 보고 있다.

영아돌연사증후군을 예방하기 위해서는 엎드려 눕혀 재우지 않고 바로 누워 잘 수 있도록 하고, 표면이 딱딱한 침구를 이용하도록 한다. 침구를 머리까지 덮지 않도록 하고, 실내 온도를 너무 덥지 않도록 조절해 준다. 낮잠을 잘 경우 보육교사는 자리를 비우지 않도록 하고, 영아 옆에서 함께 자는 것은 피하는 것이 좋다. 수유 후에는 반드시 트림을 시키고, 젖병을 물린 채로 잠들지 않도록 한다. 영아에게 담배 연기가 노출되지 않도록 한다.

어린이집에 등원하는 다문화 영아가 있다면 가정통신문 등을 이용해 영아돌연사에 대해 설명하고 전술한 주의사항을 공유하도록 한다.

▣ 기도 이물 폐쇄

영유아는 감각을 자극으로 운동하는 시기로 무엇이든 입으로 탐색하고자 하는 경향을 보이며, 이에 음식이 아닌 사물을 먹으려 시도함으로써 기도 폐쇄가 일어날 수 있다. 이러한 경우 영유아는 숨을 쉬지 못하거나 쉰 숨소리와 함께 얼굴에 청색증이 나타날 수 있다. 이런 증상과 함께 영아가 목을 감싸 쥐며 힘들어 할 경우 기도 폐쇄를 의심할 수 있다.

기도 폐쇄를 예방하기 위해서는 씹기 어려운 음식은 영유아의 발달 수준에 따라 씹을 수 있는 크기로 잘라서 제공하고, 단단하기 역시 조리법을 달리하여 영유아가 편하게 섭취할 수 있도록 조리하여 제공할 필요가 있다. 영유아가 음식을 섭취할 때에는 누워서 먹지 않도록 자세를 바로 잡아 주어야 한다. 음식물 외에 놀잇감을 흡입할 경우도 있는데 작은 크기의 놀잇감은 제공하지 않아야 하며, 비닐봉지나 고무풍선 역시 기도 폐쇄의 원인이 될 수 있으므로 활동에 필요한 경우 교사는 특별히 주의하고 안전교육을 통해 영유아에게도 주의사항에 대해 설명을 해 주어야 한다.

영유아가 기도 이물 폐색을 보일 때에는 다음과 같이 대처한다((사)한국보육교사연합회, 2021b).

- 머리를 고정하고 등을 위쪽으로 한 후 손바닥으로 다섯 번 양쪽 날개뼈 사이를 강하게 친다.
- 배가 위쪽으로 가도록 뒤집어서 두 개의 손가락으로 흉골의 정중앙 부위를 다섯 번 누른다.
- 이물이 빠질 때까지 반복적으로 위의 과정을 시행하도록 한다.
- 이물이 제거되지 않고 아이의 의식이 없어진 경우 심폐소생술을 시행한다.

▣ 출혈상황

영유아들의 경우 경도의 출혈은 눌러 주는 것으로 지혈이 되지만 다량의 출혈을 보일 경우 성인보다 빠르게 쇼크 상태에 이를 수 있으므로 신속하게 조치해 주어야 한다.

영유아를 출혈상태에서 예방하기 위해서는 보육실 내에 위험한 도구를 영유아의 손에 닿지 않도록 주의 깊게 보관해야 한다. 파손된 놀잇감이 있지 않은지 세심히 관찰해야 하며, 놀이 과정에서 파손될 수 있는 재질의 놀잇감은 제공하지 않는다.

영유아가 출혈 상황에 처했을 때 다음과 같이 대처한다.

- 거즈(수건, 옷 등의 대체물 사용 가능)로 출혈 부위를 덮고 강하게 압박하여 지혈한다.
- 최소 5분 이상 압박을 지속하고 젖은 거즈는 제거하지 않고 덧대어 압박한다.
- 압박상태를 유지하면서 응급실을 방문하여 치료를 받도록 한다.

▣ 머리 외상

영유아는 넘어짐 사고가 많으며 이때 머리를 부딪히는 경우가 많다. 특히 뇌출혈은 증상을 보이지 않는 경우가 많아 주의가 필요하다.

이러한 응급상황을 예방하기 위해서는 연령에 적합한 놀이기구를 이용하도록 지도해야 하며, 이동 놀잇감을 이용할 경우 보호장구를 꼭 착용할 수 있도록 지도한다. 또한 또래들과 신체놀이를 할 때에는 좁은 공간에서 과격하게 놀이하지 않도록 한다.

영유아가 머리 외상의 상황에 처했을 때 다음과 같이 대처한다.

출혈이 있다면 최소 5분 이상 압박 지혈을 시도하면서 119에 전화하여 응급실을 방문한다.

- 열상을 동반하지 않은 경우 냉찜질과 가벼운 압박을 시도하고, 혈종의 크기가 크거나 아이가 두통 및 구토를 호소할 때에는 응급실을 방문한다.
- 머리를 부딪힌 후 평소같이 행동하여도 지속적으로 관찰하도록 하고, 보호자에게 설명한다.

다음의 증상을 보일 때에는 응급실을 방문해 검진을 시행한다.

- 의식이 희미하거나 사고를 기억하지 못하는 경우
- 두통을 호소하거나 구토가 반복되는 경우
- 이상 호흡을 보인다거나 부자연스러운 움직임을 보이는 경우
- 코나 귀에서 투명한 물이나 혈액이 나오는 경우

▣ 화상

어린이집의 일상생활에서 뜨거운 물에 노출되는 등 작은 부주의에 의한 화상사고가 발생할 수 있다. 영유아는 피부가 매우 약하기 때문에 약한 화상이라도 장기간 치료를 받아야 하는 상황이 생기기도 하고 흉터가 발생할 수도 있기 때문에 특히 주의해야 한다.

영유아가 화상에 노출되지 않도록 예방하기 위해서는 보육실에서 뜨거운 물을 사용하지 않도록 하고, 교사실 등 성인 공간을 이용할 수 있도록 한다. 식사에 제공되는 국물음식의 온도를 적당히 식혀서 배식하도록 하고, 정수기나 세면대는 온수 사용을 제한한다. 영유아를 씻길 때에도 온도를 미리 확인하고, 맨손으로 씻김으로써 온도를 확인하도록 한다.

영유아가 화상을 입었을 때 다음과 같이 대처한다.

- 화상 부위에 깨끗한 수건을 대고 적당한 수압의 흐르는 물로 소독한다. 이때 시원한 물을 사용하여 통증이 호전되도록 한다.
- 통증이 호전되었을 때 깨끗하고 마른 거즈로 상처를 보호한다.
- 화상의 범위가 넓은 경우 화상 전문 병원에 방문하여 치료를 받도록 한다.
- 오일 등을 병변에 바르지 않도록 주의하고, 수포를 터트리지 않도록 한다. 터진 수포를 통해 이차감염의 위험에 노출될 수 있다.

▣ 치아 손상

영유아는 넘어짐 사고가 잦으며, 넘어지면서 치아가 손상되는 경우가 있다. 이때 거즈를 둥글게 말아 치아가 빠진 부분에 넣어 주고 물고 있도록 도와준다. 빠진 치아나 부러진 치아는 우유나 생리식염수에 담아 보존하여 치과 진료를 받도록 한다. 되도록 치아를 만지지 않고 치아의 뿌리를 자극하지 않도록 한다.

라. 영유아 심폐소생술

심폐소생술은 심장마비나 사고로 인해 심장박동이 멈추었을 때 신속하게 순환 및 호흡을 유지시켜 심장과 뇌로 산소를 공급하는 기술을 말한다. 전문 의료진이 도착할 때까지 인공호흡을 시도하고 흉부압박을 통해 호흡할 수 있도록 하며, 초기의 심폐소생술은 생명을 연장시켜 주는 작업으로 생존율을 높일 수 있는 중요한 기술이다. 따라서 어린이집의 보육교직원은 영유아를 대상으로 한 심폐소생술을 교육받고 훈련하여 유사 상황에 처했을 때 당황하지 않고 신속하게 처치하도록 해야 한다. 영유아 심폐소생술의 절차는 다음 [그림 5-4]와 같으며, 기본소생술의 순서를 그림으로 정리하면 다음 [그림 5-5]와 같다.

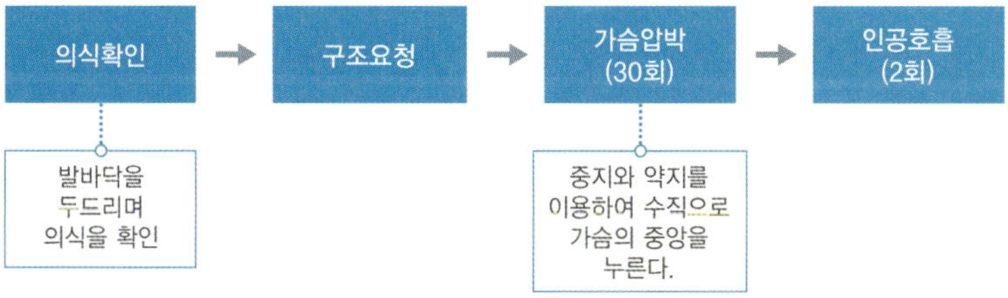

[그림 5-4] 영유아 심폐소생술의 절차

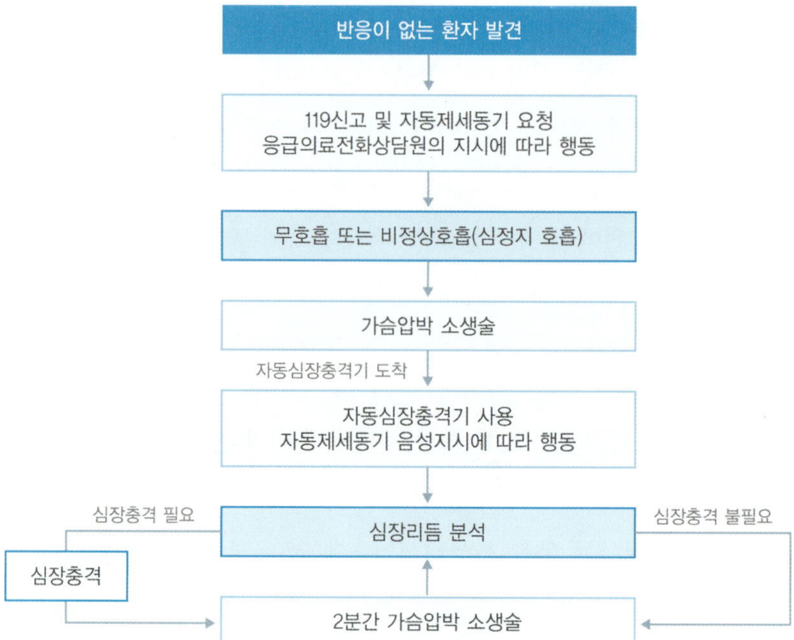

[그림 5-5] 기본소생술의 순서

출처: 질병관리청〉국가건강정보포털〉건강정보.
https://health.kdca.go.kr/healthinfo/biz/health/gnrlzHealthInfo/gnrlzHealthInfo/gnrlzHealthInfoView.do

마. 다문화가정 영유아의 가정연계를 통한 응급처치훈련

응급상황에 대한 지식의 이해와 훈련은 가정에서도 연계될 수 있도록 안내해야 한다. 특히 다문화가정 영유아의 보호자는 안전과 관련하여 정보를 공유함으로써 자녀를 양육하는 데 도움을 받을 수 있다. 다만 언어적 의사소통이 자유롭지 못한 다문화가정의 특성을 반영하여 영유아의 건강과 안전에 대해 다국어를 활용한 자료를 제공하거나 사진이나 그림 혹은 동영상 자료를 통해 안내해 줌으로써 내용을 좀 더 쉽게 이해할 수 있다.

다음은 어린이집 안전공제회에서 제공하는 안전관리백과에 제시된 영유아 심정지 및 기도 폐쇄 대처방안으로 누구나 알아볼 수 있도록 그림을 이용해 표현한 자료이다. 다문화가정에 제시하여 보호자가 응급상황에 대처할 수 있도록 안내하고, 부모교육을 통해 함께 시연해 봄으로써 영유아의 응급상황에 대처할 수 있다.

[그림 5-6] 영유아 심정지 및 기도 폐쇄 대처방안 실습하기

출처: 어린이집안전공제회(2019a).

(3) 사후 관리

① 사고 후 대처

영유아에게 사고가 발생하였을 때에는 즉시 병원에 방문하여 진료를 받도록 한다. 담당 보육교직원은 반드시 병원까지 동행하여 진단검사를 받는다. 외상이 없더라도 진단검사를 통해 영유아의 상태를 확인한다. 또한 필요에 따라 119에 신고하여 응급처치를 실시할 수도 있다.

남아 있는 영유아에 대해서도 안전한 조치가 필요하다. 따라서 상황에 따른 적절한 인력의 도움을 요청하고, 사고 장소에 위험성이 있는 경우 영유아를 안전한 장소로 이동시킨다. 영유아들이 사고로 인해 놀라지 않도록 안정과 휴식을 취할 수 있도록 조치를 취하고, 남아 있는 영유아의 현황을 파악하여 안전하게 귀가할 수 있도록 한다.

가. 증빙자료의 확보

사고 발생에 대한 원인과 배경 등의 과정을 파악하고, 사고의 현장이나 상황에 대해 사진 자료 등을 기록과 함께 정리해 둔다. 사고 유발의 요소를 파악하여 기록과 함께 사진을 첨부해 둔다. 사전 준비자료가 있다면 확인하여 사고위험 가능성을 추적해 본다.

나. 사고에 대한 보고

담당 보육교직원은 사고에 대해 원장에게 상황을 보고하고, 부모에게 연락하여 영유아의 상태와 조치 과정에 대해 알린다.

다. 응급상황 시 부모와 소통요령은 다음과 같다((사)한국보육교사연합회, 2021c)

- 사고 장소와 위치, 상황, 아동의 상태, 응급조치 상황, 이송하는 병원 등을 상세히 설명한다.
- 교사가 당황하거나 흥분하면 교사의 목소리 톤이나 말투에서 더 놀라게

될 수 있으므로 차분하게 설명한다.
- 사고로 놀랐을 부모의 반응을 경청한다.
- 사고가 난 저녁 부모에게 연락하여 아이의 상태를 묻고 사고에 대한 유감을 표한다.
- 다음 날 영유아의 등원 여부에 따라 다시 연락을 취하고 영유아의 상태와 등원 가능 여부를 확인한다.
- 영유아가 등원한 경우 어린이집에서 주의해야 할 사항을 확인하고, 하원 시 어린이집 상황을 부모에게 전달한다.
- 부상 시에는 보상 관련 절차 및 제출서류 등 후속정보를 전달한다.

② 사고발생 후 조치사항

가. 사고 보고

원장은 사고 발생 24시간 이내에 사고보고서를 작성하여 시군구에 보고해야 한다. 중대 사고는 사고 발생 즉시 보고해야 하며, 우선적으로 유선 통보한 후 사고보고서를 작성하여 제출한다. 중대 사고에는 중상 이상의 안전사고, 감염병 및 식중독 등의 집단 질병사고, 화재 · 침수 · 붕괴 등의 재난사고 등이 포함되며 사고보고서는 다음 〈표 5-9〉와 같다.

〈표 5-9〉 사고보고서

<table>
<tr><td colspan="7" align="center">사 고 보 고 서</td></tr>
<tr><td>어린이집명
(유형)</td><td colspan="2">(　　　　　　)
*전담지정종류 포함</td><td>인가일</td><td colspan="3">최초:　　년　월　일
변경:　　년　월　일</td></tr>
<tr><td>주　소</td><td colspan="2"></td><td>연락처</td><td colspan="3"></td></tr>
<tr><td>어린이집현황</td><td colspan="6">정원(　　)명, 현원(　　)명, 보육교직원(　　)명</td></tr>
<tr><td>반별 현황</td><td colspan="6">0세반(　)명 1세반(　)명 2세반(　)명 3세반(　)명 4세반(　)명 5세반(　)명
시간제(　)명 방과후(　)명 야간연장(　)명 24시간(　)명</td></tr>
<tr><td>사고아동명</td><td></td><td>성별</td><td>남 여</td><td>생년월일</td><td colspan="2">년 월 일</td></tr>
<tr><td>사고일자</td><td>년 월 일</td><td>목격자명</td><td></td><td>사고시간</td><td colspan="2">오전/오후</td></tr>
<tr><td>사고 당시 원장 및 담임교사 근무상황</td><td colspan="6"></td></tr>
<tr><td>부모연락사항</td><td colspan="6"></td></tr>
<tr><td>연락시간</td><td>오전/오후</td><td colspan="2">119신고여부</td><td colspan="3">□ 안함 □ 신고함(오전/오후　시)</td></tr>
<tr><td>사고발생 장소</td><td colspan="6">□ 수송중 □ 견학중 □ 실외놀이장 □ 실내놀이실
□ 화장실 □ 복도 □ 주방 □ 대근육활동실(유희실)
□ 교사실 □ 식당 □ 계단 □ 기타(　　　)</td></tr>
<tr><td>사고당시 활동내용</td><td colspan="6">□ 목욕 및 배변시간 □ 교실활동 □ 계단오르내리기
□ 실내자유놀이 □ 점심/간식/수유시간 □ 실외자유놀이
□ 계획된 실외놀이 □ 놀이시설 설비 □ 물놀이
□ 견학 □ 낮잠 □ 기타(　　　　　)</td></tr>
<tr><td>상해를 입은 시설 설비</td><td colspan="6">□ 오르기시설 □ 평균대 □ 크롤(기어나가는 시설)
□ 장애설비 □ 현관문/교실문 □ 실외고정물
□ 회전대 □ 놀이집 □ 시소
□ 미끄럼틀 □ 그네 □ 바퀴달린 탈 것
□ 바퀴달린 장난감 □ 잘 모르겠음 □ 기타(　　　　　)</td></tr>
<tr><td>상해의 유형</td><td colspan="6">□ 화상 □ 쇼크/질식 □ 추락/강타 □ 물체에 끼임
□ 찢어짐 □ 뼈가 부러지거나 탈구 □ 압박, 눌림
□ 베임 □ 찰과상(벗겨짐) □ 삠 □ 물림 □ 찔림
□ 식중독 □ 기타 중독 □ 호흡곤란 □ 기타(　　　　　)</td></tr>
</table>

<table>
<tr><td colspan="2">상해를 입은 다른 아동이 있는가?</td><td colspan="2">□ 예 □ 아니오</td></tr>
<tr><td>사고원인</td><td colspan="3">□ 바닥으로 떨어짐: 떨어진 높이 약 m
바닥의 형태:
□ 뛰거나 발을 헛디뎌 넘어짐 □ 다른 유아에게 물림
□ 다른 유아에게 맞거나 밀림 □ 바퀴달린 탈것(인라인 스케이트 등)
□ 물체에 의해 다침 □ 음식물에 의한 질식
□ 곤충에 물리거나 쏘임 □ 동물에게 물림
□ 열, 추위에 노출 □ 기타( )</td></tr>
<tr><td>다친 부위
(좌, 우 표시)</td><td colspan="3">□ 머리 □ 눈(좌,우) □ 귀(좌,우) □ 코 □ 입
□ 목 □ 가슴 □ 등 □ 엉덩이(좌,우)
□ 생식기 □ 팔(좌,우) □ 손(좌,우) □ 다리(좌,우)
□ 발(좌,우)</td></tr>
<tr><td>사고 관련
특이사항</td><td colspan="3"></td></tr>
<tr><td colspan="4">보육기관에서 행해진 응급처치(상술 예: 압박붕대, 세척, 붕대, 위로 등)</td></tr>
<tr><td colspan="4"></td></tr>
<tr><td colspan="4">상해 · 배상보험 가입 현황</td></tr>
<tr><td colspan="4">□ 상해 □ 배상 □ 기타( ) 보험금 최고한도 인당( )만 원 건당( )만 원</td></tr>
<tr><td>응급처치자</td><td></td><td>의료기관 진료여부</td><td>□ 안함 □ 함</td></tr>
<tr><td>의료기관
진료를 한 경우</td><td colspan="3">□ 외래 진료를 받음(예: 진료실, 응급실)
□ 입원(시간/일)</td></tr>
<tr><td colspan="2">기타 사후처리 상황
(경찰조사, 피해합의 등)</td><td colspan="2"></td></tr>
<tr><td colspan="2">사고아동 보호(치료)를 위한 추후 계획</td><td colspan="2"></td></tr>
<tr><td colspan="2">재발방지를 위한 조치사항</td><td colspan="2"></td></tr>
<tr><td>직원 서명</td><td colspan="3">(인) 날짜: . . 오전/오후</td></tr>
<tr><td>부모 서명</td><td colspan="3">(인) 날짜: . . 오전/오후</td></tr>
</table>

출처: 보건복지부(2023).

감염병 발생 시 즉시 시 · 군 · 구청의 담당 부서 및 관할 보건소에 보고해야 하며, 어린이집 영유아의 감염병 발생 보고는 보육통합정보시스템을 통해 신고한다. 보고해야 하는 질환으로는 수족구병, 풍진, 유행성 결막염, 인플루엔자(유행성 독감), 장염, 홍역, 유행성이하선염(볼거리), 전염성농가진, 수두, 무균성 수막염, 성홍열, 기타 감염병이 포함된다. 전주 월~토요일에 발생한 사고 현황을 집계하여 매주 월요일에 보고한다.

식중독 사고의 경우 급식을 중단하고 시 · 군 · 구청의 담당 부서 및 관할 보건소에 보고한다. 발생신고는 관할 보건소에 전화 또는 공공보건포털(http://www.g-health.kr) '식중독 신고'란을 통해 신고한다. 식중독이 의심되면 급식 현장을 그대로 보존하고, 식중독 환자의 환후에 대한 파악, 현장 조사, 보존식 수거 등 보건소 역학조사에 적극적으로 협조한다. 보존식을 임의로 폐기할 경우, 현장을 훼손하는 경우 과태료가 부과되며 보건소 역학조사 이후 시설과 기구는 살균 및 소독을 실시하도록 한다. 사고 재발 방지를 위해 사고 유발 혹은 위험 요인에 대한 면밀한 파악과 대책을 수립한다.

나. 사고자에 대한 조치

영유아가 사고를 당한 경우, 보육교직원은 성의 있는 자세로 위로의 마음을 전달하고, 보상과 관련된 절차 및 제출서류 등 필요한 정보를 제공한다. 보험처리에 필요한 서류는 보험금청구서, 진단서 또는 소견서, 진료비 영수증, 신분증, 통장사본이 필요하다. 사고처리의 절차는 다음과 같다.

사고발생 → 사고통지 → 사고접수 확인 → 청구서류 제출 →
공제급여 산정 → 공제급여 지급 후 종결

사건 · 사고 상담 및 접수: 1600-0611

2) 다문화가정 영유아의 정신적 관리

(1) 영유아의 정신건강

영유아에게 신체적인 건강만큼 정신적 건강 역시 중요하다. WHO(2001)는 '정신건강이란 개인이 자신의 잠재력을 개발하고 삶의 스트레스를 처리하며, 생산적으로 결실을 맺는 일을 하고, 자신의 지역에 기여할 수 있는 안녕의 상태'라고 정의하고 있다. 정신이 건강한 사람은 자신이 처한 환경에 잘 적응하고, 자신과 관계된 사람들과 잘 지내며 위기 상황에서 자신의 능력을 통해 긍정적인 생각을 가지고 적극적으로 해결해 간다(홍순정, 이규미, 2009).

영유아의 정신적 건강은 자신의 일상생활 속에서 건강한 방법으로 스트레스를 해소해 나가며, 전인적 발달을 통해 행복한 일상생활을 유지할 수 있어야 하고, 계속 발전할 능력을 가지고 있다. 이러한 영유아의 정신건강은 체질이나 나이, 인종 등의 유전적인 요인, 신체에 미치는 유해한 요인 등의 기질적 요인, 부정적 감정이나 질병으로 인한 상실감 등의 심리적 요인, 가족의 역할 및 환경변화 등의 사회문화적 요인 등에 의해 영향을 받는다(유주연, 조하나, 2022). 오늘날 현대사회를 살아가는 영유아는 가족형태의 변화, 자연환경의 위기로 인한 이상 현상, 코로나-19 등의 위협 등과 같이 급격한 환경변화의 위험에 놓여 있으며, 매우 역동적이고 위협적인 변화양상은 영유아의 정신적 건강에 부정적인 영향을 미칠 수 있다.

(2) 영유아의 정신건강 문제의 종류와 지원방안

영유아의 정신건강의 문제는 자폐스펙트럼장애, 주의력결핍 과잉 및 과잉행동장애, 분리불안장애, 배설장애, 틱장애 등으로 나타난다. 각 증상이 나타나는 원인과 특성, 지원방안을 정리하면 다음 〈표 5-10〉과 같다.

〈표 5-10〉 정신건강 문제의 원인과 특성 및 지원방안

정신건강문제	원인	특성	지원방안
자폐스펙트럼(자폐성장애)	• 원인은 불분명 • 뇌기능 이상, 유전적 요인 및 환경요인	• 대체로 평생 지속 • 사회적 의사소통 결핍 • 행동, 관심, 활동의 반복적/상동적 양상 • 위험징후: 생후 24개월 이전에 눈맞춤과 사회적 미소를 보이지 않는다. • 이름을 불러도 돌아보지 않는다. • 말을 잘 이해하지 못하고 제스처 등을 사용하지 않는다. • 성인의 행동을 따라 하지 않는다. • 관심을 공유하려는 시도에 반응하지 않고, 스스로 관심을 유도하려는 행동을 하지 않는다.	• 원인이 불분명하여 특별한 치료가 있지 않음 • 증상의 정도에 따른 치료 프로그램 필요 • 포괄적 치료모델(좋은 행동 촉진, 감소가 필요한 행동 소거) • 발달적 놀이치료(자폐 아동의 놀이활동을 증가) • 의사소통 기능 향상을 위한 언어치료 • 사회기술훈련 • 감각통합치료 • 심리치료나 인지행동치료 • 약물치료
주의력결핍 및 과잉행동장애	• 정확한 원인은 없으나 유전적 요인, 뇌손상, 신경해부학적 요인, 신경생화학적 요인의 이상, 뇌성숙의 지연, 심리사회적 요인 등	• 주의가 산만, 과잉행동, 충동성 • 학령전기에서 성인기까지 여러 기능에 지장을 초래	• 약물치료와 행동치료 기법을 이용한 심리사회적 치료(부모상담 병행) • 정확한 지식을 가지고 적절한 양육과 지도를 제공하는 양육태도가 필요
분리불안	• 유전적 요인 • 기질적 요인 • 심리적 요인 • 환경적 요인	• 애착을 갖고 있는 대상과의 분리를 심하게 불안해 함 • 등교거부, 분리상황에 대한 공포심, 신체증상의 반복적인 호소, 악몽 등의 형태 • 4주간 증상의 지속	• 부모의 양육태도에 대한 부모교육 제공 • 갑작스런 분리는 피하고 적응기간 활용 • 분리 시 이별에 대한 안내 • 재회 시 스킨십 등의 긍정적 반응제공 • 약물의 도움
배설장애	• 유전적 요인 • 배설장애에 대한 가족력 • 신체적 문제(방	• 유뇨증 • 5세 이후 소변을 가리지 못함 • 밤, 낮으로 반복적 소변실수	• 적절한 시기에 배변훈련 실시 • 스트레스 요인을 줄여 주고 부모의 사랑을 표현

정신건강문제	원인	특성	지원방안
	광, 항문, 대장의 문제) • 유분증의 경우 만성변비 요인 • 스트레스 요인	• 1차성, 2차성 유뇨증 • 자존감, 또래관계, 보호자와의 관계와 관련 • 유분증 • 4세 이후 대변을 가리지 못함 • 적절하지 못한 곳에 대변 • 1차성, 2차성 유분증 • 유뇨증 아동의 1/3은 유뇨증과 동반 • 우울감이 높고 자존감이 낮은 경향	• 약물치료, 행동치료, 지지적 면담 • 배설에 대한 불안을 다스리도록 전문가의 치료 병행
틱장애	• 유전적 요인 • 환경적 요인 • 뇌의 기능 이상 • 스트레스 요인	• 반복적으로 빠르게 나타나는 근육의 움직임이나 소리 • 잠정적 틱장애, 만성 틱장애, 투렛장애	• 관찰을 통해 변화과정 확인 • 약물치료(도파민 관련, 노르에피네프린 관련 약물) • 정신치료(행동치료, 가족교육) • 스트레스 상황을 줄여 줌 • 지속적이고 포괄적인 치료가 장기간 요구됨

출처: 유주연, 조하나(2022). 재구성.

영유아의 정신건강 문제에 있어 스트레스는 영향을 주는 주요한 요인인 것으로 해석된다. 따라서 영유아의 스트레스를 해소할 수 있는 방안을 고민하고 제공해 줌으로써 영유아의 정신건강을 유지할 수 있을 것이다. 임미혜(2022)는 영유아의 스트레스 방지 전략으로 충분한 수면, 신체적인 건강의 유지, 긴장을 푸는 방법 활용, 문제에 부딪혀 보기, 자존감 향상시키기 등의 방법을 제시하고 있다.

(3) 다문화가정 영유아의 정신건강 관리

영유아의 정신건강의 문제는 양육자가 볼 때 원인을 찾기 어려우며, 실제로 명확한 원인이 밝혀지지 않은 경우가 많다. 특히 우리 문화에 대해 이해가 부족한 다문화가정의 경우 이러한 증상에 대한 인식과 지원방안을 알기는 쉽지가 않다.

따라서 어린이집에서는 지역사회와의 연계를 통해 다문화가정에서 쉽게 전달받을 수 있는 자료를 제작하거나, 한국어의 사용이 가능한 가정에는 유용한 서비스 정보를 제공하여 다문화가정 영유아의 보호자가 양육에 도움이 될 수 있도록 하고, 다문화가정 영유아가 정신건강상의 문제가 발생했을 때 도움을 받을 수 있도록 계획해야 한다.

예를 들어, 언어 재능기부를 통한 번역서비스를 활용하거나, 영유아들과 질병 예방 동영상을 만들어 영유아의 가정과 공유하는 방법을 활용할 수 있다. 또한 정부에서 시행하고 있는 다문화교육 서비스를 안내하여 다방면의 서비스를 지원받을 수 있도록 할 수 있다.

다음 [그림 5-7]은 정신건강의 정보를 제공하고 있는 국가정신건강정보포털(https://www.mentalhealth.go.kr)로 검색을 통해 다양한 정신건강 문제의 원인, 특징, 치료 방법과 도움받을 수 있는 기관정보가 제공된다. 다국어 서비스가 지원되지 않으므로 지역사회와 연계하여 방안을 마련할 필요가 있다.

[그림 5-7] 국가정신건강정보포털 홈페이지

출처: 국가정신건강정보포털 사이트(https://www.mentalhealth.go.kr).

4. 다문화가정 영유아의 건강교육 방법

영유아기는 타인을 이해하는 관점, 문화를 수용하는 자세 등에 교사의 영향을 많이 받는다. 따라서 교사의 태도와 행동은 영유아에게 자칫 편견이나 고정관념을 형성하게 할 수도 있기 때문에 교사는 다문화에 대한 태도와 행동에 민감하게 반응할 필요가 있다. 또한 다문화가정 영유아를 위한 건강교육은 반복적인 경험의 제공과 일상생활에서의 자연스러운 지도를 통해 영유아가 쉽고 흥미롭게 이해할 수 있도록 지도한다. 현장에서 이루어지는 건강관리 및 안전관리는 다문화가정 영유아를 포함하여 모든 영아에게 제공하며, 다문화가정 영유아를 위한 별도의 프로그램을 실행하는 것은 오히려 역차별, 낙인감의 부작용을 가져올 수 있다.

임미혜(2022)는 영유아에게 꼭 알려 주어야 하는 건강교육의 내용을 주제 중심으로 다양한 형태의 집단 교육을 실시할 수 있고, 건강교육의 방법으로 이야기 나누기, 동화, 동극 등 문학활동, 역할놀이, 게임, 노래 부르기 및 신체표현, 현장학습 등 다양한 활동을 통해 실시할 것을 강조하였다. 다음은 이에 따른 활동의 예시를 재구성한 내용이다.

1) 이야기 나누기를 통한 건강교육

건강과 관련한 이야기 주제를 제시하고 영유아와 자유로운 분위기에서 자신의 생각과 느낌, 경험 등을 표현한다. '코로나 19', '식중독 수칙', '손 씻기', '이 닦기' 등의 건강주제에 대해 이야기해 보고, 우리 반의 수칙을 만들어 보는 활동으로 확장할 수 있다.

이야기 나누기를 할 때 주제 및 활동의 형태, 학습 방법 등은 미리 준비해 두어야 하며, 우리 반의 영유아들의 집중 가능한 시간을 고려하여 시간을 계획해야 한다. 다문화가정 영유아가 내용을 쉽게 이해할 수 있도록 시각 자료, 실물 자료 등을 활용하고, 개방적 질문을 통해 영유아가 자유롭게 사고하고 대답할 수 있도록 한다. 보육교사는 전체적으로 허용적인 분위기를 형성함으로써 영유아가 자발적으로 참여할 수 있도록 하며, 세심한 관찰로 모든 영유아가 이야기를 할 수 있도록 하고, 함께 나눈 이야기를 생활에 실천함으로써 영유아로 하여금 체득할 수 있도록 한다.

2) 문학활동을 통한 건강교육

문학활동은 영유아에게 가장 손쉽게 접근할 수 있는 방법으로 동화, 동시, 동극 등의 활동을 통해 영유아가 좀 더 적극적으로 활동에 참여할 수 있다. 특히 그림책은 영유아의 호기심을 유발하고 적극적인 참여를 유도할 수 있으며, 동화에서 전달하는 다양한 시청각적인 지식을 통해 생활 속의 건강 지식을 더 쉽게 이해하고 공감하여 건강한 생활을 위한 태도와 기술을 습득하는 데 도움이 될 수 있다.

그림책은 어린이의 상상력과 예술적 감수성을 풍부하게 하고 어린이로 하여금 실생활에서 일어나는 문제와 갈등을 성공적으로 해결하기 위해 필요로 하는 유용한 정보를 얻게 해 주며 지혜로운 어린이로 자랄 수 있게 한다(백승화, 강기수, 2012). 따라서 건강 관련 주제에 적합한 그림책을 선정하고 영유아와 함께 다양한 활동으로 건강의 지식, 기술, 태도를 습득할 수 있다.

다음 [그림 5-8]은 건강교육에 활용할 수 있는 영유아 그림책의 예이다.

고미 타로 지음(2000), 비룡소	로렌 차일드 지음(2001), 국민서관	최민오 지음(2017), 보림	투페라 투페라 지음(2014), 북극곰

[그림 5-8] 건강 주제 그림책

건강 관련 그림책은 듣고 이야기를 나누는 경험만으로도 영유아에게 건강의 지식과 기술, 태도를 형성하는 데 도움을 줄 수 있으며, 확장 활동으로 극화 활동을 시도함으로써 내용에 대한 이해가 깊어지고, 또래와 함께 준비하는 과정에서 사회성 발달을 기대할 수 있다.

3) 역할놀이를 통한 건강교육

역할놀이는 영유아의 다양한 생활 경험을 자연스럽게 표출하는 과정으로 역할놀이를 통해 영유아는 자연스럽게 문제를 드러내고 문제를 해결해 가는 과정을 경험할 수 있다. 예를 들어, 병원 놀이를 통해 충치에 대한 문제를 설정함으로써 충치의 원인, 증상 등에 대해 자연스럽게 드러내게 되며, 이에 대한 문제를 해결할 수 있는 방법을 찾을 수 있다. 또 밥상을 차리며 엄마와 아가 역할을 실행하면서 어떤 음식을 아기에게 줄 것인가를 고민하는 과정에 영양의 중요함, 영양 있는 음식의 종류 등에 대해 알 수 있다.

특히, 언어적 소통을 어려워하는 다문화가정 영유아의 경우 또래와의 역할놀이를 통해 자연스러운 상호작용을 시도할 수 있고, 이 과정에서 언어의 발달과 의사소통기술의 발달을 기대할 수 있다.

4) 음률 및 동작을 활용한 건강교육

감각의 자극과 운동의 반응을 좋아하는 영유아는 반복적인 리듬을 몸으로 표현하는 것을 즐긴다. 영유아기는 언어적인 표현보다 감각적인 자극과 움직임의 표현을 더 선호하는 시기이다. 따라서 건강 관련된 주제의 노래를 듣고, 따라 하며 신체로 표현할 수 있는 경험을 제공함으로써 자연스럽게 건강 지식을 습득할 수 있으며, 움직임으로 표현하는 동안 영유아의 대소근육의 발달을 기대할 수 있다.

5) 요리활동을 통한 건강교육

요리활동은 영유아의 다양한 감각을 자극하기 때문에 영유아에게 매우 흥미로운 활동이다. 요리활동을 통해서 영유아는 호감을 갖지 않던 음식에 대해 호기심을 가지고 섭취할 수 있는 기회가 되며, 요리활동을 통해 재료의 탐색을 시도할 수 있고 이 과정에서 재료의 영양에 대한 지식을 습득할 수 있다. 자연스럽게 식사의 예절을 경험하고, 건강한 식습관을 형성하는 데 도움이 된다.

이러한 건강교육활동은 가정과 연계함으로써 영유아가 일관적인 식습관 및 식사예절, 건강에 대한 문제 해결 방법을 습득할 수 있도록 도울 수 있다. 따라서 건강과 관련된 다양한 자료를 가정으로 전달함으로써 가정과 어린이집의 연계를 시도할 수 있다. 가정통신문, 놀이흐름도 등의 자료를 구성하여 가정으로 전달할 수 있으며, 시각적인 자료를 구성하고 번역 앱을 활용한 다국어 표기 등을 시도함으로써 다문화가정으로 하여금 소속감을 느끼고, 양육의 자신감을 가질 수 있도록 도와준다.

건강교육을 토대로 한 부모교육의 실시 역시 다문화가정의 건강교육에 도움이 될 수 있다. 다문화가정의 부모교육은 자녀에 대한 태도형성, 부모역할 수행에 필요한 지식제공, 상호작용 기술과 양육기술 훈련, 부모의 자기이해 및 통찰 등의 내용을 실시할 수 있다(한국보육진흥원, 2013). 다문화가정의 경우 특히 아버지

교육을 통해 한국문화를 잘 알고 있는 보호자가 양육에 가담할 수 있도록 분위기를 조성함으로써 영유아가 어린이집에서 위축되지 않도록 분위기를 만들어 줄 수 있으며, 다문화가정 영유아가 입소할 때 외국인보호자 외에 양육을 도와줄 수 있는 가족의 구성원을 파악하고, 양육을 도와줄 적절한 보호자가 없는 경우 지자체와의 협력을 통해 외국인 보호자가 양육으로부터 소외되지 않도록 한다.

5. 다문화가정 영유아의 건강관리를 위한 지역사회 연계

다문화가정 영유아의 건강관리는 앞서 살펴본 바와 같이 영유아의 건강교육을 통해서 실시할 수 있지만 건강은 가정의 협력이 절실한 분야이다. 특히 영유아의 건강을 예방할 수 있는 예방접종은 적절한 시기에 접종하는 것이 중요한데 이에 대한 세심한 안내가 필요하며, 어린이집과 다문화가정의 협력적인 연계가 어려운 경우 다문화가정을 지원하는 정부, 지역사회의 협력을 시도해 볼 수 있다. 다음은 국내의 건강 및 안전 관련 전문기관과 다문화가정을 지원하는 기관의 안내이다.

건강안전 관련 기관정보

- 식품안전나라(www.foodsafetykorea.go.kr) 식품의약품안전처에서 운영하는 사이트로 식중독 예방교육자료와 콘텐츠 보급, 식품위생 관련 교육 제공
- 질병관리청(https://www.kdca.go.kr) 위생교육, 구강보건교육, 보호자 가이드
- 예방접종도우미(http://nip.cdc.gokr) 예방접종 안내, 예방접종이력 확인
- 어린이집 안전공제회(www.csia.or.kr) 다양한 안전교육 콘텐츠 제공
- 어린이안전학교(http://go119.org) 유형별 안전교실
- 세이프키즈코리아(www.safekids.or.kr) 어린이 안전교육 콘텐츠 제공
- 한국어린이안전재단(childsafe.or.kr) 어린이 안전교육, 체험

다문화 관련 및 양육 정보

- 다문화가족지원포털 다누리(https://www.liveinkorea.kr)
- 다문화교육포털(https://www.edu4mc.or.kr/)
- 여성가족부(http://www.mogef.go.kr)
- 보건복지부(www.mohw.go.kr)
- 중앙육아종합지원센터(central.childcare.go.kr)

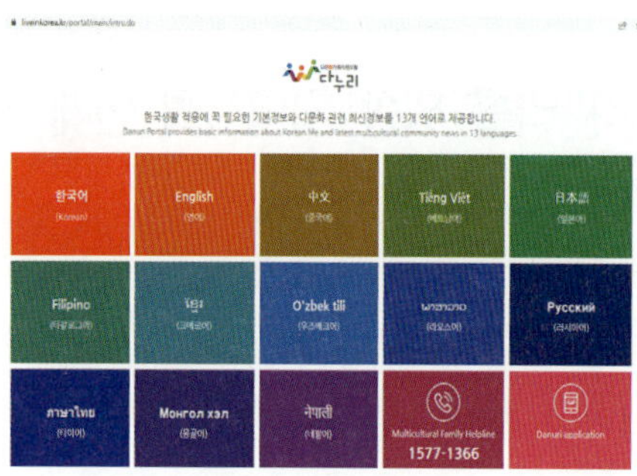

다문화가족지원포털
다누리(https://www.liveinkorea.kr)

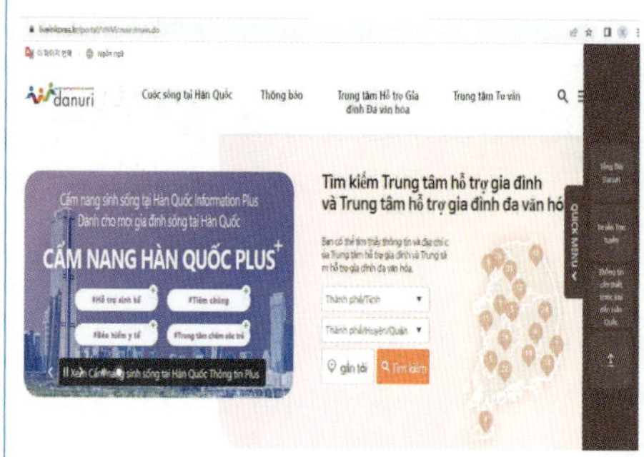

다문화가족지원포털 다누리
(https://www.liveinkorea.kr) 다국어버전

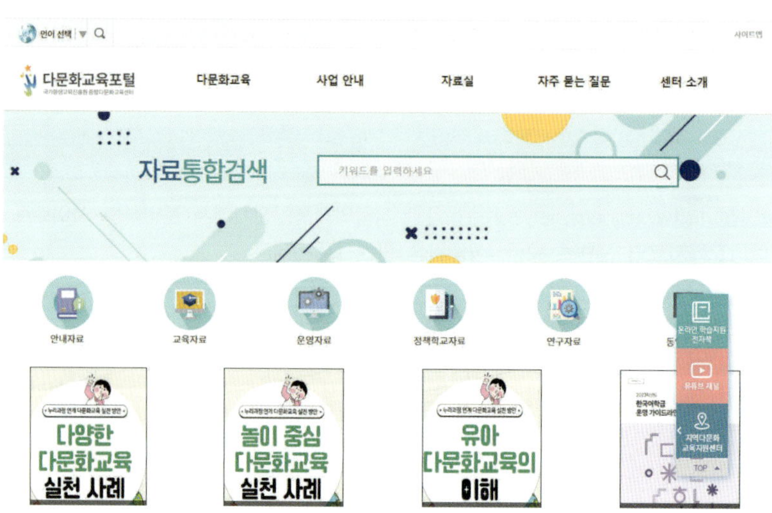

다문화교육포털(https://www.edu4mc.or.kr/)

6. 다문화가정 영유아의 안전관리

1) 영유아 안전관리의 기초

어린이집에서 영유아의 건강과 함께 가장 중요한 영역은 안전이다. 특히 건강과 안전은 영유아의 생명과 직결되는 요인이므로 보육교직원은 어린이집의 일상생활에서 영유아가 안전사고로부터의 위험에 노출되지 않도록 주의를 다해야 한다. 또한 영유아의 행동은 예측할 수 없으며, 탐구심과 모험심이 왕성한 시기이므로 어린이집에서는 영유아가 스스로 자신의 안전을 보호할 수 있도록 안전교육을 실시하여 안전에 대비하는 능력 및 기술을 습득할 수 있도록 계획 및 실천해야 한다.

안전사고는 우연히 발생하기 때문에 영유아의 안전한 생활을 위해서는 안전사고를 미리 예방하고 안전사고의 원인을 제거함으로써 영유아를 보호할 수 있다. 안전사고가 일어나는 원인은, 첫째, 영유아의 발달적 특성, 또래의 놀이 상황, 영유아를 둘러싼 성인(양육자, 교사 등)의 부주의한 행동 등 인적요인이 원인이 될 수 있다. 둘째, 영유아의 가정 및 어린이집의 시설과 설비, 생활도구, 놀이기구 등 물리적인 환경이 원인이 될 수 있다. 셋째, 영유아와 관련된 상품을 제공하는 기업, 영유아의 안전을 관리하고 책임지는 국가, 기업과 국가에 영향을 미치는 시민 등 사회적인 환경의 부주의가 원인이 될 수 있다.

어린이집안전공제회(2019b)가 제시한 어린이집과 가정에 발생할 수 있는 영유아의 안전사고 유형은 6가지 유형으로 구분할 수 있으며, 각 유형별 사고 비율은 다음 〈표 5-11〉과 같다.

〈표 5-11〉 유형별 영유아 안전사고 통계

구분	안전사고(사고비율%)	구분	안전사고(사고비율%)
유형1	넘어짐(30.8)	유형10	미끄러짐(2.0)
유형2	물체에 부딪힘(25.1)	유형11	화상(2.1)
유형3	사람과 부딪힘(6.9)	유형12	물림(사람)(3.0)
유형4	할큄(꼬집음)(4.9)	유형13	눌림(압박)(2.0)
유형5	긁힘(베임)(5.9)	유형14	이물질 삼킴(삽입) 및 흡입(1.9)
유형6	당김(2.6)	유형15	물림(벌레 등)(0.9)
유형7	끼임(2.6)	유형16	음식물 섭취(0.7)
유형8	추락(2.0)	유형17	기타(3.5)
유형9	찔림(2.6)		

출처: 어린이집안전공제회(2019b). 재구성.

어린이집 안전공제회에서 제공한 유형별 안전사고 중 기타의 유형에는 차량 관련 사고, 화재 사고, 성 관련 사고, 실종 사고, 제3자에 의한 사고, 보육교직원 사고, 열성경련, 익사, 영유아돌연사증후군 등의 사고를 포함하고 있다.

가정 혹은 어린이집에서 영유아에게 일어나는 사고의 유형 중 빈번하게 나타나는 사례는 넘어짐 사고, 물체에 부딪힘 사고, 긁임(베임), 할퀌(꼬집음), 물림 등의 사고로 이러한 사고는 영유아의 발달적 특성이 요인이 될 수 있으므로 보육교직원은 영유아의 발달적 특성을 인식하고 안전관리에 이러한 특성을 반영해야 한다. 영유아 안전사고의 유형별 사고 빈도를 시각화하면 다음 [그림 5-9]와 같다.

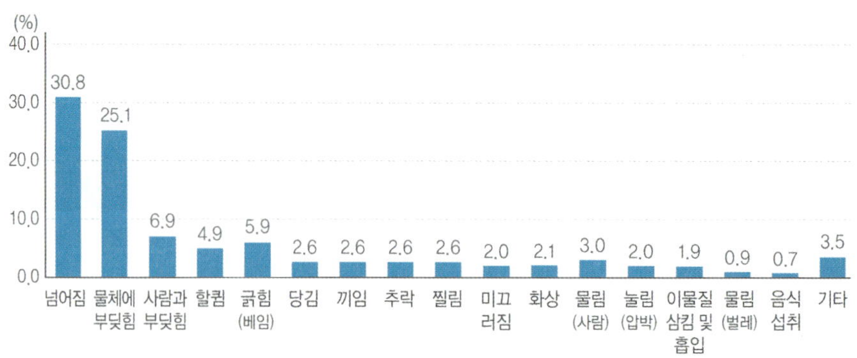

[그림 5-9] 영유아의 안전사고 유형별 통계

출처: 어린이집안전공제회(2019). 재구성.

2) 안전사고에 대한 예방

앞서 살아본 바와 같이 영유아는 발달적 특성으로 인해 안전사고에 취약하고 영유아의 행동은 예측이 어렵다. 따라서 사고가 나기 전 예방해 주는 것이 가장 좋은 대처법이 될 수 있다. 다음은 영유아에게 빈번하게 일어나는 사고유형을 중심으로 어린이집안전공제회(2019b)에서 제시하고 있는 유형별 사고 예방법과 지도 방안을 소개한다.

(1) 넘어짐 사고

영유아의 신체적 특징으로 상체에 무게중심이 있는 영유아는 넘어지면서 바닥이나 주변 사물에 부딪혀 2차적인 사고가 일어날 수 있다. 특히 얼굴에 주로 상처를 입을 수 있고, 치아 손상, 손목, 무릎 등을 다칠 수 있으며, 골절되는 경우도 있다.

상처가 났을 때 깨끗한 생리식염수로 상처 부위를 씻어 내고 상해 정도에 따라 응급처치한다. 속살이 보일 정도로 패이거나 찢어졌다면 병원에 가서 봉합해야 하며, 찰과상 정도일 때에는 습윤밴드를 붙여 준다. 영유아가 넘어졌을 때에는 지속적으로 관찰하여 증상을 살펴야 한다.

사고에 대비하기 위해 위험한 공간에 완충재, 모서리 안전장치 등을 설치해야 하며, 난간 손잡이 등을 설치하고, 계단, 복도 바닥 등에는 물건을 적재하지 않도록 한다.

(2) 물체에 부딪힘

물체에 부딪히는 경우 타박상, 찰과상, 열상의 상처가 날 수 있다. 찰과상의 경우 식염수나 수돗물로 씻어 내고 깨끗한 거즈 등으로 지혈한다. 상처가 깊거나 넓은 경우 병원에 가야 할 경우 오염물질이 생기지 않도록 연고 등을 바르지 않고 병원으로 가도록 한다. 골절되었을 때에는 움직이지 않도록 부목을 대어 고정시키고 냉찜질을 하며 병원에 간다.

영유아가 물체에 부딪히는 경우의 대부분은 보육실에서 일어난다. 따라서 부딪힘 사고를 예방하기 위해서 영유아의 동선, 키 높이 등을 고려하여 환경을 구성하고, 가구 등에 완충재를 부착한다. 또한 영유아들이 생활 속에서 안전규칙을 잘 지킬 수 있도록 반복적으로 지도한다.

(3) 긁힘(베임)

신체의 조절이 미숙하고 안전에 대한 인식이 부족한 영유아는 교구나 활동자료, 바깥놀이에서의 자연물 등에 의해 긁히거나 베일 수 있다. 긁히거나 베임 사고는 출혈, 찰과상, 창상, 열상 등의 외상을 동반하기 때문에 되도록 즉각적인 응급처치가 필요하다. 상처가 가벼울 경우 다친 부위를 식염수로 닦아 내고 물기를 거즈로 제거한 후 흡습성 밴드를 부착한다. 이때 소독되지 않은 재료로 지혈하는 것은 2차 감염의 위험이 있어 주의해야 한다. 상처의 깊이와 크기, 부위 등에 따라 의료적 처치가 필요한 경우 병원에서 치료를 받도록 한다.

주로 교구재에 의해 상처가 나는 경우가 많으므로 적합한 종류와 소재의 교구재를 사용하도록 하며, 사용 방법에 대해 지도함으로써 영유아의 사고를 예방할 수 있다. 또한 평가제 기준에 따른 안전한 환경을 구성하고 점검하여 위험의 요소를 최소화하도록 한다.

(4) 할큄(꼬집음)

언어적 의사소통이 자유롭지 않은 영유아들은 또래와 갈등 상황이 생겼을 때 신체적 반응이 우선된다. 이때 영유아는 할큄 또는 꼬집음 사고에 노출될 수 있다. 상처가 났을 때 상처 부위의 세포 손상이 적을수록 상처 재생에 도움이 되므로 얼굴 부위는 식염수로 세척하는 것이 좋다. 찰과상 정도라면 습윤밴드를 부착하고, 깊은 상처라면 피부과나 성형외과에 가서 흉터가 남지 않도록 조치한다.

영유아들이 할큄 사고에 노출되는 것을 예방하기 위해서 손톱을 길지 않게 관리해 주고, 갈등의 요인을 미리 차단하도록 한다. 또한 자기표현을 다른 방법으로 할 수 있도록 지도하고, 교사로 인해 상처가 날 수도 있으므로 근무 중에는 악세서리를 제거하는 등의 관리가 필요하다.

(5) 물림

어린이집에서 자주 발생하는 사고로 언어적 의사소통이 자유롭지 못한 영유아는 행동으로 먼저 표현하는 경향이 있기 때문에 놀이를 하다가 순간적으로 친구를 물기도 한다. 물린 상처는 치아 자국이 나거나 멍이 들기도 하고, 상처가 심한 경우 피가 나고 살이 패이기도 한다. 상처가 깊이 난 경우 바로 세척하고 소독해 주어야 하고, 심하지 않더라도 세척과 소독해 주어 세균에 감염되지 않도록 한다. 멍이 들어 통증을 호소할 때는 냉찜질을 해 주고, 흉이 남지 않도록 병원에 가서 치료를 받도록 한다.

어린이집에 친구들과 오랫동안 집단 활동을 하다 보면 영유아도 불안정한 정서를 보이기도 하고 피로해지기도 한다. 따라서 또래와의 갈등이 생기지 않도록 놀잇감 등의 교구를 넉넉하게 구비하고, 갈등 상황이 생길 때 교사는 신속하게 주의를 전환시켜 줄 필요가 있다. 균형 있는 일과를 구성하고, 영유아의 발달적 특성, 기질적 특성, 흥미로움, 호기심 등을 고려하여 상호작용을 시도한다.

3) 어린이집 내 안전사고와 예방

어린이집의 보육교직원은 어린이집 내 안전관리의 중요성을 인식하고 실천을 위한 노력을 다해야 한다. 특히, 시설의 설비 및 교재교구 등으로 인해 영유아의 안전사고가 발생할 수 있고, 교구재의 부족으로 인한 갈등 상황도 영유아의 안전사고로 이이질 수 있는 만큼 보육교직원은 안전한 환경관리를 위해 노력해야 한다. 영유아의 안전사고 예방을 위해 보육교직원은 현관문, 출입문, 창문, 천장, 바닥, 벽면을 위험 요인이 없도록 안전하게 관리해야 하며, 실내외 공간의 고정식 혹은 이동식 설비, 전기설비 등의 안전을 확인해야 한다. 또한 영유아가 화상의 위험에 노출되지 않도록 화장실의 온수 사용에 대해 안전조치를 취해야 하며, 영유아가 성인을 위한 공간에 출입하지 않도록 관리해야 한다. 또한 영유아가 이러한 제한적인 의미를 알 수 있도록 시각적으로 제한표시를 제시함으로써 영유아의 위험 행동을 제한할 수 있다.

실내외 공간의 놀잇감과 활동자료의 위험 요소가 없는지도 파악한다. 놀잇감이나 활동자료는 파손된 부분이 없는지 살펴보고, 안전하게 보관하도록 한다. 영유아가 사용하는 활동자료 및 놀잇감을 제외한 보육실 내부의 모든 사물은 영유아의 손이 닿지 않도록 보관해야 하며 영유아의 손이 닿는 공간에 보관해야 할 경우 잠금장치를 이용하여 영유아의 손에 닿지 않도록 관리한다. 특히 보육교사들이 사용하는 칼, 성인용 가위, 스테이플러, 테이프 커터기 등의 도구, 소독제나 접착제, 살충제, 방향제, 세제, 세척제, 표백제 등의 화학약품, 비상약품, 영아가 삼킬 위험이 있는 크기가 작은 놀잇감 등의 위험한 물건들은 영아의 손에 닿지 않도록 주의하여 관리한다.

시설 및 설비의 관리와 함께 어린이집 「통합안전점검표」의 항목에 따라 기간별 시설안전점검 상황을 기록하여 위험상황으로부터 예방하도록 한다. 다음 〈표 5-12〉와 〈표 5-13〉은 어린이집 시설에 대한 안전점검표를 일별, 월별로 구분한 예시이다. 보육교직원은 역할을 분담하여 점검표를 작성하고, 점검을 통해 안전에 대해 성찰하는 시간을 가져 봄으로써 사고 전 예방할 수 있는 기회를 마련할 수 있다.

〈표 5-12〉 **일별 점검표**

(점검상태: 양호○, 보통△, 불량×)

구분	점검항목	점검결과						조치사항
		/ 월	/ 화	/ 수	/ 목	/ 금	/ 토	
실외 환경	• 어린이집 보호벽 및 주변의 관리 상태는 양호한가?							
	• 실외놀이 공간 주변의 돌, 유리 조각, 요철, 녹이 슨 부분, 벗겨진 페인트, 돌출된 모서리가 방치되어 있지는 않은가?							
	• 놀이터 바닥에 오물, 방치된 물 웅덩이가 없는가?							
실내 환경	• 문과 창문 등의 추락 위험은 없는가?							
	• 바닥에는 다칠 수 있거나 미끄러운 곳이 없는가?							
	• 복도, 계단, 비상계단, 미끄럼대 등에 방치된 물건이 없어 피난계단, 미끄럼대 등을 사용하기에 양호한가?							
	• 보육 용품이나 비품 유리창 등에 날카로운 모서리 등이 없는가?							
	• 전기 포트, 뜨거운 차, 글루건 등은 영유아의 손이 닿지 않는 곳에 보관되어 있는가?							
	• 세면대, 정수기 등 뜨거운 온수가 나오는 곳에 안전조치가 되어 있는가?							
놀잇감 및 놀이 기구	• 망가져 날카롭고 위험한 것 또는 부품이 빠지거나 작은 볼트 등이 빠진 것은 없는가?							
	• 유해 색소가 칠해진 놀잇감은 없는가?							
	• 영유아가 삼킬 만한 작은 놀잇감이나 부품은 없는가?							
	• 놀잇감 및 놀이기구의 수납 상태가 양호한가?							
화장실 · 세면대	• 화장실 내 세제나 락스 등 위험한 물건이 영유아들의 손이 닿는 곳에 방치되어 있지 않는가?							
전기 · 화기 · 위험물 ·	• 콘센트는 안전덮개로 보호되어 있는가?							
	• 화기에 의한 안전사고 위험은 없는가?							
	• 위험물에 의한 안전사고 위험은 없는가?							
	• 가스밸브와 가스중간밸브 잠금은 양호한가?							

〈표 5-13〉 월별 점검표 (점검상태: 양호○, 보통△, 불량×)

구분	점검항목	점검결과 월	조치사항
안전관리	• 안전관리의 책임 및 위기관리 체계가 적합한가?		
	• 일별 안전점검 체크리스트에 의해 관리되고 있는가?		
	• 응급전화번호 및 비상연락망 등이 잘 관리되고 있는가?		
실외환경	• 어린이집 주변에 감전 위험은 없는가?		
	• 위험한 적치물, 축대 붕괴, 맨홀 등에 대한 위험은 없는가?		
실내환경	• 모든 설비는 움직이거나 떨어지지 않도록 바닥과 벽면에 단단히 고정되어 있는가?		
	• 창문, 방충망의 상태는 안전한가?		
현관 · 통로 · 계단 · 비상구	• 출입문, 현관문 등의 안전장치는 정상 작동하는가?		
	• 계단, 통로 부분에 미끄럼 방지처리가 되어 있는가?		
	• 계단의 안전 상태는 양호한가?		
화장실 · 세면대	• 화장실 내 전기 콘센트 등 전기용품은 안전한가?		
	• 세면대의 고정 상태는 안전한가?		
실내외놀이 기구 및 공간	• 모든 놀이기구가 바닥에 안전하게 고정되어 있는가?		
	• 놀이 시설물의 상태(틈새나 간격)가 영유아의 몸에 끼이지 않는 넓이인가?		
	• 기초대, 지지대 등 매설부분이 노출되지 않았는가?		
	• 모든 놀이기구 아래와 주위(안전지대)의 충격흡수재 성능은 양호한가?		
	• 보수가 필요한 놀잇감 및 놀이기구가 방치되어 있는가?		
	• 놀이기구의 높이가 영유아에게 적합한가?		
	• 어린이제품안전특별법, 품질경영 및 공산품 안전관리법 등에 의한 안전검사(KC 인증 등)를 필한 제품인가?		
전기 · 가스 · 위험물 안전관리	• 전선, 콘센트, 플러그 등 손상된 부분은 없는가?		
	• 한 개의 콘센트에 용량을 초과해 사용하고 있지 않은가?		
	• 분배전반 및 각종 전기기구의 노후 및 파손된 것은 없는가?		
	• 가스경보기의 설치상태가 양호한가?		
소방시설 관리	• 대피를 위한 대피도가 잘 관리되어 있는가?		
	• 소화기, 스프링쿨러 등 소화장비의 작동 및 관리상태는 양호한가?		
	• 자동화재 탐지설비의 설치상태가 양호한가?		
	• 옥내소화전의 관리 및 작동이 양호한가?		
비상대피 시설관리	• 비상계단 및 미끄럼대 등이 화재 등 유사시 사용이 가능한가?		
	• 피난유도등 유도표지 등이 잘 갖추어져 있고 정상 작동하는가?		
	• 건물 내 대피경로에 장애가 되는 요소는 없는가?		

출처: 보건복지부(2023).

4) 영유아 안전교육의 내용 및 방법

2012년 영유아의 무상보육정책이 시작되면서 보육에 대한 높은 사회적 관심으로 영유아 보육과 관련된 물리적 · 인적환경과 프로그램 등에서 안전사고 예방을 위한 안전교육을 중요시하고 있으며(정은주, 2018), 잦은 영유아 사고에 대한 미디어의 보도에 그 어느 때보다 안전교육에 대한 요구가 강하게 일어나고 있다. 영유아 안전교육은 어린이집에서 집단생활을 하는 영유아에게 개인의 안전뿐만 아니라 타인의 생명을 소중하게 생각하고 보호하며, 궁극적으로 인간 개개인의 존엄을 배우는 교육이다(최경아, 2017). 영유아 안전교육은 영유아들이 신체적 · 정신적 상해나 사고 없이 건강하게 자랄 수 있도록 환경을 조성하는 것이며, 상해나 사고 또는 학대를 받지 않도록 인적 · 물적 환경을 조성하는 것에서 출발해야 한다(전연경, 2016).

탐색을 좋아하고 모험심이 강한 영유아의 일상생활은 예측하기 힘들고, 특히 어린이집에서 보육교사는 여러 명의 영유아를 담당하기 때문에 안전사고를 최소화하여 영유아를 보호하기 위해서는 영유아들이 안전한 일상생활에서 실천할 수 있도록 안전교육이 이루어져야 한다.

영유아 안전교육 내용은「아동복지법」제31조 및「동법 시행령」제28조에 근거를 두고 있으며, '성폭력 예방 교육', '아동학대 예방교육', '실종 · 유괴의 예방 · 방지 교육', '감염병 및 약물의 오용 · 남용 예방 등 보건위생관리 교육', '재난대비 안전교육', '교통안전 교육' 내용을 포함하고 있다. '성폭력 및 아동학대 예방교육'의 항목이 22년 6월 개정되면서 '성폭력 예방교육'과 아동학대 예방교육'으로 분리되었다. 이는 우리사회에 문제가 되고 있는 성범죄 및 아동학대에 대한 예방책을 습득하고 실제상황 적용에 대한 필요성이 증가했다고 해석할 수 있다. 보육교사는 이러한 내용을 토대로 영유아 스스로 자신의 안전을 보호할 수 있는 능력과 기술을 습득할 수 있도록 해야 한다. 영유아를 대상으로 한 안전교육은 다양한 방법으로 시도할 수 있는데 역할놀이를 통한 안전교육, 현장학습 활동을 통한 안전교육, 지역사회 연계 방법, 시청각 매체의 활용 등 영유아의 발달적 특성과 수준에 맞추어 시도할 수 있다. 어린이집은 대상 영유아의 연령을 고려하여 「아동복지법령」의 안전교육 기준에 따라 매년 안전교육계획을 수립하여 교육을 실시하고, 그 결과를 관할 시장·군수·구청장에게 매년 3월 31일까지 보고한다.

영유아 안전교육의 기준 및 내용, 교육 방법은 다음 〈표 5-14〉와 같다.

〈표 5-14〉 안전교육 기준(「아동복지법」 제31조 및 같은 법 시행령 제28조 [별표6])

구분	성폭력 예방 교육	아동학대 예방 교육	실종·유괴의 예방·방지 교육	감염병 및 약물의 오용·남용 예방 등 보건위생관리 교육	재난대비 안전 교육	교통안전 교육
실시 주기 (총 시간)	6개월에 1회 이상(연간 4시간 이상)	6개월에 1회 이상(연간 4시간 이상)	3개월에 1회 이상(연간 10시간 이상)	3개월에 1회 이상(연간 10시간 이상)	6개월에 1회 이상(연간 6시간 이상)	2개월에 1회 이상(연간 10시간 이상)
교육 내용	1. 내 몸의 소중함 2. 내 몸의 정확한 명칭 3. 좋은 느낌과 싫은 느낌 4. 성폭력 예방법과 대처법 5. 성폭력의 개념 및 성폭력의 주체에 대한 교육	1. 나의 권리 찾기(소중한 나) 2. 아동학대 및 아동학대행위자 개념 3. 자기감정 표현하기 및 도움 요청하기 4. 신고 이후 도움 받는 방법	1. 길을 잃을 수 있는 상황 이해하기 2. 미아 및 유괴 발생 시 대처방법 3. 유괴범에 대한 개념 4. 유인·유괴 행동에 대한 이해 및 유괴 예방법	1. 감염병 예방을 위한 개인위생 실천 습관 2. 예방접종의 이해 3. 몸에 해로운 약물 위험성 알기 4. 생활 주변의 해로운 약물·화학제품 그림으로 구별하기 5. 모르면 먼저 어른에게 물어보기	1. 화재의 원인과 예방법 2. 뜨거운 물건 이해하기 3. 옷에 불이 붙었을 때 대처법 4. 화재 시 대처법 5. 자연재난의 개념과 안전한 행동 알기	1. 차도, 보도 및 신호등의 의미 알기 2. 안전한 도로 횡단법 3. 안전한 통학버스 이용법 4. 바퀴 달린 탈것의 안전한 이용법 5. 날씨와 보행안전 6. 어른과 손잡고 걷기
교육 방법	1. 전문가 또는 담당자 강의 2. 장소·상황별 역할극 실시 3. 시청각 교육 4. 사례 분석	1. 전문가 또는 담당자 강의 2. 장소·상황별 역할극 실시 3. 시청각 교육 4. 사례 분석	1. 전문가 또는 담당자 강의 2. 장소·상황별 역할극 실시 3. 시청각 교육 4. 사례 분석	1. 전문가 또는 담당자 강의 2. 시청각 교육 3. 사례 분석	1. 전문가 또는 담당자 강의 2. 시청각 교육 3. 실습교육 또는 현장학습 4. 사례 분석	1. 전문가 또는 담당자 강의 2. 시청각 교육 3. 실습교육 또는 현장학습 4. 일상생활을 통한 반복 지도 및 부모 교육

출처: 보건복지부(2023).

이 밖에 어린이집의 원장은 보육 대상 영유아에게 「지능정보화기본법」 제54조 제2항 및 같은 법 시행규칙 제11조 제1항에 따라 인터넷중독 예방 및 해소 관련 교육을 연 1회 실시해야 하며, 매년 4월 30일까지 전년도 교육실시 결과보고서를 과학기술정보통신부 장관에게 제출하도록 한다.

영유아를 대상으로 한 안전교육은 영유아가 쉽게 공감하고 습득할 수 있도록 다양한 자료를 활용하고, 놀이 등의 방법으로 실시할 수 있다(보건복지부, 2023). 따라서 영유아의 안전교육은 영유아가 이해할 수 있는 생활 속 상황에서 체험을 중심으로 시도함으로써 효과를 높일 수 있다. 또한 영유아가 위험한 상황과 대처에 대해 지식적인 측면, 기술적인 측면, 태도적 측면을 균형 있게 습득할 수 있도록 지도해야 한다.

안전교육은 일상생활 속에서 자연스럽게 시도함으로써 영유아가 쉽게 이해할 수 있어야 하는데 영유아가 선호하는 놀이를 통해 안전에 대해 이해하도록 도와줄 수 있으며, 보육실에 구성된 영유아의 놀이영역, 구비된 놀이 매체 등을 활용하여 영유아가 친숙하게 받아들일 수 있도록 한다.

안전교육의 영아용 연간계획, 유아용 연간계획의 예시는 다음 〈표 5-15〉, 〈표 5-16〉과 같다.

〈표 5-15〉 영아용 안전교육 연간계획의 예시

영아 안전 연간교육계획안

월	안전교육	월	안전교육
3	[실종 · 유괴의 예방 · 방지] 선생님 손을 잡고 걷기 [감염병 및 약물의 오용 · 남용 예방 등 보건위생관리] 먹으면 안돼요! 달콤한 약도 위험해요 [재난대비] 불이 나면 어떻게 할까? [교통안전] 버스를 탈 때 안전하게 타고 내리기 [생활안전] 놀잇감-입에 넣거나 밟으면 위험해요 [소방안전교육 및 소방대피훈련] 화재 발생-가전제품 가열로 불이 났어요!	9	[실종 · 유괴의 예방 · 방지] 밖에서 혼자가 되면 [감염병 및 약물의 오용 · 남용 예방 등 보건위생관리] 꾹꾹 주사 왜 맞을까? 아프지만 꼭 필요 예방주사 [재난대비] 흔들흔들, 땅이 흔들려요(지진) [교통안전] 안전을 지켜주는 보호장비 [불시 소방대피훈련] 지진 긴급대피
4	[성폭력 예방] 소중한 몸을 보호해요(그림책: 곰돌이 팬티) [감염병 및 약물의 오용 · 남용 예방 등 보건위생관리] 건강 예방: 손 씻기! 이 닦기! [재난대비] 황사가 불면 [교통안전] 횡단보도를 안전하게 걸어요 [소방안전교육 및 소방대피훈련] 화재 발생-문어발 콘센트	10	[아동학대 예방] '싫어요!'라고 말해요 [실종 · 유괴의 예방 · 방지] 우리를 도와주는 곳은? [교통안전] 자동차 주변은 위험해요 [생활안전] 끼임 사고에 어떻게 대처할까? [소방안전교육 및 소방대피훈련] 화재 발생 - 보육실 화재
5	[실종 · 유괴의 예방 · 방지] 다른 사람의 차를 타지 않아요 [감염병 및 약물의 오용 · 남용 예방 등 보건위생관리] 체험 - 내 약 표시하기(약봉지 만들기) [재난대비] 화재 시 침착하게 비상구로 대피해요 [교통안전] 체험 - 생명벨트! 안전벨트! [생활안전] 물고 싶을 때에는 [소방안전교육 및 소방대피훈련] 화재 발생 - 누전(복도에서 발화)	11	[성폭력 예방] 당당하게 표현해요! 불편한 느낌, 싫은 느낌 [실종 · 유괴의 예방 · 방지] 누군가 이름을 부르면? [감염병 및 약물의 오용 · 남용 예방 등 보건위생관리] 내 약을 확인하고 먹어요. [재난대비] 잠깐! 뜨거운 물건을 확인하고 조심해요. [생활안전] 위험한 곳에 올라가지 않아요 [소방안전교육 및 소방대피훈련] 화재 발생 - 자료실
6	[아동학대 예방] 소중한 나 [실종 · 유괴의 예방 · 방지] 길을 잃어버리면 어떻게 할까? [교통안전] 자동차의 길, 우리들의 길(역할놀이) [생활안전] 식중독을 예방 방법! [불시 소방안전교육 및 소방대피훈련] 화재 발생 - 조리실 화재	12	[아동학대 예방] 학대는 싫어요 [실종 · 유괴의 예방 · 방지] 누군가 나를 데리고 가려하면? [감염병 및 약물의 오용 · 남용 예방 등 보건위생관리] 청소하는 약을 먹으면 [교통안전] 혼자 되면 어떻게 할까?(역할극 동영상) [소방안전교육 및 소방대피훈련] 화재 발생 - 전열기구 화재
7	[실종 · 유괴의 예방 · 방지] 낯선 사람을 만나면 [감염병 및 약물의 오용 · 남용 예방 등 보건위생관리] 약을 많이 먹으면? 남의 약을 먹으면? [재난대비] 가스가 폭발해요! [교통안전] 비가 오면 더 조심해야 해요. [소방안전교육 및 소방대피훈련] 화재 발생 - 여름철 전기과부하로 인한 화재	2024 1	[성폭력 예방] 성폭력 예방 [실종 · 유괴의 예방 · 방지] 그림책-늑대와 아기돼지 삼형제(집에 혼자 있을 때) [감염병 및 약물의 오용 · 남용 예방 등 보건위생관리] "금연하세요~UCC만들기" [재난대비] 눈이 많이 내리면 [생활안전] stop 스마트폰 [소방안전교육 및 소방대피훈련] 화재 발생 - 보육실 가전제품 화재(가습기, 청정기)
8	[성폭력 예방] 지켜주세요~ 소중한 곳 [실종 · 유괴의 예방 · 방지] 아무나 따라가지 않아요 [재난대비] 뜨거운 폭염! 위험한 폭염! [교통안전] 자동차 안에서 지켜야 할 약속(교통 포스터 끼적이기) [생활안전] 재미있는 물놀이, 더 재미있게 [소방안전교육 및 소방대피훈련] 화재 발생 - 전기 합선	2024 2	[아동학대 예방] 도와주세요! [감염병 및 약물의 오용 · 남용 예방 등 보건위생관리] '약' 속의 그림 찾기 [생활안전] 뾰족뾰족! 모서리 조심 [교통안전] 자동차도 눈길은 조심해요! [소방안전교육 및 소방대피훈련] 화재 발생 - 난방기구 화재

〈표 5-16〉 유아용 안전교육 연간 계획의 예시

유아 안전 연간교육계획안

월	안전교육	월	안전교육
3	[실종·유괴의 예방·방지] 알 수 있어! 낯선 사람의 특징 [감염병 및 약물의 오용·남용 등 보건위생관리] 약품 상자 만들기 [재난대비] 비상구를 찾아라! [교통안전] 30! 어린이 보호구역에서는(포스터 광고 만들기) [생활안전] 놀이터에서 안전! 우리가 지켜요 [소방안전교육 및 소방대피훈련] 화재 발생-가전제품 가열로 불이 났어요!	9	[실종·유괴의 예방·방지] 낯선 사람의 차에 타지 않아요 [감염병 및 약물의 오용·남용 등 보건위생관리] 아프지만 꼭 필요 예방주사 [재난대비] 지진 발생! 어떻게 할까요? [교통안전] 자동차의 주변은 위험해요 [불시 소방대피훈련] 지진 긴급대피
4	[성폭력 예방] 우리 몸 알기(신체 인지) [감염병 및 약물의 오용·남용 등 보건위생관리] UCC제작-올바른 약물 복용법 [재난대비] 봄의 불청객 '황사와 미세먼지' [교통안전] 자전거와 킥보드도 안전수칙이 있어요 [소방안전교육 및 소방대피훈련] 화재 발생-문어발 콘센트	10	[아동학대 예방] 권리가 뭘까?(토론하기) [실종·유괴의 예방·방지] 길을 잃었을 때 [교통안전] 스쿨존에서도 조심해요 [생활안전] 무시무시한 미디어 중독 [소방안전교육 및 소방대피훈련] 화재 발생 - 보육실 화재
5	[실종·유괴의 예방·방지] 모르는 사람에게 알려 주지 않아요 [감염병 및 약물의 오용·남용 등 보건위생관리] 감염병을 예방해요 [재난대비] 전기를 사용하는 기구 조심히 다루어요 [교통안전] 안전벨트는 생명벨트! [생활안전] 여행을 안전하게 다녀와요 [소방안전교육 및 소방대피훈련] 복도에서 누전으로 인한 화재 발생	11	[성폭력 예방] 친구를 함부로 만지지 마세요 [실종·유괴의 예방·방지] 유괴상황에서 필요한 안전 수칙 [감염병 및 약물의 오용·남용 등 보건위생관리] "금연하세요~UCC만들기" [재난대비] 화상 대응방법 [생활안전] 엘리베이터 위험! 조심해요 [소방안전교육 및 소방대피훈련] 화재 발생 – 자료실
6	[아동학대 예방] 나는 소중해요(이미지 자료) [실종·유괴의 예방·방지] 혼자서 밖에 나가지 않아요 [교통안전] 안전한 대중교통 이용 방법 [생활안전] 동물에게 물렸어요 [불시 소방안전교육 및 소방대피훈련] 화재 발생 - 누전(복도에서 발화)	12	[아동학대 예방] 아동학대가 뭘까요? [실종·유괴의 예방·방지] 따라가면 안 돼요 [감염병 및 약물의 오용·남용 등 보건위생관리] 약을 함부로 먹으면 [교통안전] 자동차에 혼자 남으면 [소방안전교육 및 소방대피훈련] 화재 발생 - 전열기구 화재
7	[실종·유괴의 예방·방지] 그림책-빨간모자 이야기 [감염병 및 약물의 오용·남용 등 보건위생관리] 내 약과 남의 약 구분하는 방법 [재난대비] 홍수 더하기 태풍 [교통안전] 약속해요! 횡단보도를 건널 때 [소방안전교육 및 소방대피훈련] 화재 발생 - 여름철 전기과부하로 인한 화재	2024 1	[성폭력 예방] 그림책-나쁜 비밀, 좋은 비밀(이야기 나누기) [실종·유괴의 예방·방지] 아무도 없는 곳에 혼자 가지 않아요 [감염병 및 약물의 오용·남용 등 보건위생관리] 우리 몸에 해로운 화학제품 [재난대비] 폭설과 한파 [생활안전] 땅에도 구멍이 있어요 [소방안전교육 및 소방대피훈련] 화재 발생 - 보육실 가전제품 화재(가습기, 청정기)
8	[성폭력 예방] 장난도 싫어요! [실종·유괴의 예방·방지] 부모님의 연락처를 기억해요 [재난대비] 내 옷에 불이 붙으면 [교통안전] 비오는 날 조심해야 할 일 [생활안전] 물놀이 안전 수칙 [소방안전교육 및 소방대피훈련] 화재 발생 - 전기 합선	2024 2	[아동학대 예방] 폭력은 싫어요 [감염병 및 약물의 오용·남용 등 보건위생관리] 어떤 약일까? [생활안전] 보육실에서의 안전한 놀이 [교통안전] 어두울 때 보행하려면 [소방안전교육 및 소방대피훈련] 화재 발생 - 난방기구 화재

또한 어린이집원장은 재난상황에 대비하여 비상대응계획을 작성하고, 소방 대피, 지진 대피, 폭설 대비 훈련 등을 다양한 유형의 방법으로 훈련할 수 있도록 계획 및 실천해야 한다. 비상대피 훈련은 「어린이집 비상대피훈련 표준안내」를 표준으로 시행하며, 어린이집의 실정에 따라 변경할 수 있다.

어린이집 비상대응 훈련계획안 수립의 예시는 다음 [그림 5-10]과 같다.

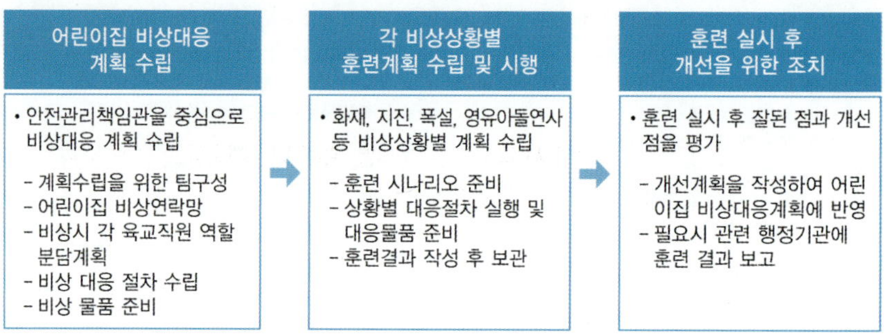

[그림 5-10] 어린이집 비상대응 훈련계획 수립안

출처: 보건복지부(2023).

훈련 실시 후 훈련에 대한 회의를 통해 훈련에 대한 성찰을 실시하고, 이를 통해 도출된 평가결과는 다음 비상대응계획에 반영하도록 하는 방법으로 순환적인 계획과 실행을 시도한다. 비상대응 훈련의 계획과 회의를 통한 평가는 문서를 통해 기록·보관한다. 다음 〈표 5-17〉, 〈표 5-18〉는 각각 어린이집 비상대응 훈련 계획서와 훈련 평가서의 예시이다.

〈표 5-17〉 (예시) ○○ 어린이집 비상대응 훈련 계획

결재	담당자	안전관리책임관

훈련명	어린이집 화재 발생 시 비상 대응	훈련일시	2017년 3월 17일
참가자	어린이집 보육교직원 24명, 영유아 100명	훈련 진행책임자	안전관리책임관 및 안전관리자
훈련 종류	실제훈련		
훈련 목적	어린이집 화재 발생 시 즉각적인 대피를 위해 비상계획에 명시된 대피에 관련된 내용을 훈련함(대피 시간 줄이기에 중점)		
비상대응상황 시나리오	조리실의 누수로 인해 전기 배선으로 물이 침투하여 약 11시경에 조리실에서 화재가 발생되어 화재경보기가 울림		

훈련 내용		
상황	대응 활동	평가중점내용
조리실에서 화재 발생하여 화재 경보발생	소화기를 사용한 초기 진화 시도	소화기 사용
	각반의 영유아 대피 실시	질서 유지하며 대피
	119 연락	위치, 상황 설명
초기진화에 실패하여 화세 확장	조리실 앞의 방화문을 내리고 계속적으로 영유아를 정해진 장소로 대피시킴 (방화문이 없는 경우, 조리실 문을 닫고 대피함)	대피시간/ 대피한 영유아 수
	대피 후 부상자, 사상자 확인	부상자, 사상자 응급처치
119 출동 후 화세 진압 후 사태 종료	안전한 곳에서 대피 지속, 인근 병원 연락 영유아 부모에게 연락	연락 시간/ 응대 태도

출처: 보건복지부(2023).

〈표 5-18〉 (예시) ○○ 어린이집 비상대응 훈련 평가서

결재	담당자	안전관리책임관

훈련명	어린이집 화재 발생 시 비상 대응	훈련일시	2017년 3월 17일
참가자	어린이집 보육교직원 24명, 영유아 100명	훈련 진행책임자	안전관리책임관 및 안전관리자
훈련 목적	어린이집 화재 발생 시 즉각적인 대피를 위해 비상계획에 명시된 대피에 관련된 내용을 훈련함(대피 시간 줄이기에 중점)		
비상대응상황 시나리오	조리실의 누수로 인해 전기 배선으로 물이 침투하여 약 11시경에 조리실에서 화재가 발생되어 화재경보기가 울림		

훈련 내용		평가	
대응 활동	평가중점 내용	평가항목	평 가(기술)
소화기를 사용한 초기 진화 시도	소화기 사용	소화기 위치를 빠르게 파악했는가?	
		소화기 사용법을 숙지하였는가?	
각반의 영유아 대피 실시	질서유지 하며 대피	남아 있는 원아는 없이 안전히 대피를 하였는가?	
		영유아는 질서를 지켜 대피를 하였는가?	
119 연락	위치, 상황설명	정확한 위치와 상황을 119에 연락하여 전달하였는가?	
조리실 앞의 방화문을 내리고 계속적으로 영유아를 정해진 장소로 대피시킴	대피시간/ 대피한 영유아 수	방화문의 위치를 파악하여 작동을 실시하였는가?	
		대피 소요시간은 어떻게 되는가?	
		대피한 영유아의 인원파악을 하였는가?	
대피 후 부상자 사상자 확인	부상자 사상자 응급처치	부상상태를 파악 후 적절한 조치를 취하였는가?	
		사상자 응급처치를 진행하였는가?	
안전한 곳에서 대피 지속, 인근 병원 연락 영유아 부모에게 연락	연락 시간/ 응대 태도	병원에 방문 여부를 확인(기록)하였는가?	
		부모에게 연락을 취하였는가?	

출처: 보건복지부(2023).

5) 다문화가정 영유아 안전교육 방법

안전교육은 영유아를 구별하여 실시하는 것이 아니므로 다문화가정 영유아를 따로 분리하여 안전교육을 시도하지 않는다. 다만, 다문화가정 영유아의 경우 발달적 시기의 특성에 더불어 양육자와의 의사소통 혼란으로 어린이집에서 위축되어 있거나 또래 영유아들과 어울리지 못하는 경우가 있으며, 교사가 준비하는 학습에 무관심을 보이기도 한다. 따라서 보육교사는 다문화가정 영유아가 보육실에서 자발적으로 놀이 및 학습에 참여하고, 적극적으로 또래와 상호작용 할 수 있는 허용적인 분위기를 만들어 주는 것이 중요하다. 허용적인 분위기를 만들기 위해 교사는 수용적인 자세를 취하도록 하고, 영유아의 반응에 긍정적인 언어적, 비언어적 상호작용을 제공해 준다. 특히 언어의 발달이 완전하지 않은 영유아에게 비언어적 상호작용은 의미 있는 반응으로 비언어적인 신호를 잘 이해하는 교사는 영아에게 긍정적인 환경을 제공하고 동시에 신뢰적인 관계를 형성하게 되어 영아의 자율성을 증진시키며 영아의 전인적 발달에도 영향을 미친다(이소연, 2022).

영유아는 다양한 경험과 탐색을 통해 지식을 구성하기 시작하는 단계이다. 신체를 독립적으로 자유롭게 움직이며 행동하기를 좋아하는 영유아의 특성을 반영하여 자연스러운 경험과 학습을 통해 안전지식이 형성될 수 있도록 해야 한다(김현경, 2013). 안전한 생활습관과 안전지식을 습득하는 과정 역시 이 시기 중요한 과업이라 할 수 있다. 영유아기는 미성숙한 시기로 부모나 교사에 대한 의존성이 크다. 따라서 영유아에게 실시하는 안전교육의 기준은 어린이집과 가정에서 동일해야 하며, 가정의 양육자와 어린이집의 보육교사가 동일한 기준으로 일관적인 생활습관을 형성하도록 협력적인 실천이 필요하다. 특히 의사소통이 자유롭지 않아 자녀양육의 어려움을 겪는 다문화가정과의 협력은 더더욱 중요하다. 많은 연구들이 부모의 참여가 유아, 가족, 교육기관에 긍정적인 효과를 미친다는 결과를 보고 했다(전연주, 2006). 안전사고는 생활 전반에 걸쳐 주의해야 하기 때문에 유아들의 주요생활 장소인 가정과 어린이집을 연계하여 계획하고 실천해야 할 필요가 있다. 어린이집과 가정을 연계한 안전교육 프로그램은 영유아가 의존하고 있는 양육자와 교사의 일관된 교육 방향성을 제시할 수 있다는 점에서 의의가 있다. 또한 어린이 안전사고가 가장 많이 발생하는 장소가 '가정'이라는 점(소비자안전국 위해정보팀, 2015)을 고려해 볼 때 가정과 연계한 안전교육을 실시하고 정보를 제공하는 것은 의미가 있다. 따라서 어린이집에서 실시하는 다양한 안전교육의 내용을 다문화가정과 연계함으로써 일관적인 안전교육을 시도하도록 한다.

6) 다문화가정 영유아 안전교육 가정연계

한국어의 해석에 어려움을 겪는 다문화가정 영유아의 보호자가 안전교육 프로그램을 이해하고 영유아와 실천하도록 하기 위해서는 언어 외의 쉽게 이해 가능한 접근이 필요하다. 뿐만 아니라 영유아와 보호자가 놀이를 통해 자연스럽게 안전생활습관을 습득하도록 도와줌으로써 영유아와 보호자 간의 신뢰를 형성할 수 있도록 하며, 자연스럽게 다문화가정 부모로부터 양육의 자신감을 찾을 수 있도록 할 수 있다. 〈표 5-19〉는 다문화가정 영유아의 가정연계 안전교육의 계획의 예시이다.

(1) 다문화가정 영유아를 위한 가정-어린이집 연계 안전교육의 예시

〈표 5-19〉 가정연계 안전교육의 예시

안전교육 주제	가정에서 엄마와 활동해요
실종 · 유괴의 예방 · 방지	카드미션 • 손을 잡고 걸어요(하원 하는 길 엄마와 손을 잡고 걷는다)
감염병 및 약물의 오용 · 남용 예방 등 보건위생 관리	워크시트 O,X – 먹을 수 있는 음식과 먹으면 안되는 음식을 찾아요
재난대비	고리책 만들기 – 불이 나면 어떻게 해야 할까?
교통안전	역할놀이 – 사이좋게 빵빵

안전교육 주제	가정에서 엄마와 활동해요
생활안전	바구니Go – 바구니에 장난감을 담아 정리해요
성폭력 예방교육	몸몸몸 – 그림책 「몸몸몸」
실종 · 유괴의 예방 · 방지	4컷 만화: 그 자리에 기다려요 – 4컷 만화를 보고 표현해요
감염병 및 약물의 오용 · 남용 예방 등 보건위생 관리	동영상 시청: 향기 나는 약 맛있는 냄새! 먹으면 안 돼요
재난대비	옛날 옛날에 – 황사이야기
교통안전	체험(횡단보도 테이프) 엄마와 횡단보도 건너기
성폭력 예방교육	그림책 – 「너에게만 알려줄게」
감염병 및 약물의 오용 · 남용 예방 등 보건위생 관리	만들기 – 약상자 만들기(먹으면 안되요!)
재난대비	포스터를 만들어요. – 미세먼지 대응 안내 포스터
교통안전	체험 – 우리 차의 안전벨트
생활안전	게임(요리조리 피해요) – 움직일 때 조심해요
아동학대 예방교육	뭐라고 할까? – 엄마랑 얘기해요(내가 아파요)

7. 다문화가정 영유아의 안전교육에서 교사의 역할

영유아의 안전은 생명과 직결되는 문제이므로 어린이집의 모든 보육교직원은 항상 주의를 살피고 안전을 예방해야 하며, 영유아가 일상생활 속에서 안전에 대한 지식을 습득하고, 안전사고 상황에 대비할 수 있도록 하며, 나와 또래가 안전한 생활을 하는 것이 중요함을 알 수 있도록 도와주어야 한다. 이에 영유아 교사의 역할을 정리하면 다음과 같다.

첫째, 영유아의 안전 모델링 역할을 한다. 영유아는 자신의 행동에 교사의 영향을 받으며, 양육자, 교사의 행동을 모방하여 흉내 내면서 습관을 형성해 나갈 수 있다. 따라서 교사는 안전한 생활을 스스로 실천하고, 영유아가 따라 할 수 있도록 모델을 제시해 주어야 한다.

둘째, 관찰 및 보호의 역할이다. 영유아의 행동은 예측이 어렵기 때문에 교사의 세심한 관찰이 필요하다. 특히 집단활동을 하는 경우 여러 영유아가 공존하며 사고가 날 수 있기 때문에 이러한 상황으로부터 영유아를 보호하는 것 역시 보육교사의 역할이며 위급한 상황에 대처할 수 있도록 평소 응급상황에 대한 훈련을 통해 영유아가 응급상황에 처했을 때 지체 없이 실시하여 영유아의 생명을 보호해야 한다.

셋째, 경험의 제공 및 교육의 역할이다. 영유아에게 안전교육을 실시하는 것은 안전사고 상황에서 영유아들이 능동적으로 대처할 수 있도록 하기 위함이다. 이는 사고 발생 전 예방의 효과를 가지는 것으로 언어적 의사소통이 원활하지 않은 영유아들을 대상으로 한 발달에 적합한 방법을 통해 안전교육을 제공하고, 영유아에게 다양한 경험을 제공하여 일상생활 속에서 자연스럽게 활용할 수 있도록 해야 한다.

넷째, 환경 관리자의 역할이다. 영유아들은 인적인 요소의 원인으로 안전사고에 노출되기도 하지만, 불안한 물리적 환경을 통해서도 안전사고에 노출될 수 있다. 따라서 안전한 물리적 환경을 구성함으로써 영유아를 안전하게 생활할 수 있도록 하며, 보육 공간별로 위험한 시설, 설비 등에 대한 정기적인 확인 절차를 통해 안전사고를 예방할 수 있다.

전술한 바와 같이 교사의 노력을 통해 영유아는 안전한 어린이집 생활을 할 수 있으며, 사전에 관리하는 습관을 통해 안전사고를 미리 예방할 수 있다. 다문화가정 영유아의 경우 부모와의 긴밀한 소통을 통해 다문화가정 영유아가 가정에서의 위험으로부터 안전하게 생활할 수 있도록 도와주어야 한다. 이에 가정에서의 생활안전에 대한 시각적 자료를 제작하여 가정에 배부하거나 다문화가족지원센터, 지역의 주민센터 등 다문화가정을 지원하는 지역사회의 기관과 협력하여 다문화가정 영유아의 보호자와 긴밀하게 소통해야 한다. 다문화가정 영유아의 건강 및 안전관리를 위한 교사의 역할은 다음과 같다.

첫째, 안내자의 역할이다. 우리나라의 다문화가정 영유아의 보호자는 정보를 얻고 싶어도 언어적인 제한으로 인해 정보를 얻기 힘들어하는 경우가 있으며, 자녀의 양육에 어려움을 보이고 있다(여성가족부, 2021). 또한 이러한 이유로 어린이집과의 소통을 두려워하는 경향을 보인다. 따라서 교사는 다문화가정의 영유아와 보호자가 어린이집과 원활한 소통을 할 수 있도록 어린이집의 안내 사항을 세심하게 전달할 필요가 있다.

둘째, 지역사회 연계 조력자의 역할이다. 우리나라의 다문화가정 지원은 매년 발전하고 있고, 다양한 분야에서 다문화가정을 지원하려고 노력하고 있다. 그러나 정보를 알지 못하는 당사자는 준비된 지원조차 받지 못한다. 따라서 어린이집에 다문화가정 영유아가 등원하고 있다면, 우리 원에 등원하고 있는 다문화가정 영유아의 가정이라도 지역사회의 지원을 받을 수 있도록 조력해야 한다.

셋째, 교육자의 역할이다. 건강과 안전은 실제로 지도를 받고, 훈련을 받음으로써 위험 상황으로부터 예방할 수 있다. 따라서 교사는 다문화가정 영유아와 부모가 예방접종을 적절한 시기에 할 수 있도록 교육하고, 가정에서도 안전한 생활을 유지할 수 있도록 교육해야 한다.

마지막으로 계몽의 선두자가 되어야 한다. 우리나라는 이미 다문화 국가의 범주로 접어들었고, 더 이상 다문화가정 영유아를 포함한 다문화가정이 우리와 다른 외부인이 아니다. 따라서 보육교사를 포함한 보육교직원만이 다문화가정을 위한 노력을 해야 하는 것은 아니다. 청소년기 다문화 아동의 사례를 통해 아직까지도 이들이 낙인감으로 괴로워하고, 학교생활에 부적응을 보이는 사례들을 종종 볼 수 있다. 이는 우리 사회에 아직도 다문화와 자문화, 주류와 비주류의 개념으로 다문화가정을 인식하기 때문이다. 영유아기의 중요성은 그 영향력이 매우 강력하므로 보육교사는 이 시기 다문화가정 영유아가 더 이상 다문화라는 낙인감을 느끼지 않을 수 있도록 모든 영유아를 일관적인 태도로 보육할 필요가 있으며, 부모교육 등을 통해 이에 대한 소통과 나눔을 실시하고 '우리'라는 인식을 고취시킬 수 있다. 이러한 역할은 다문화와 자문화를 아우르는 민주시민으로서의 지역사회 성장에 이바지할 수 있을 것이다.

참고문헌

강보라(2022). **영유아음악교육**. 서울: 창지사.

경기도(2017). 경기도 보육사업안내.

경기도(2023). 경기도 보육사업안내.

고현(2008). **(매체를 활용한) 유 · 아동 미술교육과 미술치료**. 서울: 창지사.

교육부(2020a). 놀이연계자료1 - 우리는 놀면서 배워요.

교육부(2020b). **학부모 교육과정 이해 및 놀이연계자료 활용 안내서**.

교육부(2022). 2022년 다문화교육 지원계획.

교육부, 보건복지부(2019). **2019 개정 누리과정 해설서**.

교육부, 보건복지부(2019). **2019 개정 누리과정(놀이이해자료)**.

국가평생교육진흥원(2018). 다문화 유치원 운영 도움 자료.

권덕원(2000). 다문화주의 음악교육론과 국악교육. **음악과 문화, 2**, 49-75.

권순희, 박상준, 이경한, 정윤경, 천호성(2010). **다문화사회와 다문화교육**. 서울: 교육과학사.

권혜진, 김경은, 우현경, 전가일, 전숙영, 정윤주, 한유진(2022). **아이와 교사가 즐거운 놀이지도**. 경기: 양서원.

김민채(2012). 다문화 유아음악교육 프로그램 개발 및 효과. 신라대학교 대학원 박사학위청구논문.

김영연(2010). 한국과 미국에서의 다문화유아음악교육 비교연구. **열린유아교육연구, 15**(2), 301-321.

김예서(2021). 제4차 어린이집 표준보육과정의 다문화 교육. 동국대학교 교육대학원 석사학위논문.

김정원, 남규, 이정아(2012). **유아다문화프로그램**. 경기: 공동체.

김현경(2013). 어린이집 만 2세 표준보육과정과 만 3세 누리교육과정 연계성 분석. 부산교육대학교 교육대학원 석사학위논문.

김혜숙(2022). **놀이중심 유아 다문화 교육**. 경기: 양서원.

김희준(2021). **(新)영유아 미술교육**. 서울: 동문사.

노성향, 박장희(2013). 유아교사 다문화 효능감 척도 개발 및 타당화 연구. **유아교육연구, 33**(5), 237-256.

박선희, 김희태, 이영애(2014). **아동건강교육**. 서울: 한국방송통신대학교 출판부.

박윤경(2008). 다문화교육의 원리와 쟁점들: 교육적 함의. **교수논문집**, 13. 청주교육대학교.

박윤경, 성경희, 조영달(2008). 초,중등교사의 문화다양성과 다문화가정 학생에 대한 태도. **시민교육연구**, 40(3), 1-28.

박은정, 문무경, 윤지연, 임동선, Weng-feng Lai(2021). **다문화 영유아의 이중언어 발달을 위한 부모 역량강화 지원방안**. 서울: 육아정책연구소.

박찬옥, 이은경(2014). 출신 국가별 다문화가정 어머니의 자녀 교육관 및 부모역할 인식. **다문화콘텐츠연구**, 12, 65-94.

방은영(2015). **영유아음악교육**. 서울: 공동체

백승화, 강기수(2012). 어린이그림책의 교육인간학적 의의. **어린이문학교육연구**, 13(3), 35-155.

보건복지부(2019). **제4차 어린이집 표준보육과정 해설서**.

보건복지부(2020). **제4차 어린이집 표준보육과정 해설서**.

보건복지부(2021). 보육통계 통계자료.

보건복지부(2023). **2023년도 보육사업안내서**.

보건복지부, 한국보육진흥원(2023). 2023 어린이집 평가 매뉴얼 어린이집용. 서울: 한국보육진흥원.

보건복지부, 한국보육진흥원(2023). 2023년 어린이집 평가 매뉴얼.

(사)한국보육교사교육연합회(2021a). **보육교사 승급교육 1급**. 경기: 양성원.

(사)한국보육교사교육연합회(2021b). **원장사전직무교육**. 경기: 양성원.

(사)한국보육교사교육연합회(2021c). **보육교사 일반직무교육**. 경기: 양성원.

서울교육대학교(2011). **미술교육**. 서울: 교육과학사.

설규주(2003). 한국 시민사회에 적합한 피해자 중심의 윤리와 인성교육. 서울대학교 대학원 박사학위논문.

설규주(2012). 초중고 사회 교과서의 다문화 관련 내용 분석-2007 개정 사회과 교육과정의 '사회 · 문화' 관련 단원을 중심으로. **다문화교육연구**, 5(1), 1-28.

신윤승, 신혜원(2022). **놀이지도**. 서울: 파워북.

신재한, 김영희(2020). **영유아 놀이지도의 이론과 실제**. 서울: 박영story.

신혜원, 신지연, 서원경, 이영신, 김지연(2022). **영유아 교수학습방법**. 서울: 파워북.

양민정(2015). 전통놀이를 활용한 다문화 가정의 상호 문화교육 방안 연구 -한국. 중국. 베트남 세 나라를 중심으로. **국제지역연구**, 18(5), 183-218.

양옥승(1997). 유아교육과정 연구의 재개념화 Ⅲ. 教育研究, 5(-), 49-66.

양옥승(1997). 유아교육과정 연구의 재개념화 Ⅲ. **교육연구**, 5, 49-66.

어린이집안전공제회(2019a). **어린이집 안전관리백과 4권**.

어린이집안전공제회(2019b). **어린이집 안전사고 사례집 vol.3**.

엄성은(2009). **애들아 전래동요 부르자 1, 2.** 경기: 플라잉피그코리아.

여성가족부(2017). 다문화가족지원사업.

여성가족부(2020a). 다문화가족지원사업.

여성가족부(2020b). 제3차 다문화가족정책기본계획(2018~2022) 지방자치단체 2020년도 시행 계획 사업 정리.

여성가족부(2021). 전국다문화가족실태조사 분석.

여성가족부(2022). 2021년 전국다문화가족실태조사.

여성가족부(2023). 2023 다문화가족지원사업.

유주연, 조하나(2022). **유아건강교육.** 서울: 한국방송통신대학교출판문화원.

유효순, 이채호(2011). 유아교사용 다문화 교육실제 척도 개발 및 타당화 연구. **한국보육지원학회지, 7**(2), 81-96.

윤갑정, 김미정(2008). 다문화시대 유아교사의 문화적 역량 개발 방향 탐색. **미래유아교육학회지, 15**(4), 55-85.

윤순영(2011). **미술치료의 치유요인과 매체.** 서울: 하나의학사.

이강훈(2016). 교사 다문화 태도와 유아 다문화 인식의 관계에서 교사 다문화 교수효능감의 매개효과. **한국보육학회지, 16**(1), 21 -51.

이규림(2011). 유아교사의 다문화감수성, 다문화교육 이해 및 태도의 관계: 다문화 교수효능감의 매개효과. 전남대학교 대학원 박사학위논문.

이범용(2012). 초등학교에서 도덕과와 사회과의 정치교육 내용의 비교에 관한 연구. **초등도덕교육연구, 38**, 101-133.

이소연(2022). 영아의 예술경험을 통한신체표현에서의 교사 상호작용사례 연구, 신라대학교 대학원 박사학위논문.

이숙재(2019). **영유아 놀이의 이론과 실제.** 서울: 창지사.

이승숙(2021). **영유아 미술교육.** 경기도: 정민사.

이승숙, 김연희(2021). **영유와 미술교육.** 파주: 정민사.

이연선(2014). 유아교사와 희망유아교육사의 다문화적 경험에 대한 다문화교육의 의미탐색. **유아교육학논집, 18**(2), 247-267.

이연선(2022). 영유아다문화보육 교사교육 자료집. 보육진흥원.

이연선, 윤갑정, 견주연(2012). 유아다문화교육의 의미 탐색 및 실제적 제언: 석 · 박사 학위논문을 중심으로. **유아교육연구, 32**(3), 117-140.

이형하, 박상희, 송선화, 김정오, 김훈희, 권충훈, 최희철(2015). **다문화사회와 다문화교육의 이해.** 경기: 공동체.

임미혜(2022). **영유아건강지도.** 경기: 양성원.

장은주, 남옥선(2018). **유아음악교육**. 경기: 양서원.

장인실, 김경근, 모경환, 민병곤, 박성혁, 박철희, 성상환, 오은순, 이윤정, 정문성, 차경희, 차윤경, 최일선, 함승환, 허창수, 황매향(2016). **다문화교육의 이해와 실천**. 서울: 학지사.

전순영(2011). **미술치료의 치유요인과 매체**. 서울: 하나의학사.

전연경(2016). 유치원에서의 안전교육 및 관리에 대한 교사들의 어려움. 중앙대학교 대학원 석사학위논문.

전연주(2006). 가정연계 자연탐구중심 유아과학프로그램 개발 및 효과. 전북대학교 대학원 박사학위논문.

전인옥(2011). **다문화접근 세계전통 놀이교육**. 경기: 양서원.

전인옥, 이숙희(2014). **유아음악교육**. 서울: 한국방송통신대학교출판문화원.

정은주(2018). 문제해결 중심의 유아 생활안전교육 프로그램 개발 및 적용. 공주대학교 대학원 박사학위논문.

정현희(2006). **(실제적용중심의) 미술치료**. 서울: 학지사.

정현희(2018). **실제적용중심의 미술치료**. 서울: 학지사.

조경자, 이현숙(2010). **아동건강교육**. 서울: 학지사.

조윤미(2004). **함께 즐기는 유아국악교육**. 서울: 창지사.

중앙다문화교육센터(2019). 교육(누리)과정 연계 다문화교육 수업 자료.

최경아(2017). 영유아 안전교육에 대한 교사의 인식과 운영 실태 및 방해요인 분석, 호남대학교 대학원 석사학위논문.

최충옥, 모경환, 김영권, 박성혁, 조남심, 오은순, 설규주, 차조일, 한용택, 우희숙, 서종남 (2010). **다문화교육의 이론과 실제**. 서울: 양서원.

한국미술치료학회(1994). **미술치료의 이론과 실제**. 경북: 동아문화사.

한국보육진흥원(2013). 보육교직원을 위한 다문화보육 직무교육과정.

한국보육진흥원(2019). 다문화 보육과정 컨설팅 매뉴얼.

한국보육진흥원(2021). 모두를 나답게 키우는 어린이집 속 다문화.

한국소비자원(2018). 2017년 어린이 안전사고 동향 분석. 안전보고서, 1-54.

행정안전부, 적십자(2020). 어린이 이용시설 응급조치 수칙 가이드라인.

홍순정, 이규미(2009). **정신건강**. 서울: 한국방송통신대학교 출판부.

황성욱, 조윤용, 이철한(2014). 다문화수용성, 어떻게 평가할 것인가?: 다문화수용성 측정 지수 개발. **분쟁해결연구, 12**(3), 167-196.

Banks, J. A. (2002). *An Introduction to multicultural education* (3rd ed.). Boston: Ally and Bacon.

Banks, J. A. (2004). *Multicultural education: Historical development, dimensions, and*

Multicultural education (2nd ed., pp.3-29). San Francisco: Jossey-Bass.

Banks. J. A. (2008). *An Introduction to Multicultural Education Picture Books for Children 3-5.* Upper Saddle River, N.J.: Prentice Hall.

Campbell, P. S., & Scott-Kassner, C. (2010). *Music in Childhood: From preschool through the elementary grades* (3rd ed.). NY: Schirmer Books.

Essa, E. V. (1999). *Introduction to early childhood education* (3rd ed.). NY: Delmar Publishing.

Fox, J. E., & Schirrmacher, R.(2012). Art and Creative Development for Young Children(8th ED.). Stamford: Cengage Learning.

Gay, G. (2000). *Culturally Responsive Teaching: Theory, Research, and Practice.* New York: Teachers College Press.

Gembris, H. (2002). The development of musical abilities. In R. Colwell and C. Richardson (eds.) *The New Handbook of Research on Music Teaching and Learning* (487-508). New York: Oxford University Press.

Gordon, E. E. (1993). *Learning sequences in music: Skills, contents and patterns. A music learning theory.* Chicago: GIA Publication.

Gordon, E. E. (1997). *A Music Learning Theory for Newborn and Young Children.* Chicago: GIA Publication.

Greenberg, M. T., & Snell, J. L. (1997). Brain development and emotional development: The role of teaching in organizing the frontal lobe. In P. Salovey & D. J. Sluyter (Eds.), Emotional development and emotional intelligence: Educational implications (pp. 93-126). Basic Books.

Greene, M. (1969). The arts in a global village. Educational Leadership, 26(5), 439-446.

Kellogg, R. (1970). *Analyzing Children's Art* (pp.7-114). San francisco: Mayfield publishing company.

Kile, N. C. (2018, December 28). What are the stages of cultural awareness? ContinuED.

Ladson-Billings, G. (1994). *The dreamkeepers: Successful teachers of African American children.* San Francisco, CA: Jossey-Bass.

Lowenfeld, V& Brittain, W.(2006), **인간을 위한 미술교육**. 서울대학교 미술교육연구회(번역). 서울: 미진사(원전은 1975년에 출판)

McFee, J. K., Degge, R.M., (1977). Art, culture, and environment: A catalyst for teaching. Belmont, Calif: Wadsworth Pub. Co.

Paris, D., & Alim, H. S. (2014). What are we seeking to sustain through culturally sustaining pedagogy? *A Loving critique forward. Harvard Educational Review, 84*(1), 85-100.

Pierre, S. G., & Ballengee-Morris, C. (2002). The Evolving Theme of Teaching Multicultural Art Education. Monograph Series.

R. Kellogg(1970). Anglyzing Childrens Art, pp.7-114, Mayfield publishing company, San francisco.

Seefeldt, C. (2005). How to work with standards in the early childhood classroom. New York; London, Teachers College Press.

Seefeldt, C. (2005). *Social studies for the preschool/primary child.* Upper Saddle River, NJ: Pearson.

Tizard, B., Philps, J., & Plewis, I. (1976). Staff behaviour in pre-school centres. *Child Psychology & Psychiatry & Allied Disciplines, 17*(1), 21-33.

명화작품

Da Vinci, L. (1506). *Mona Lisa* [Painting]. Musée du Louvre, Paris, France.

Fox Lichtenstein. R. (1964). *Happy Tears* [pop art].

i-누리-누리과정 포털 사이트(http://www. i-nuri.go.kr).

국가정신건강정보포털(https://www.mentalhealth.go.kr).

다문화교육포털(https://www.edu4mc.or.kr).

신마유치원(http://blog.naver.com/sinmakg/8688).

어린이민속박물관 다문화 꾸러미(https://nfm.go.kr).

질병관리본부 예방접종도우미 누리집(http://nip.kdca.go.kr).

프라임한신 어린이집(http://cafe.naver.com/primehanshin/4195).

찾아보기

저 / 자 / 소 / 개

강보라

성신여자대학교 대학원 교육학박사(유아교육 전공)

현, 성신여자대학교 유아교육과, 을지대학교 아동학과 외래교수

김채연

영남대학교 미술치료학박사

홍익대학교 문화예술경영학박사 수료

현, 사단법인 한국임상미술치료협회 회장

우인해

서울여자대학교대학원 아동학박사 수료

현, 자람아동놀이연구소 소장

경기북부보육교사교육원 교수

한국방송통신대학교 유아교육과 위촉강사

이정아

건국대학교 일반대학원 교육학박사(유아교육 전공)

현, 국제대학교 유아교육과 교수

이효정

협성대학교 대학원 박사

현, 고양시립대화소망어린이집 원장

다문화 전문 교육과정 ❷

다문화가정 영유아교육의 이론과 실제

1판 1쇄 인쇄 – 2023년 6월 26일
1판 1쇄 발행 – 2023년 6월 30일

편찬 위원장 | 이만수
집필 위원장 | 이주영
감수 위원장 | 이연미
편집 위원장 | 임현숙
저자 | 강보라 김채연 우인해 이정아 이효정

발 행 인 | 김성일
발 행 처 | 경기도보육교사교육원연합회
제작 · 공급처 | 양성원

주 소 | 경기도 파주시 검산로 173번길 29-12
전 화 | 031-946-3861(代)
팩 스 | 031-946-3864
이 메 일 | tnwpub@naver.com
홈페이지 | tnwpub.co.kr
출판등록 | 2015년 8월 31일 제 2015-000211 호

ISBN 979-11-6126-523-0

정가 24,000원